奎文萃珍

七經圖

［宋］楊甲 撰
［明］吴繼仕 編撰

文物出版社

圖書在版編目（CIP）數據

七經圖 / (宋) 楊甲撰 ; (明) 吴繼仕編撰. 北京 : 文物出版社, 2024. 9. -- (奎文萃珍 / 鄧占平主編). -- ISBN 978-7-5010-8502-6

Ⅰ. B222.01

中國國家版本館CIP數據核字第2024JJ6748號

奎文萃珍

七經圖 〔宋〕楊　甲　撰　〔明〕吴繼仕　編撰

主　　編：鄧占平
策　　劃：尚論聰　楊麗麗
責任編輯：李子裔
責任印製：張道奇

出版發行：文物出版社
社　　址：北京市東城區東直門内北小街2號樓
郵　　編：100007
網　　址：http://www.wenwu.com
郵　　箱：wenwu1957@126.com
經　　銷：新華書店
印　　刷：藝堂印刷（天津）有限公司
開　　本：710mm × 1000mm　1/16
印　　張：29.25
版　　次：2024年9月第1版
印　　次：2024年9月第1次印刷
書　　號：ISBN 978-7-5010-8502-6
定　　價：160.00圓

序　言

《七經圖》不分卷，宋楊甲撰，明吴繼仕編撰。

『七經』，即《周易》《尚書》《詩經》《春秋》《周禮》《儀禮》《禮記》。作爲儒家經典，這七部典籍僅靠文字有時并不容易讀懂，如《周易》之方位、《尚書》之《禹貢》九州、《毛詩》之十五國、《春秋》之地理、三《禮》之宫室名物。很顯然，若借助圖表，上述内容比單純的經文要直觀許多。爲此，北宋以來，屢有學者以圖解经，如陳摶傳《先天八卦圖》，傳至劉牧，劉牧撰《易數鈎隱圖》。又有聶崇義作《三禮圖》，圖説禮器，成爲禮學名著。北宋古器物學勃興，出土的三代鼎彝屢屢被學者援引以證經補史，各類古器物圖譜中也往往有明顯的禮學痕迹。

南宋紹興年間，楊甲撰《六經圖》，爲存世最早的系統性圖説『六經』的著作，其書爲《周易》《尚書》《毛詩》《周禮》《禮記》《春秋》六部經書繪製了三百餘幅圖表。雖名爲《六經圖》，其實有圖有表，如將《尚書》篇名按産生時代列表，分列夏商周世次表等。《六經圖》對經書中的各種信息進行綜合整理，以圖表形式呈現，對閲讀經書、學習經學確實有很大的便利。但爲經書繪製圖表，工作極其繁難，并非照抄原文即可，需要作者對經義、名物等學問有深刻的認識。《六經圖》綜羅群經，便于初學，功不在小，但其中囿于作者所見不廣或因受到其他圖譜誤導而産生的錯誤實不在少。如在《尚書》圖中，所繪蒲璧、穀璧，仍聶崇義《三禮圖》之誤，直接在玉璧上繪蒲草和麥穗之形；禮圖之中，罍、爵、洗等禮器之圖，亦純出臆想，并未參考宋代金石學的成果。總體來説，《六經圖》之定位還是治經之輔助，而非專門的經學著作。

楊甲《六經圖》成書後，因其圖表直觀，便于初學，因而流傳廣泛，并屢被刻石。《六經圖》成書之後，便被勒石于昌州郡學，其後毛邦翰等人據昌州本增補重刻于撫州，是爲《六經圖》撫州一系版本之祖；元代至元間，信州亦曾刊刻過《六經圖》石刻，其殘石今仍存于上饒市博物館。明代萬曆間，徽州吴繼仕家藏宋本《六經圖》，吴氏據以翻刻。又因爲《六經圖》中僅有《周禮》《禮記》，吴氏在翻刻時又爲《儀禮》繪製圖表，增《儀禮圖》二百二十七幅，一并合刻，于是遂成《七經圖》。

在吴氏所刻《七經圖》中，《儀禮會通圖》首頁下注『明新安吴繼仕公信甫編纂』，可知《儀禮》之圖蓋吴氏自撰。今考其圖，雖簡明直觀，然頗有疏漏。如開篇之《寢廟辨名圖》，庭中有碑，吴氏之圖將碑的位置定在庭南北縱深的正中。但《士昏禮》疏文明言『碑在堂下，三分庭之一，在北』。吴氏此處圖注已引及《士昏禮》，却不考疏文，可謂粗疏。然吴氏所繪之鼎、角、觚、甗等禮器，明顯已參考出土之青銅器，并非向壁虚造，這一點較楊甲原著有所進步。

雖然楊甲原著與吴繼仕之增補均未臻完善，但作爲現存最早的系統性圖説群經之著作，其書亦有一定的價值。如其中所繪《禹貢》、十五國風等地圖，爲研究歷史地理學及早期的地圖繪製提供了重要材料。另外，以圖表的形式闡釋經文，要求圖畫繪製精準，刊刻準確。《七經圖》刊刻于徽州，而晚明時期的徽州正是徽派版畫藝術的中心。《七經圖》中的版畫部分，繪製生動，其版畫較今見宋刻殘《六經圖》爲優。吴繼仕刻本《七經圖》，既是一部全面的圖説群經著作，同時又是一部徽派版畫精品。今據明萬曆四十三年（一六一五）吴繼仕原刻本影印，以供讀者使用。

編者

二〇二四年六月

七經圖序

古之學者左圖右書索理於書索象於圖如輔車相依不可偏癈也蓋理或千言而未了象則一見而可知雖秦人蔑古敢於棄書而不敢於棄圖亦以興事成務必有藉焉非空言比耳蕭何入秦先取圖籍我

高皇帝於大將軍定燕首

命收秘監圖書及太常法服祭器儀象版

籍蓋英雄之見其所重類如此

成祖以經術造士脩五經大全每帙率冠以

圖象良得此意而學者不能同類以求之

甚者束而不觀游談無根宜其異日滋官

臨事倀倀然其靡從也新安吳君繼仕少

即志於用世慱聞好古學無不通而經術

尤邃見宋刻六經圖而竒之手自摹畫考

校授之梓人與好學者共焉又念儀禮為

朱子所定其徒楊復篇爲之圖并加編纂
合爲七經圖以傳學者得而讀之可謂粲
然明備無復遺憾矣古有圖譜一家後世
罕傳然任宏兵書圖四十卷王儉七志圖
居其一阮孝緒七録總内外篇猶存八百
餘卷其多如此今不惟不見其書亦不知
其名者有矣夫詞章之學靡義理之學微
圖譜之學實圖譜之學不傳則學問化爲

虛文心力盡歸烏有欲其成天下之務定天下之亹亹豈不難哉余以爲學者不思以經世則圖甙可緩藉令其有志於用也圖譜之學決不可不講而以此編爲嚆矢可也

萬曆乙卯夏日石渠舊史瑯琊焦竑撰

七經圖叙

古聖制治爰建六經後世樂闕是稱爲五禮經有三故曰七焉夫河出圖洛出書聖人則之左有圖右有書史傳記之經文既闕而圖亦不復見學者取象觀理物色無從循時考事上下乖隔葢書載道也圖準書也書與圖相錯而爲兩者也禹之告成功而見於書者若鍾若琱戈若岣嶁之石至於悉取九牧之貢金爲鼎而見於圖者若州邑山川若百物神姦之象而置之魏闕之上不亦略於書而詳於圖哉何則聖人之立言與圖相表裏者也言無體以圖爲體今夫百官以治萬民以察八荒以同六藉以紀皆圖爲之也書之用員而通圖之用方而變圖之時義大矣六經有圖按鄭樵通志宋藝文志雖顯載記傳流未聞

國家頒五經大全於學宮抑其少者家傳宋刻六經圖嚴義既精圖制俱古成六籍之至寶儒林之達道也不敢私藏以公賢哲敬嚴釐正詳略因於舊刻考校本於古文並籍據前修以濟厥美王教之要國典之源粲然大備可得而

知矣朱子晚年欲正三禮奏劄乞修事抑不行賫志以沒三禮者儀禮其經周禮其綱禮記其傳周禮禮記既有其圖儀禮闕焉心甚病之乃取往說爲補七經接繼舊書通其流貫序致膚約總歸體裁弗能罷意考亭之言彌深乞修之感矜緩殺青竟成全璧既解工剞非更搜求借楊復之見章爲三千之故實徒懷纘緝理槧鈎遠欲願學者在所取焉求於齊工匪曰作始比茲闕恨庶賢乎已此圖成而易之潔淨精微書之疏通知遠詩之溫柔敦厚春秋之屬辭比事禮之恭儉莊敬樂之廣博易良於此悉備是故圖之用錯於書而體不讓者也若夫樂經者孔聖記樂只論妙理一正之後旋失精旨班祿周世諸侯之藉已去制度考來韶武之器僅存而鍾律短長音聲清濁典樂之官素闕圖譜之載湮散學者甄明疑略其於度數節奏未必無旁通詳審者復正於今云

旹

萬曆歲次乙卯五月五日　新安吳繼仕序

六經圖序 舊序

陳大夫爲撫之朞年樂民之安於其政思所以富之教之之叙既已創闢試院以奉
聖天子三年取士之制又取六經圖命泮宫職講肄者編類爲書刋之於學以教諸生謂㫗嘗掌教於是邦積十餘年而庠序友生相與愛敬之不衰俾參訂焉既逾月諸經論各以其圖就議於余且曰六藝之文浩博若欲别加編摩非積以歲月有不能是圖集諸家所長願因其舊庶得以亟稱賢大夫善教之意余韙其説無敢去取惟傳寫銓次有舛誤者是正之而已凡得易七十書五十有五詩四十有七周禮六十有五禮記四十有三春秋二十有九合爲圖三百有九葢嘗論之自漢儒章句傳註之學行而士之道學益不明逮

本朝以經術取士大儒繼出講解一新而後天下之士皆知淵原之歸今是圖之作凡六籍之制度名數粲然可一二數使學者因是求其全書而讀之則造微詣遠玆實其指南也若因以得於瞻覩之間遂以爲聖人之經盡在於是則破碎分裂不尤甚於爲之華藻鞶帨者邪其不見斥於覃思幽眇者寡矣然則陳大夫之易圖爲書不無意也覩者宜深思之

乾道元年正月甲子左承議郎新除行將作監丞苗昌言序

州學經諭吳翬飛黃松年崔崇之唐次雲李自修趙元輔編

學正徐世聞　學錄危幾安　龔廸吉

左文林郎撫州州學教授毛邦翰

左朝散郎通判撫州軍州主管學事兼管內勸農營田事劉濤

右朝散大夫知撫州軍州主管學事兼管內勸農營田事陳森

大易象數鈎深圖目錄

明新都吳繼仕考校

大易象數鈎深圖目錄終

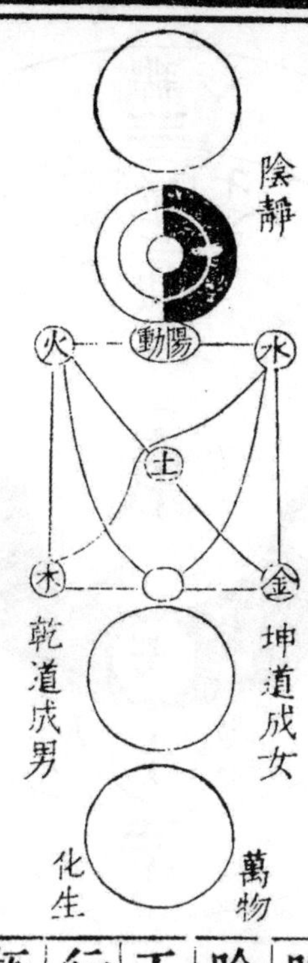

右太極圖周敦實茂叔傳二程先生茂叔曰无極而太極太極動而生陽動極而靜靜極復動一動一靜互爲其根分陰分陽兩儀立焉陽變陰合而生水火木金土五氣順布四時行焉五行一陰陽也陰陽一太極也太極本无極也五行之生也各一其性无極之真二五之精玅合而凝乾道成男坤道成女二氣交感化生萬物萬物生生而變化無窮焉

太極圖

舊有此圖

太極未有象數惟一氣耳一氣既分輕清者上爲天重濁者下爲地太極生兩儀也兩儀既分則金木水火四方之位列兩儀生四象也水數六居坎而生乾金數九居兑而生坤火數七居離而生巽木數八居震而生艮四象生八卦也

乾知太始

陽生於子

子　丑　寅　卯　辰　巳　午　未　申　酉　戌　亥　乾

一陽生於子二陽在丑三陽在寅四陽在卯五陽在辰六陽在巳而乾位在西北居子之前故曰乾知太始言乾以父道始天地也

坤作成物

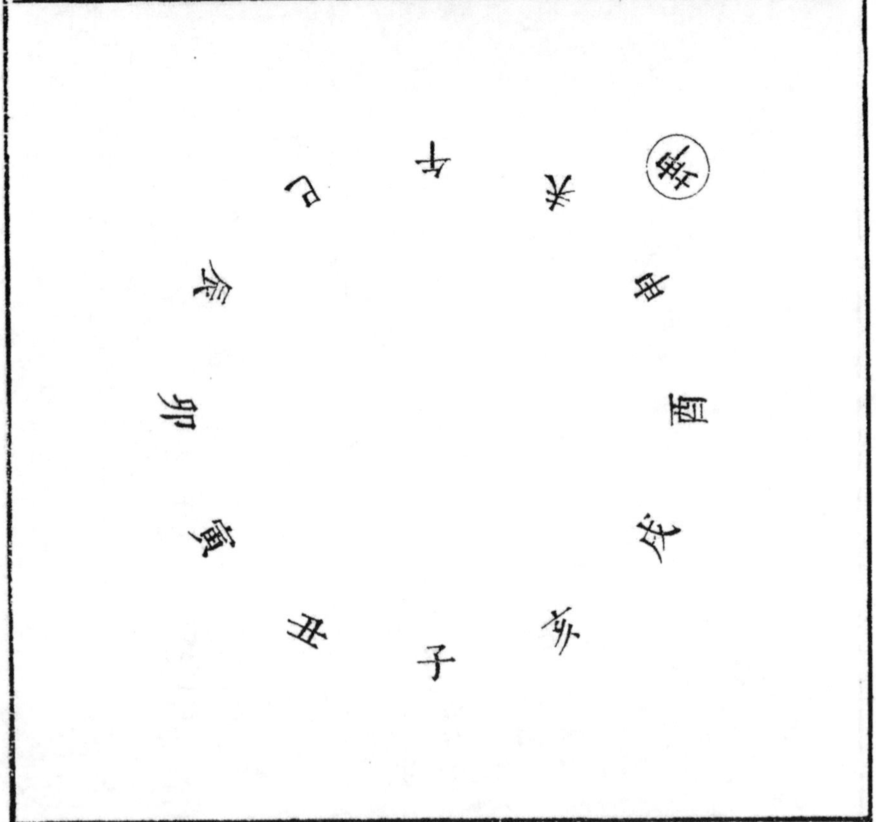

坤 未 午 巳 辰 卯 寅 丑 子 亥 戌 酉 申

一陰生於午二陰在未三陰在申四陰在酉五陰在戌六陰在亥而坤位在西南蓋西南方申也物成於正秋酉也坤作於申成於酉故曰作成物

天尊地卑

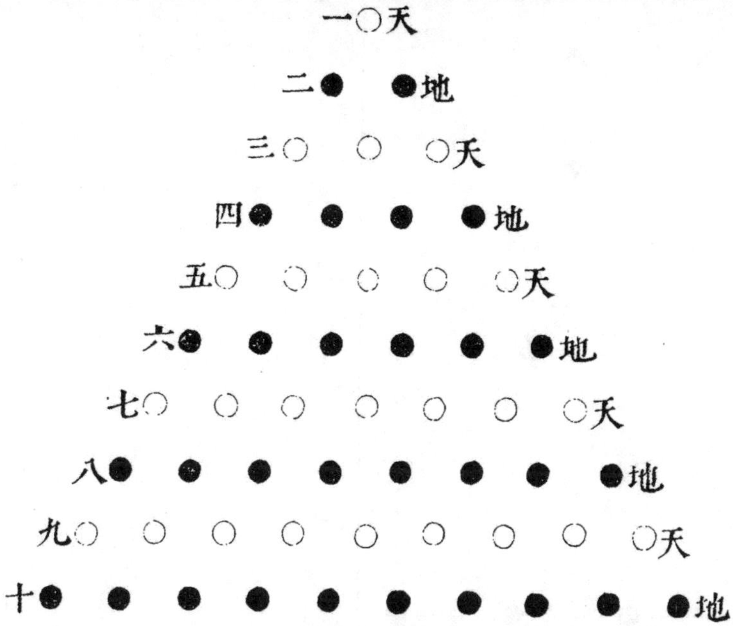

一○天
二●●地
三○○○天
四●●●●地
五○○○○○天
六●●●●●●地
七○○○○○○○天
八●●●●●●●●地
九○○○○○○○○天
十●●●●●●●●●●地

自一至十天尊於上地卑於下尊者乾之位故乾爲君爲父爲夫卑者坤之位故坤爲臣爲母爲婦皆出於天尊地卑之義也故曰天尊地卑乾坤定矣

參天兩地圖

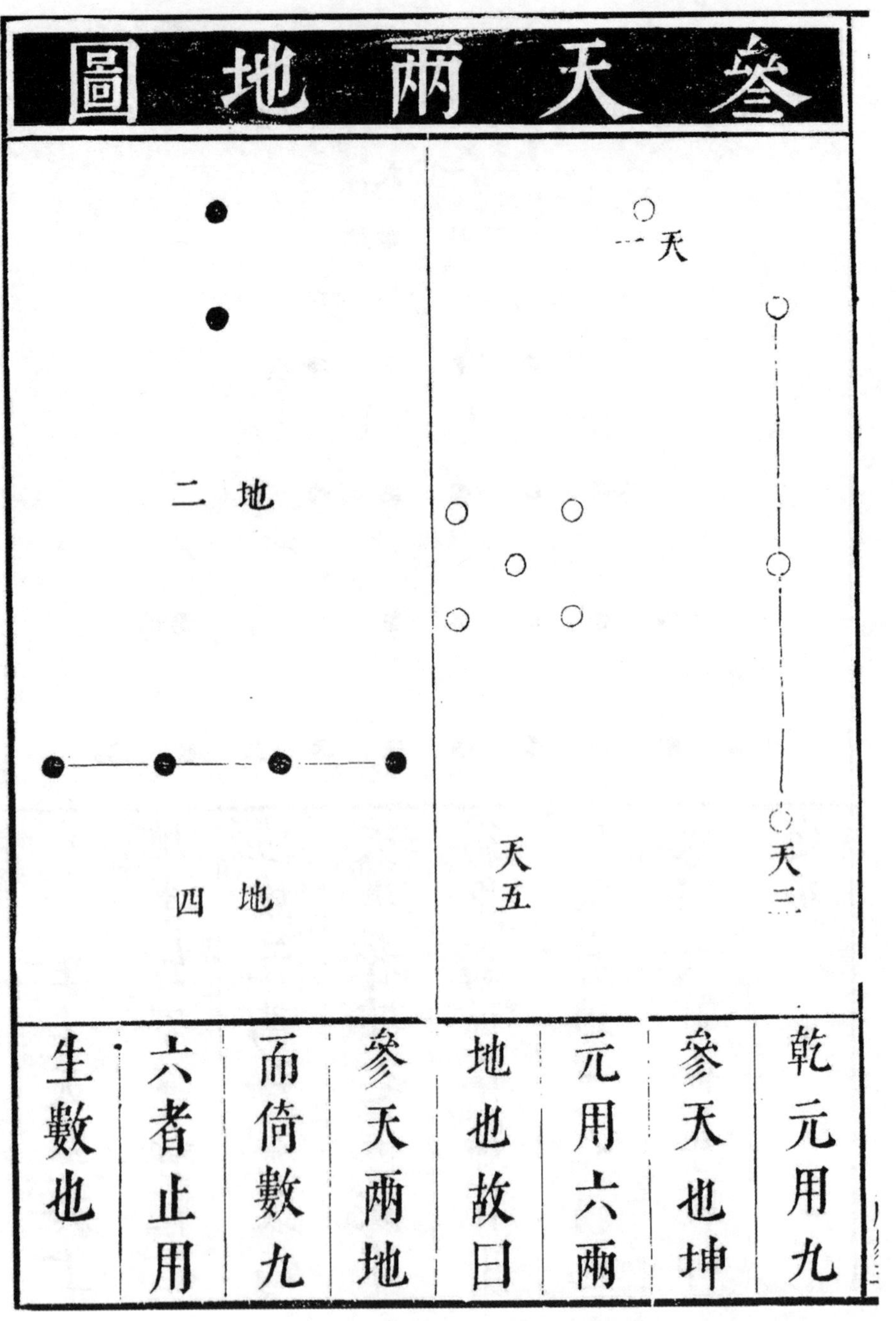

乾元用九參天也坤元用六兩地也故曰參天兩地而倚數九六者止用生數也

日　月

取日月二字交配而成如篆文日下從月

日

火木水金黃白黑青紫

爲易

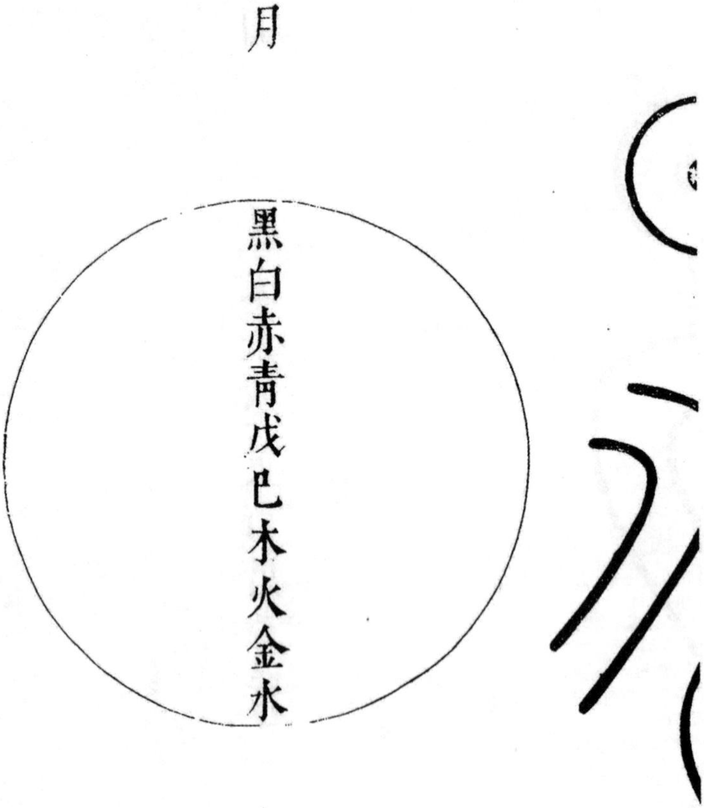

月

黑白赤青戊巳木火金水

是日往月來之義故曰陰陽之義配日月

河圖數圖

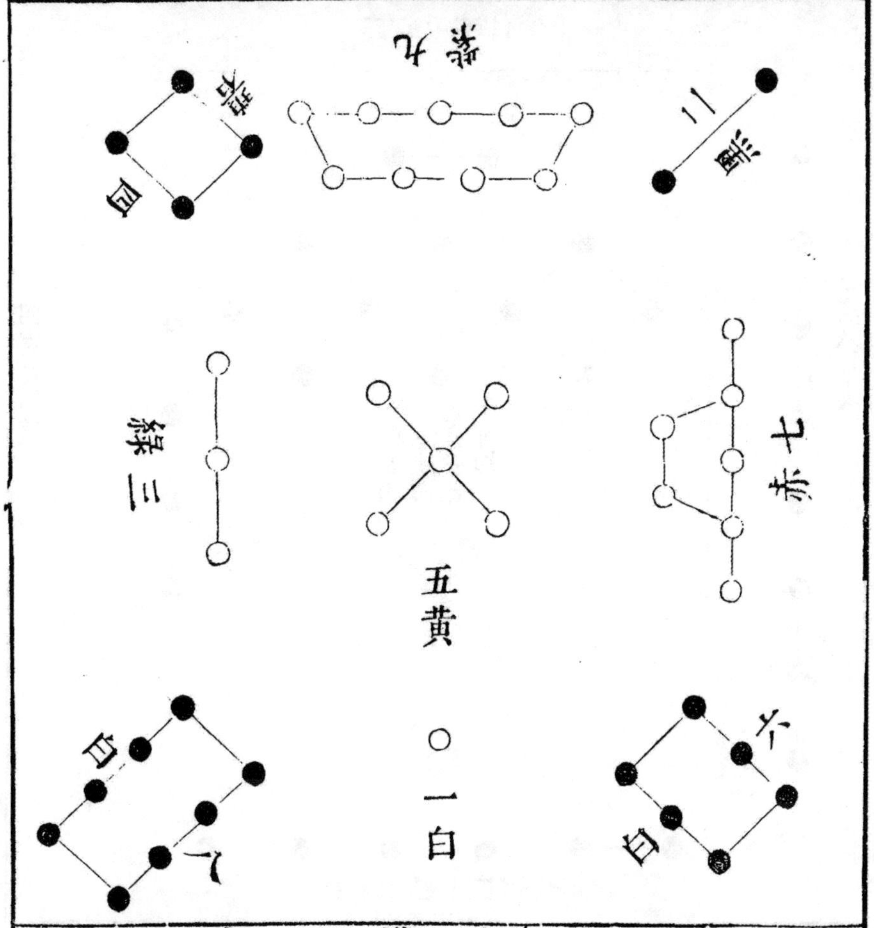

九紫

七赤

三綠

五黃

一白

六白

八白

戴九履一左三右七二四爲肩六八爲足五爲腹心總四十五縱橫數之皆十五也天五居中央聖人觀之遂定八卦之象

洛書數圖

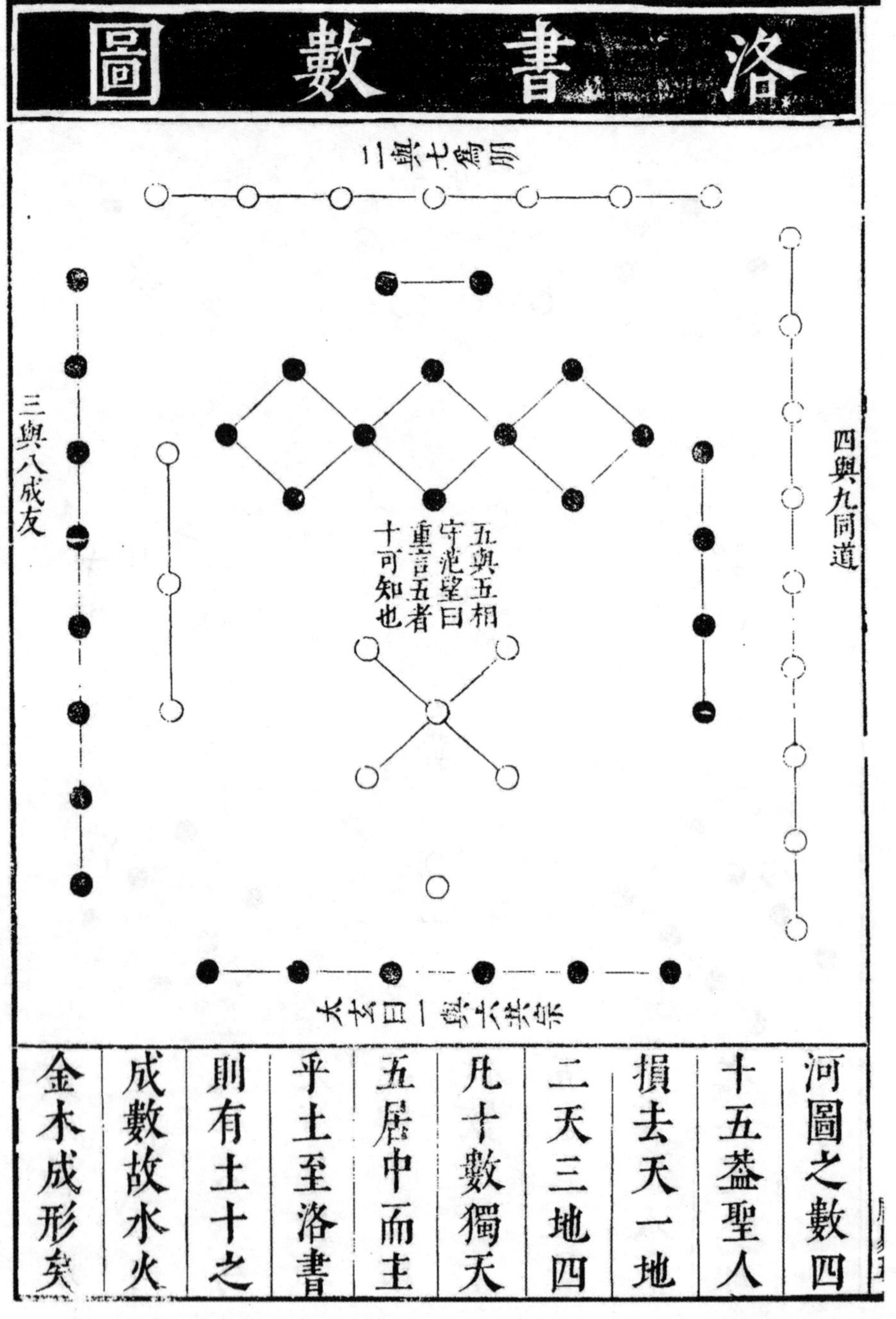

河圖之數四十五蓋聖人損去天一地二天三地四凡十數獨天五居中而主乎土至洛書則有土十之成數故水火金木成形矣

天地之數

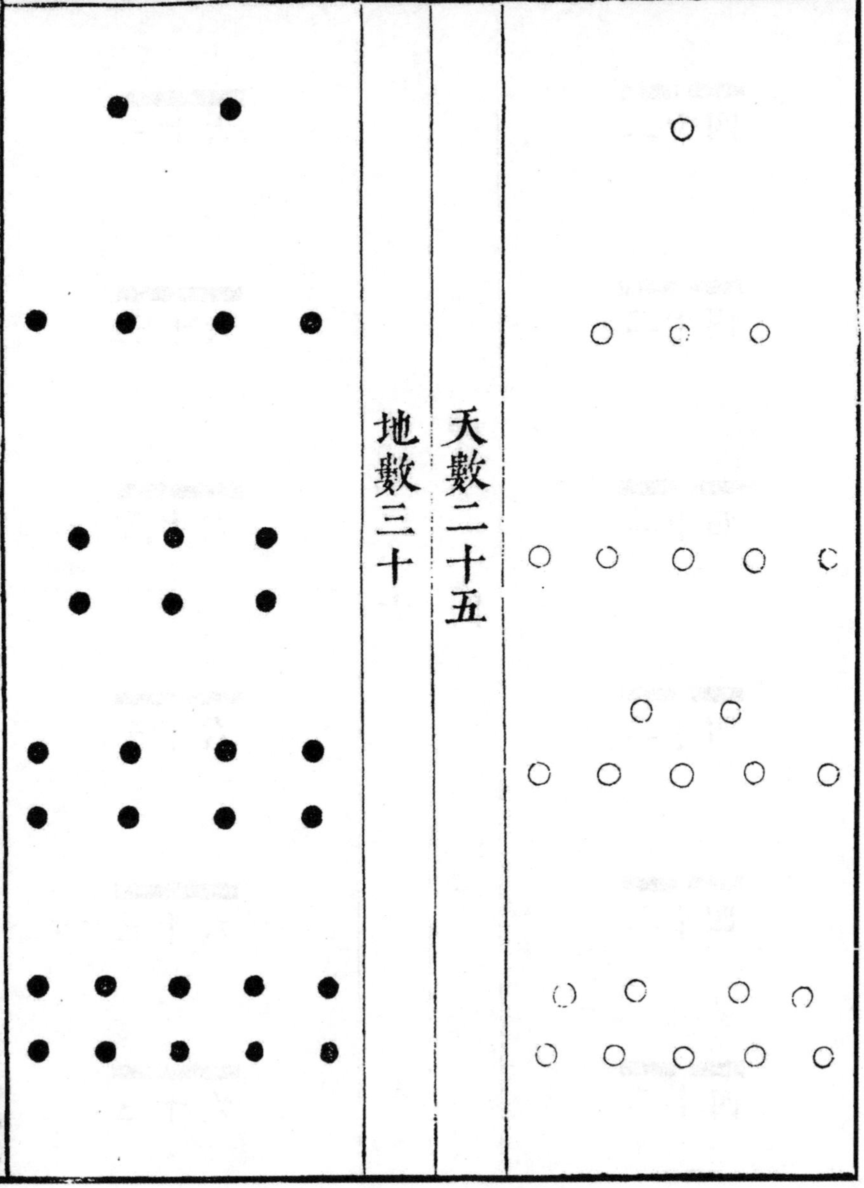

天數二十五

地數三十

乾坤之策

三十六

三十六

三十六

三十六

三十六

三十六

乾策三十六

坤策二十四

二十四

二十四

二十四

二十四

二十四

二十四

六子圖

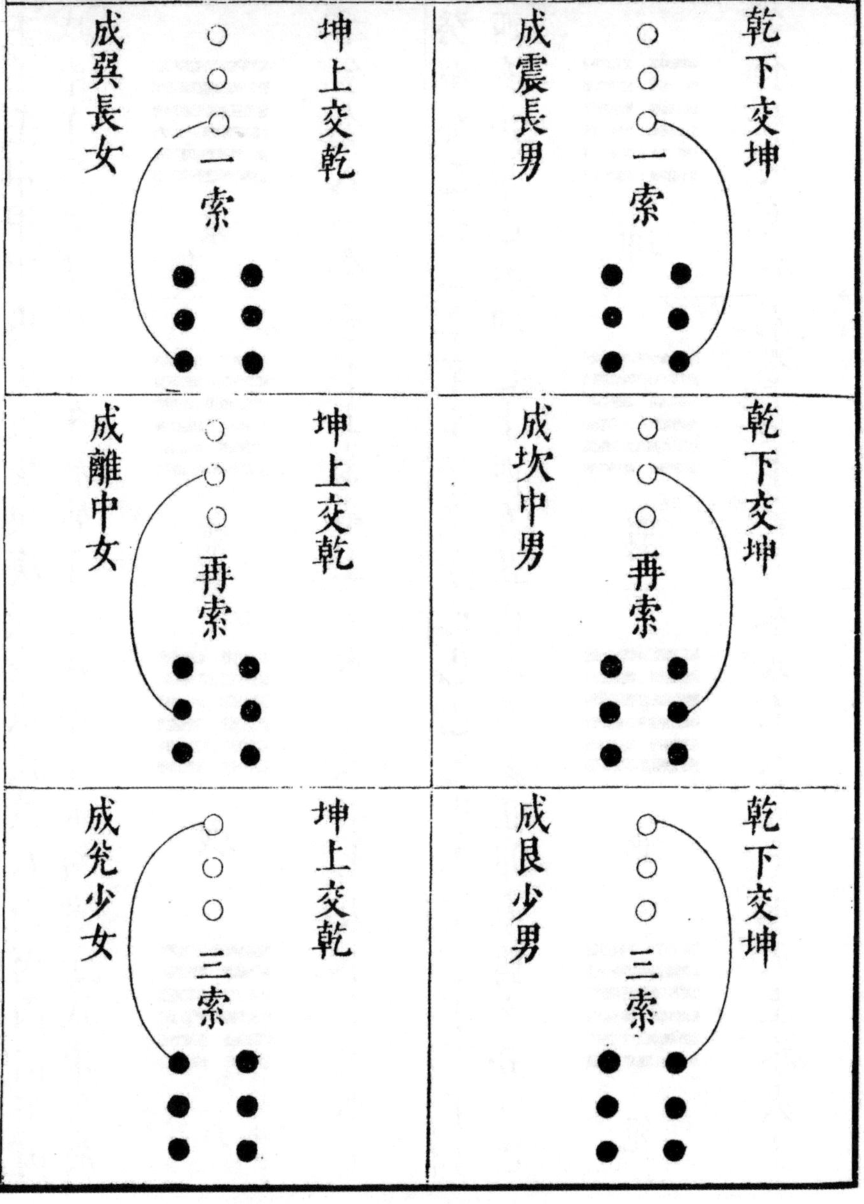

乾下交坤 一索 成震長男

坤上交乾 一索 成巽長女

乾下交坤 再索 成坎中男

坤上交乾 再索 成離中女

乾下交坤 三索 成艮少男

坤上交乾 三索 成兑少女

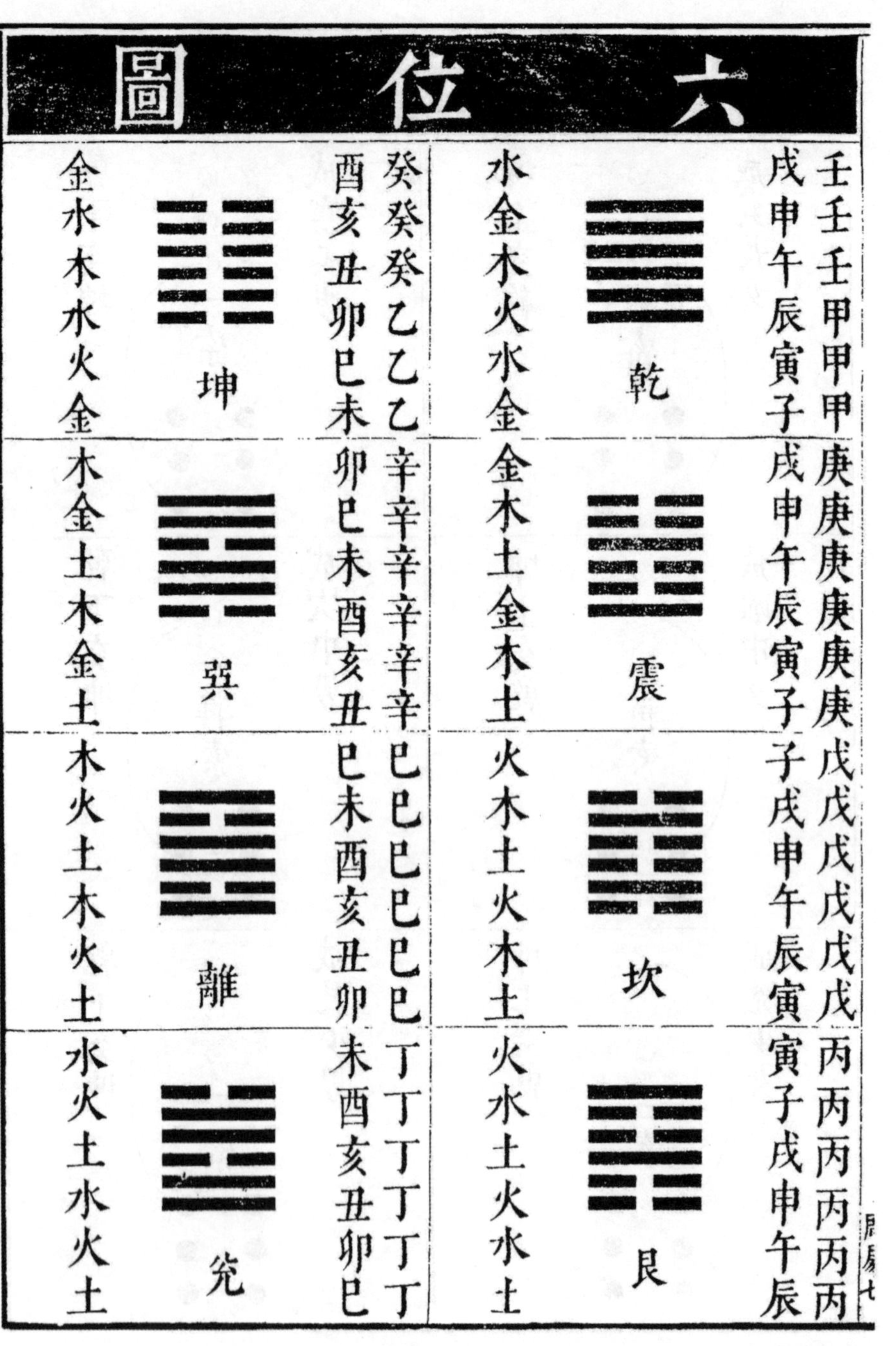

六位圖
壬壬壬甲甲甲庚庚庚庚庚庚戊戊戊戊戊戊丙丙丙丙丙丙
戌申午辰寅子戌申午辰寅子子戌申午辰寅寅子戌申午辰
乾
震
坎
艮
水金木火水金金木土金木土火木土火木土火水土火水土
癸癸癸乙乙乙辛辛辛辛辛辛巳巳巳巳巳巳丁丁丁丁丁丁
酉亥丑卯巳未卯巳未酉亥丑巳未酉亥丑卯未酉亥丑卯巳
坤
巽
離
兌
金水木水火金木金土木金土木火土木火土水火土水火土

伏羲先天圖

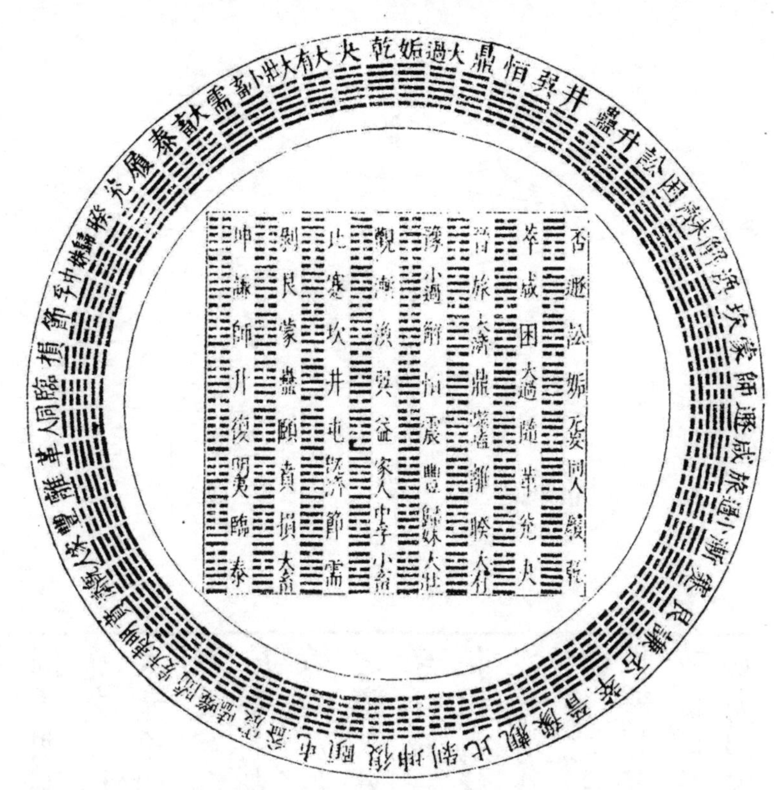

右伏犧八卦圖王豫傳於邵康節而鄭夬得之歸藏初經者伏犧初畫八卦因而重之者也其經初乾初奭坤初艮初兊初犖震坎初離初釐初巽卦皆六畫卽此八卦也八卦旣重爻在其中

方圓相生圖

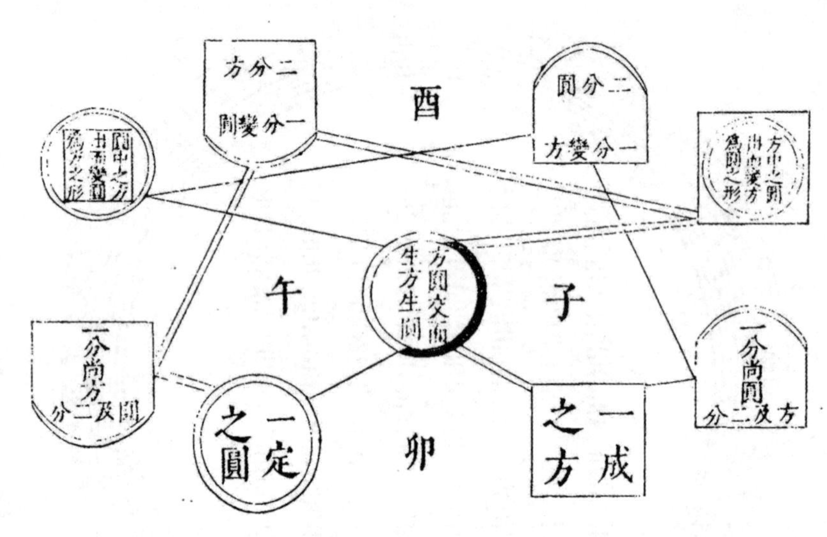

鄭氏云古先天圖楊雄太元經關子明洞極魏伯陽叅同契邵堯夫皇極經世而已惜乎雄之太元子明之洞極倣易爲書泥於文字後世忽之以爲屋上架屋頭上安頭也伯陽之叅同契意在於鍛錬而入於術於聖人之道又爲異端也堯夫擺去文字小術而著書天下又不願之但以爲律歷之用難矣哉四家之學皆先於古先天圖先天圖其易之源乎復無文字解注而世亦以爲無用之物也今予作方圓圖注脚比之四家爲最簡易而四家之意不出於吾圖之中於易之學爲最要

仰觀天文圖

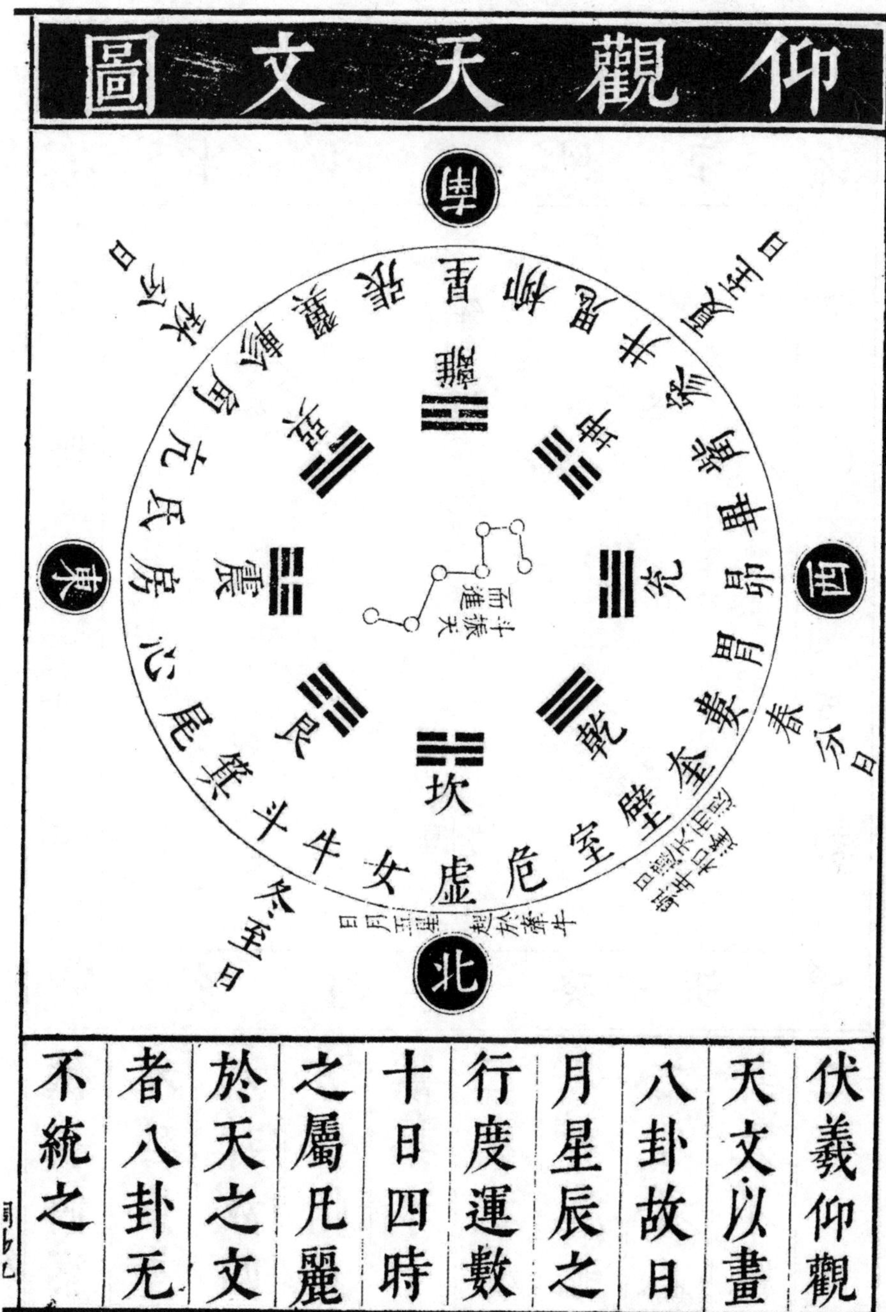

伏羲仰觀天文以畫八卦故日月星辰之行度運數十日四時之屬凡麗於天之文者八卦无不統之

俯察地理圖

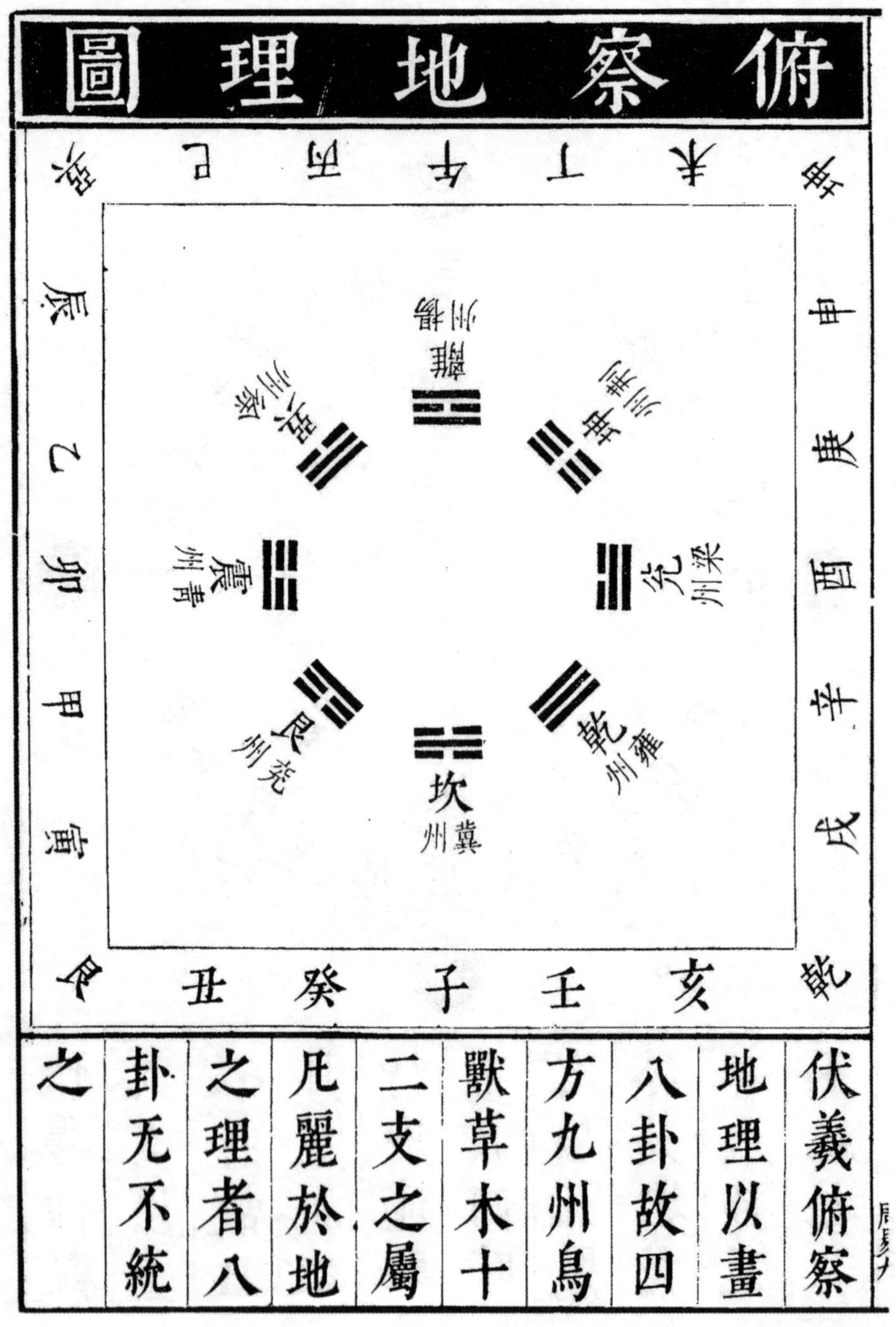

伏羲俯察地理以畫八卦故四方九州鳥獸草木十二支之屬凡麗於地之理者八卦无不統之

伏羲八卦圖

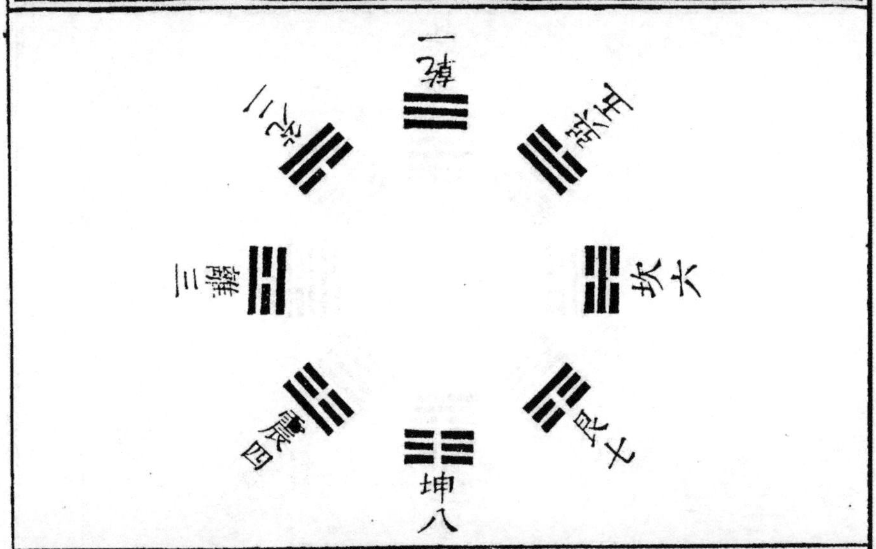

乾一
兌二
離三
震四
巽五
坎六
艮七
坤八

八卦取象圖

天乾 身首 物馬
澤兌 身口 物羊
火離 身目 物雉
雷震 身足 物龍
風巽 身股 物雞
水坎 身耳 物豕
山艮 身手 物狗
地坤 身腹 物牛

文王八卦圖

八卦象數圖

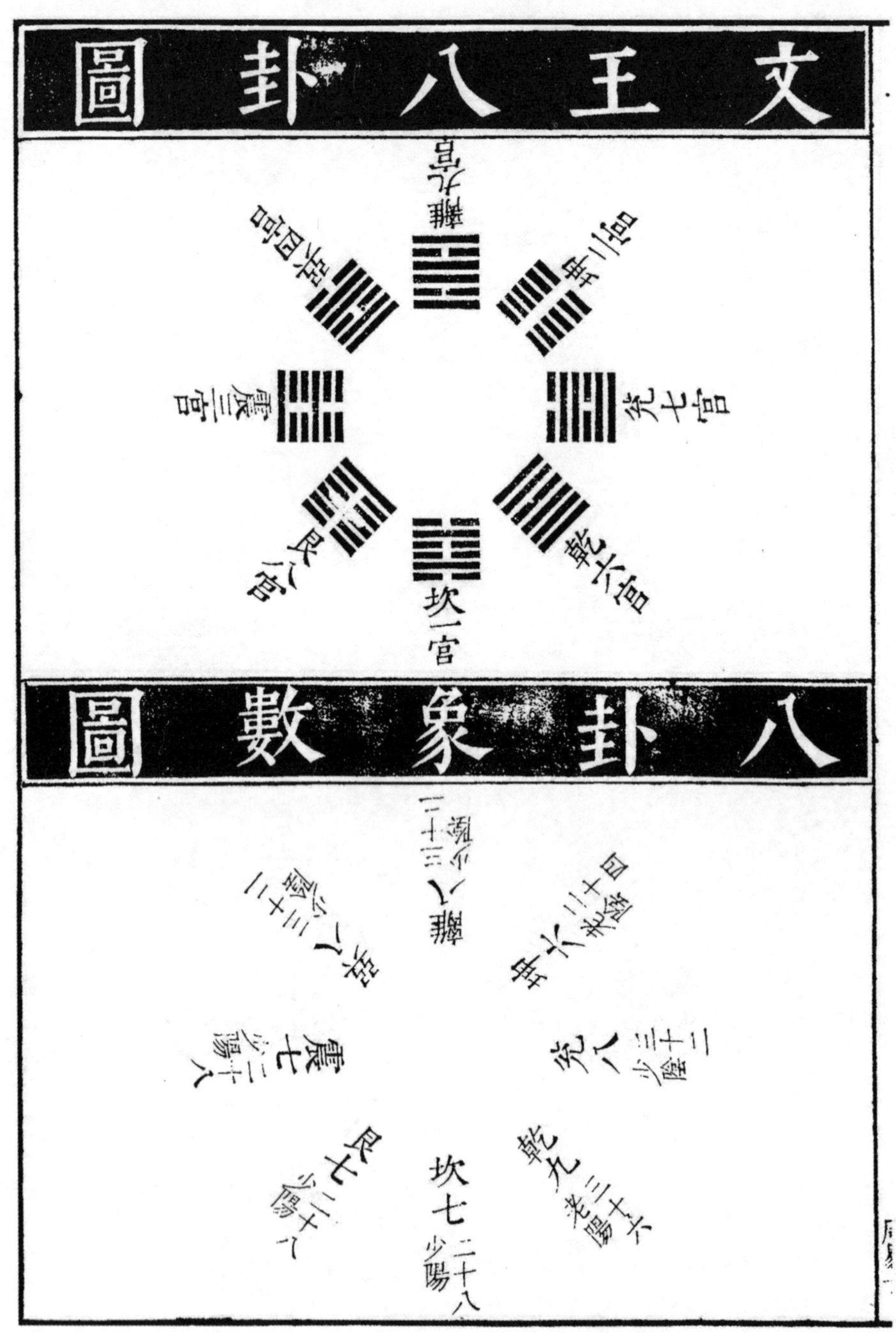

離九宮
坤二宮
兌七宮
乾六宮
坎一宮
艮八宮
震三宮
巽四宮
離八 少陰三十二
坤六 老陰二十四
兌八 少陰三十二
乾九 老陽三十六
坎七 少陽二十八
艮七 少陽二十八
震七 少陽二十八
巽八 少陰三十二

四卦合律圖

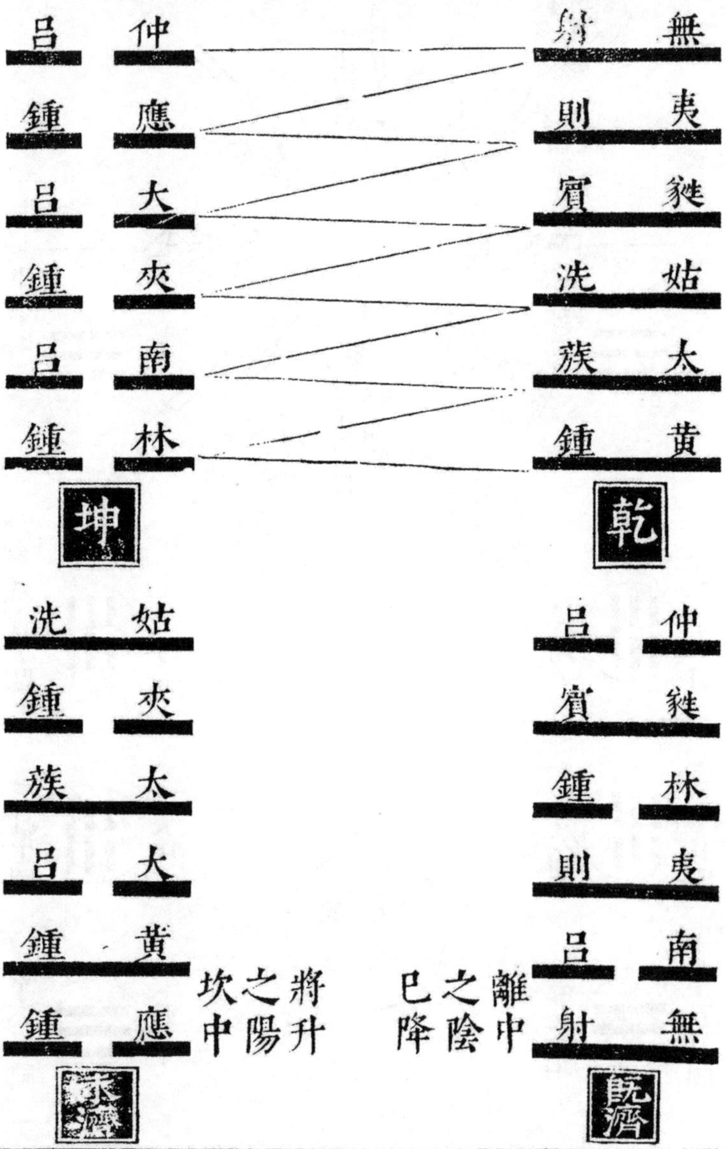

乾

無射
夷則
蕤賓
姑洗
太簇
黃鍾

坤

仲呂
應鍾
大呂
夾鍾
南呂
林鍾

既濟

仲呂
蕤賓
林鍾
夷則
南呂
無射

離中之陰巳降

將升之陽坎中

未濟

姑洗
夾鍾
太簇
大呂
黃鍾
應鍾

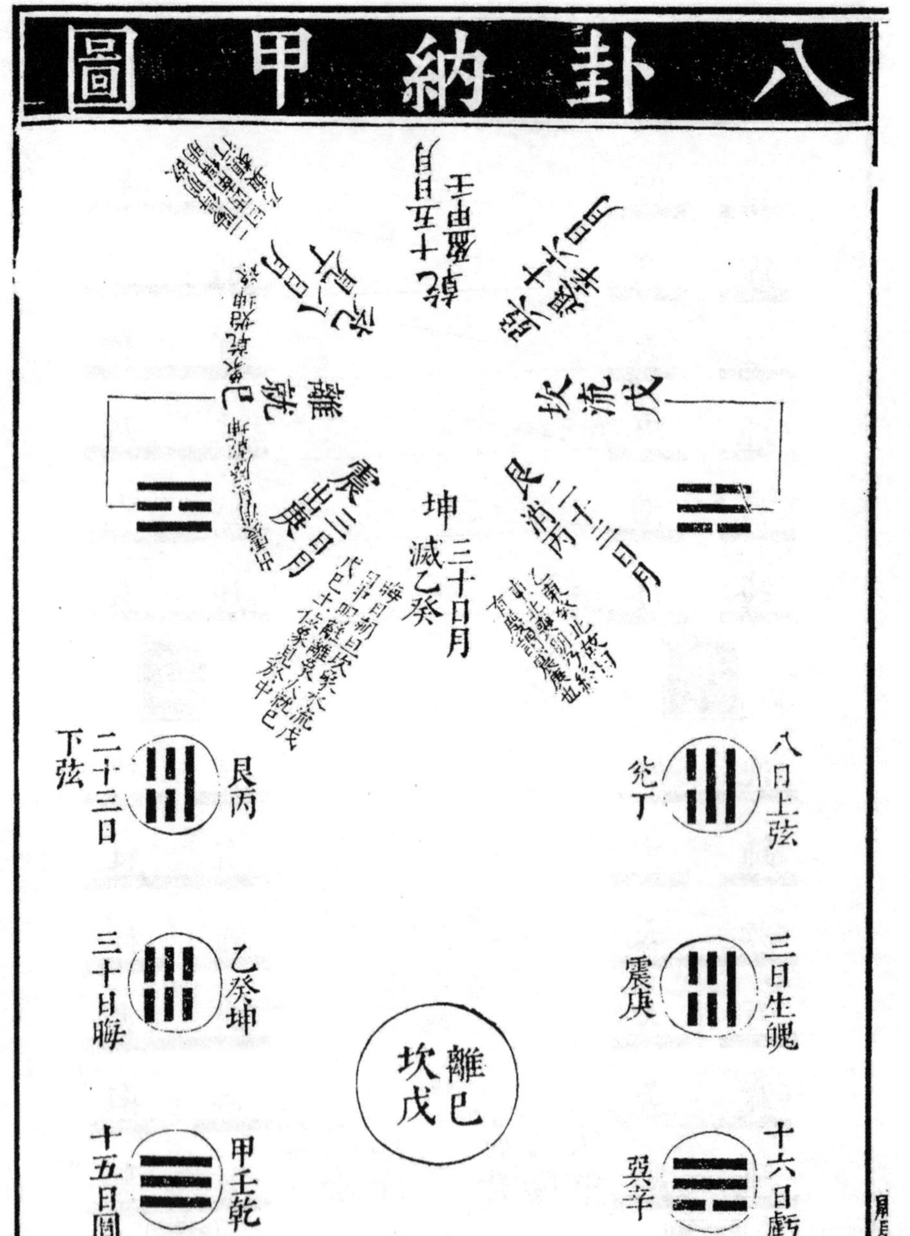
八卦納甲圖
坤滅乙癸
三十日月
八日上弦
兌丁
三日生魄
震庚
十六日虧
巽辛
二十三日下弦
艮丙
三十日晦
乙癸坤
十五日圓
甲壬乾
離巳
坎戊

剛柔相摩圖

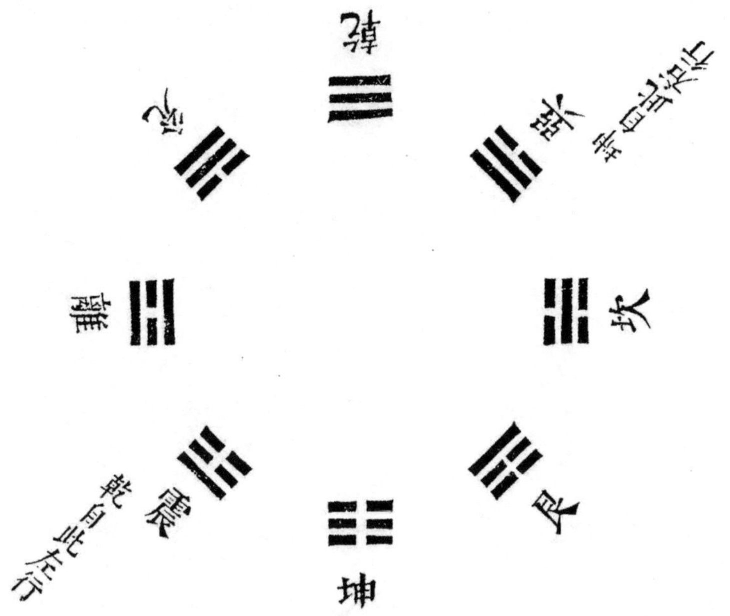

乾陽居上坤陰居下乾自震而左行坤自巽而右行天左地右故曰剛柔相摩

八卦相盪圖

離
坤
兌
乾
坎
艮
震
巽

震盪艮兌盪坤離盪巽坎盪乾八卦往來迭相推盪京房曰盪陰入陽盪陽入陰

六爻三極

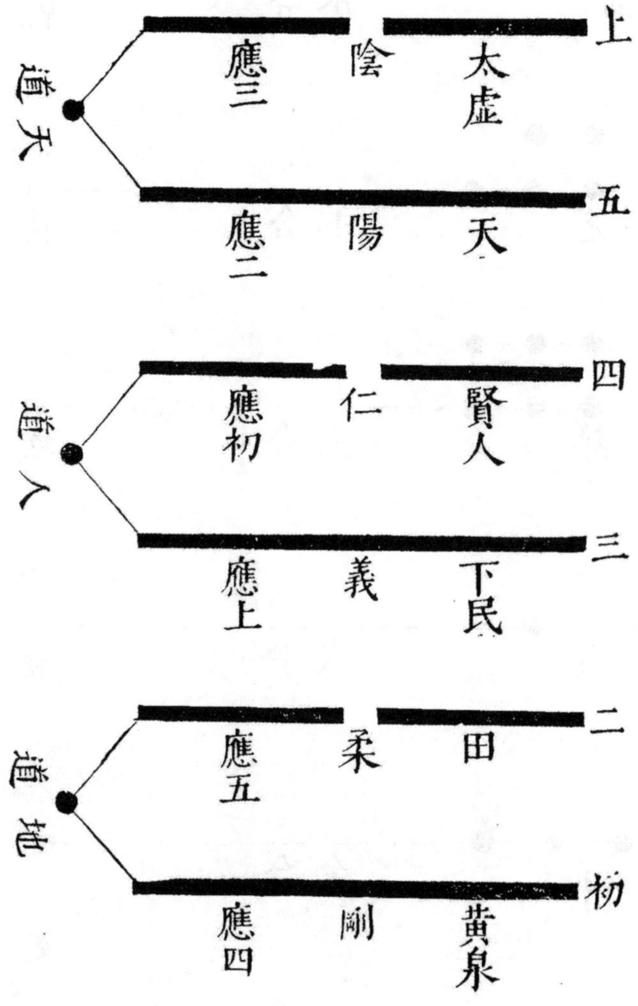

上　太虛　陰　應三

五　天　陽　應二

天道

四　賢人　仁　應初

三　下民　義　應上

人道

二　田　柔　應五

初　黃泉　剛　應四

地道

五位相合

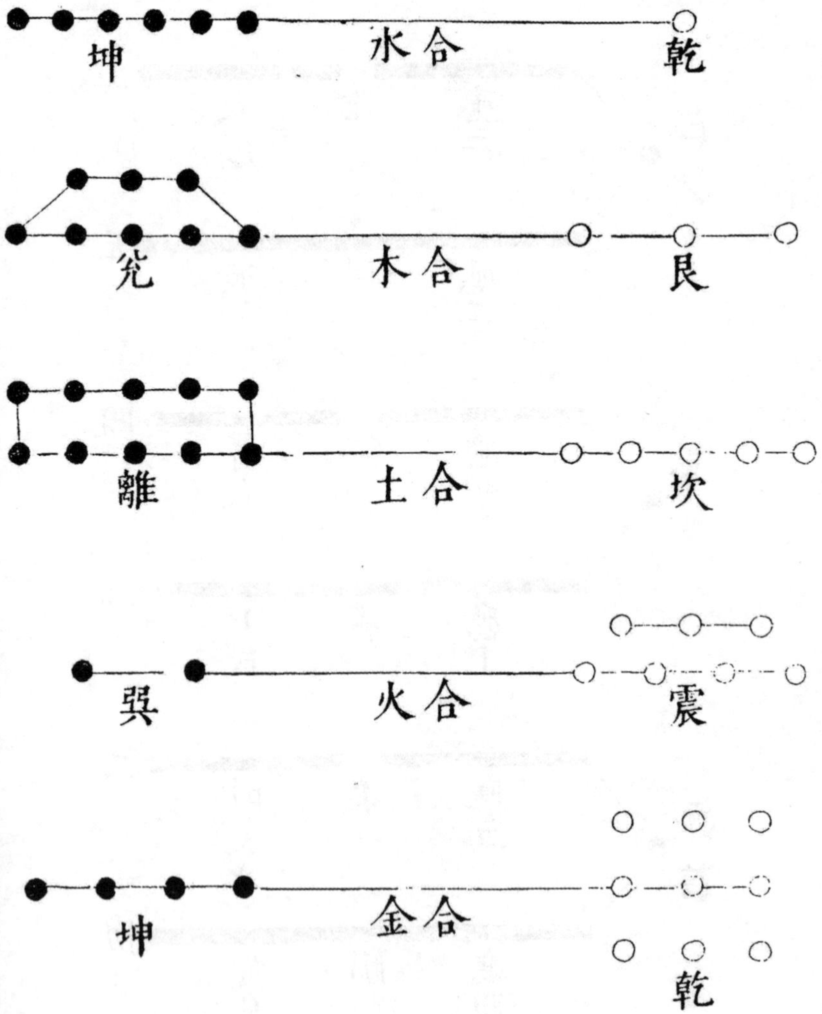

坤 水合 乾

兌 木合 艮

離 土合 坎

巽 火合 震

坤 金合 乾

帝出震圖

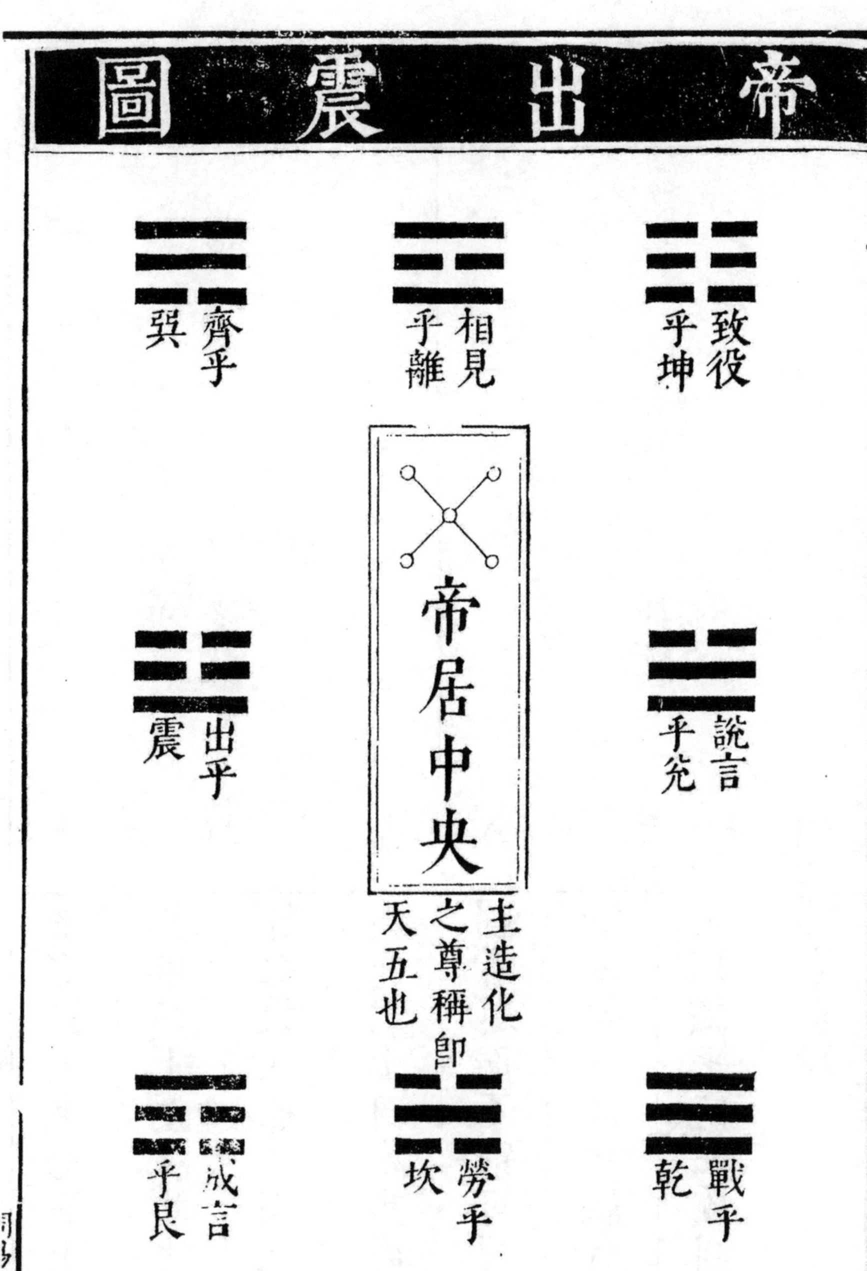

蓍卦之德

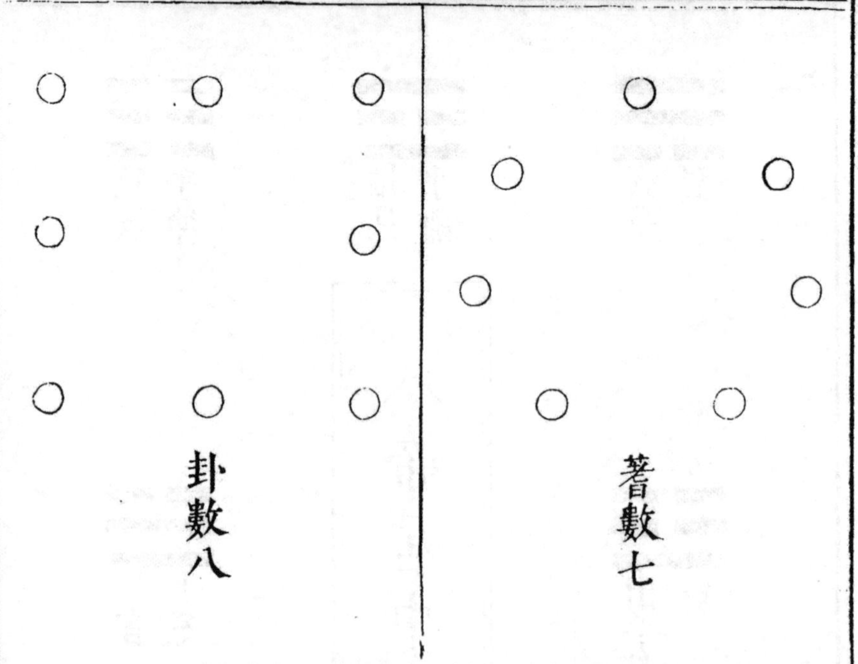

蓍數七

卦數八

七七四十九

八八六十四

蓍之數七也七而七之其用四十九故其德圓卦之數八也八而八之爲別六十四故其德方圓者運而不窮可以逆知來物方者其體有定可以識乎旣從故圓象神方象知

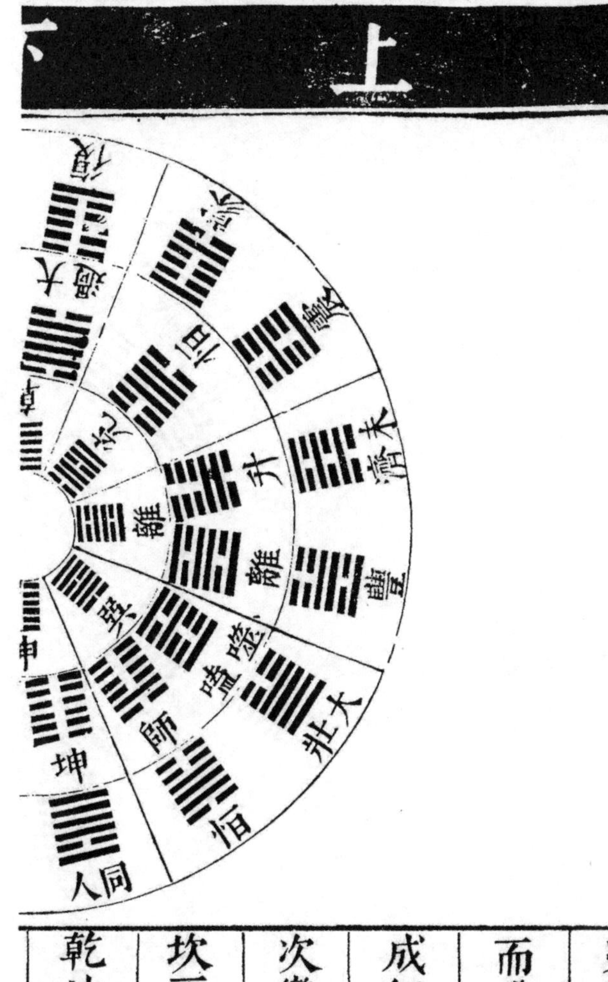

本乾九二爻變成同人次變无妄次變益次變頤終其變至離而止本坤六二爻變成師次變升次變恒次變大過終其變至坎而止故上經始於乾坤終於坎離焉

下經圖

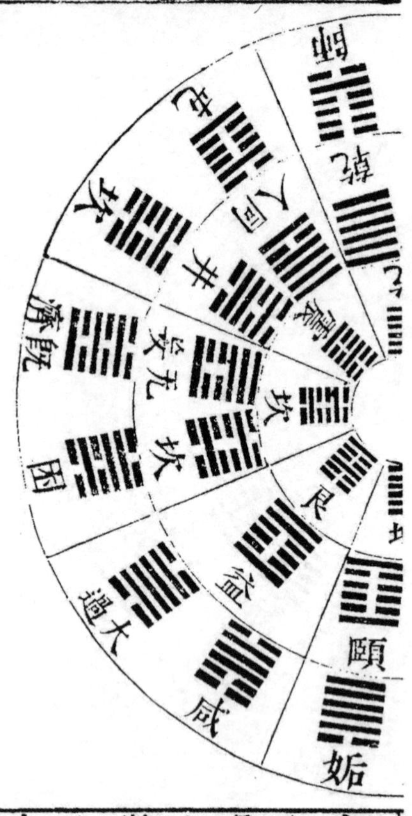

本咸六二爻變成大過次變困次變坎次變師次變蒙而終於未濟本恒初六爻變成大壯次變豐次變震次變復次變屯而入既濟故下經始於咸恒終於既濟焉

三變大成圖

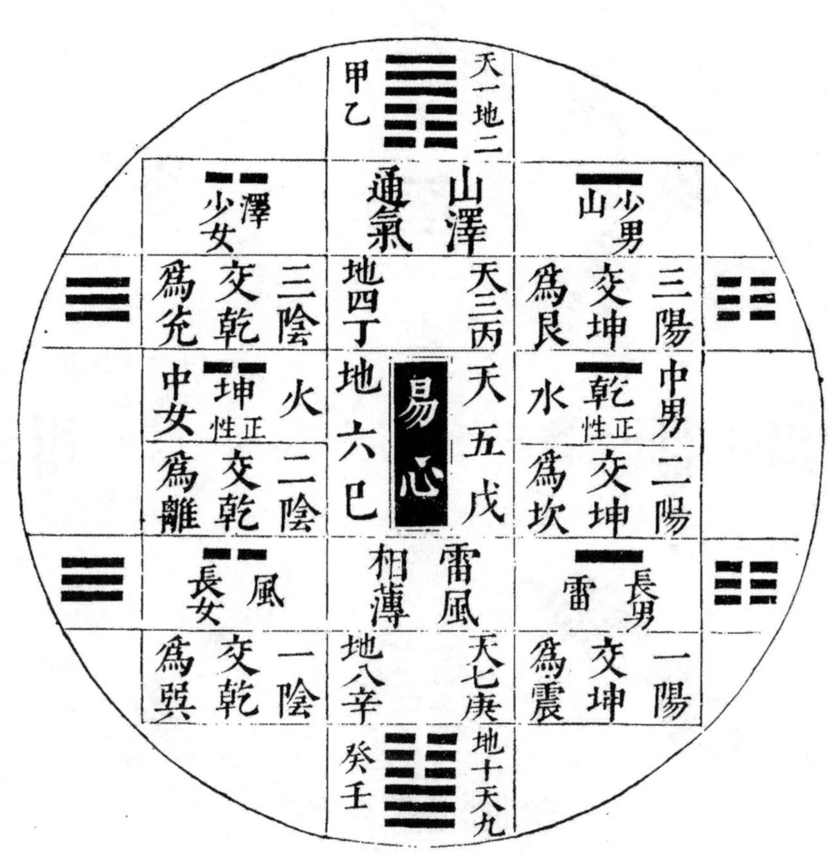

天一地二
甲乙
山澤
通氣
澤
少女
少男
山
三陰
交乾
爲兌
三陽
交坤
爲艮
天三丙
地四丁
天五戊
地六巳
易
心
火
坤
正性
中女
中男
乾
正性
水
二陰
交乾
爲離
二陽
交坤
爲坎
雷風
相薄
風
長女
長男
雷
一陰
交乾
爲巽
一陽
交坤
爲震
天七庚
地八辛
地十天九
癸壬

重易六爻圖

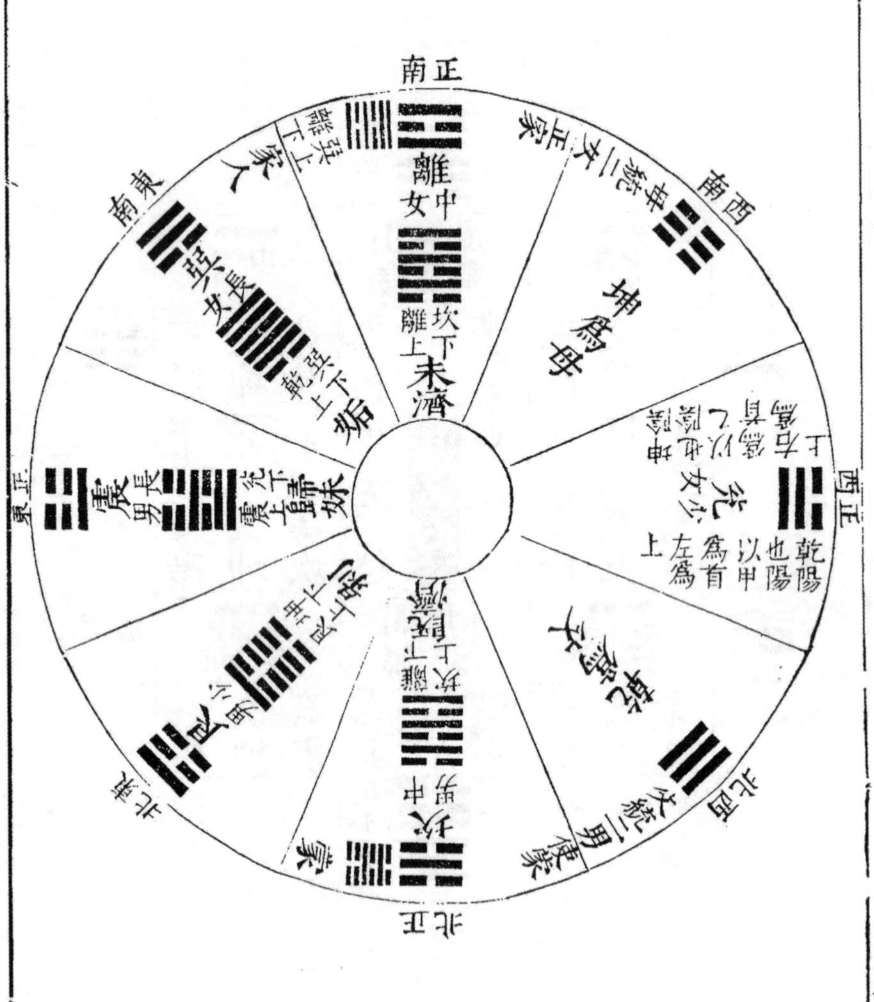

六十四卦天地數圖

八八	七八	六八	五八	四八	三八	二八	一八
八七	七七	六七	五七	四七	三七	二七	一七
八六	七六	六六	五六	四六	三六	二六	一六
八五	七五	六五	五五	四五	三五	二五	一五
八四	七四	六四	五四	四四	三四	二四	一四
八三	七三	六三	五三	四三	三三	二三	一三
八二	七二	六二	五二	四二	三二	二二	一二
八一	七一	六一	五一	四一	三一	二一	一一

六十四卦萬物數圖

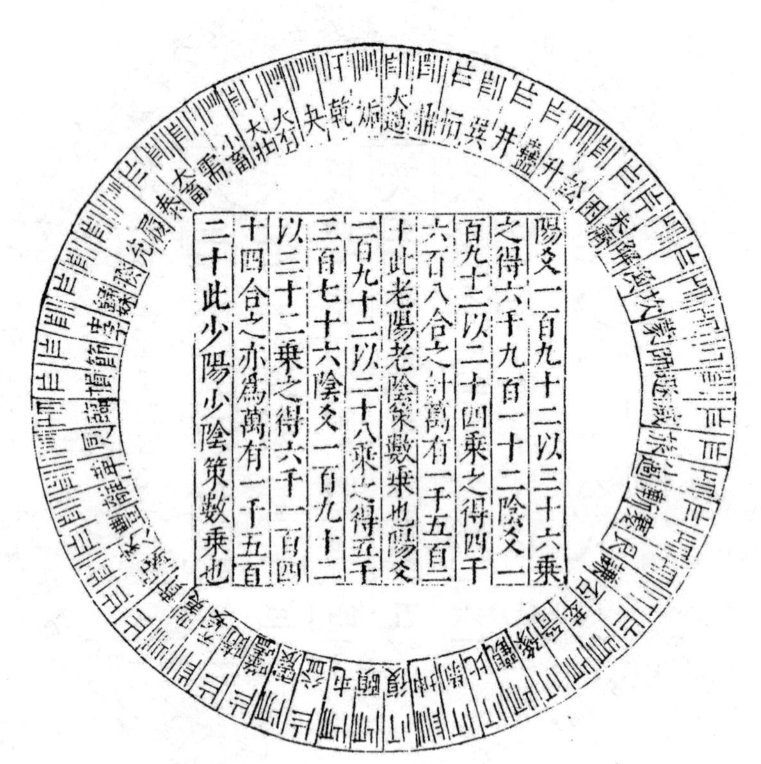

陽爻一百九十二以三十六乘
之得六千九百一十二陰爻一
百九十二以二十四乘之得四千
六百八合之得萬有一千五百二
十此老陽老陰策數乘也陽爻
一百九十二以二十八乘之得五千
三百七十六陰爻一百九十二
以三十二乘之得六千一百四
十四合之亦爲萬有一千五百
二十此少陽少陰策數乘也

卦爻律呂圖

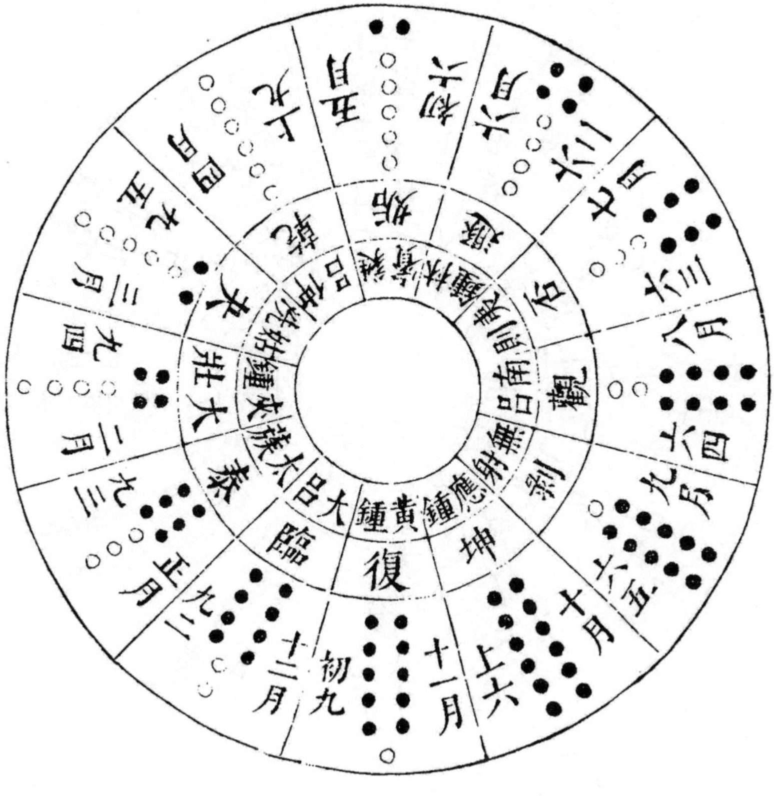

十一月復一陽生黃鍾氣應至四月六陽爲乾故闢戶謂之乾五月姤一陰生蕤賓氣應至十月六陰爲坤故闔戶謂之坤

運會曆數圖

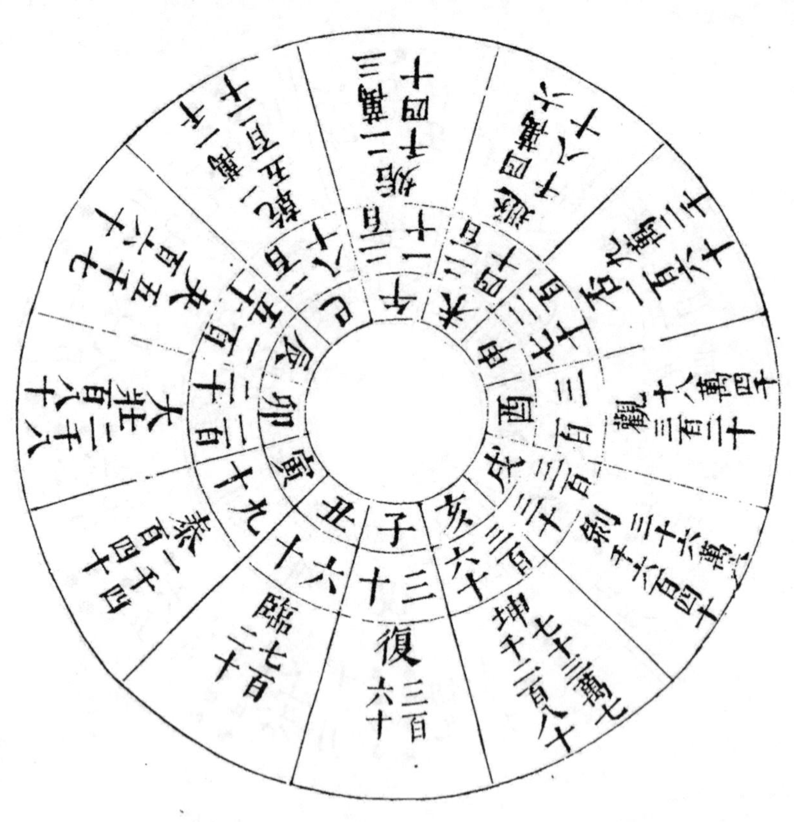

復十二世	臨二十四世	泰三十六世	大壯四十八世	夬六十世	乾七十二世	姤八十四世	遯九十六世	否一百八世	觀一百二十世	剝一百三十二世	坤一百四十四世

乾坤大父母圖

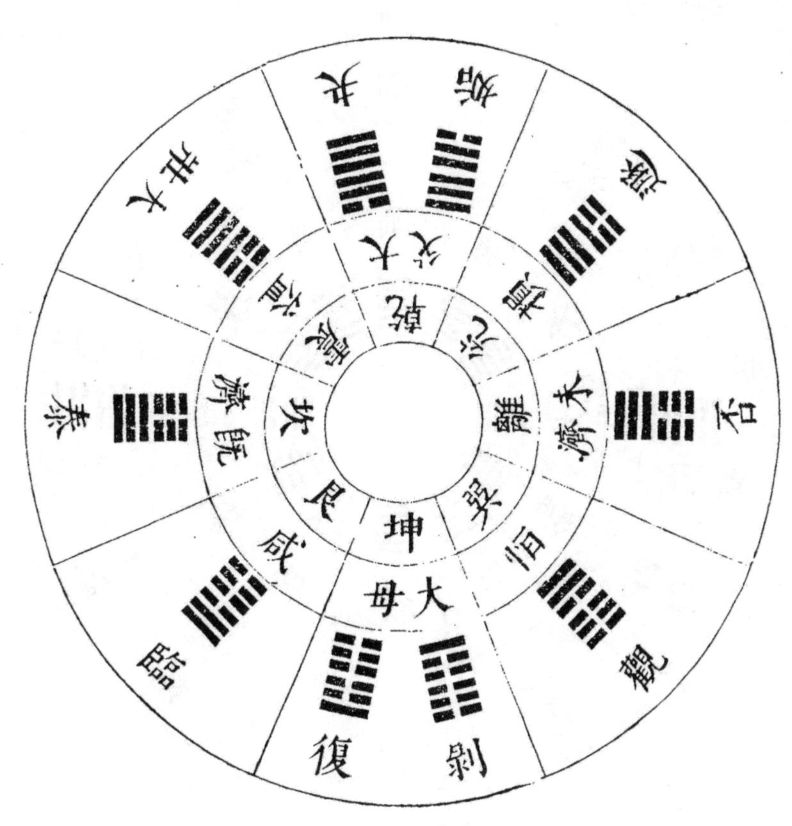

乾一變姤二變遯三變否至五變爲剝而止物不可以終盡剝窮上反下故受之以復坤一變復二變臨三變泰至五變爲夬而止夬必有遇故受之以姤

復姤小父母圖

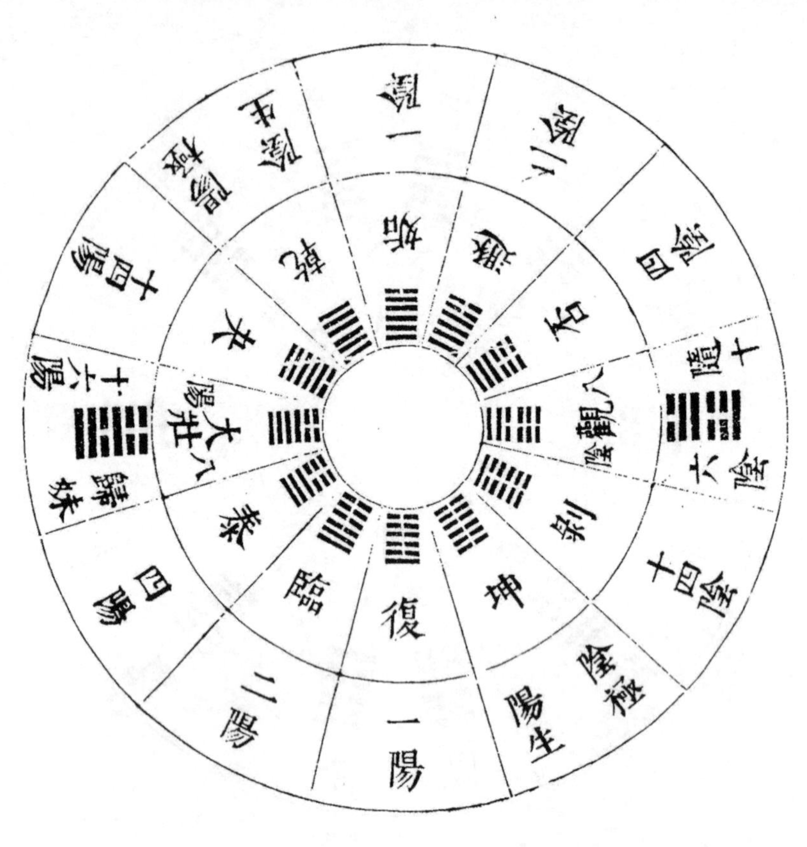

一陽來復變臨爲二陽變至泰爲四陽變至大壯爲八陽變至夬爲十四陽終其變於歸妹成十六陽一陰始姤變遯爲二陰變至否爲四陰變至觀爲八陰變至剝爲十四陰終其變於隨成十六陰

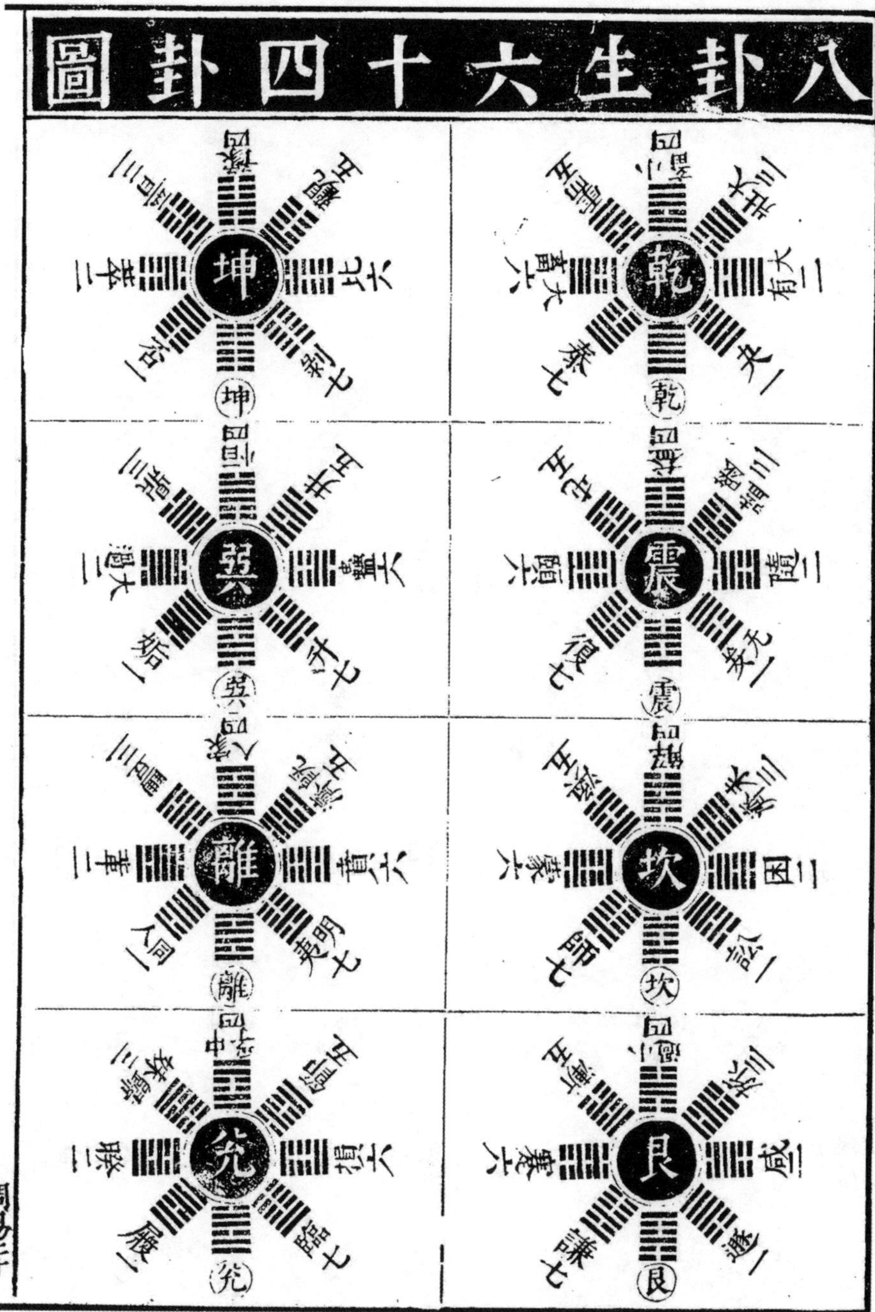
八卦生六十四卦圖
乾
震
坎
艮
坤
巽
離
兌

八卦變六十四卦圖

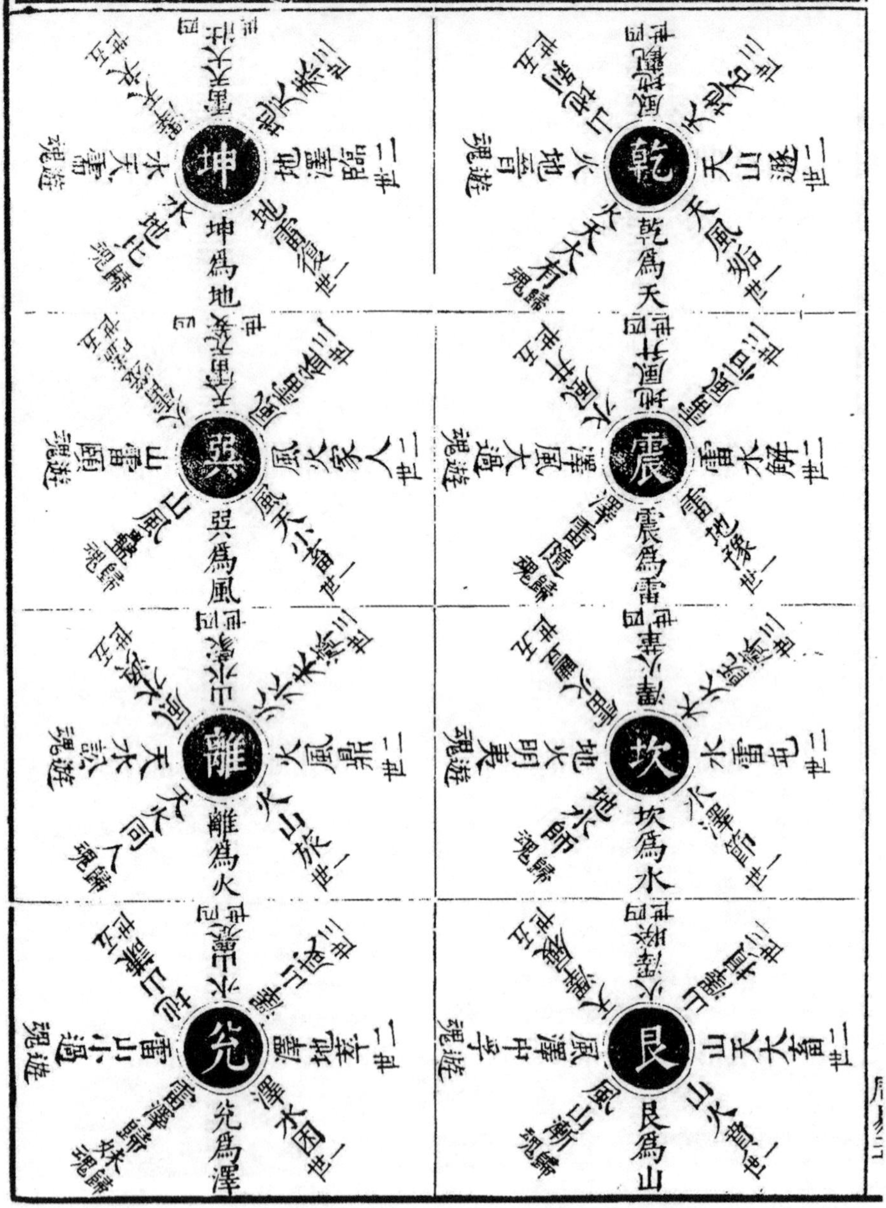

乾
乾爲天
一世 天風姤
二世 天山遯
三世 天地否
四世 風地觀
五世 山地剝
遊魂 火地晉
歸魂 火天大有

震
震爲雷
一世 雷地豫
二世 雷水解
三世 雷風恆
四世 地風升
五世 水風井
遊魂 澤風大過
歸魂 澤雷隨

坎
坎爲水
一世 水澤節
二世 水雷屯
三世 水火既濟
四世 澤火革
五世 雷火豐
遊魂 地火明夷
歸魂 地水師

艮
艮爲山
一世 山火賁
二世 山天大畜
三世 山澤損
四世 火澤睽
五世 天澤履
遊魂 風澤中孚
歸魂 風山漸

坤
坤爲地
一世 地雷復
二世 地澤臨
三世 地天泰
四世 雷天大壯
五世 澤天夬
遊魂 水天需
歸魂 水地比

巽
巽爲風
一世 風天小畜
二世 風火家人
三世 風雷益
四世 天雷无妄
五世 火雷噬嗑
遊魂 山雷頤
歸魂 山風蠱

離
離爲火
一世 火山旅
二世 火風鼎
三世 火水未濟
四世 山水蒙
五世 風水渙
遊魂 天水訟
歸魂 天火同人

兌
兌爲澤
一世 澤水困
二世 澤地萃
三世 澤山咸
四世 水山蹇
五世 地山謙
遊魂 雷山小過
歸魂 雷澤歸妹

陽卦順生

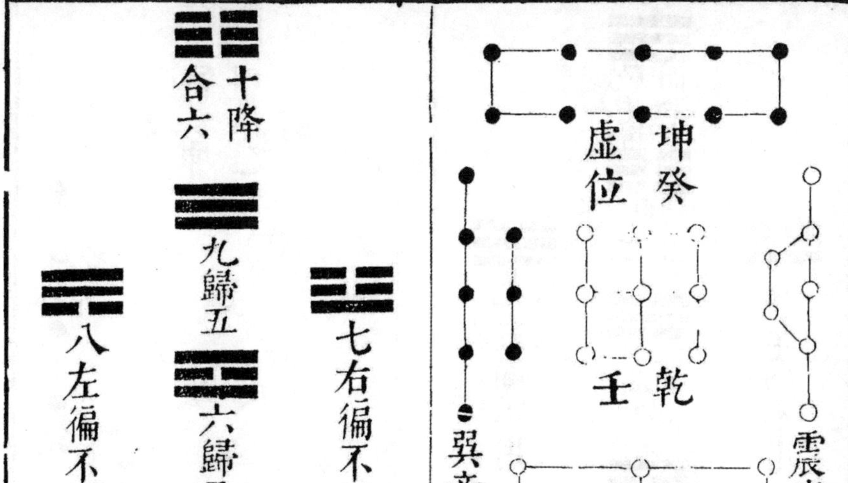

坤癸
虛位
乾
壬
巽辛
震庚
離
巳
坎
戊
坤
乙
兌丁
乾甲虛位
艮丙

十降
合六
九歸五
六歸二
五君
二臣
一升
合九
七右偏不用
三右偏用
八左偏不用
四左偏用

一升而合九歸五爲君十降而合六歸二爲臣此之謂陽卦順生也

陰卦逆生

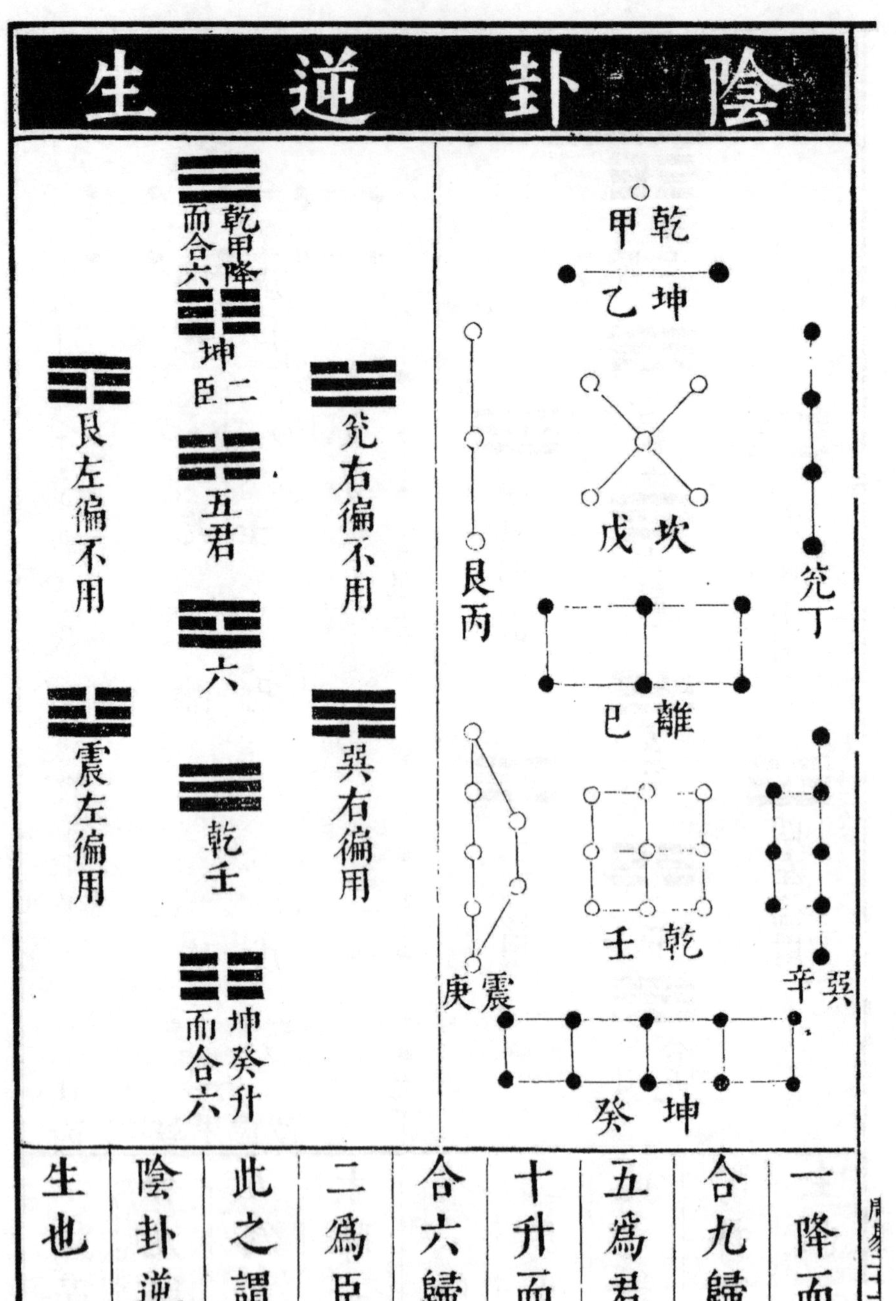

一降而合九歸五爲君十升而合六歸二爲臣此之謂陰卦逆生也

復姤臨遯泰否六

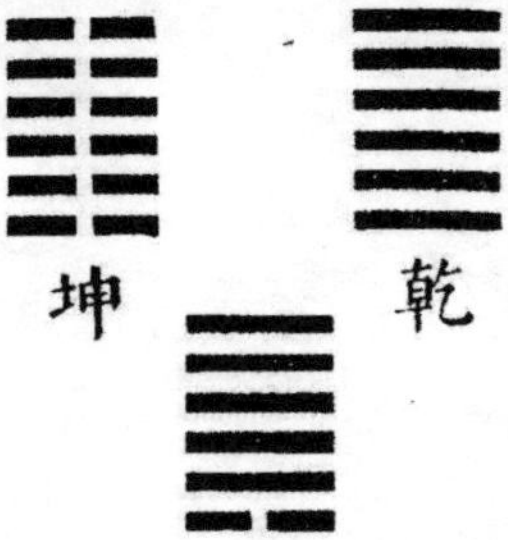

乾

坤

姤

五陽一陰卦皆自姤來

姤　乾一交而爲姤

姤一爻五變成五卦

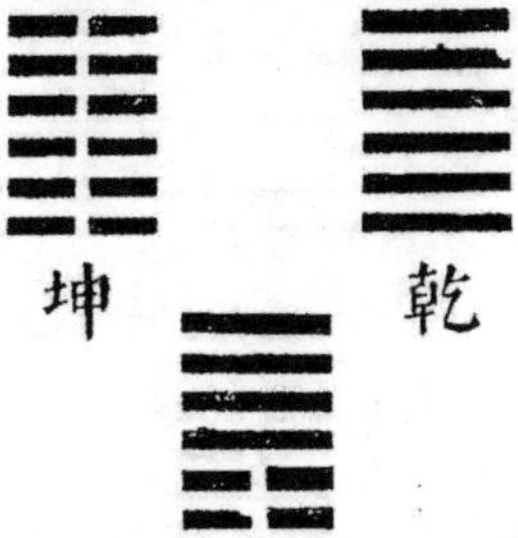

乾

坤

遯

四陽二陰卦皆自遯來

遯　乾再交而爲遯

遯五復五變成十四卦

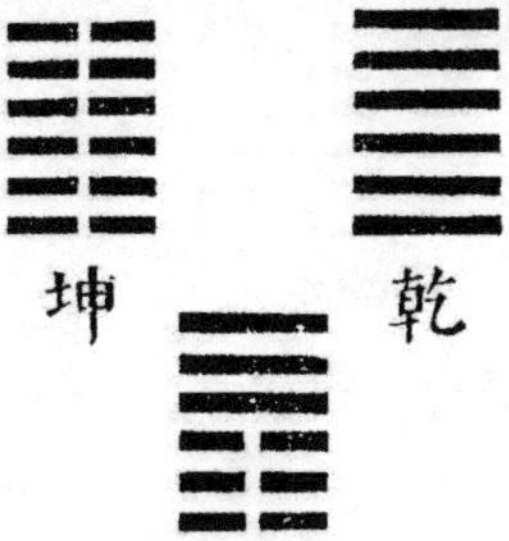

乾

坤

否

三陽三陰卦皆自否來

否　乾三交而爲否

否三復三變成九卦

卦生六十四卦圖

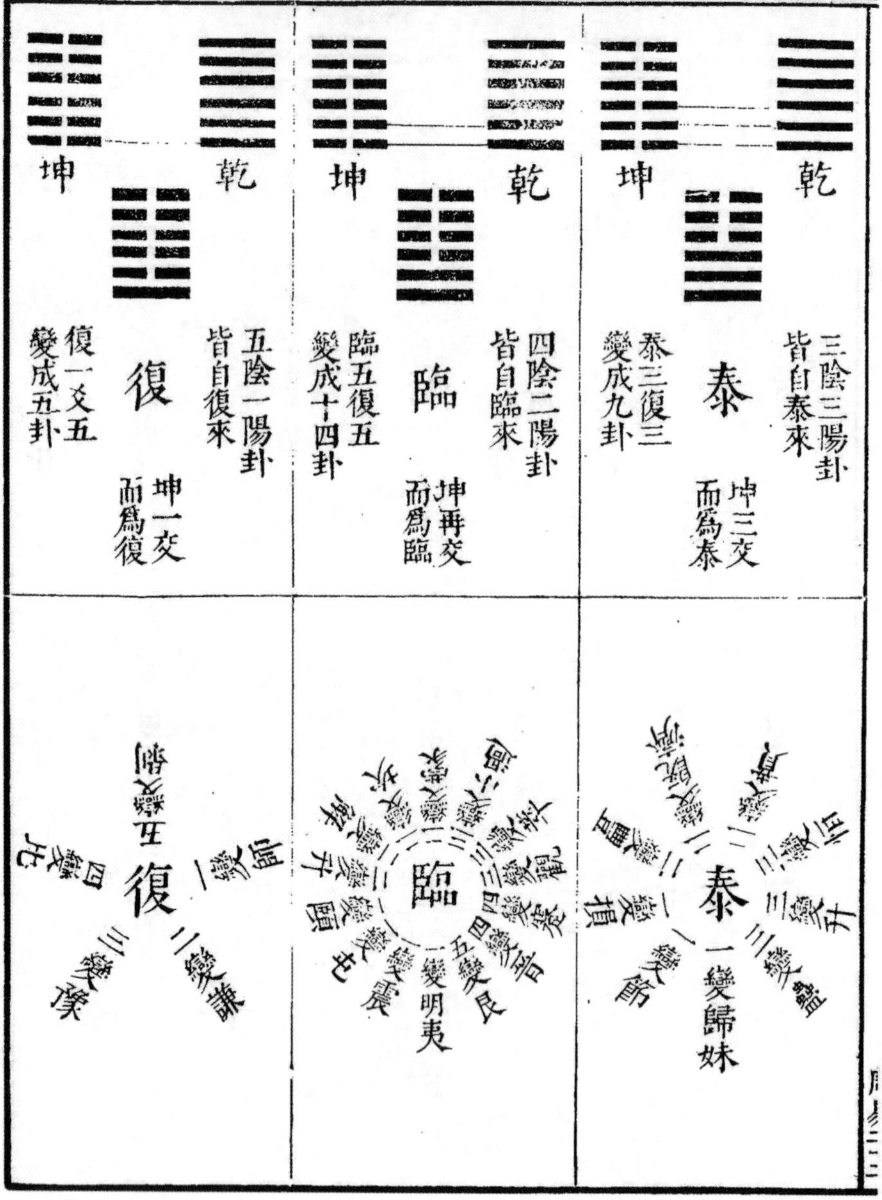
乾
坤
泰
三陰三陽卦皆自泰來
坤三交而爲泰
泰三復三變成九卦
乾
坤
臨
四陰二陽卦皆自臨來
坤再交而爲臨
臨五復五變成十四卦
乾
坤
復
五陰一陽卦皆自復來
坤一交而爲復
復一爻五變成五卦
泰
一變歸妹
臨
變明夷
復

六十四卦

一陰五陽反對變六卦

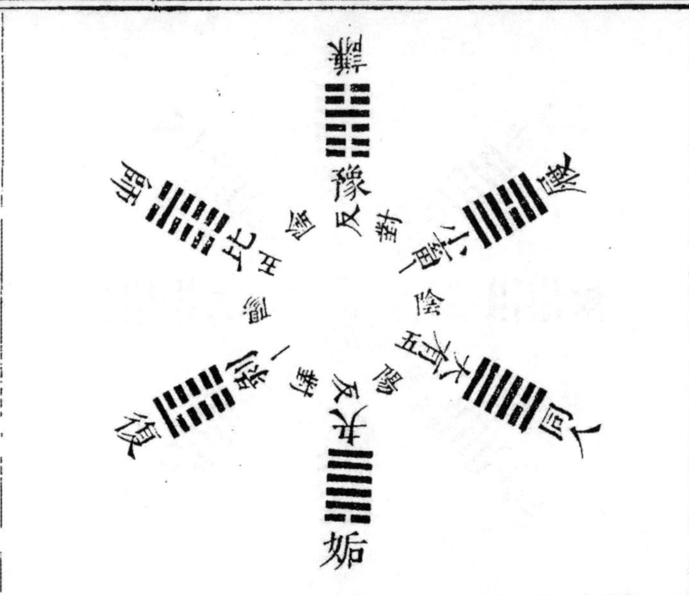

一陽五陰反對變六卦

二陰四陽反對變十二卦

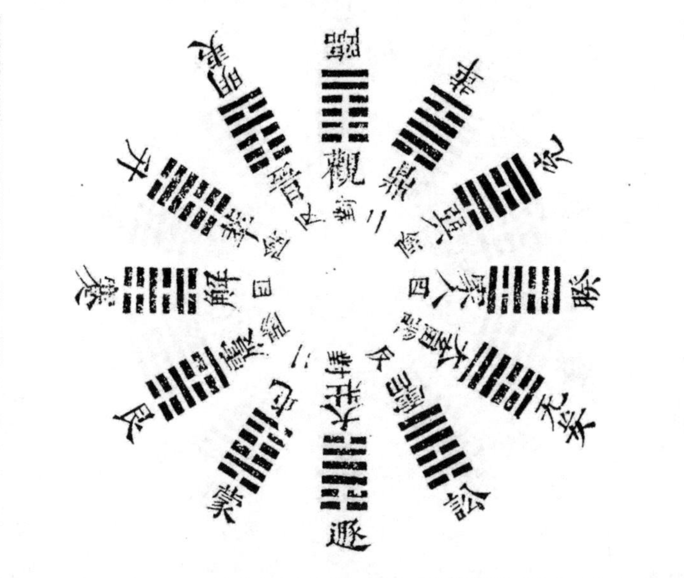

二陽四陰反對變十二卦

反對變圖

反對不

三陰三陽反對

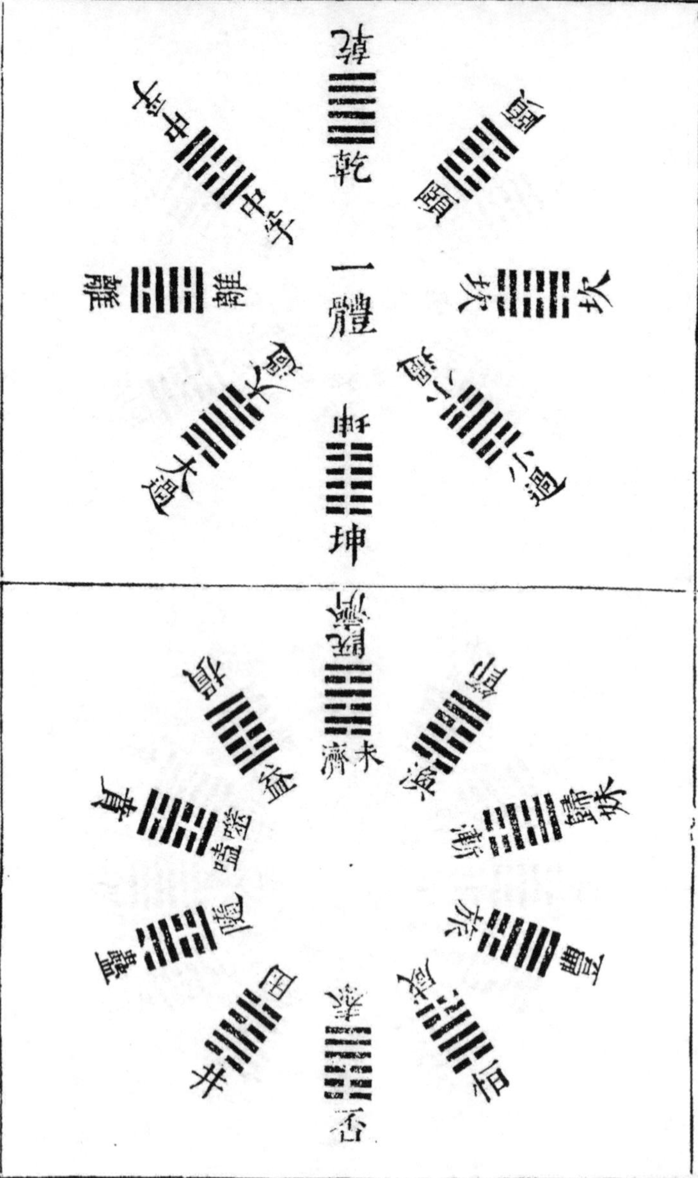

乾 乾

頤 頤

中孚 中孚

離 離

坎 坎

小過 小過

大過 大過

坤 坤

一體

既濟 未濟

節 渙

歸妹 漸

豐 旅

咸 恆

泰 否

困 井

蠱 隨

噬嗑 賁

損

變八卦

變二十四卦

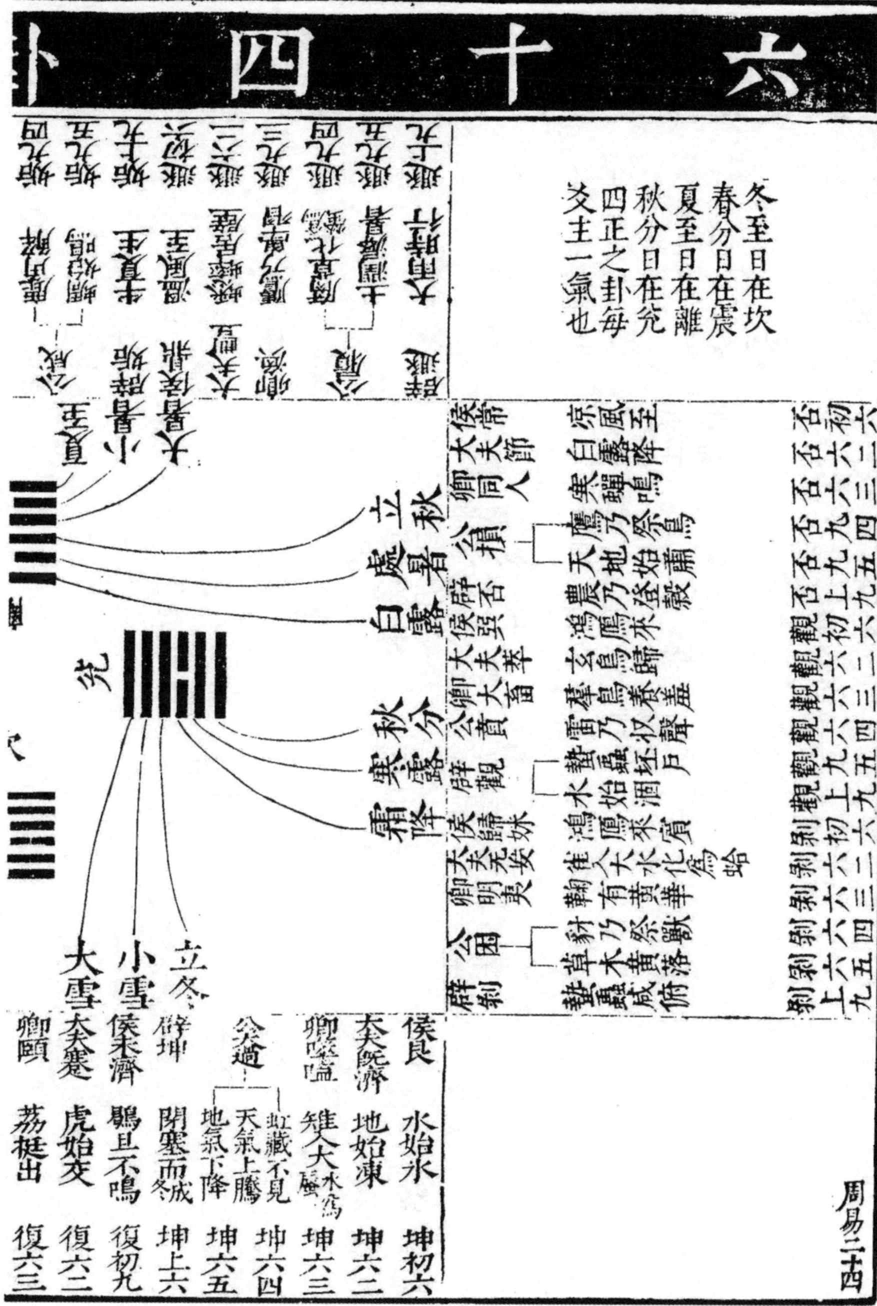
六十四卦
冬至日在坎
春分日在震
夏至日在離
秋分日在兌
四正之卦每爻主一氣也

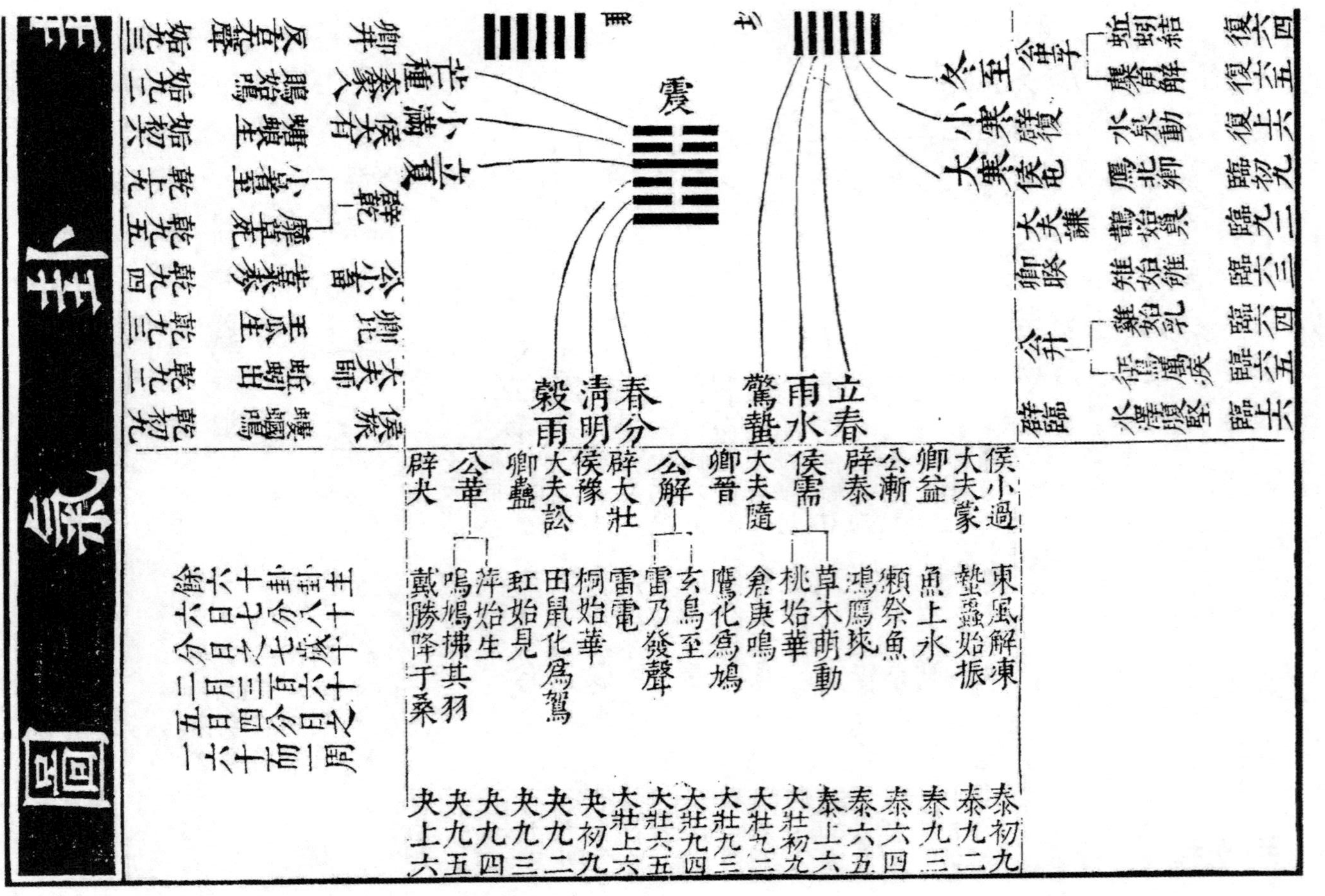
卦氣圖
冬至
小寒
大寒
立春
雨水
驚蟄
春分
清明
穀雨
立夏
小滿
芒種
震
餘六十卦卦主六日七分八十分日之七歲十二月三百六十五日四分日之一六十而一周

十三卦取象圖

離 巽繩離目罔目謂之罟兩目相連結繩爲之罔罟也離雉佃也兌巽爲罟漁也

益 乾金斷巽斷木也四之上成坎坎爲揉之初成震揉木也入坤土而巽於前斷木爲耜也動於後揉木爲耒也

噬嗑 離日在上爲日中坤衆在下爲市衆爲民離有伏兌爲羸貝坤往之乾致天下之民聚天下之貨也以坤交乾交易也

乾 乾坤无爲六子自用垂衣裳而天下治乾在上爲衣

坤 坤在下爲裳裳下體之飾也

渙 乾金刳巽浮於坎上刳木爲舟也離火上銳剡木爲楫也

隨 坤牛而震足驅之服牛也震作足馬而巽股據之乘馬也坤輿震輹上六引之引重也內卦近外卦遠上六在外卦之外致遠也

豫 豫謙之反也謙艮爲門九三之四又爲門重門也艮爲手坎爲堅木震爲聲手擊堅木而有聲擊柝也坤爲闔戶而坎盜逼之暴客也

小過 兌金斷巽木斷木爲杵也巽木入坤土掘地爲臼也坎陷也臼之象杵動於上臼止於下四應初三應上上下相應杵臼之利也坎變巽股萬民濟也

睽 睽家人之反也家人巽爲木巽離爲絲坎爲弓弦木爲弓也兌金剡木而銳之剡木爲矢也兌決乾剛威天下也

大壯 大壯自遯來一變中孚艮爲居兌爲口穴之象穴居也再變大畜乾在上天際也野之象巽入變艮而止野處也三變大壯震木在上棟也乾天在下宇也巽風隱兌澤流待風雨也大壯則不撓矣

大過 大過自遯一變訟乾見坤隱不封也再變巽木而兌金毁之不樹也三變鼎離爲目兌澤流喪也上九變而應三坎兌爲節不變喪期无數也木在澤下中有乾人棺槨也葬則棺周於身槨周於棺土周於槨大過也

夬 夬自姤四變大有姤巽爲繩結繩也巽變成離坤離爲文書也兌金刻木契也

三陳九卦之圖

	一	二	三
履	履德之基	履和而至	履以和行
謙	謙德之柄	謙尊而光	謙以制禮
復	復德之本	復小而辨於物	復以自知
恒	恒德之固	恒雜而不厭	恒以一德
損	損德之修	損先難而後易	損以遠害
益	益德之裕	益長裕而不設	益以興利
困	困德之辯	困窮而通	困以寡怨
井	井德之地	井居其所而遷	井以辯義
巽	巽德之制	巽稱而隱	巽以行權

上經卦三三敘而九下經卦六三敘而十八履十謙十五復二十四恒二損十一益十二困十七井十八巽二十七九卦之數總一百三十有六凡三求之四百有八也周天三百六十成數也餘四十八陰陽所以進退也陽進於乾六月各四十八（復至乾也）陰退於坤六月亦四十八（姤至坤也）此九卦數之用也

參伍以變圖

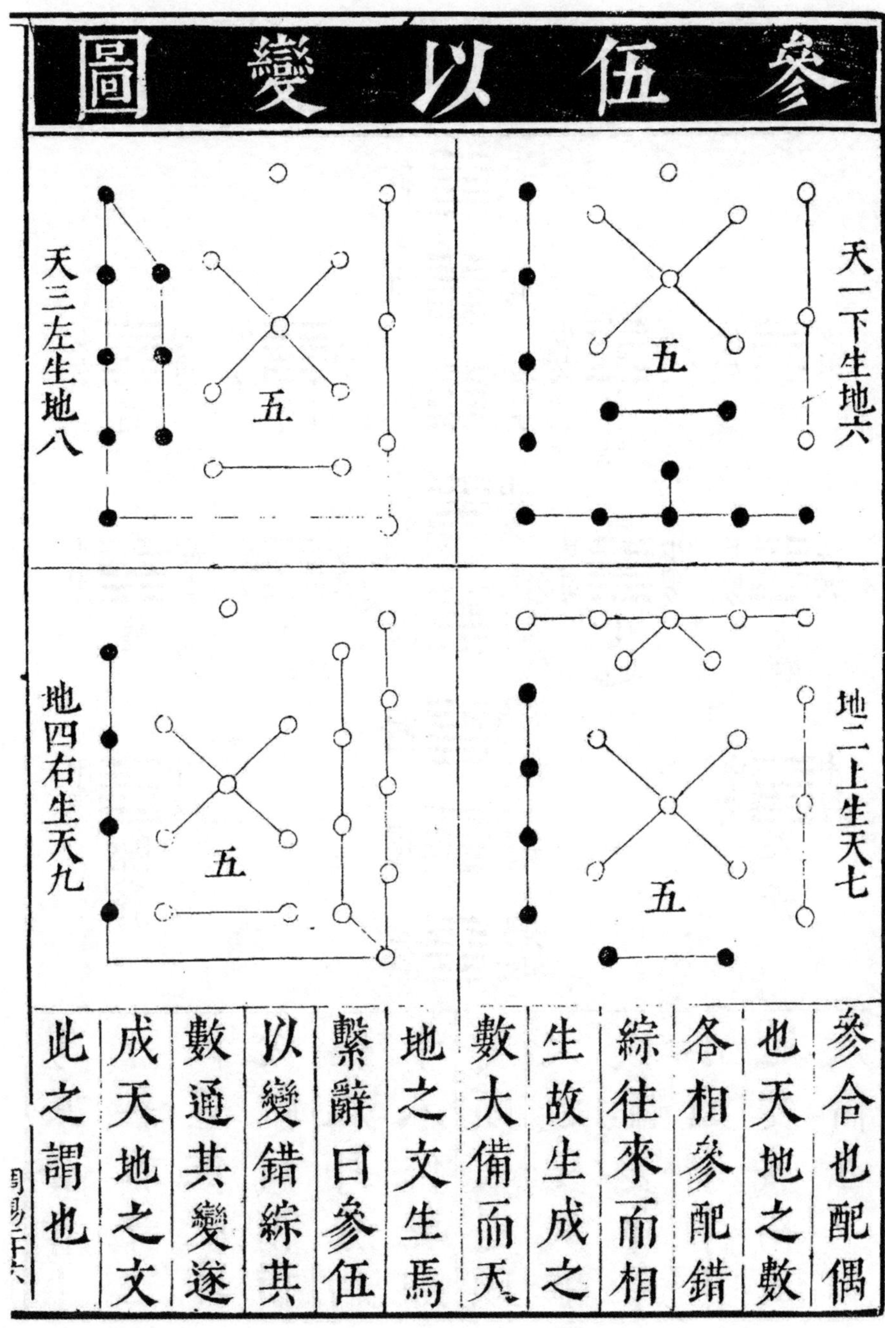

參合也配偶也天地之數各相參配錯綜往來而相生故生成之數大備而天地之文生焉繫辭曰參伍以變錯綜其數通其變遂成天地之文此之謂也

十有八變圖

隨 少女 長男
蠱 少男 長女
既濟 中男 中女

頤 少男 長男
中孚 長女 少女

乾 父
坤 母
坎 中男
離 中女
咸 少女 少男
恒 長男 長女
損 少男 少女
益 長女 長男

大過 少女 長女
小過 長男 少男

漸 長女 少男
歸妹 長男 少女
未濟 中女 中男

男女合者上下經惟十二位正位乾坤坎離咸恒損益八卦分爲十八位乾坤變頤大過頤大過變坎離坎離變中孚小過中孚小過變咸恒成人倫也

一陰一陽圖

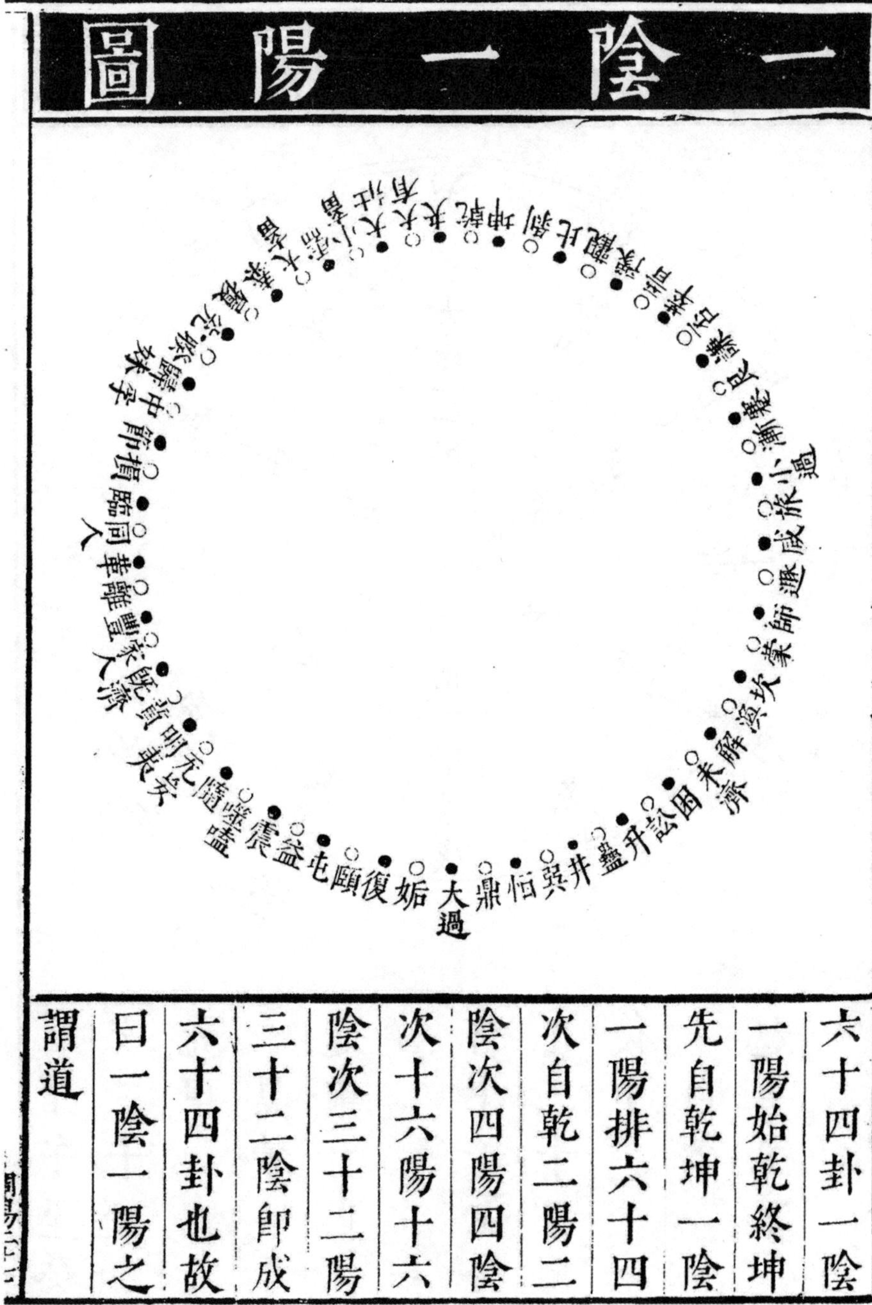

六十四卦一陰一陽始乾終坤先自乾坤一陰一陽排六十四次自乾二陽二陰次四陽四陰次十六陽十六陰次三十二陰三十二陽卽成六十四卦也故曰一陰一陽之謂道

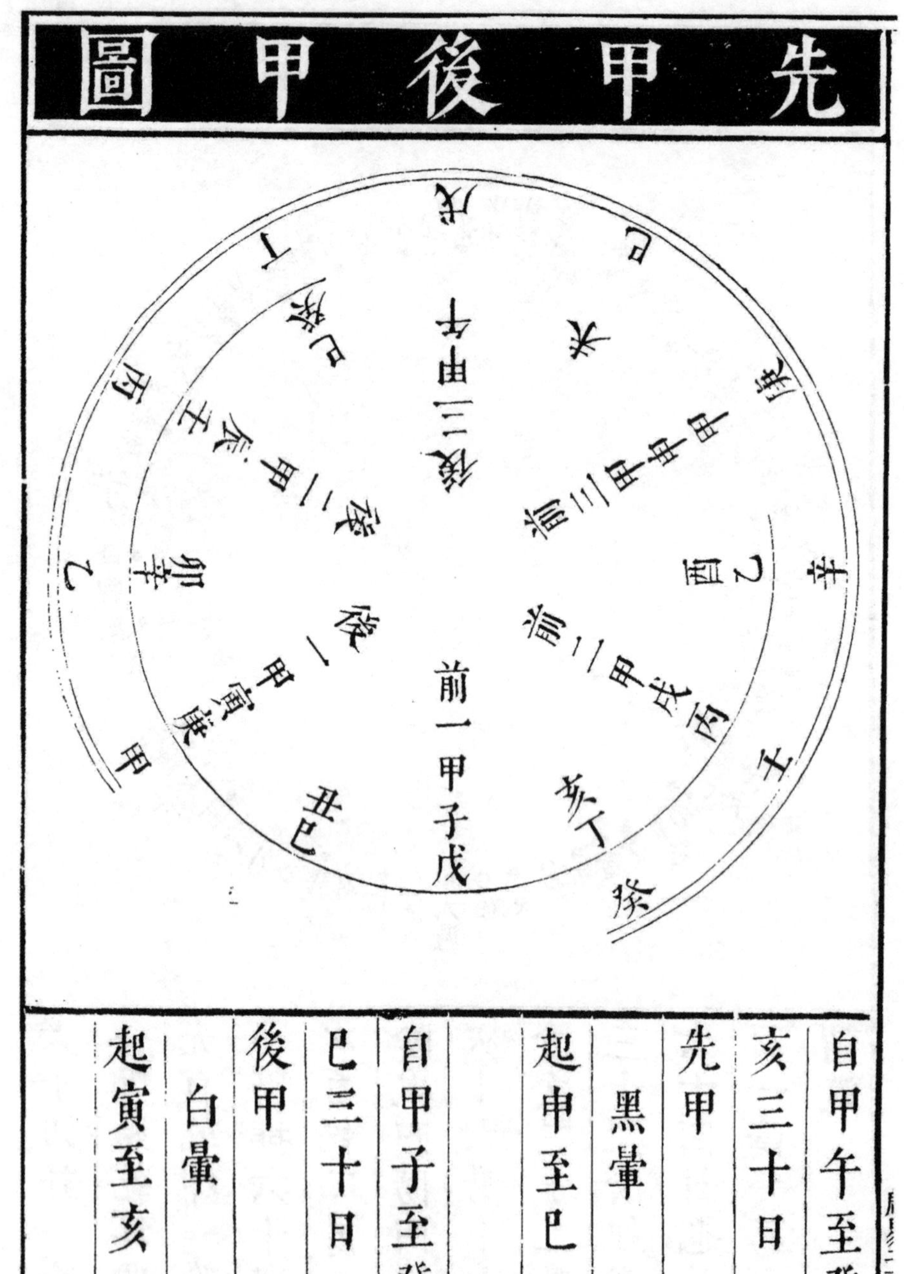
先甲後甲圖
自甲午至癸亥三十日
先甲
黑暈
起申至巳
自甲子至癸巳三十日
後甲
白暈
起寅至亥

陰陽君民

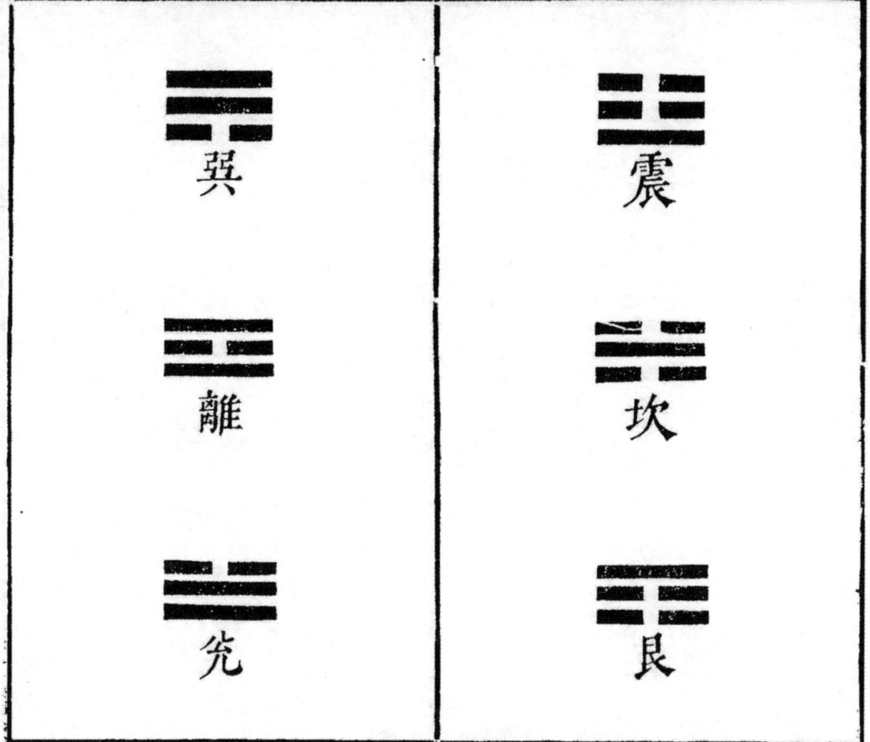

震　坎　艮

巽　離　兑

陽卦以奇爲君故一陽而二陰陽爲君陰爲民也陰卦以偶爲君故二陽而一陰陰爲君陽爲民也陽一畫爲君二畫爲民其理順故曰君子之道陰二畫爲君一畫爲民其理逆故曰小人之道

陰陽奇偶

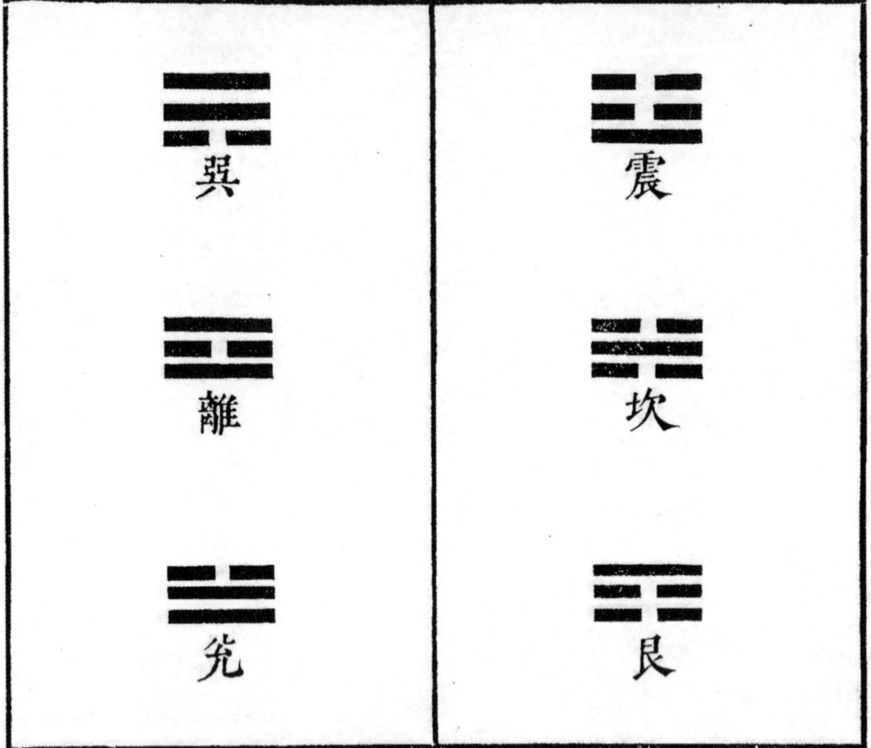

震	巽
坎	離
艮	兌

震坎艮陽卦也曷爲而多陰自坤而索也其卦皆一陽二陰凡五也故曰陽卦奇

巽離兌陰卦也曷爲而多陽自乾而來也其卦皆一陰二陽凡四也故曰陰卦偶

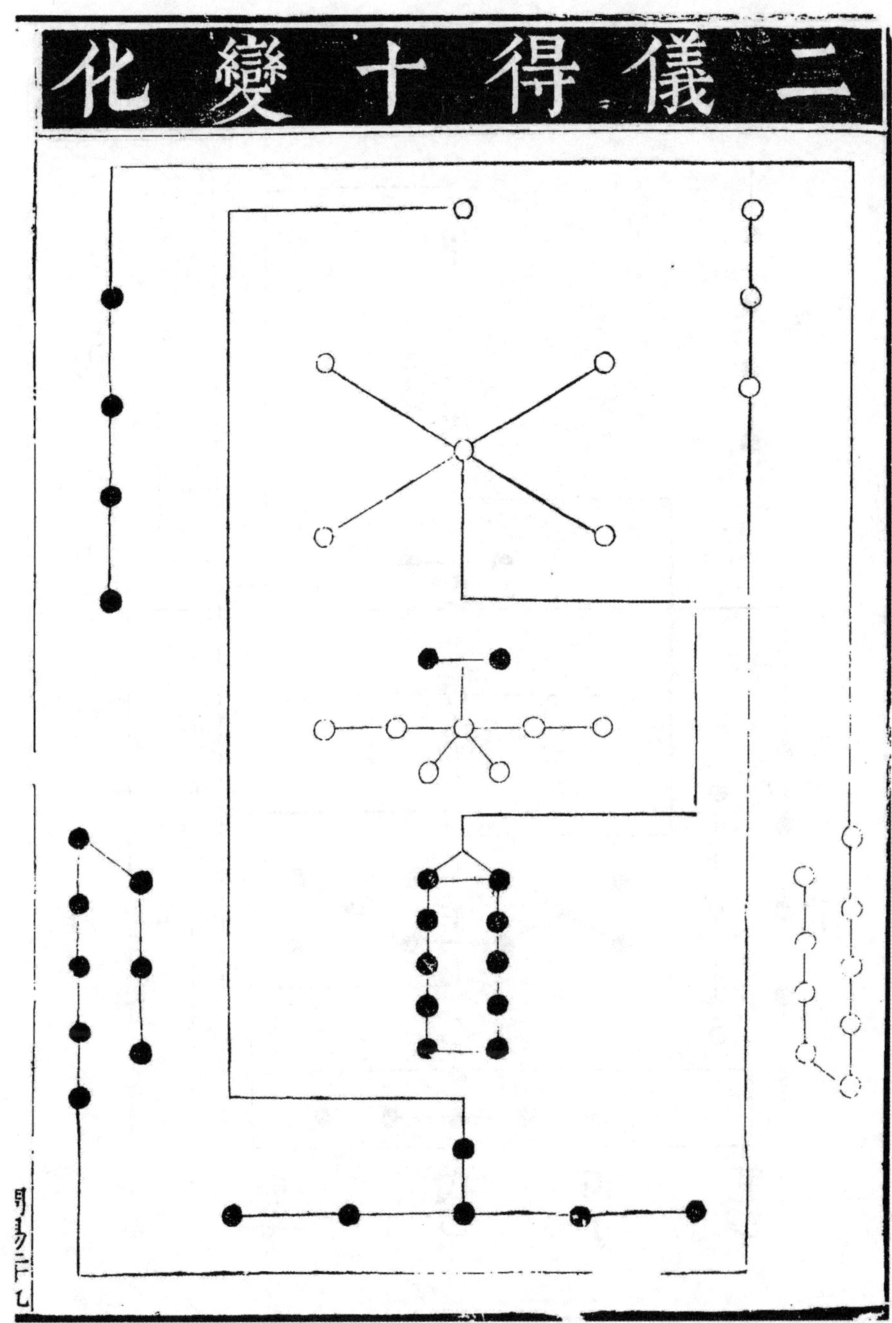
二儀得十變化

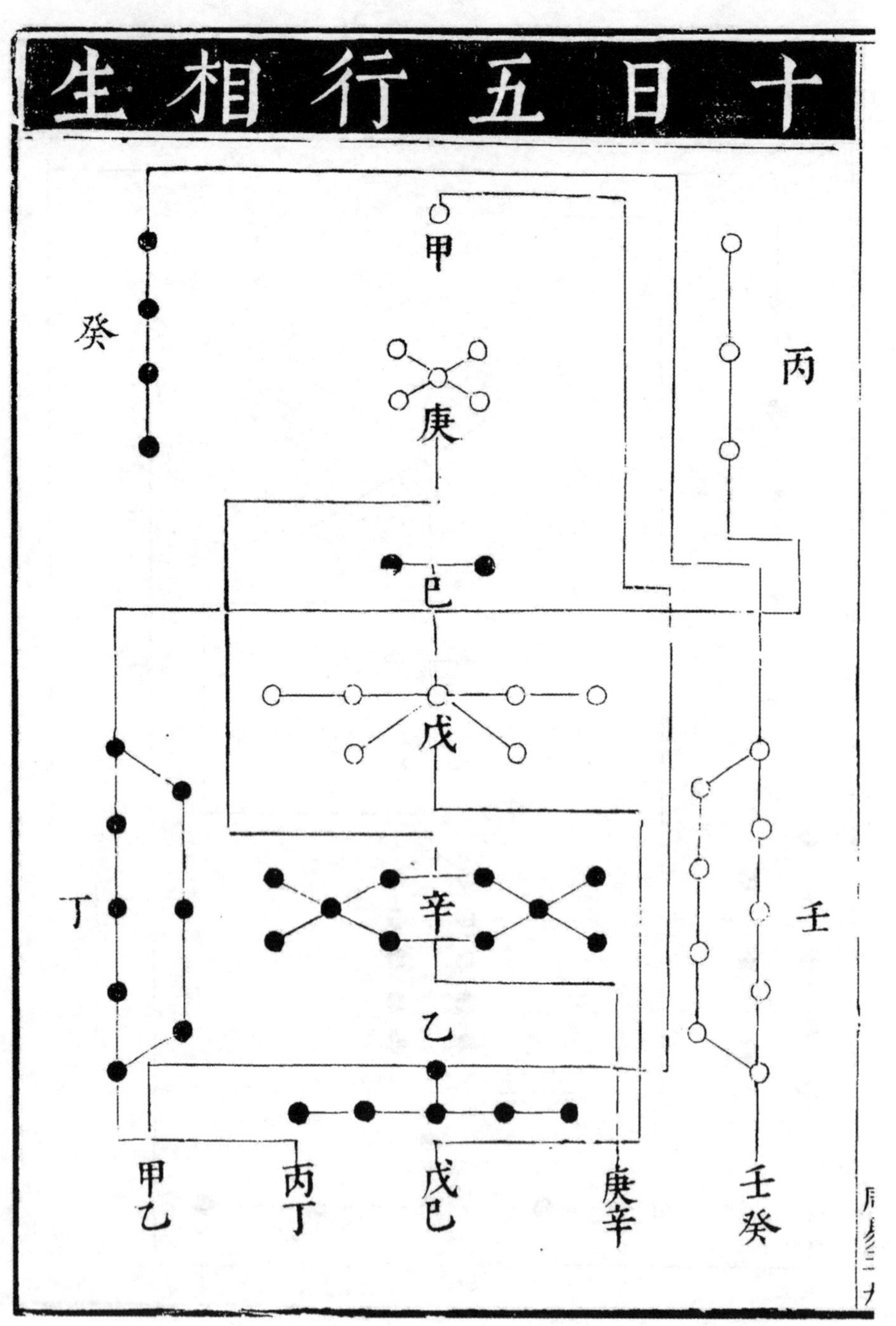
十日五行相生
甲
癸
丙
庚
己
戊
丁
辛
壬
乙
甲乙
丙丁
戊己
庚辛
壬癸

大衍之數圖

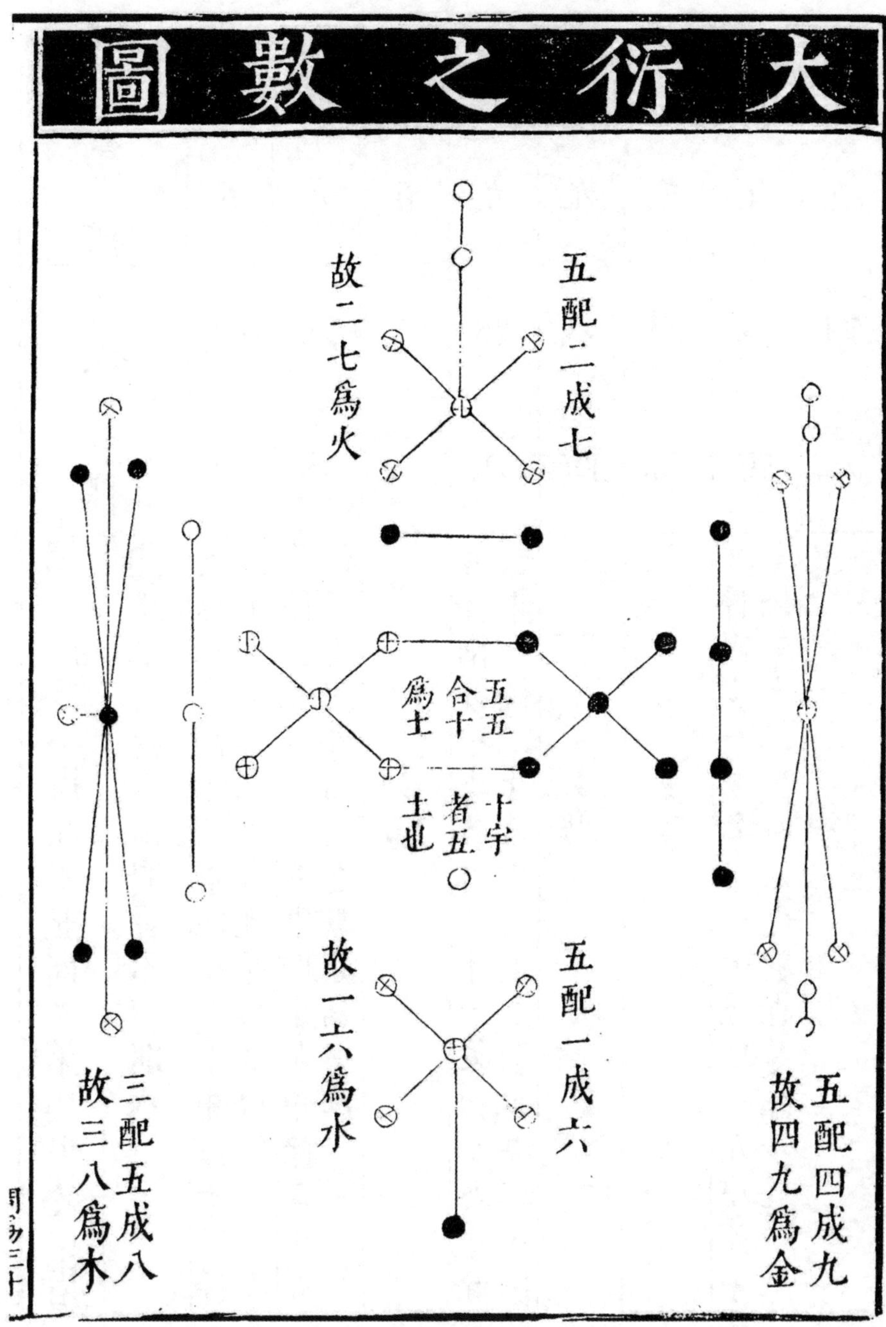

五配二成七
故二七爲火
五五合十爲土
十字者五〇土也
五配四成九
故四九爲金
三配五成八
故三八爲木
五配一成六
故一六爲水

揲蓍之法圖

	第一揲	二揲	三揲	
第一掛於小指間不五則九第二掛於中指間第三掛於食指間皆不四則八				
	五	四	四	此係三少計十三策四十九策中除十三餘三十六即四九之數也是爲老陽
	九	八	八	此係三多計二十五策四十九中除二十五餘二十四即四六之數是爲老陰
	五	八	八	少陽
	九	四	八	並係兩多一少各計二十一策四十九中除二十一餘二十八即四七之數也是爲少陽
	九	八	四	少陽
	九	四	四	少陰
	五	八	四	並係兩少一多各計十七策四十九中除十七餘三十二即四八之數也是爲少陰
	五	四	八	少陰

河圖百六數

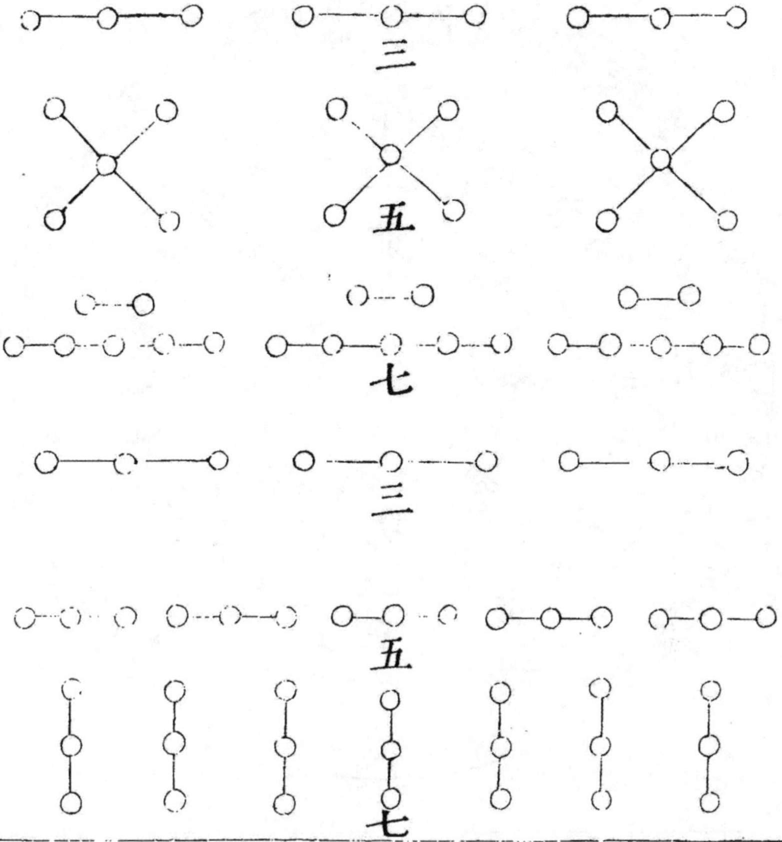

三

五

七

三

五

七

以三因天地十五數得四十五以五因天地十五數得七十五以七因天地十五數得一百五九宮數止一百五故百六爲極數用三五七者取陽數中者用之

八卦司化圖

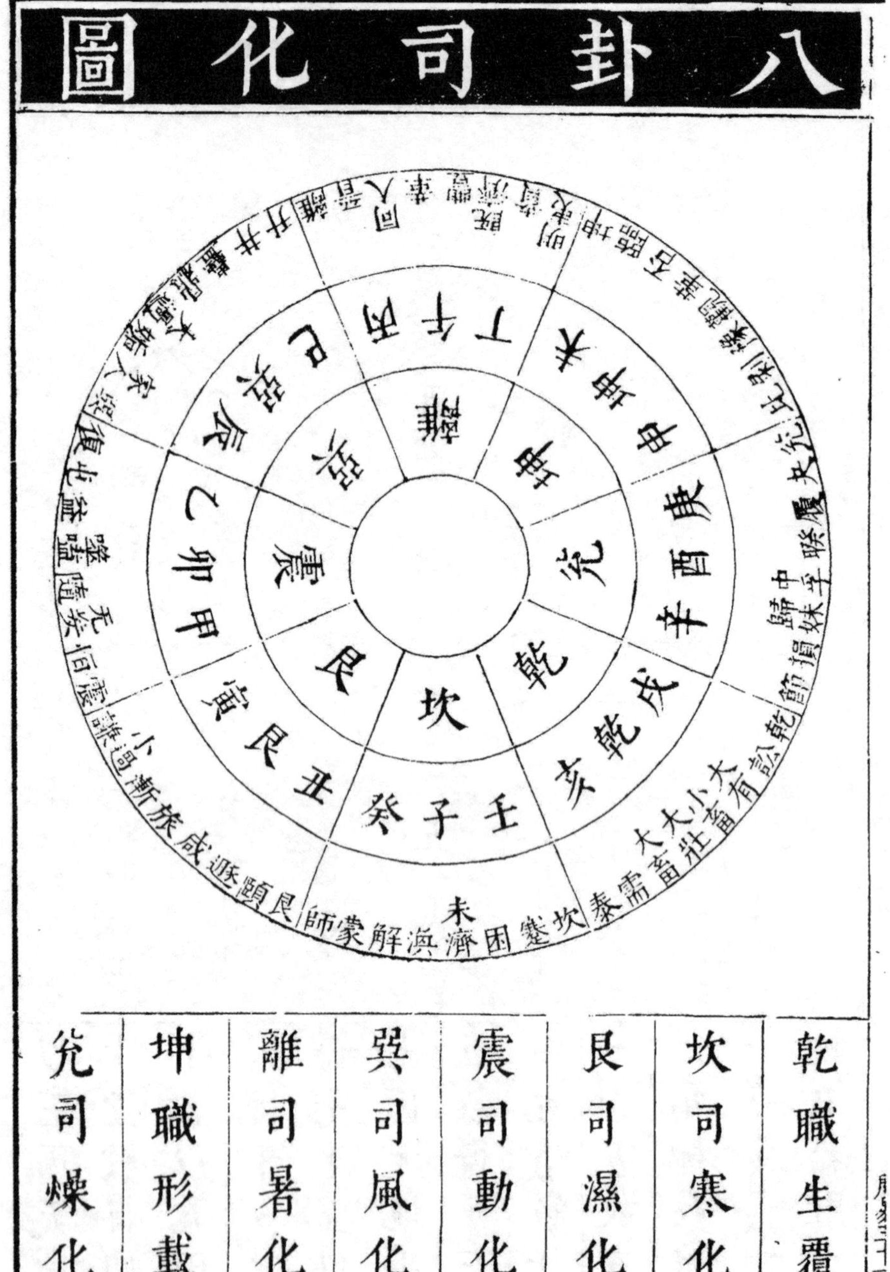

乾職生覆

坎司寒化

艮司濕化

震司動化

巽司風化

離司暑化

坤職形載

兌司燥化

類聚羣分圖

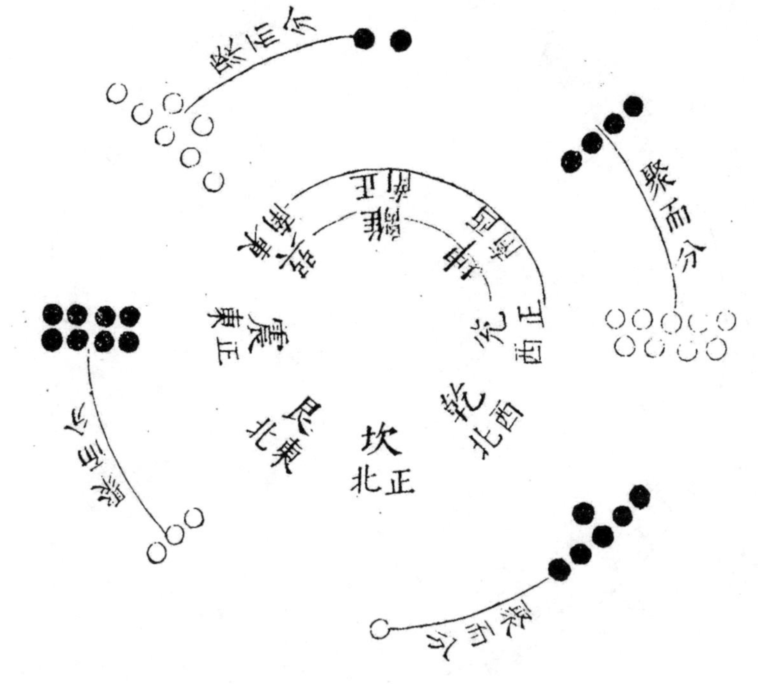

坎北震東乾西北艮東北四卦皆陽也離南兌西巽東南坤西南四卦皆陰也故曰方以類聚一聚於六而分乾坎四聚於九而分坤兌二聚於七而分離巽三聚於八而分震艮故曰物以羣分得朋則吉乖類則凶此吉凶所以生也

通乎晝夜圖

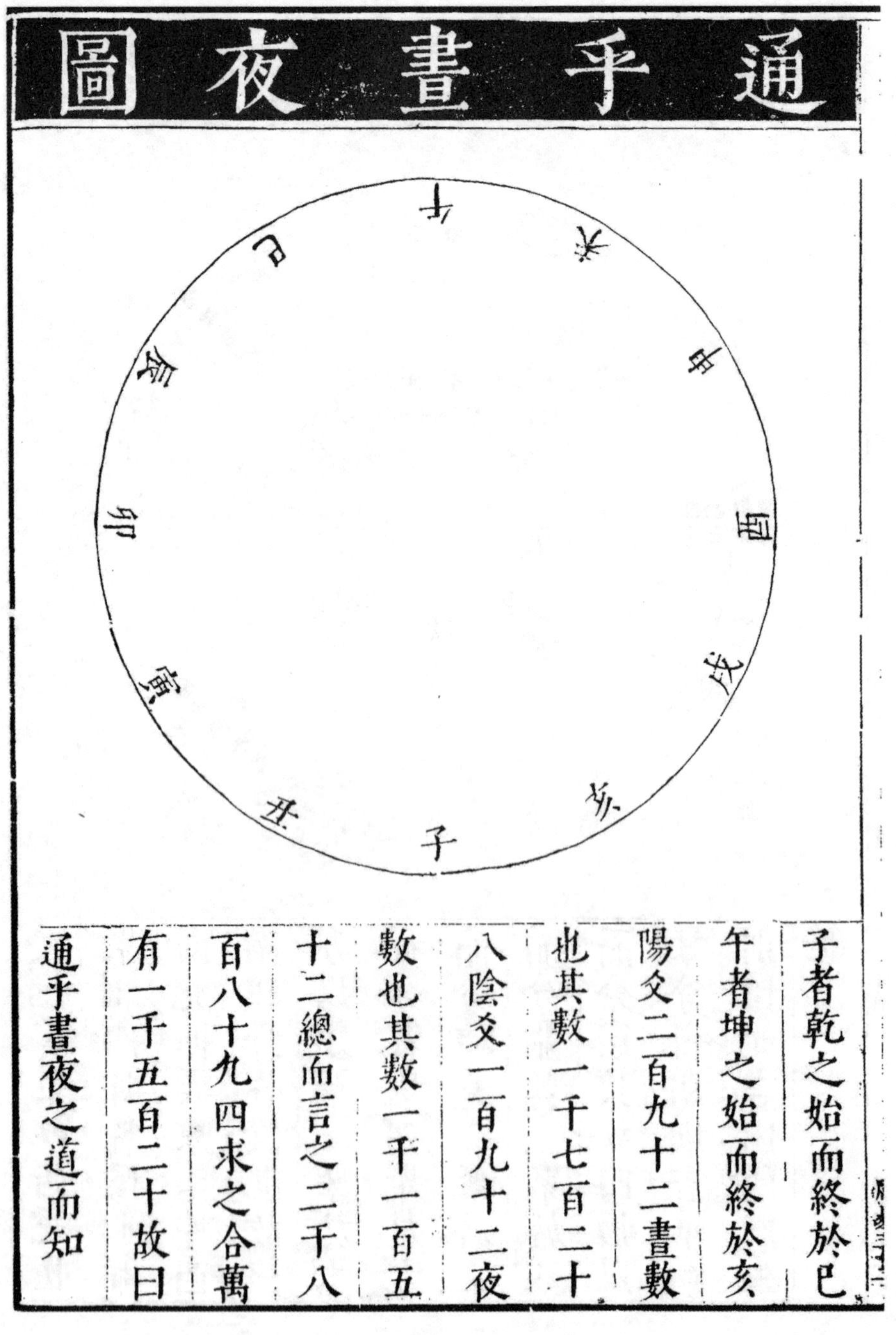

子者乾之始而終於巳午者坤之始而終於亥陽爻二百九十二晝數也其數一千七百二十八陰爻一百九十二夜數也其數一千一百五十二總而言之二千八百八十九四求之合萬有一千五百二十故曰通乎晝夜之道而知

陽中陰

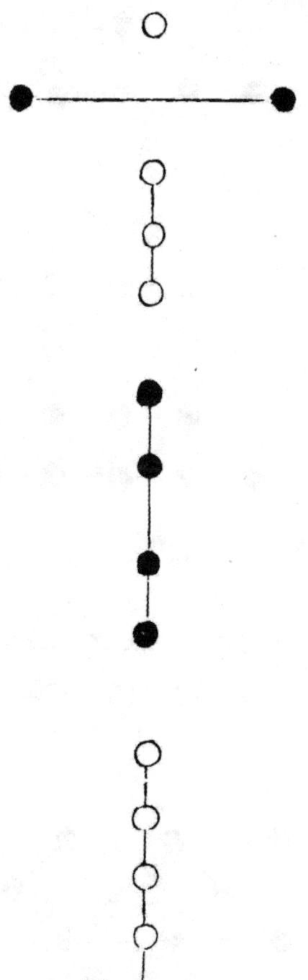

生數

離

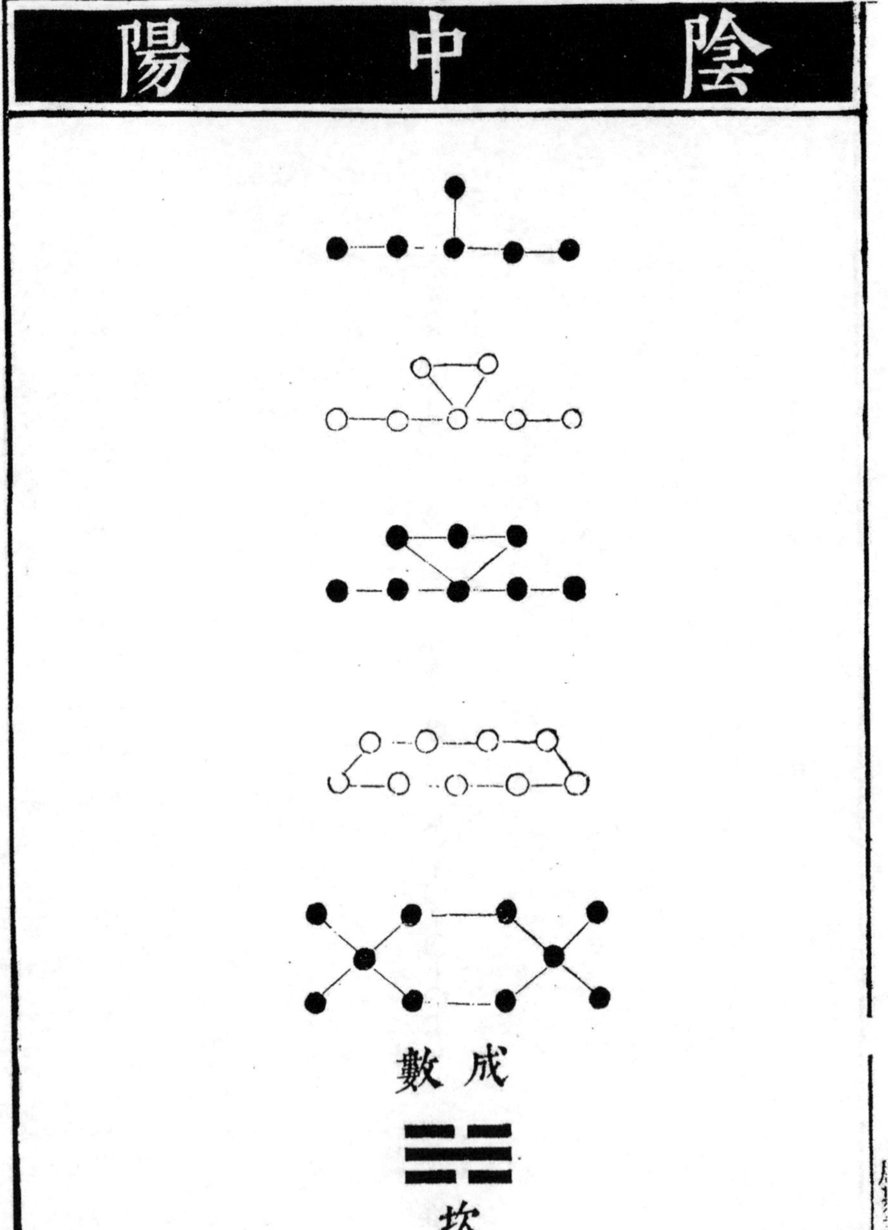
陰中陽
成數
坎

序卦圖

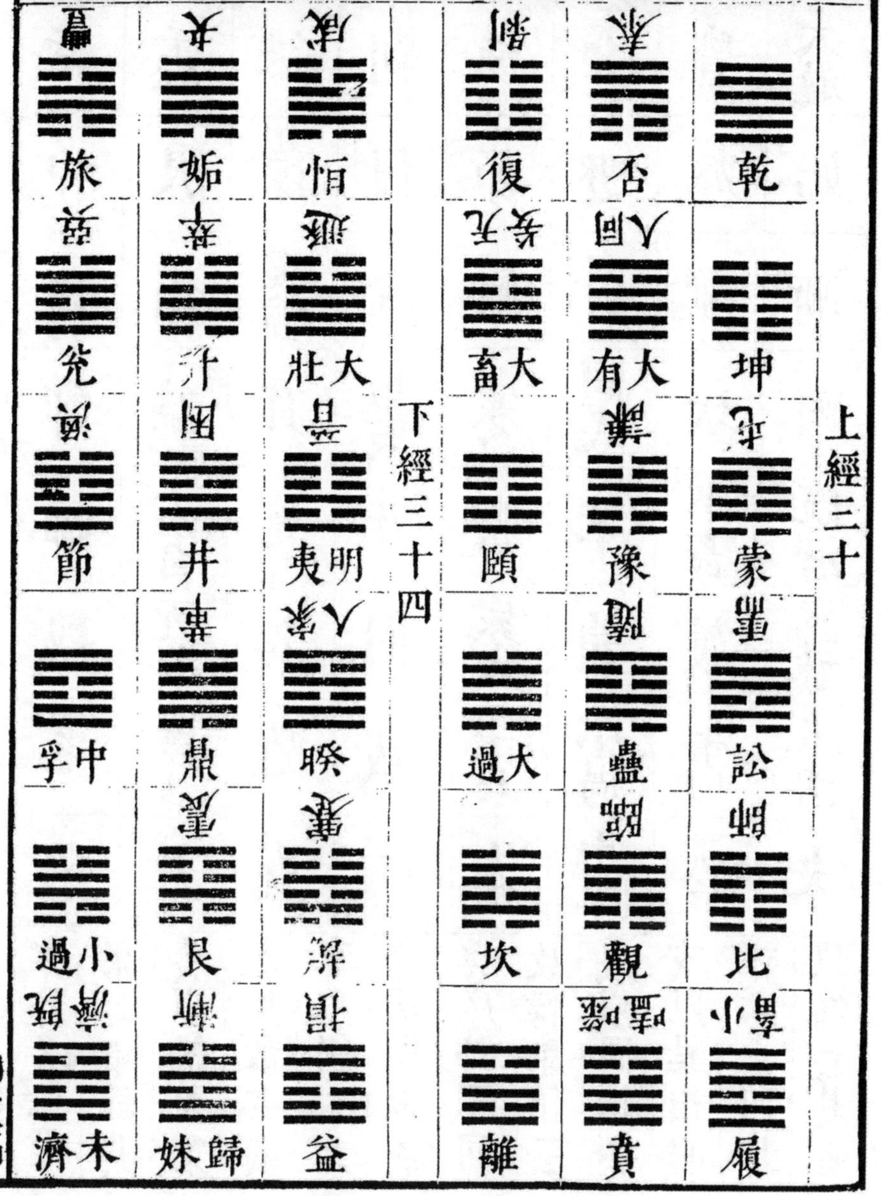

上經三十

乾 坤 屯 蒙 需 訟 師 比 小畜 履

泰 否 同人 大有 謙 豫 隨 蠱 臨 觀 噬嗑 賁

剝 復 无妄 大畜 頤 大過 坎 離

下經三十四

咸 恆 遯 大壯 晉 明夷 家人 睽 蹇 解 損 益

夬 姤 萃 升 困 井 革 鼎 震 艮 漸 歸妹

豐 旅 巽 兌 渙 節 中孚 小過 既濟 未濟

雜卦圖

乾　坤　比　師　臨　觀　屯　蒙

震　艮　損　益　大畜　无妄　萃　升

謙　豫　噬嗑　賁　兌　巽　隨　蠱

剝　復　晉　明夷　井　困　咸　恒

渙　節　解　蹇　睽　家人　否　泰

大壯　遯　大有　同人　革　鼎　小過　中孚

豐　旅　離　坎　小畜　履　需　訟

大過　姤　漸　頤　既濟　歸妹　未濟　夬

雜卦者雜揉衆卦錯綜其義以暢无窮之用故其義專以剛柔升降反復取義與序卦不同故韓康伯云或以同相類或以異相明雜六十四卦以爲義是也

太玄準易卦名圖

太玄準易卦氣圖

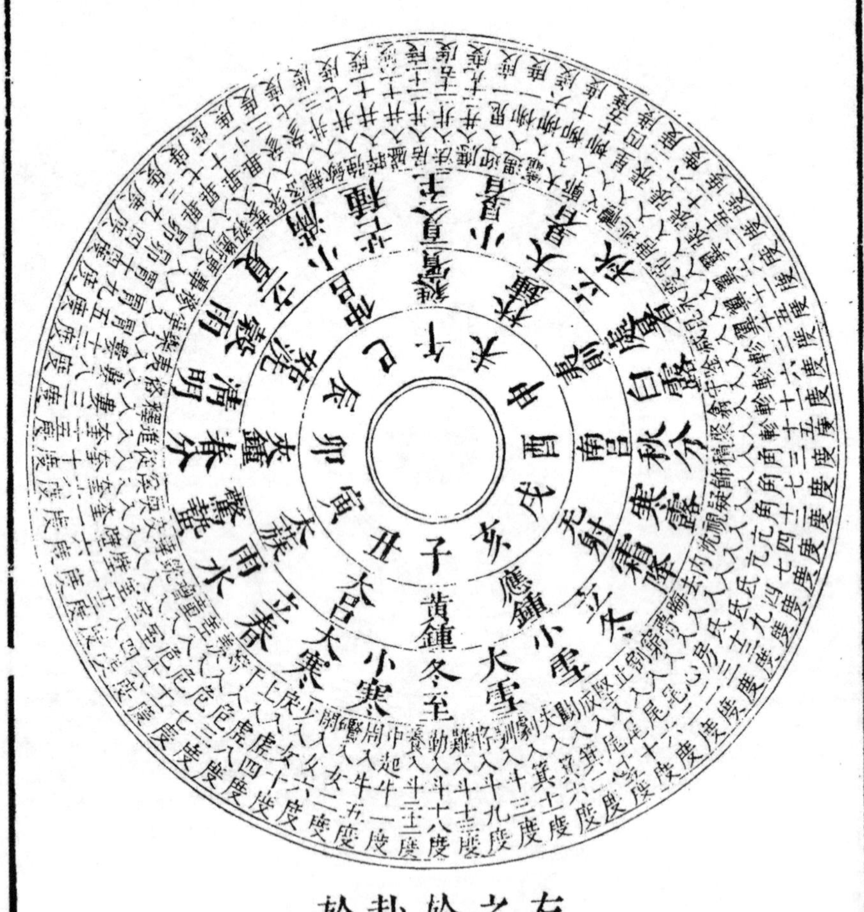

右律歷之元始於冬至卦氣起於中孚

皇極一經十二

一一 元之元日之日乾之乾 一
一二 元之會日之月乾之兌 十二
一三 元之運日之星乾之離 三百六十
一四 元之世日之辰乾之震 四千三百二十
一五 元之歲日之石乾之巽 一十二萬九千六百
一六 元之月日之土乾之坎 一百五十五萬五千二百
一七 元之日日之火乾之艮 四千六百六十五萬六千
一八 元之星日之水乾之坤 五萬五千九百八十七萬二千
三一 運之元星之日離之乾 三百六十
三二 運之會星之月離之兌 四千三百二十
三三 運之運星之星離之離 一十二萬九千六百
三四 運之世星之辰離之震 一百五十五萬五千二百
三五 運之歲星之石離之巽 四千六百六十五萬六千
三六 運之月星之土離之坎 五萬五千九百八十七萬二千
三七 運之日星之火離之艮 一百六十七萬九千六百一十六萬
三八 運之辰星之水離之坤 二千一十五萬五千三百九十二萬

二一 會之元月之日兌之乾 一十二
二二 會之會月之月兌之兌 一百四十四
二三 會之運月之星兌之離 四千三百二十
二四 會之世月之辰兌之震 五萬一千八百四十
二五 會之歲月之石兌之巽 一百五十五萬五千二百
二六 會之月月之土兌之坎 一千八百六十六萬二千四百
二七 會之日月之火兌之艮 五萬五千九百八十七萬二千
二八 會之辰月之水兌之坤 六十七萬一千八百四十六萬四千
四一 世之元辰之日震之乾 四千三百二十
四二 世之會辰之月震之兌 五萬一千八百四十
四三 世之運辰之星震之離 一百五十五萬五千二百
四四 世之世辰之辰震之震 一千八百六十六萬二千四百
四五 世之歲辰之石震之巽 五萬五千九百八十七萬二千
四六 世之月辰之土震之坎 六十七萬一千八百四十六萬四千
四七 世之日辰之火震之艮 二千一十五萬五千三百九十二萬
四八 世之辰辰之水震之坤 二萬四千一百八十六萬四千七百四萬

全數圖

五一 歲之元石之日巽之乾 一十二萬九千六百

五二 歲之會石之月巽之兑 一百五十五萬五千二百

五三 歲之運石之星巽之離 四千六百六十五萬六千

五四 歲之世石之辰巽之震 五萬五千九百八十七萬二千

五五 歲之歲石之石巽之巽 一百六十七萬九千六百一十六萬

五六 歲之月石之土巽之坎 二千一十五萬五千三百九十二萬

五七 歲之日石之火巽之艮 六萬四百六十六萬一千七百六十萬

五八 歲之辰石之水巽之坤 七十二萬五千五百九十四萬一千一百二十萬

七一 日之元火之日艮之乾 四千六百六十五萬六千

七二 日之會火之月艮之兑 五萬五千九百八十七萬二千

七三 日之運火之星艮之離 一百六十七萬九千六百一十六萬

七四 日之世火之辰艮之震 二千一十五萬五千三百九十二萬

七五 日之歲火之石艮之巽 六萬四百六十六萬一千七百六十萬

七六 日之月火之土艮之坎 七十二萬五千五百九十四萬一千二百二十萬

七七 日之日火之火艮之艮 二百一十七萬六千七百八十二萬三千五百

七八 日之辰火之水艮之坤 二千六百一十一萬一千三百八十八萬二千

六一 月之元土之日坎之乾 一百五十五萬五千二百

六二 月之會土之月坎之兑 一千八百六十六萬二千四百

六三 月之運土之星坎之離 五萬五千九百八百八十七萬二千

六四 月之世土之辰坎之震 六十七萬一千八百四十六萬四千

六五 月之歲土之石坎之巽 二千一十五萬五千三百九十二萬

六六 月之月土之土坎之坎 二萬四千一百八十六萬四千七百四萬

六七 月之日土之火坎之艮 七十二萬五千五百九十四萬一千一百二十萬

六八 月之辰土之水坎之坤 八百七十萬七千一百二十九萬三千四百四十萬

八一 辰之元水之日坤之乾 五萬五千九百八十七萬二千

八二 辰之會水之月坤之兑 六十七萬一千八百四十六萬四千

八三 辰之運水之星坤之離 二千一十五萬五千三百九十二萬

八四 辰之世水之辰坤之震 二萬四千一百八十六萬四千七百四萬

八五 辰之歲水之石坤之巽 七十二萬五千五百九十四萬一千一百二十萬

八六 辰之月水之土坤之坎 八百七十萬七千一百二十九萬三千四百四十萬

八七 辰之日水之火坤之艮 二千六百一十一萬一千三百八十八萬二千

八八 辰之辰水之水坤之坤 三萬一千三百四十五萬六千六百五十八萬[illegible]

邵氏皇極經世圖

元一會											
日甲月子一星（運）三十辰（世）三百六十	月丑二星六十辰七百二十	月寅三星九十辰一千八十	月卯四星一百二十辰一千四百四十	月辰五星一百五十辰一千八百	月巳六星一百八十辰二千一百六十	月午七星二百一十辰二千五百二十	月未八星二百四十辰二千八百八十	月申九星二百七十辰三千二百四十	月酉十星三百辰三千六百	月戌十一星三百三十辰三千九百六十	月亥十二星三百六十辰四千三百二十
		開物 星之己七十六			唐始星之癸一百八十 辰二千一百五十七	夏殷周秦漢晉十六國南北朝隋唐五代宋				閉物 星之戌三百一十五	

右正聲

一聲	二聲	三聲	四聲	五聲	六聲	七聲	八聲	九聲	十聲
多禾開回	良光丨兄	千元臣君	刀毛牛○	妻衰○龜	宮龍魚烏	心○男○	●●●●	●●●●	●●●●
可火宰[illegible]	兩廣井永	典大引允	早寶斗○	子○○水	孔甬鼠虎	審○坎○	●●●●	●●●●	●●●●
介化愛退	向況亘瑩	旦半良巽	孝報奏○	四帥○貴	衆用去兔	禁○大○	●●●●	●●●●	●●●●
吉八○○	○○○○	○○○○	岳霍六玉	口骨德北	○○○○	○十○妾	●●●●	●●●●	●●●●

右正音

一音	二音	三音	四音	五音	六音	七音	八音	九音	十音	十一音	十二音
古□坤□	黑黃五吾	安□母目	夫父武文	卜步普旁	東兌土同	乃內老鹿	走自草曹	思寺□□	■■■■	■■■■	■■■■
甲□巧□	花華尭牙	亞爻馬皃	法乏晚萬	百白朴排	丹大貪覃	妳南冷犖	哉在來才	三□□□	山士□□	莊乍乂崇	卓宅拆茶
九近丘乾	香雄仰月	乙王美眉	□□□□	丙備品平	天田女年	女年呂離	定匠七全	星象□□	手石耳二	震□赤辰	中直丑呈
癸[illegible]棄[illegible]	血賢□尭	一寅米民	飛尖尾未	必鼻[illegible][illegible]	■■■■	■■■■	■■■■	■■■■	■■■■	■■■■	■■■■

温公潛虛擬玄圖

氣圖

十 家 ✕ 基 丨 原 丅 委

名圖

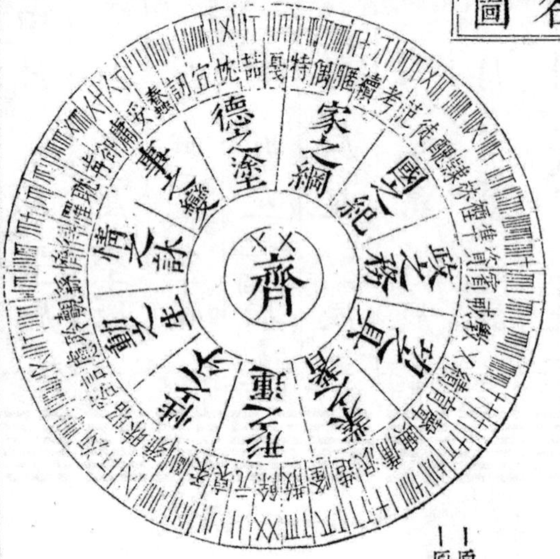

體圖

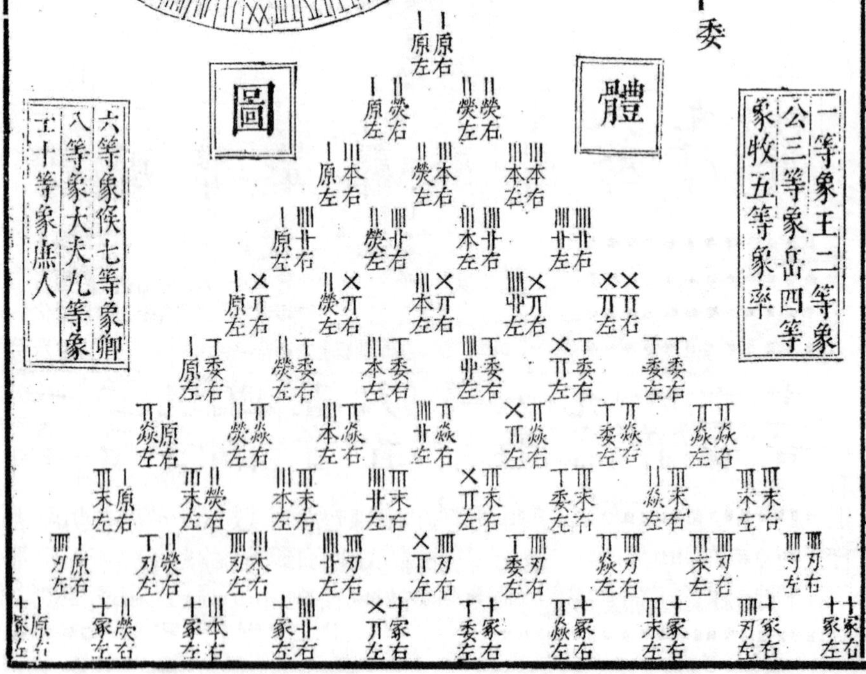

一等象王二等象公三等象岳四等象牧五等象率

六等象侯七等象卿八等象大夫九等象士十等象庶人

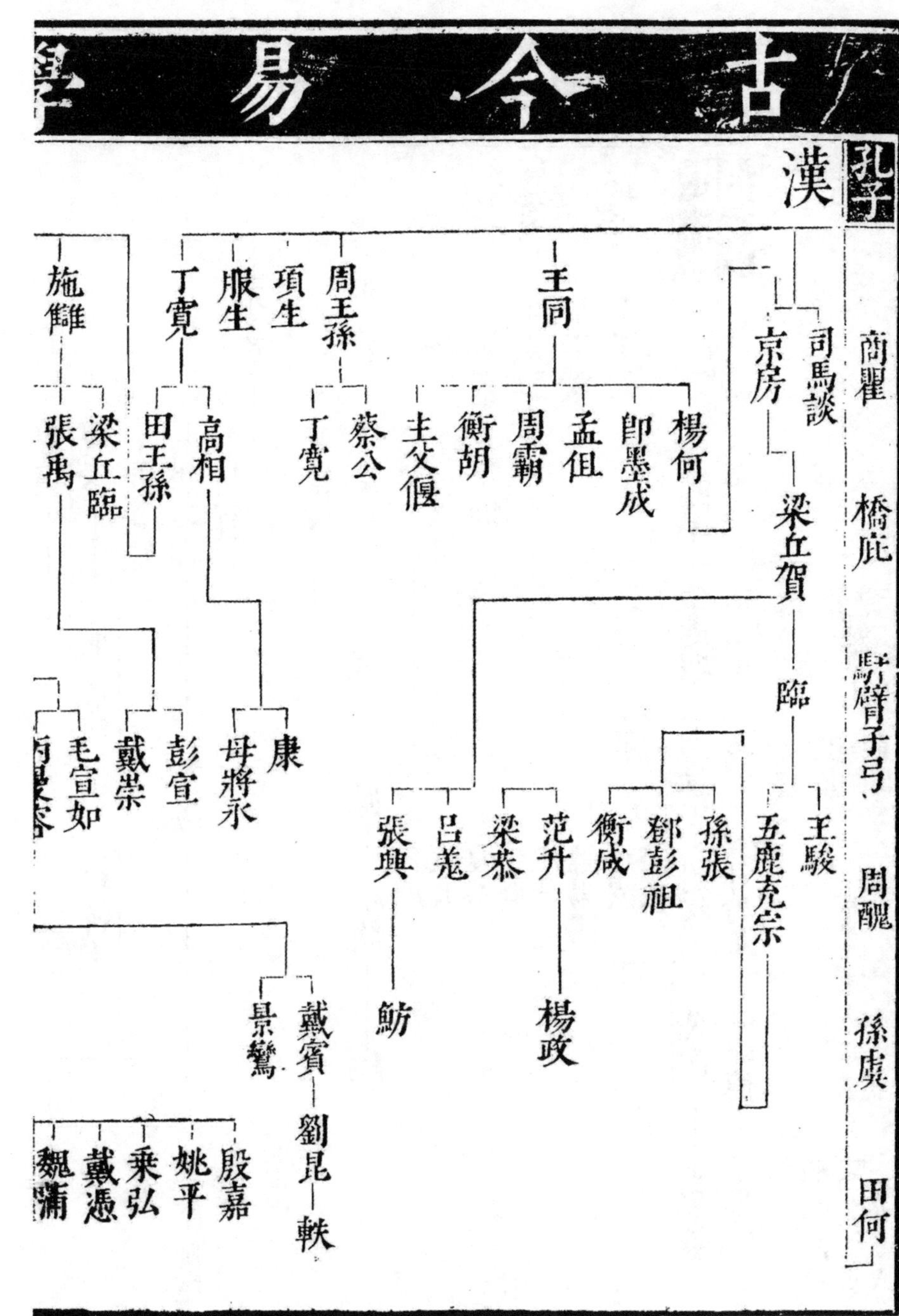
古今易學
孔子
漢
商瞿
橋庇
馯臂子弓
周醜
孫虞
田何
司馬談
京房
梁丘賀
臨
王駿
五鹿充宗
楊何
即墨成
孟但
周霸
衡胡
主父偃
王同
周王孫
蔡公
丁寬
項生
服生
丁寬
高相
田王孫
梁丘臨
張禹
施讎
孫張
鄧彭祖
衡咸
范升
楊政
梁恭
呂羌
張興
魴
康
毋將永
彭宣
戴崇
毛宣如
戴賓
劉昆
軼
景鸞
殷嘉
姚平
乘弘
戴憑
魏滿

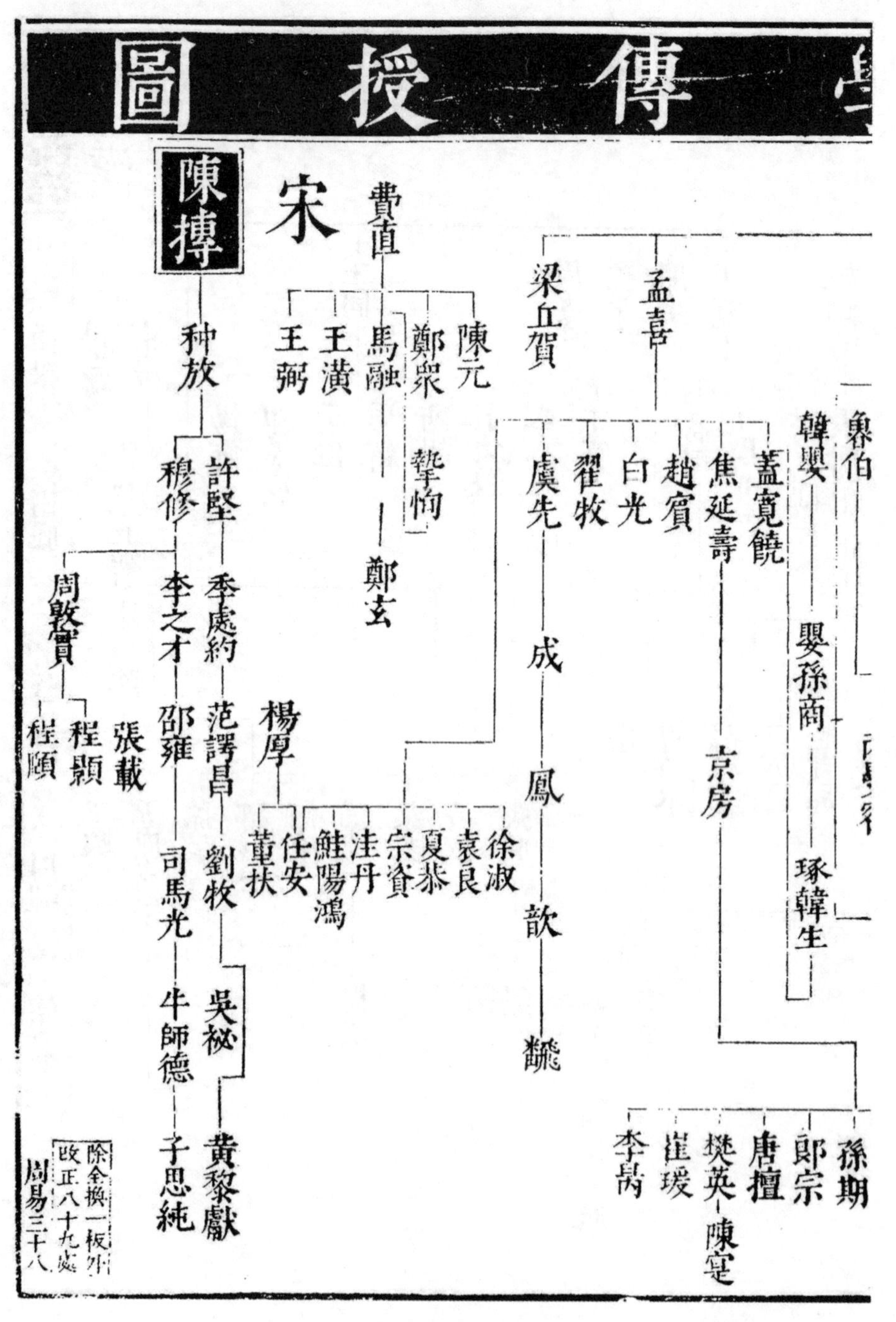

除全換一板外
改正八十九處
周易三十八

八八

尚書軌範撮要圖目錄

明新都吳繼仕考校

尚書軌範撮要圖目錄終

尚書軌範撮要圖

五十八篇數逸

虞書五	堯典	舜典	大禹謨	皋陶謨	益稷
夏書四	禹貢	甘誓	五子之歌	胤征	
商書十七	湯誓	仲虺之誥	湯誥	伊訓	太甲上
太甲中	太甲下	咸有一德	盤庚上	盤庚中	盤庚下
說命上	說命中	說命下	高宗肜日	西伯戡黎	微子
周書三十二	泰誓上	泰誓中	泰誓下	牧誓	武成
洪範	旅獒	金縢	大誥	微子之命	康誥
酒誥	梓材	召誥	洛誥	多士	無逸
君奭	蔡仲之命	多方	立政	周官	君陳
顧命	康王之誥	畢命	君牙	冏命	呂刑
文侯之命	費誓	秦誓	總二萬五千七百字		
虞書篇十一	汩作 序系舜典	九共 九篇序系舜典	槀飫 序系舜典	夏書篇五	帝告 序系胤征

書篇數作書時世

釐沃序系亂征　湯征序系亂征　汝鳩序系亂征　汝方序系亂征　商書十七篇　夏社序系湯誓

疑至序系湯誓　臣扈序系湯誓　典寶序系湯誓　明居序系湯誥　肆命序系伊訓　徂后序系伊訓

沃丁序系咸有一德　咸乂四篇序系咸有一德　伊陟序系咸有一德　原命序系咸有一德　仲丁序系咸有一德　河亶甲序系咸有一德

祖乙序系咸有一德　周書八篇　分器序系洪範　旅巢命序系旅獒　歸禾序系微子之命　嘉禾序系微子之命

成王政序系蔡仲　將蒲姑序係蔡仲　賄肅慎之命序系周官　亳姑序系周官　總四十一篇

堯　舜　禹　啓　太康　仲康　湯　太甲　盤庚　高宗　紂　武王　成王　康王　穆王

堯　舜典　禹貢　甘誓　五子　胤征　湯　伊訓　盤庚　說命　西伯　泰誓　大誥微子之命　康　君　文

典　大禹　之歌　誓　太甲三篇　三篇　戡黎　三篇　康誥　酒誥　王　牙　侯

謨　仲虺　三篇　高宗　牧誓　梓材　召誥　之　之

皋陶　之誥　咸有　彤日　微子　武成　洛誥　多士　誥　冏命　命

謨　湯　一德　洪範　無逸　君奭

益稷　誥　旅獒　蔡仲　多方　畢　呂

金縢　立政　周官　命　刑

君陳　顧命

帝王世次圖

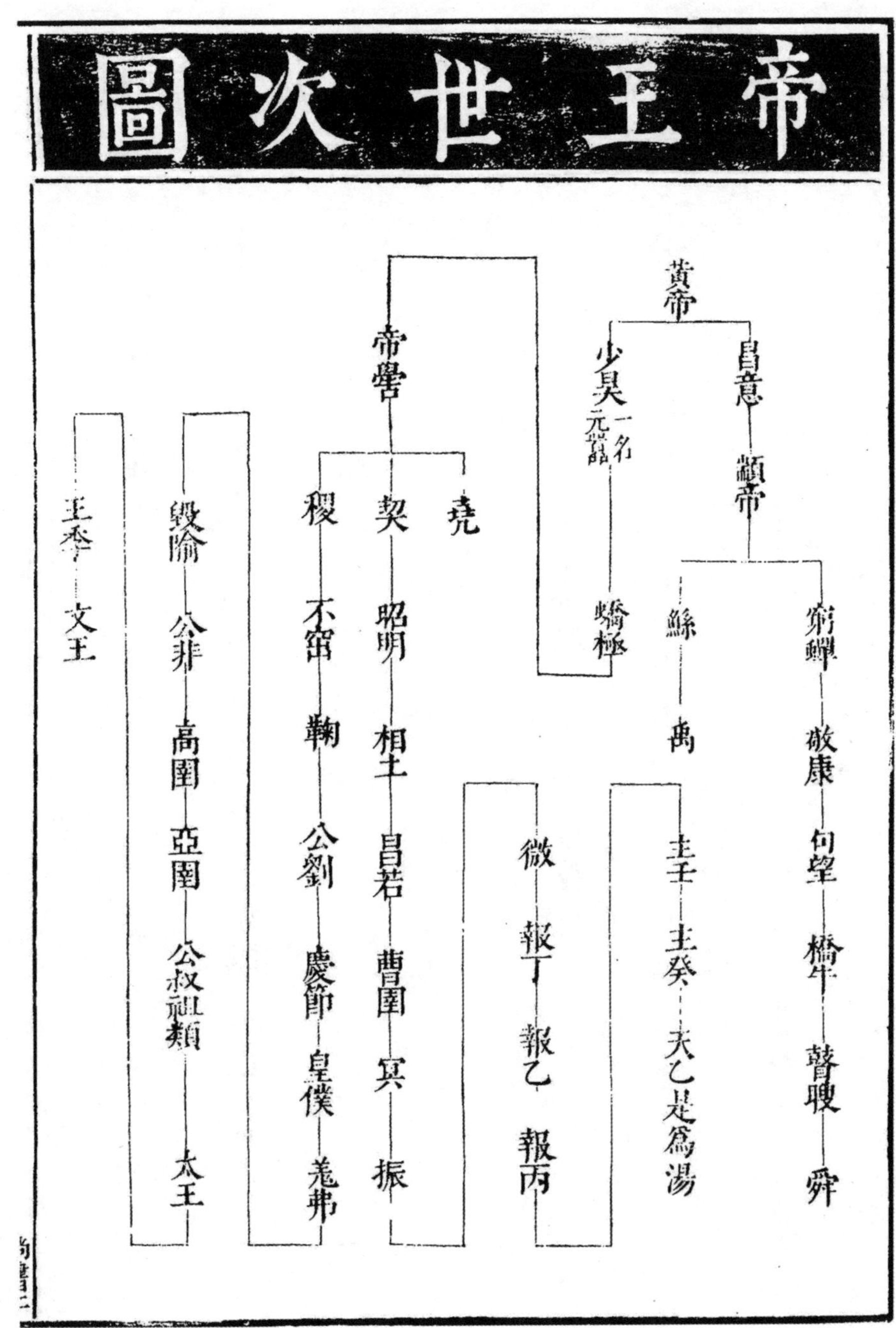

黃帝
昌意
顓帝
窮蟬
敬康
句望
橋牛
瞽瞍
舜
鯀
禹
少昊一名玄囂
蟜極
帝嚳
堯
契
昭明
相土
昌若
曹圉
冥
振
微
報丁
報乙
報丙
主壬
主癸
天乙是爲湯
稷
不窋
鞠
公劉
慶節
皇僕
差弗
毀隃
公非
高圉
亞圉
公叔祖類
太王
王季
文王

夏世次圖

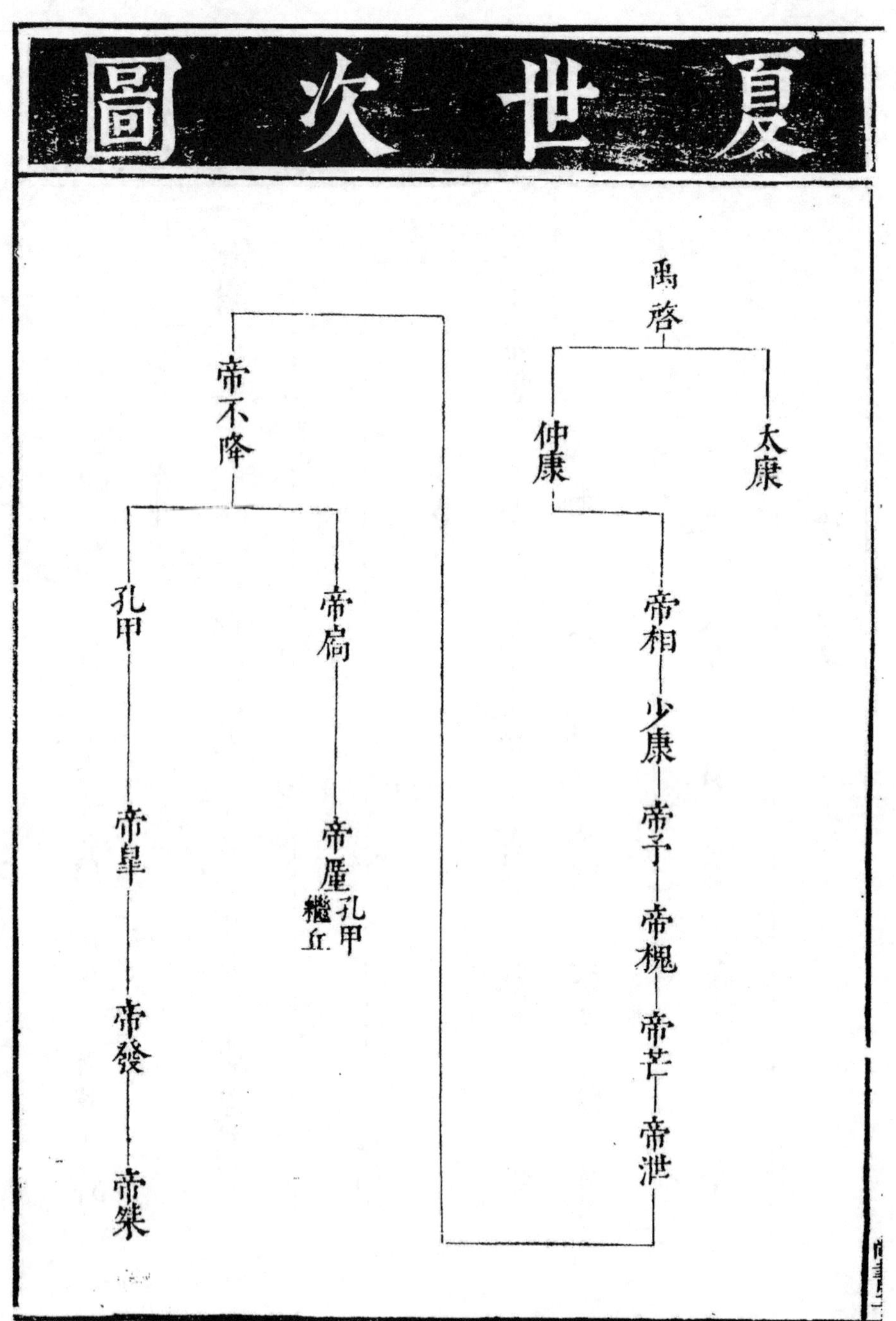

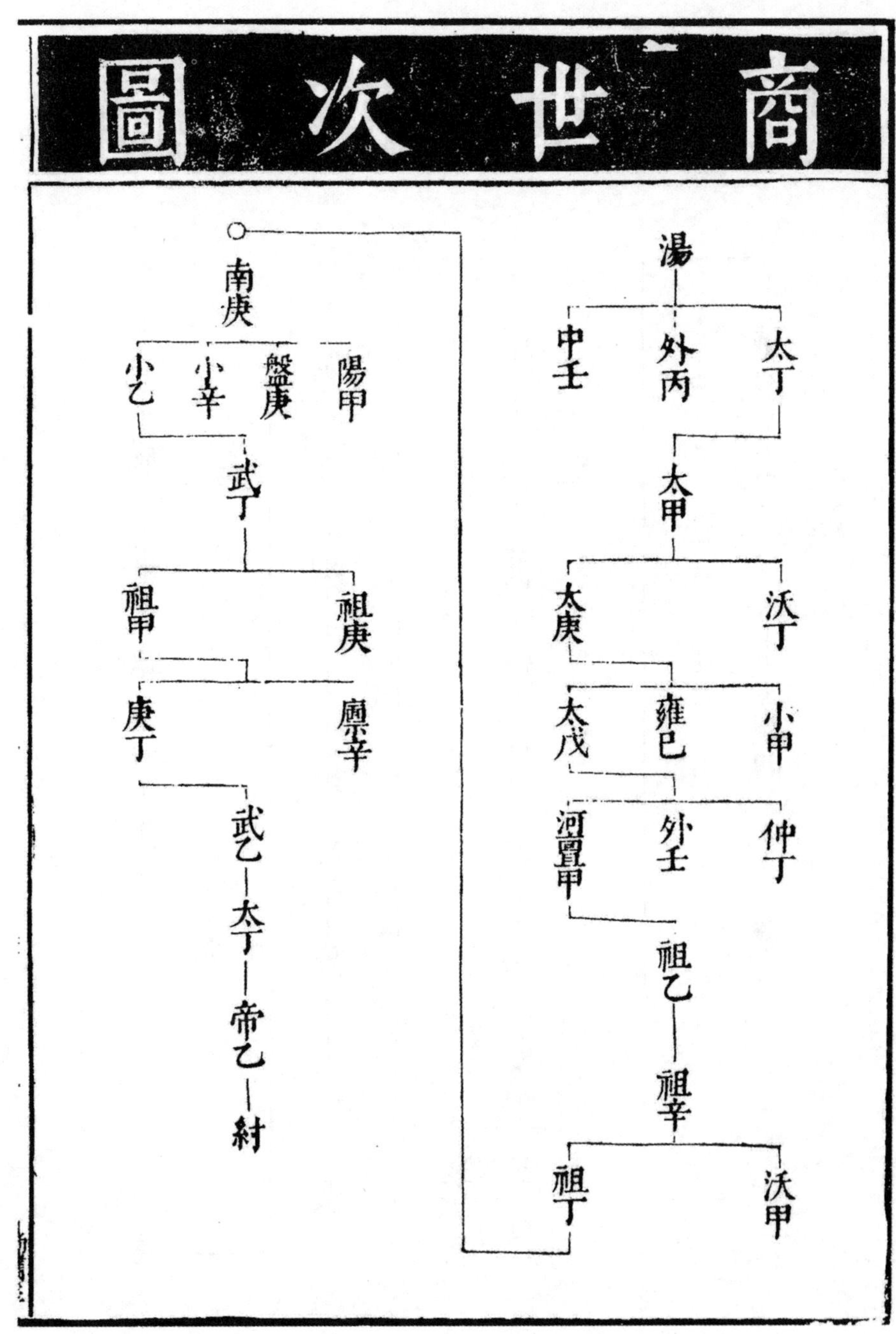
商世次圖
湯
太丁
外丙
中壬
太甲
沃丁
太庚
小甲
雍巳
太戊
仲丁
外壬
河亶甲
祖乙
祖辛
沃甲
祖丁
南庚
陽甲
盤庚
小辛
小乙
武丁
祖庚
祖甲
廩辛
庚丁
武乙
太丁
帝乙
紂

周世次圖

- 文王
  - 武
    - 成
      - 康
        - 昭
          - 穆
            - 共
              - 懿
                - 夷
              - 孝
                - 夷

- 厲（共和）
  - 宣
    - 幽
      - 平
        - 桓
          - 莊
            - 釐
              - 惠
                - 襄

- 頃
  - 匡
  - 定
    - 簡
      - 靈
        - 景
          - 敬
            - 元
              - 定
                - 哀
                - 思
                - 考

- 威烈
  - 安
    - 烈
    - 顯
      - 慎靚
        - 赧

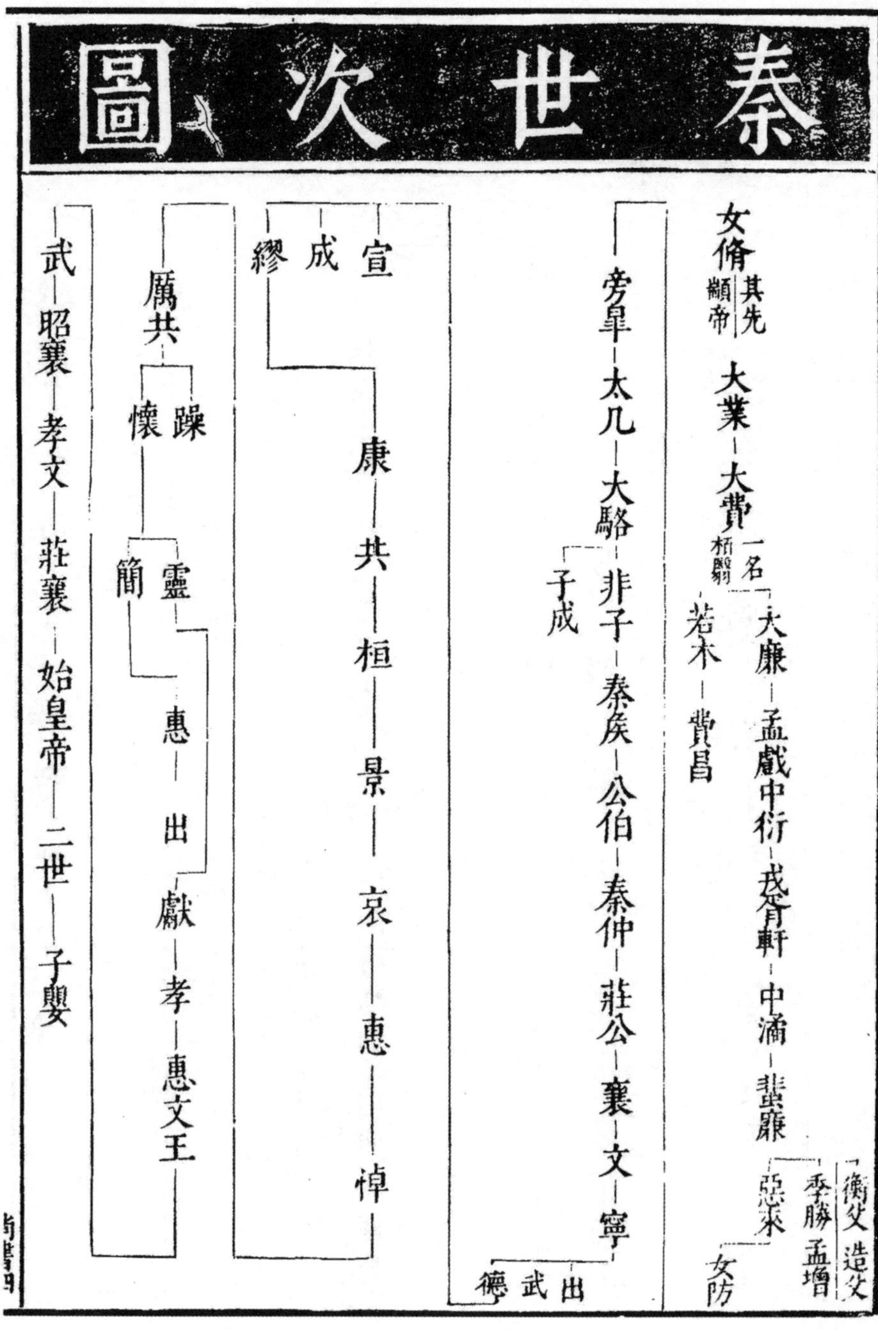
秦世次圖
女脩 其先顓帝
大業
大費 一名栢翳
大廉
孟戲中衍
戎胥軒
中潏
蜚廉
惡來
若木
費昌
衡父 造父
季勝 孟增
女防
旁皋 太几 大駱 非子 秦侯 公伯 秦仲 莊公 襄 文 寧
子成
出 武 德
宣 成 繆
康 共 桓 景 哀 惠 悼
厲共 躁 懷 靈 簡
惠 出 獻 孝 惠文王
武 昭襄 孝文 莊襄 始皇帝 二世 子嬰

晉魯世次圖

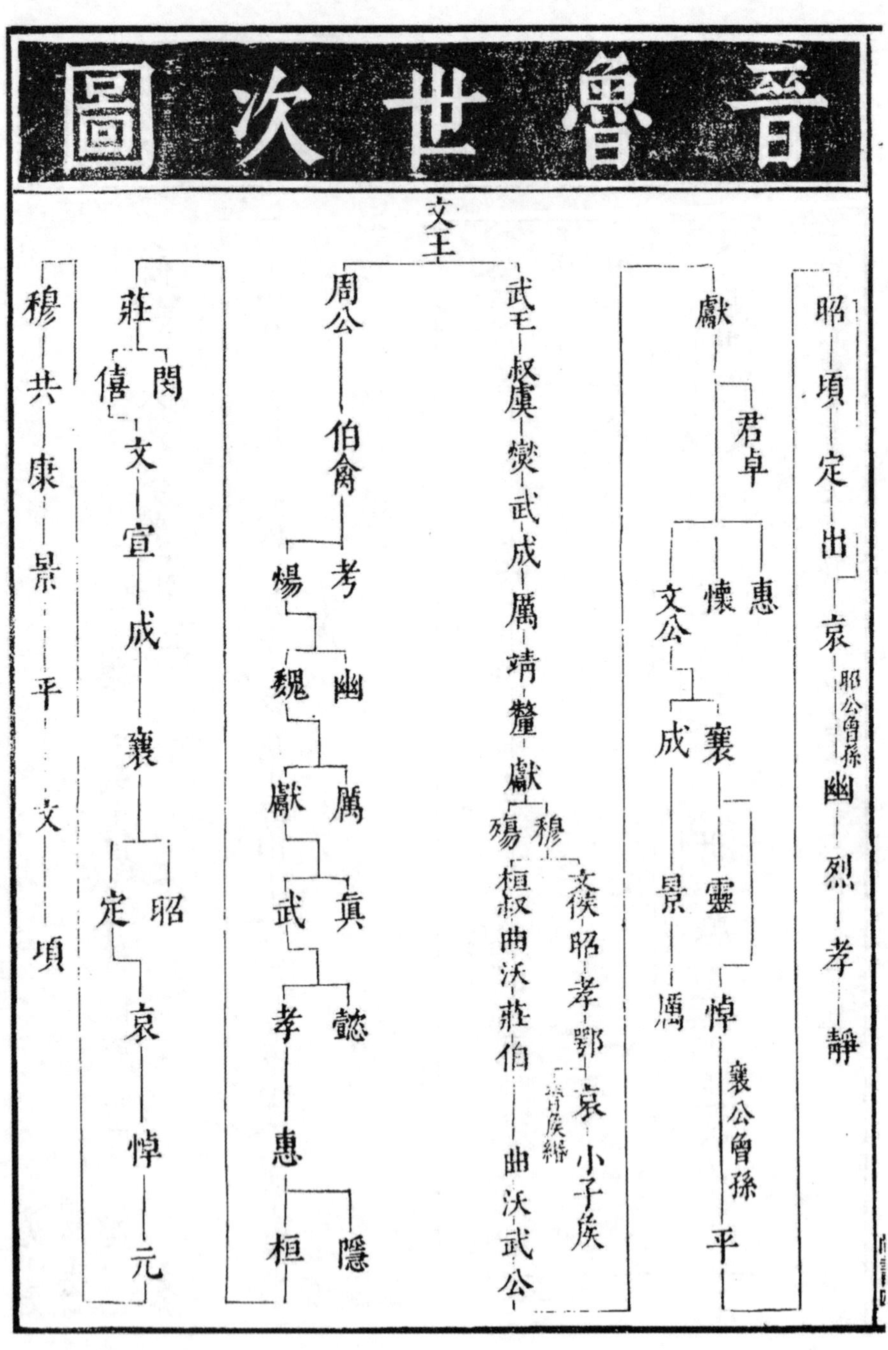
文王
武王
叔虞
燮
武
成
厲
靖
釐
獻
穆
殤
文侯
昭
孝
鄂
哀
小子侯
桓叔
曲沃莊伯
晉侯緡
曲沃武公
獻
君卓
惠
懷
文公
襄
成
靈
景
悼
厲
襄公曾孫
平
昭
頃
定
出
哀
昭公曾孫
幽
烈
孝
靜
周公
伯禽
考
煬
幽
魏
厲
獻
眞
武
懿
孝
惠
隱
桓
莊
閔
僖
文
宣
成
襄
昭
定
哀
悼
元
穆
共
康
景
平
文
頃

一〇〇

堯典四中

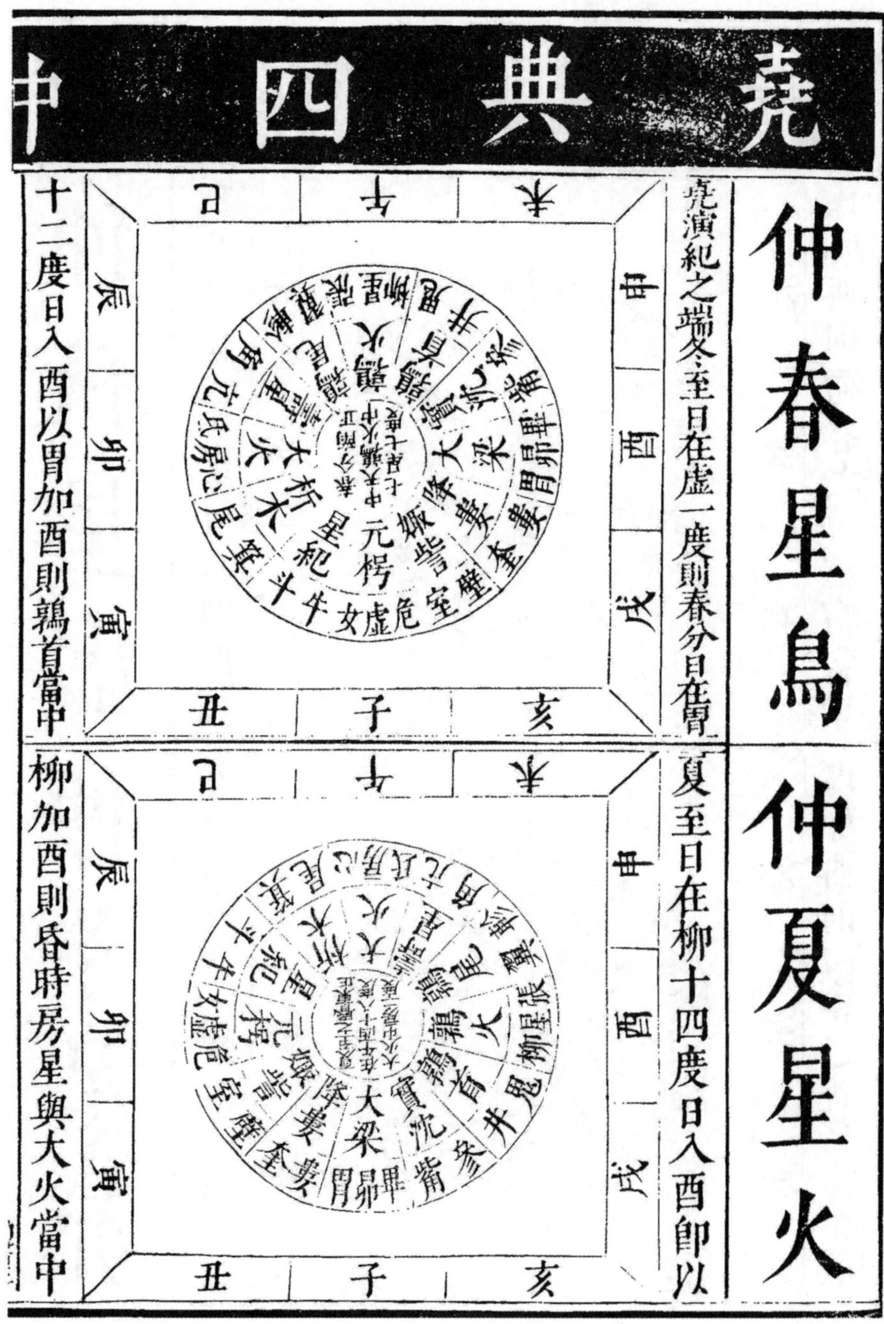

仲春星鳥

堯演紀之端冬至日在虛一度則春分日在胃十二度日入酉以胃加酉則鶉首當中

仲夏星火

夏至日在柳十四度日入酉卽以柳加酉則昏時房星與大火當中

中星圖

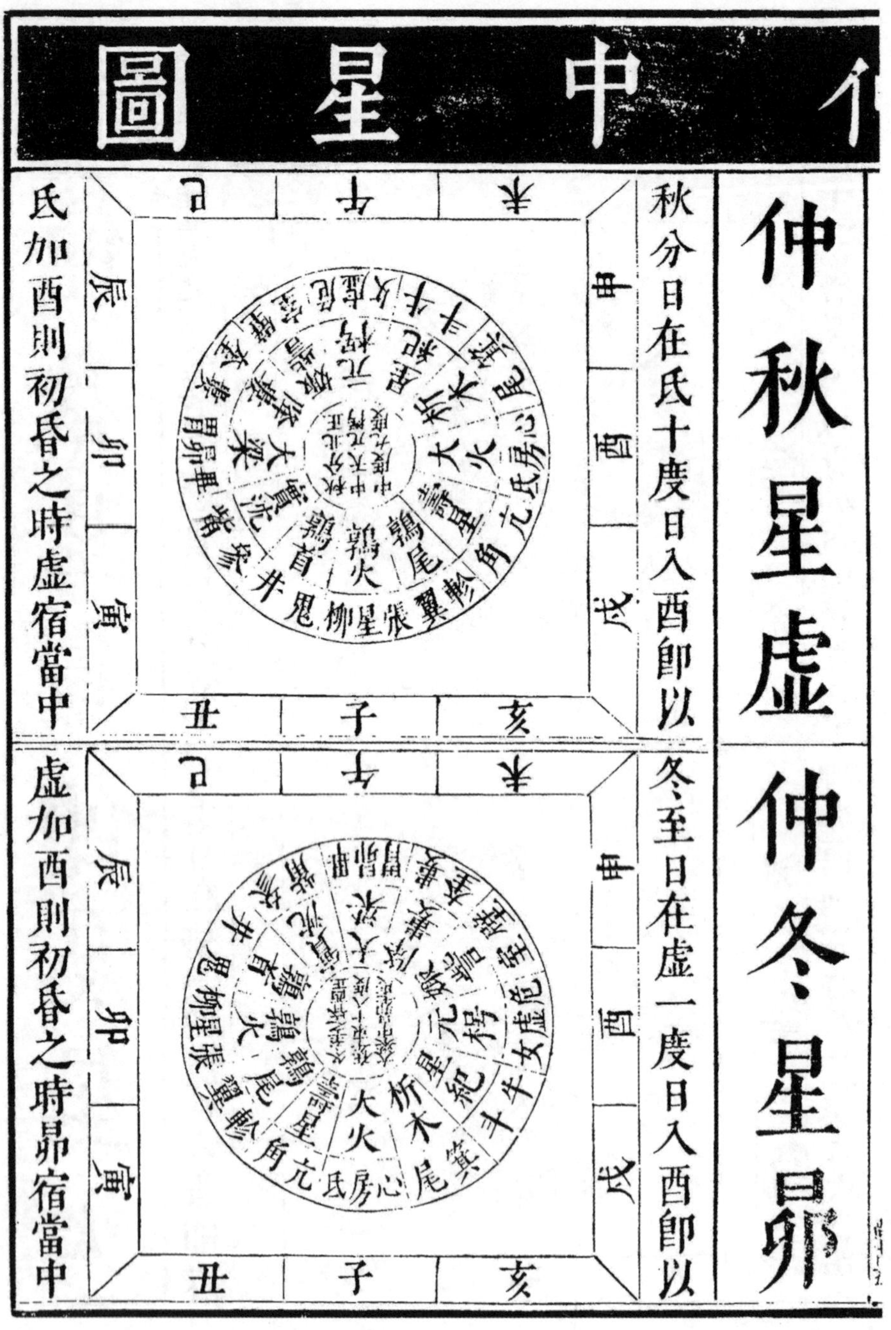

仲秋星虛仲冬星昴

秋分日在氐十度日入酉館以氐加酉則初昏之時虛宿當中

冬至日在虛一度日入酉館以虛加酉則初昏之時昴宿當中

日月會次舍圖

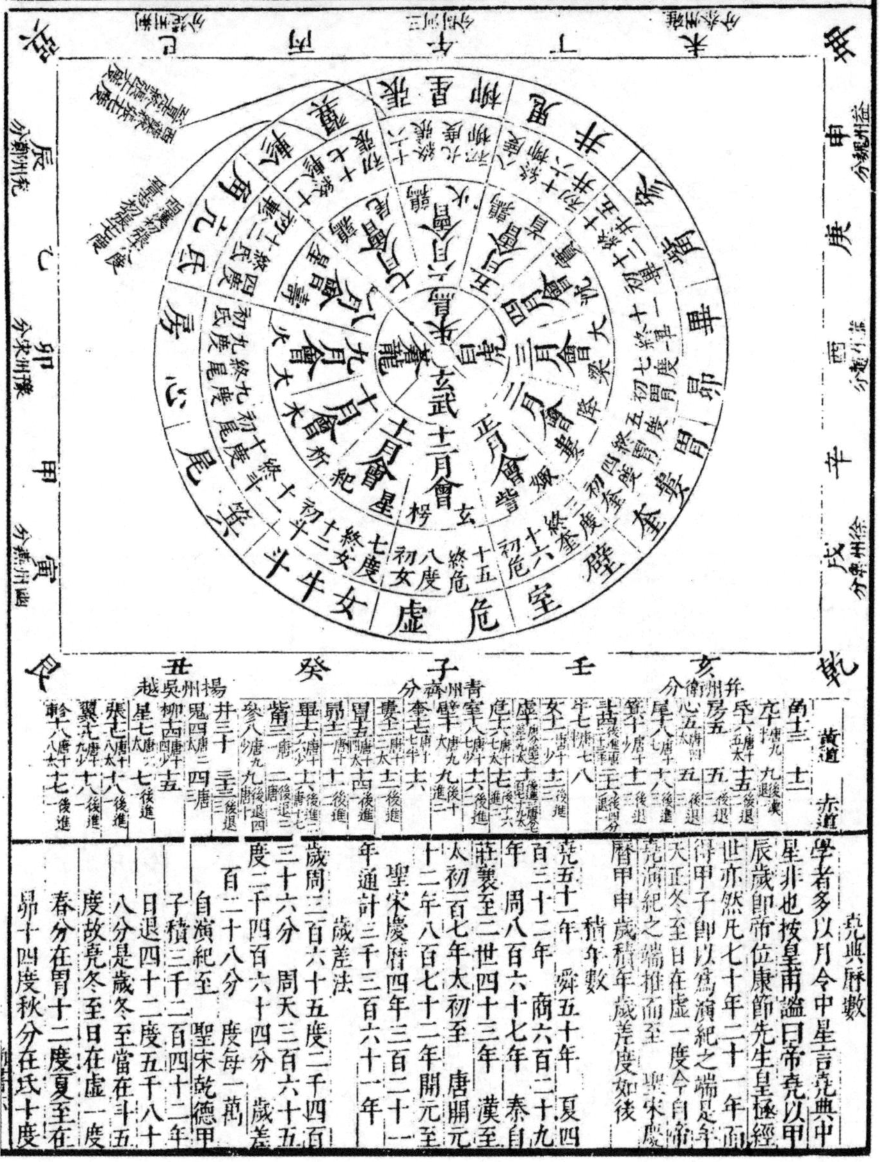

堯典曆數

學者多以月令中星言堯典中星非也按皇甫謐曰帝堯以甲辰歲即帝位康節先生皇極經世亦然凡七十年二十一年而得甲子即以爲演紀之端是年天正冬至日在虛一度今自帝堯演紀之端推而至聖宋慶曆甲申歲積年歲差度如後

積年數

堯五十一年　舜五十年　夏四百三十二年　商六百二十九年　周八百六十七年　秦自莊襄至二世四十三年　漢至太初一百七年太初至唐開元十二年八百七十二年開元至聖宋慶曆四年三百二十一年通計三千三百六十一年

歲差法

歲周三百六十五度二千四百三十六分　周天三百六十五度二千四百六十四分　歲差百二十八分　度每一萬自演紀至聖宋乾德甲子積三千二百四十二年日退四十二度五千八十八分是歲冬至當在斗五度故堯冬至日在虛一度春分在胃十二度夏至在昴十四度秋分在氐十度

四仲日永短圖

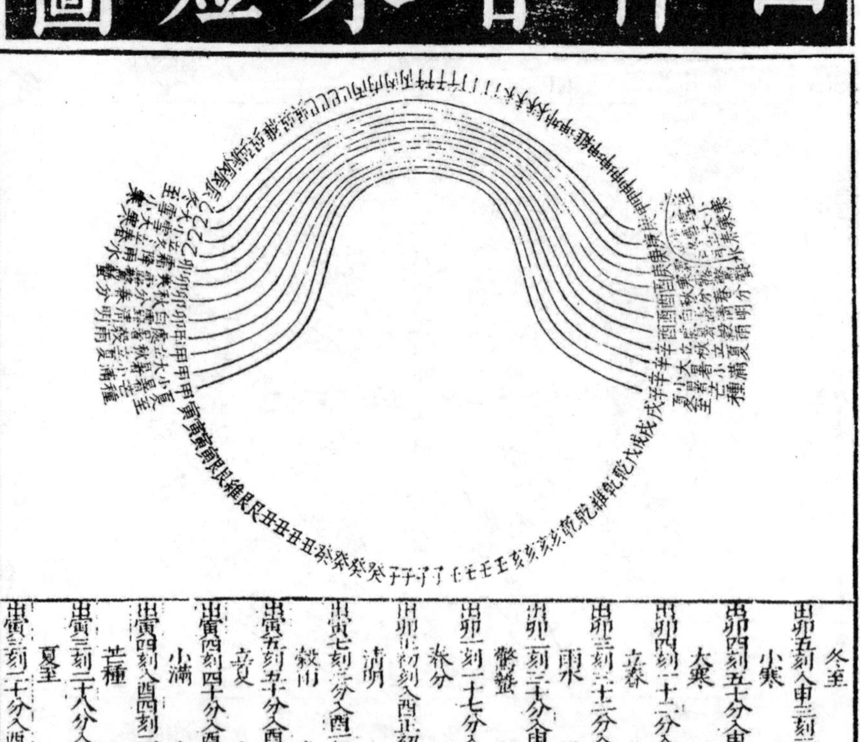

冬至	出卯五刻入申三刻二十八分
小寒 大雪	出卯四刻五十七分入申三刻三十分
大寒 小雪	出卯四刻二十二分入申四刻
立春 立冬	出卯三刻三十三分入申四刻四分
雨水 霜降	出卯二刻三十分入申五刻五十八分
驚蟄 寒露	出卯一刻一十七分入申七刻三分
春分 秋分	出卯正初刻入酉正初刻
清明 白露	出寅七刻三十分入酉一刻十七分
穀雨 處暑	出寅五刻五十分入酉二刻二十分
立夏 立秋	出寅四刻四十分入酉三刻五十二分
小滿 大暑	出寅四刻入酉四刻二十分
芒種 小暑	出寅三刻二十八分入酉四刻五十分
夏至	出寅三刻二十分入酉五刻

歲法三百五十四日三百四十八分

月法二十九日四百九十九分

日法九百四十分

歲餘十日八百二十七分

周天三百六十五度四分度之一日月起於度端日周天度爲一歲日舒月速凡日行十九周得十三度十九分之七爲一歲月行之數以日除之得十三度十九分度之七爲一日月行之數歲十二月得二十九日九百四十分日之四百九十九以一歲之月除周天之度則每歲六大六小實得三百五十四日三百四十分算外得一十日八百二十七分爲每歲實除積十九年歲除一百九十日萬五千七百一十三分以日法九百四十分除之得二百六日六百七十三以月法除日二七除一百四十日又七九除六十三日餘三日復散爲二千八百二十分併分千六百七十三分共三千四百九十三分四七除二千八百又七九除六百三十又七九除六十三適盡得七箇月爲十九年之閏故十九年得七閏而無餘分也以法約之歲得閏分十九之七凡閏外既及而斗指兩辰之間有自朔而無中氣者即爲閏

四時測中星圖

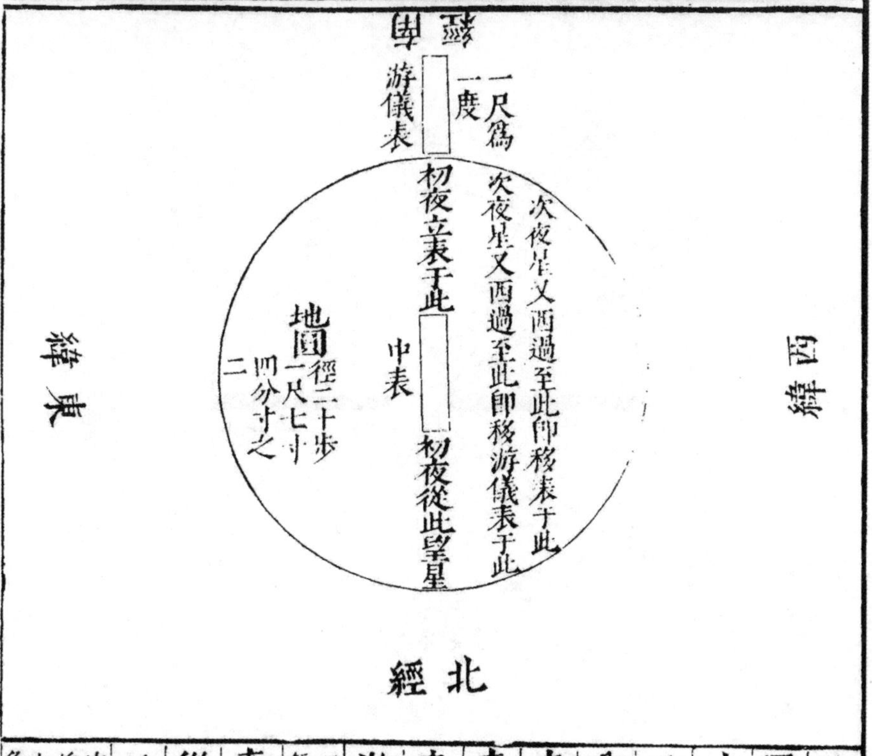

凡測星治地令平規而圜之徑二十步一尺七寸四分寸之二六尺爲步周三百六十五寸二十五分一尺爲一度以象周天之數以立一表於地規之中命曰中表不動從表之北向南而望星置一表於正南之經頭命曰游儀之表每日逐星西過以尺量其下去初表之數每一尺爲一度候星以牽牛爲始望星在正南之昏時爲法從此以後日西過經八日昏時女星來中故牛爲八度復候女星至十二日後虛星來中故爲十二度復候虛星至十日後危星來故虛爲十度

日月行冬夏圖

周天三百六十五度四分度之一天體圓如彈丸北高南下北極出地上三十六度南極入地下三十六度南極去北極直徑一百二十二度弱其依天體隆曲南極去北極一百八十二度強正當天之中央南北二極中等之處謂之赤道去南北極各九十一度爲春分秋分日之所行夏至則日漸北去赤道之北二十四度去北極六十七度去南極一百一十五度謂之黑道冬至則日漸南去赤道之南二十四度去北極一百一十月行之道與日道相近其交路過半在日道之裏日道發南去極彌遠其日道之裏日道發南去極彌遠其景彌長日道斂北去極彌近其景彌短二正之道齊景正爲春秋分

一〇六

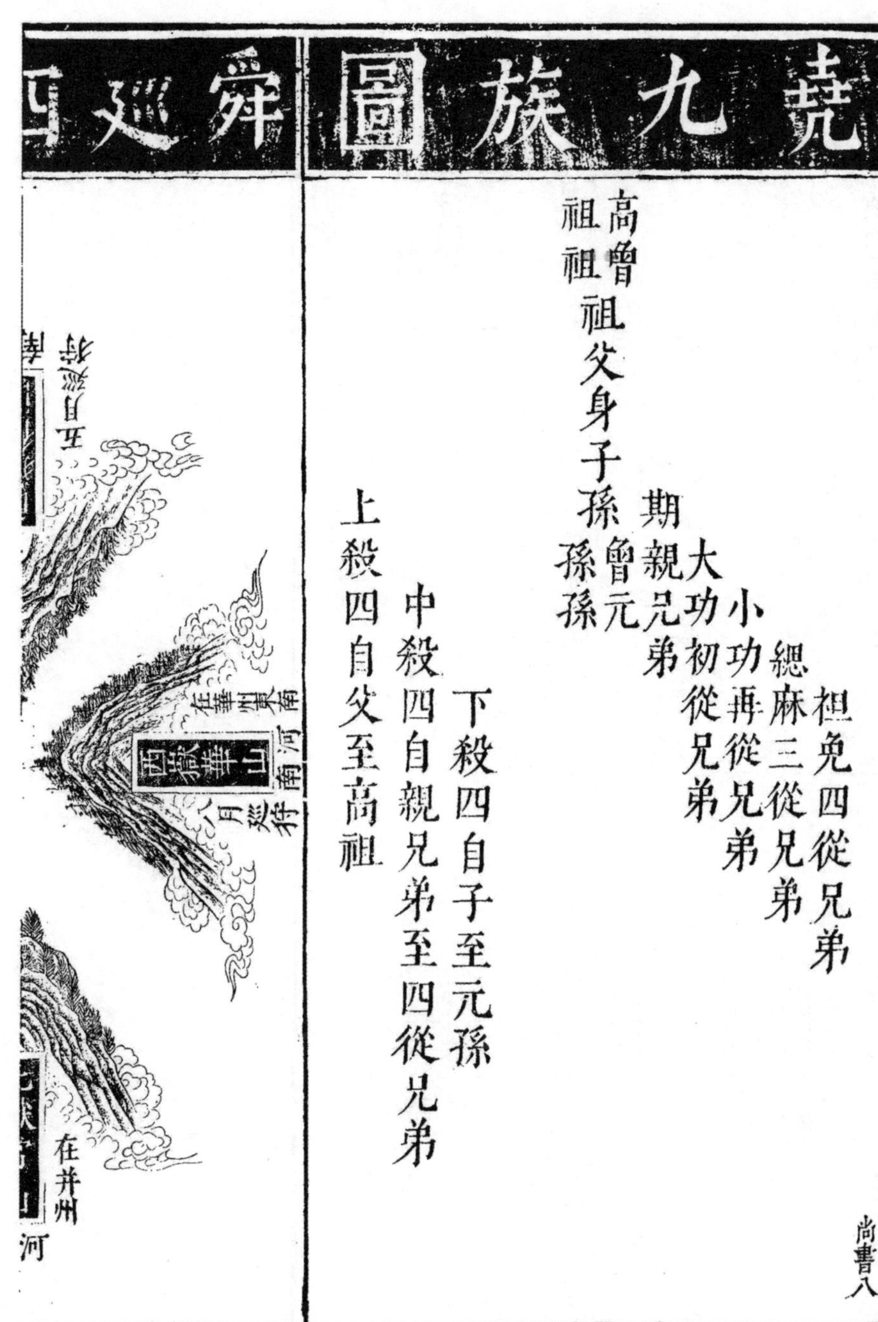

堯九族圖
高祖
曾祖
祖
父
身
子
孫
曾孫
元孫
期親兄弟
大功初從兄弟
小功再從兄弟
緦麻三從兄弟
袒免四從兄弟
上殺四自父至高祖
中殺四自親兄弟至四從兄弟
下殺四自子至元孫
尚書八
舜巡
五月巡狩
西嶽華山
在華州東南
河南
八月巡狩
在并州
河

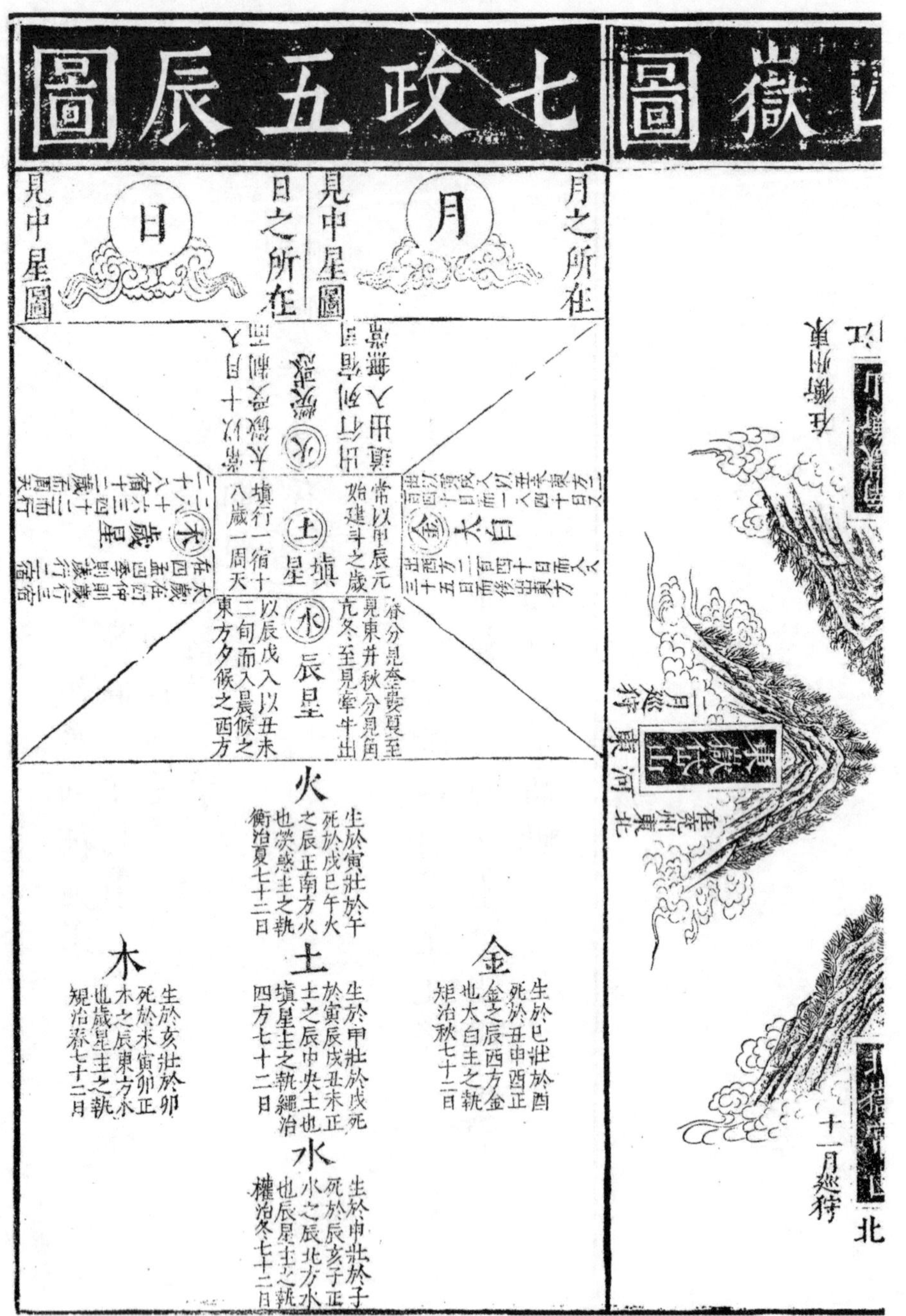

七政五辰圖
嶽圖
月之所在
見中星圖
月
日之所在
見中星圖
日
辰星
春分見奎婁夏至見東井秋分見角亢冬至見牽牛出以辰戌入以丑未二旬而入晨候之東方夕候之西方
火
生於寅壯於午死於戌巳午火之辰正南方火也熒惑主之執衡治夏七十二日
金
生於巳壯於酉死於丑申酉正金之辰西方金也太白主之執矩治秋七十二日
木
生於亥壯於卯死於未寅卯正木之辰東方木也歲星主之執規治春七十二日
土
生於申壯於戌死於寅辰戌丑未正土之辰中央土也填星主之執繩治四方七十二日
水
生於申壯於子死於辰亥子正水之辰北方水也辰星主之執權治冬七十二日
東嶽泰山
在兗州東北
二月巡狩
黃河
十一月巡狩
北

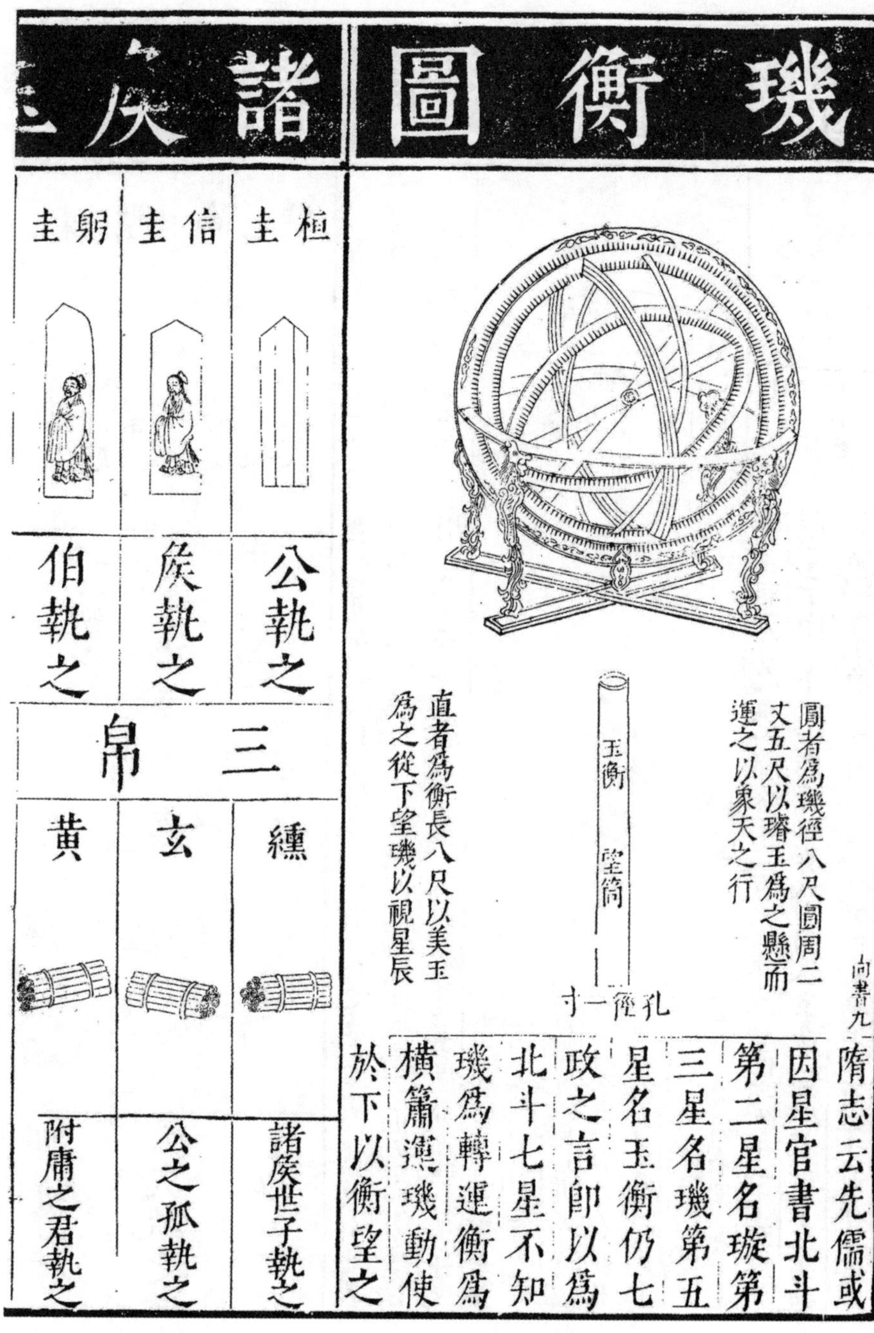

尚書九

隋志云先儒或因星官書北斗第二星名璇第三星名璣第五星名玉衡仍七政之言即以爲北斗七星不知璣爲轉運衡爲橫簫運璣動使於下以衡望之

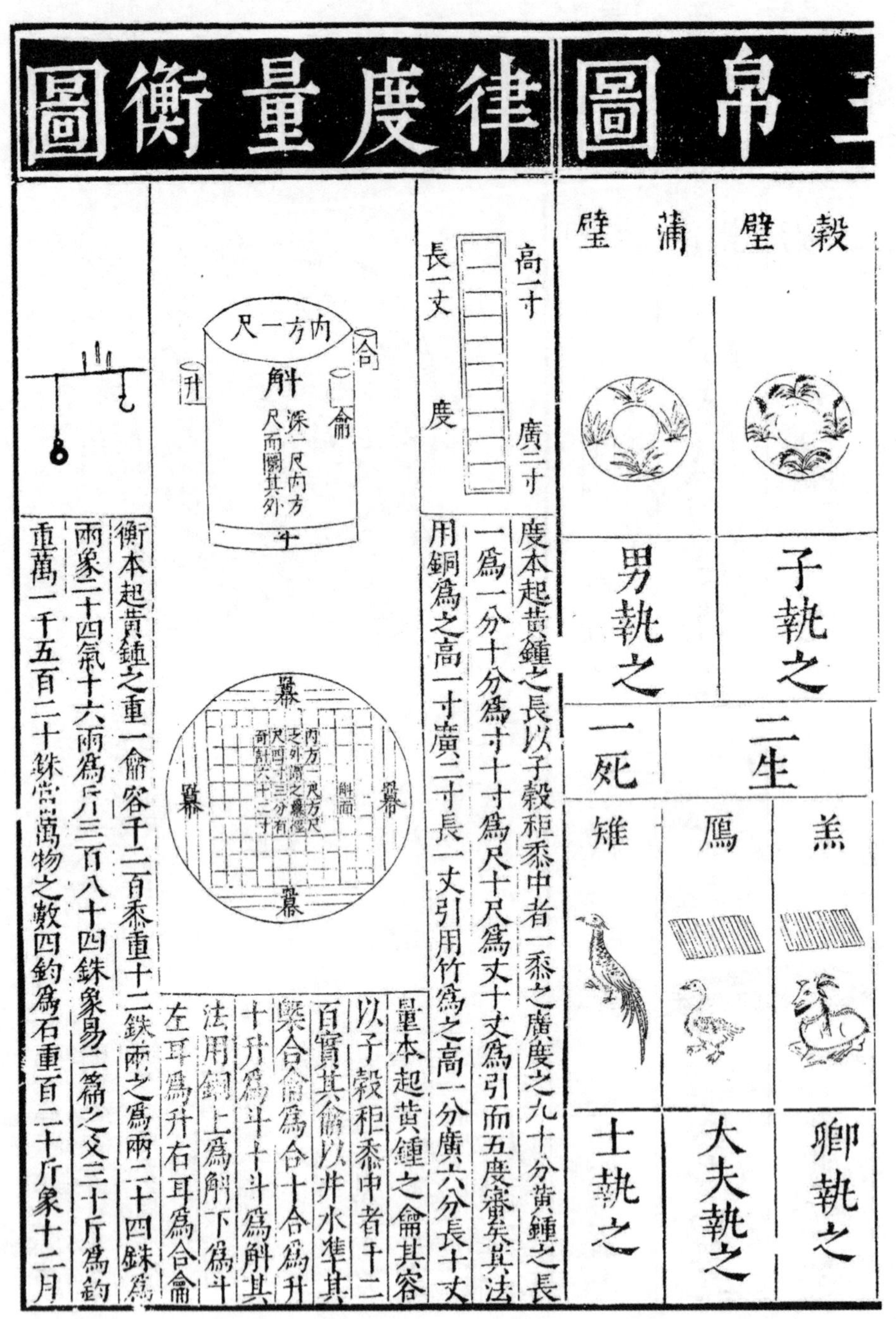

度本起黃鍾之長以子穀秬黍中者一黍之廣度之九十分黃鍾之長一爲一分十分爲寸十寸爲尺十尺爲丈十丈爲引而五度審矣其法用銅爲之高一寸廣二寸長一丈引用竹爲之高一分廣六分長十丈

量本起黃鍾之龠其容以子穀秬黍中者千二百實其龠以井水準其槩合龠爲合十合爲升十升爲斗十斗爲斛其法用銅上爲斛下爲斗左耳爲升右耳爲合龠

衡本起黃鍾之重一龠容千二百黍重十二銖兩之爲兩二十四銖爲兩象二十四氣十六兩爲斤八三百八十四銖象易二篇之爻三十斤爲鈞重萬一千五百二十銖當萬物之數四鈞爲石重百二十斤象十二月

十二章

經曰予欲觀古人之象日月星辰山龍華蟲作會宗彝藻火粉米黼黻絺繡以五采彰施于五色作服汝明

舊圖所畫取孔氏傳畫三辰山龍華蟲於衣服旌旗又宗廟彝樽亦以山龍華蟲爲飾分粉米爲二事粉若粟冰米若聚米

按周禮彝器無山龍華蟲爲飾

章服圖

宗彝

火

黼

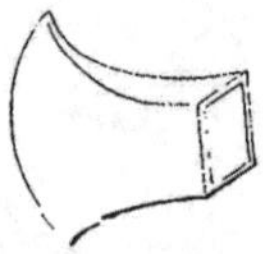

藻

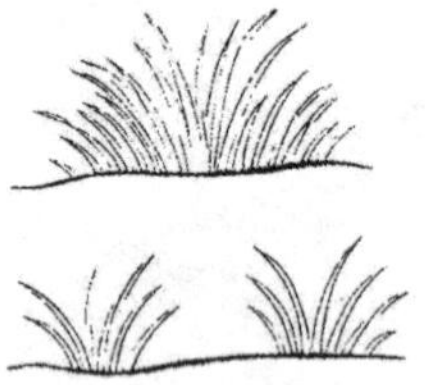

粉米

黻

者先儒謂帝王
華易所尚不同
又按孔穎達據
周禮宗廟彝器
有虎彝雖彝故
以粉米爲一宗
彝爲一與書十
二章爲合日也
月也星也山也
龍也華蟲也六
者畫以作繪施
於衣也宗彝也
藻也火也粉米
也黼也黻也此
六者絺以爲繡
施之於裳也今
取之以易舊圖

五聲八音圖

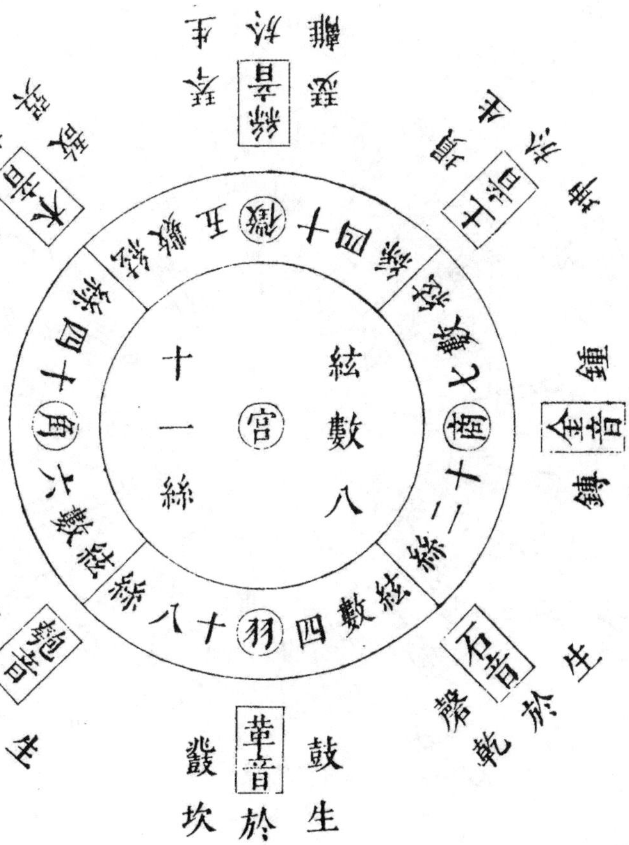

宮
絃數八十一絲

徵
絲數五十四

商
絃數七十二絲

羽
絃數四十八絲

角
絲數六十四

絲音
生於離
琴 瑟

土音
生於坤
塤

金音
生於兌
鍾

石音
生於乾
磬

革音
生於坎
鼓 鼗

匏音
生於艮
笙

竹音
生於震
管 簫

木音
生於巽
柷 敔

六律六呂圖

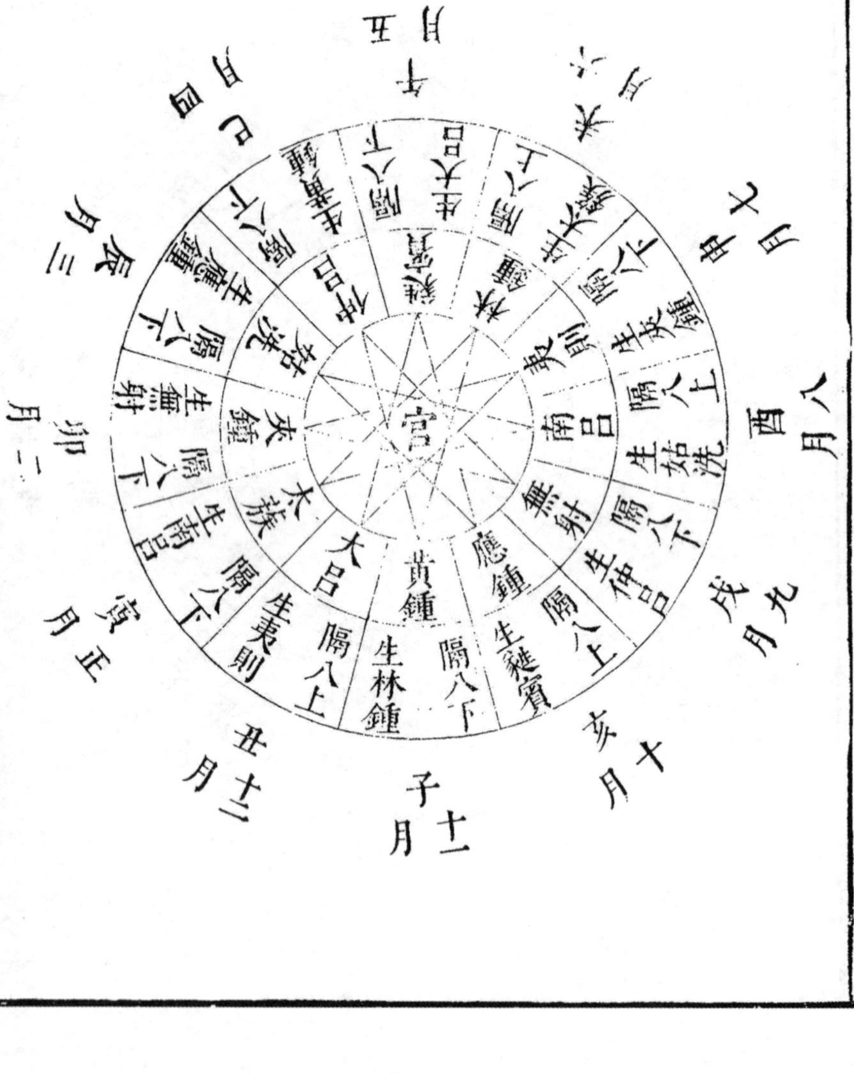

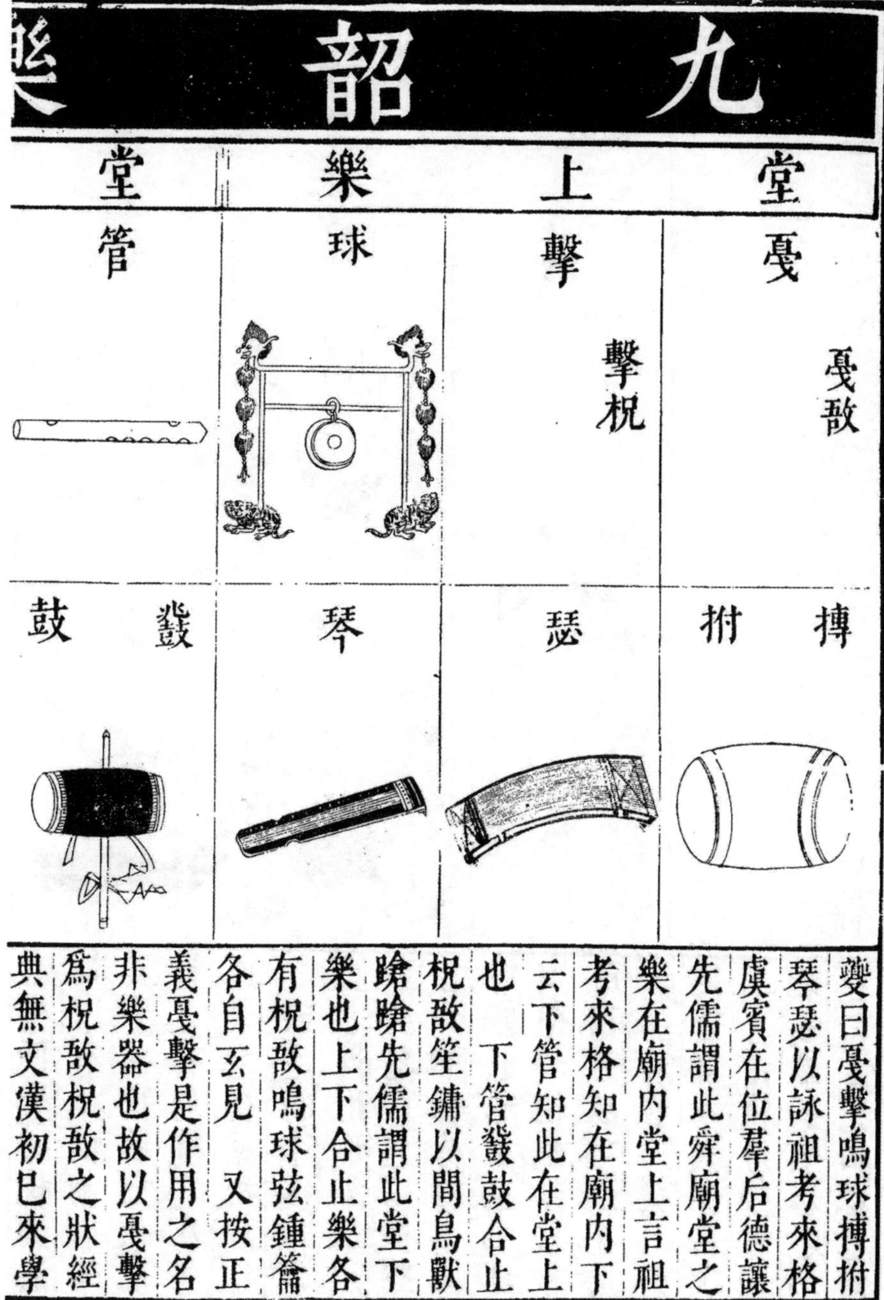

夔曰戛擊鳴球搏拊琴瑟以詠祖考來格虞賓在位羣后德讓先儒謂此舜廟堂之樂在廟内堂上言祖考來格知在廟内下云下管知此在堂上也　下管鼗鼓合止柷敔笙鏞以間鳥獸蹌蹌先儒謂此堂下樂也上下合止樂各有柷敔鳴球弦鍾籥各自互見　又按正義戛擊是作用之名非樂器也故以戛擊爲柷敔柷敔之狀經典無文漢初已來學

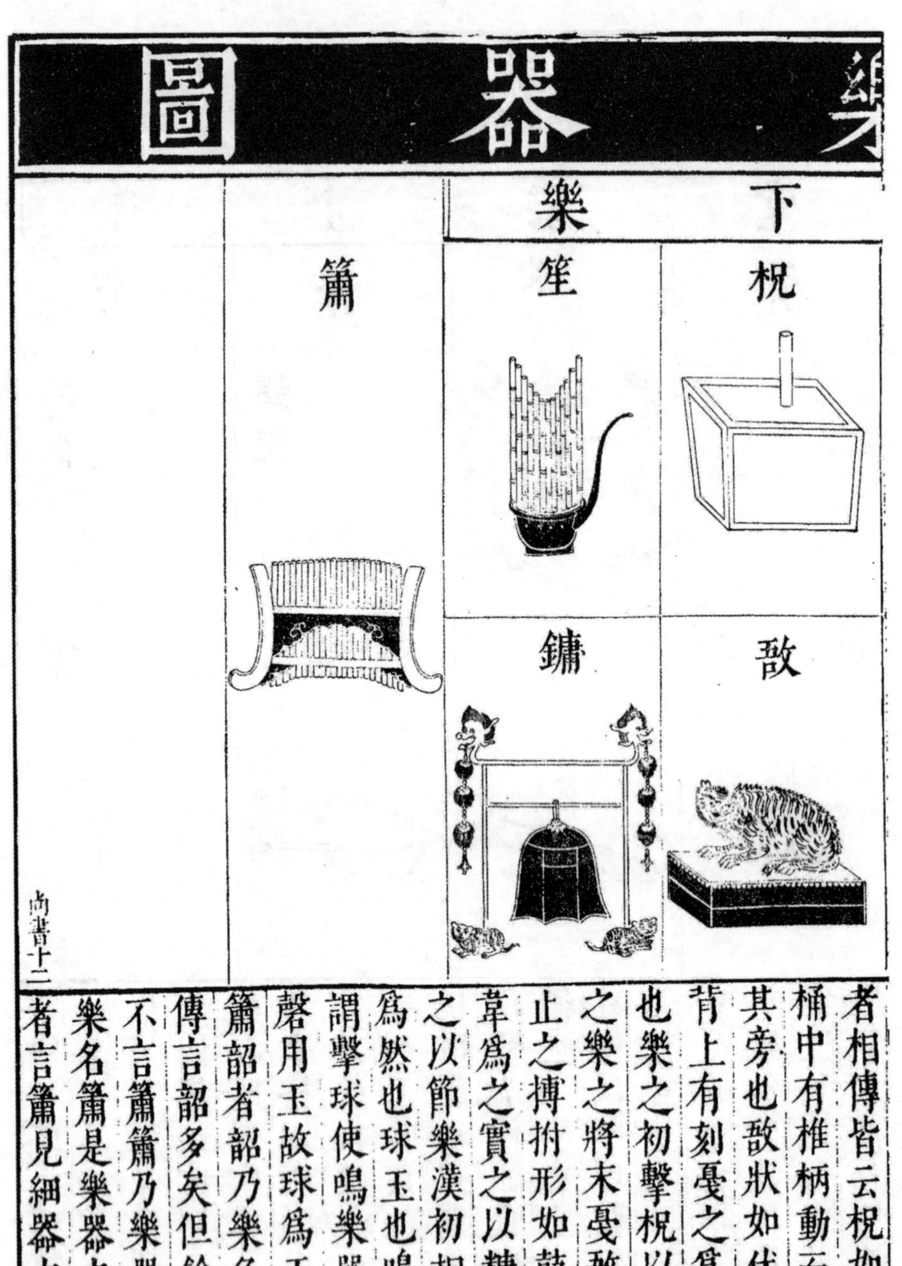

者相傳皆云柷如漆桶中有椎柄動而擊其旁也敔狀如伏虎背上有刻戛之爲聲也樂之初擊柷以作之樂之將末戛敔以止之搏拊形如鼓以韋爲之實之以糠擊之以節樂漢初相傳爲然也球玉也鳴球謂擊球使鳴樂器惟磬用玉故球爲玉磬簫部者部乃樂名經傳言部多矣但餘文不言簫簫乃樂器非樂名簫是樂器之小者言簫見細器之備

五刑四罪圖

墨	劓	剕	宫	大辟
刻額	截鼻	刖足	割勢	死刑

五服三就		
大罪	大夫	士庶
原野	朝	市

五宅三居		
大罪	次罪	次罪
四裔	九州之罪	千里之外

南裔崇山

放驩兜于崇山

崇山在澧州

西裔三危

竄三苗于三危

三危在沙州燉煌

東裔羽山

殛鯀于羽山

羽山在東海郡祝其縣

北裔幽州

流共工于幽州

幽州在今燕山

舜舞干羽圖

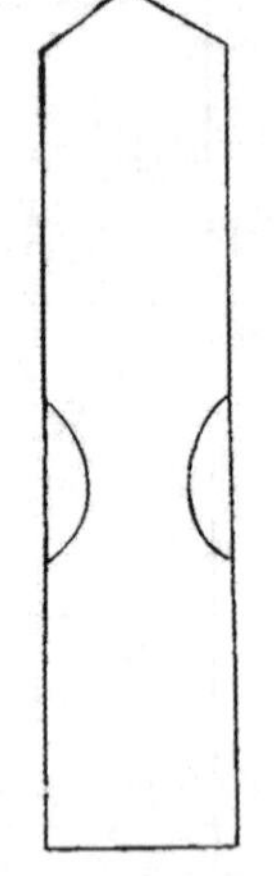

干舞赤大盾也

羽舞析白羽爲之形如帗

有苗弗率舜命禹往征之三旬苗民逆命禹班師振旅帝乃誕敷文德舞干羽于兩階七旬有苗格　干楯羽翳也皆舞者所執修闡文教舞文舞于賓主階間抑武事也

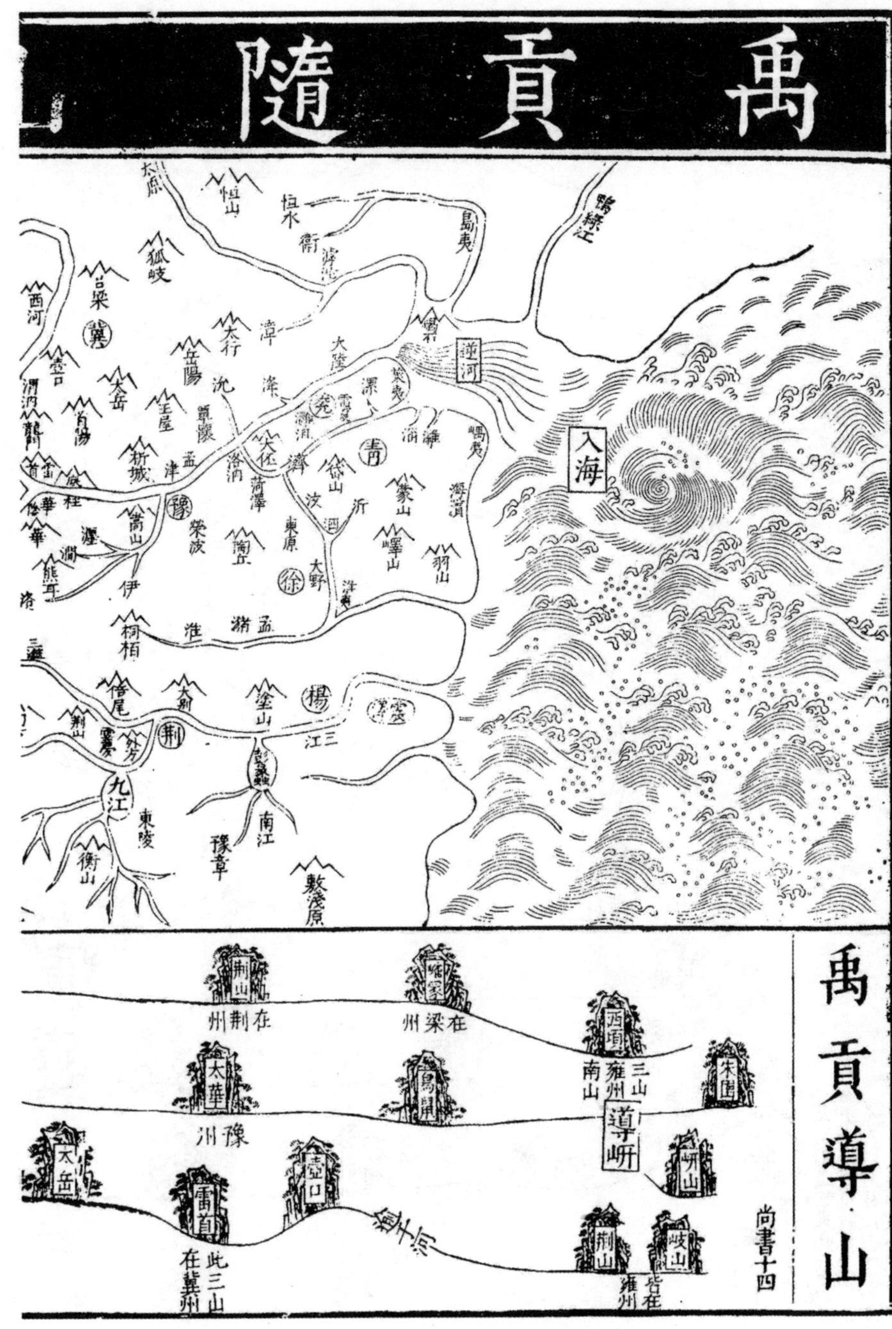
禹貢隨
太原
恒山
恒水
衛
島夷
鴨綠江
狐岐
呂梁
西河
冀
太行
岳陽
漳
大陸
逆河
入海
太岳
王屋
析城
底柱
孟津
豫
嵩山
熊耳
伊
洛
沇
兗
大伾
漯
雷夏
青
嵎夷
濰
淄
岱山
汶
沂
泗
東原
菏澤
滎波
陶丘
蒙山
嶧山
羽山
徐
大野
桐柏
淮
孟豬
陪尾
大別
荊
荊山
揚
塗山
三江
彭蠡
九江
東陵
衡山
南江
豫章
敷淺原
禹貢導山
荊山
在荊州
嶓冢
在梁州
西傾
朱圉
鳥鼠
三山
雍州
南山
太華
豫州
導岍
岍山
太岳
雷首
壺口
荊山
岐山
皆在
雍州
此三山
在冀州
尚書十四

一一九

山濬川圖

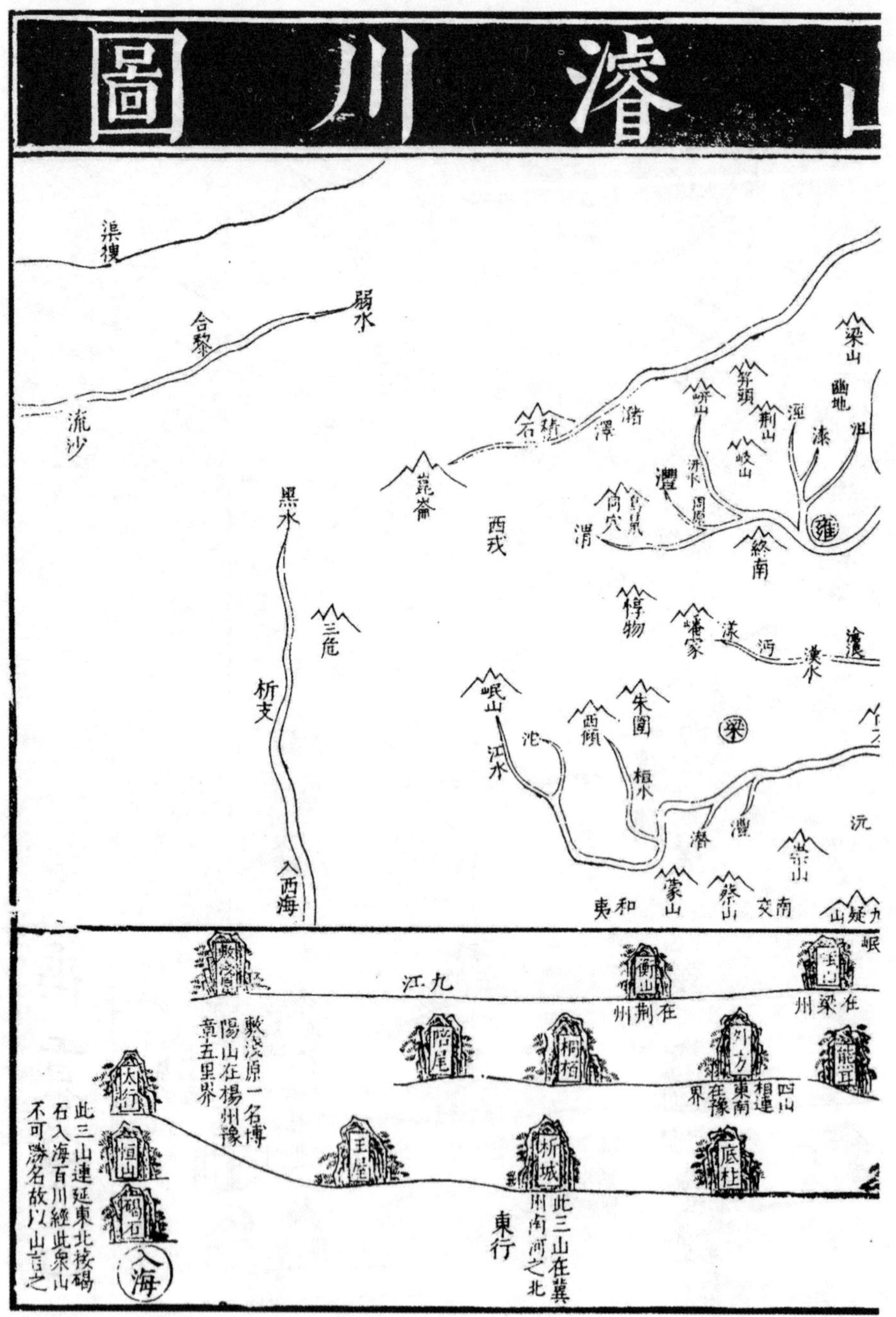
渠搜
弱水
合黎
流沙
積石
崑崙
西戎
黑水
三危
析支
入西海
梁山
岐山
荊山
涇
漆
沮
灃
渭
鳥鼠同穴
終南
惇物
嶓冢
漾
沔
漢水
滄浪
岷山
沱
江水
西傾
朱圉
桓水
梁
潛
沅
蒙山
蔡山
和夷
南交
九江
敷淺原
衡山
在荊州
在梁州
陪尾
桐柏
外方
熊耳
敷淺原一名博陽山在楊州豫章五里界
四山相連東南在豫界
太行
恒山
碣石
入海
王屋
析城
底柱
此三山連延東北接碣石入海百川經此衆山不可勝名故以山言之
此三山在冀州南河之北
東行

禹貢九州

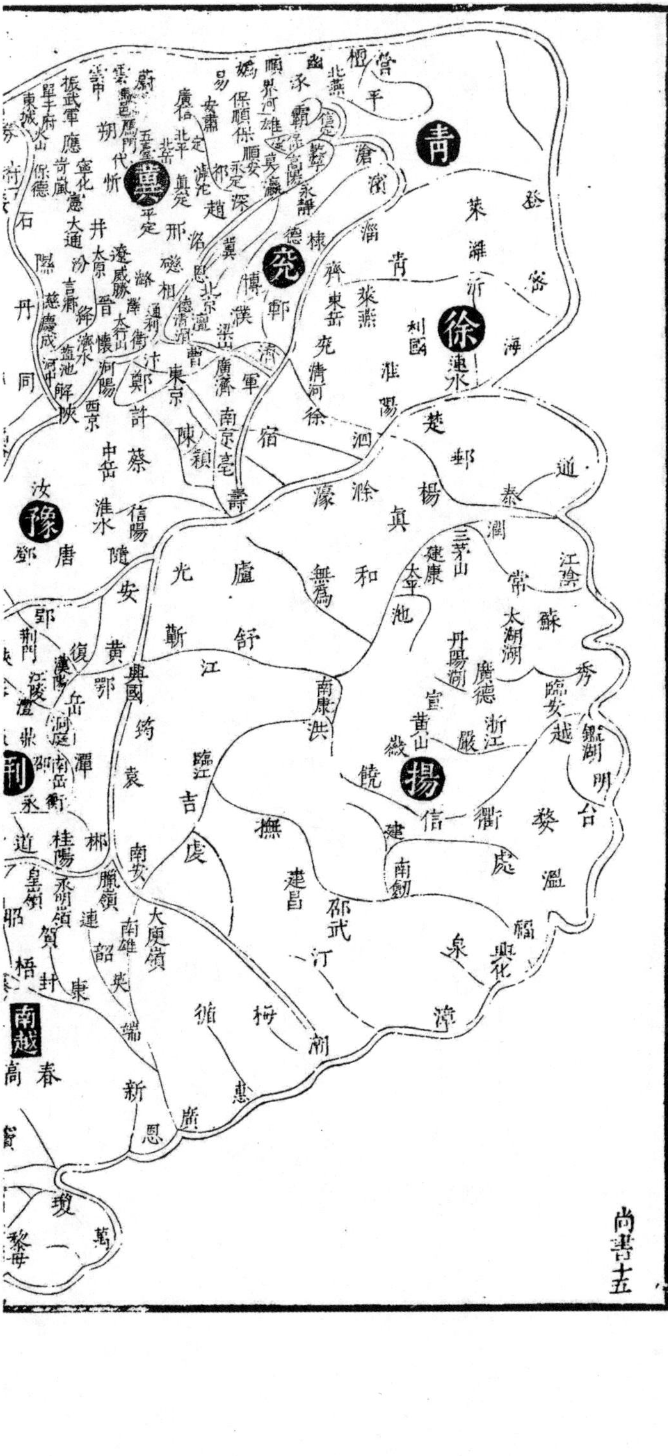

疆界之圖

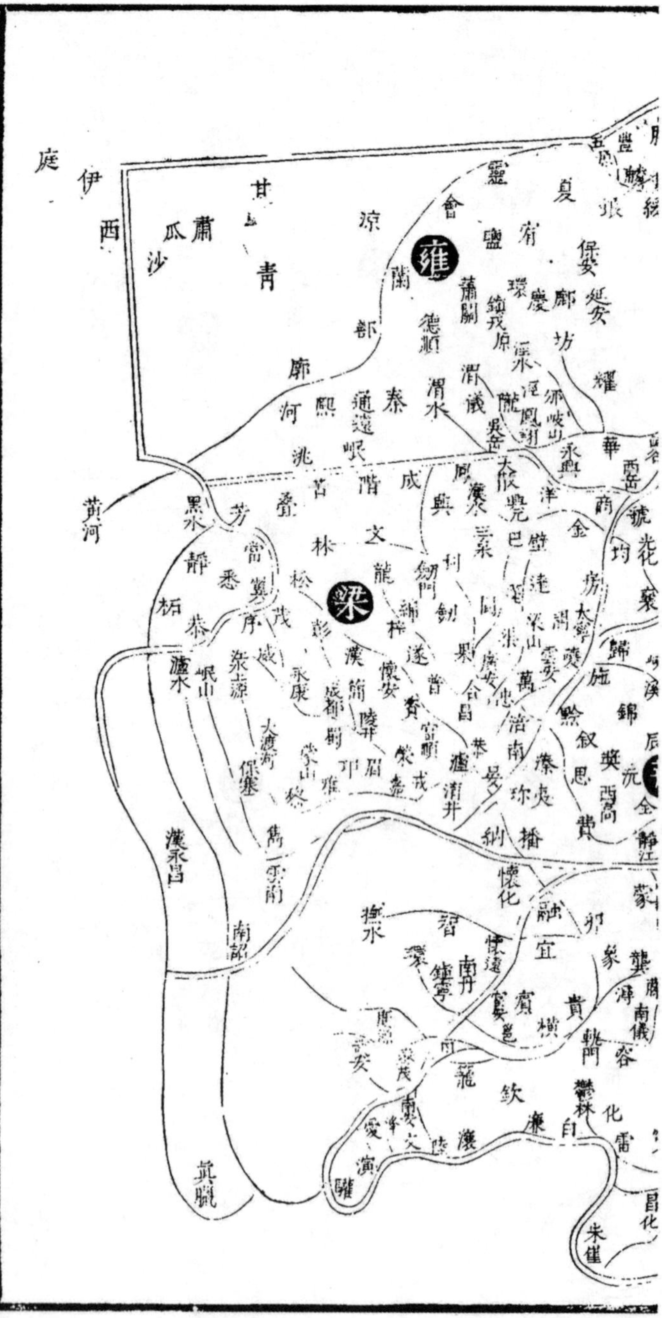

禹貢治

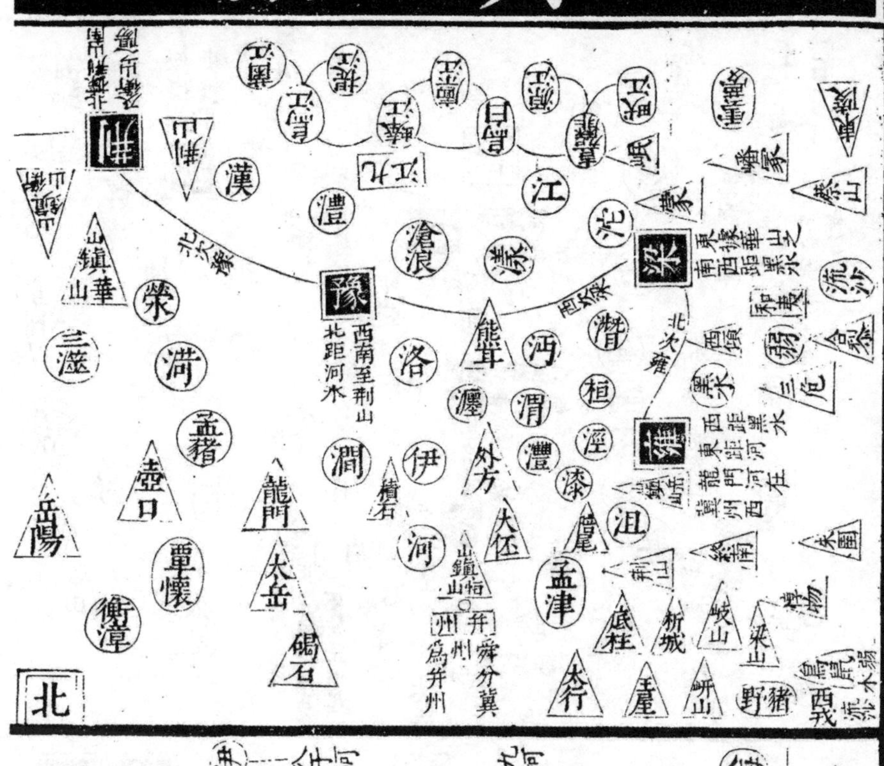

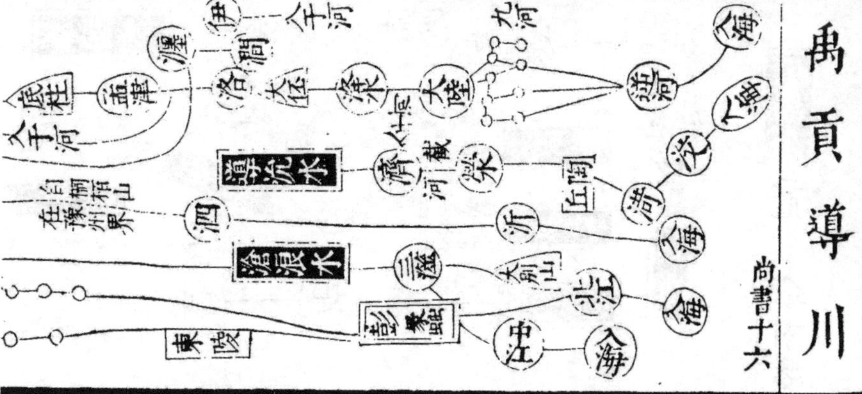

禹貢導川

尚書十六

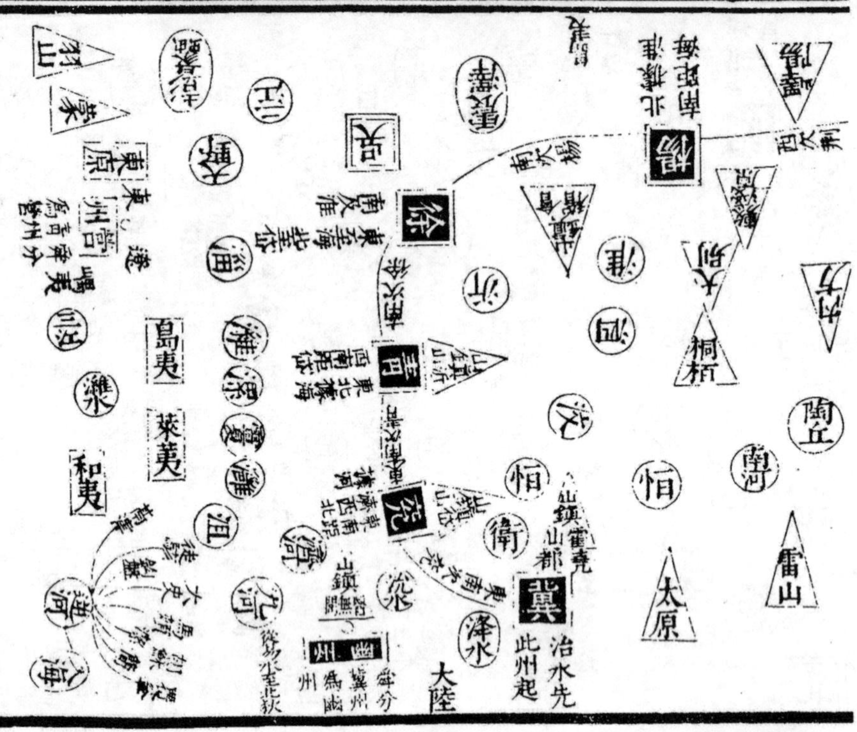
先後圖

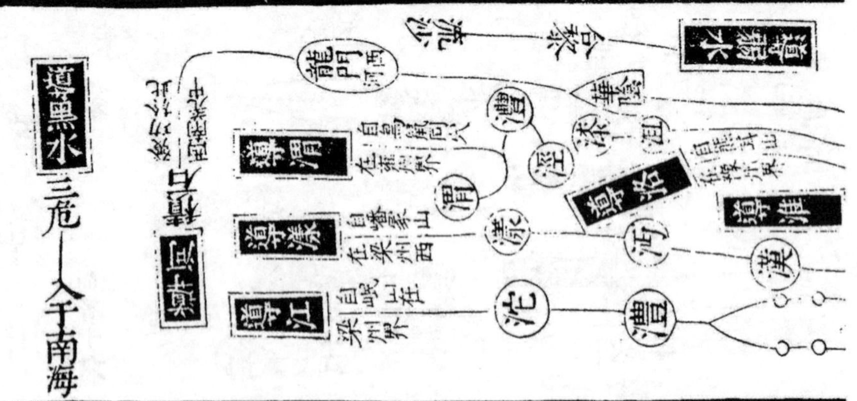

禹貢九

州	四境	土	田	賦	居民地附	澤	草木
冀	東河西 西河東 南河北	白壤	中中	上上錯	太原 覃懷 島夷		
兗	東南距濟 西北距河	黑墳	中下	貞	桑土	雷夏	草惟繇 木惟條
青	東北距海 西南距岱	白墳	上下	中上	海濱 萊夷		
徐	東至海 北至岱 南及淮	赤埴墳	上中	中中	東原	大野	草木漸包
揚	北據淮 南距海	塗泥	下下	下上上錯	島夷	彭蠡 震澤	篠簜草 夭木喬
荊	北據荊山 南及衡陽	塗泥	下中	上下		雲夢	
豫	西南據荊 北距河水	惟壤 墳壚	中上	錯上中		孟豬 滎澤 菏澤	
梁	東據華山之南 西距黑水	青黎	下上	下中三錯	和夷		
雍	西距黑水 東據河龍門 河雍州西	黃壤	上上	中下	原隰 三危 豬野 西戎 三苗 崑崙 析支 渠搜	豬野	

州譜圖

貢	錫貢	篚	水道
漆絲		織文	浮于濟 漯 達于河
鹽絺 海物惟錯 岱畎絲枲 鈆松怪石		檿絲	浮于汶 達于濟
土五色 夏翟 孤桐 浮磬 蠙珠 魚		玄纖縞	浮于淮 泗 達于河
金三品 瑤琨篠 簜 齒革羽 毛 木	包橘柚	織貝	沿于江海 達于淮泗
羽毛齒革 金三品 杶幹栝 栢 礪砥砮 丹 箘簬楛 包匭菁茅	大龜	玄纁 纖組	浮于江 沱潛漢 逾于洛 達于河
漆 枲 絺 紵	磬錯	纖纊	浮于洛 達于河
璆鐵 銀鏤 砮磬 熊羆 狐狸 織皮			浮于潛 逾于沔 入于渭 達于河
球琳 琅玕			浮于積石 至龍門西河 會于渭汭

禹貢九山

冀

壺口山 在河東北屈縣東南

雷首山 在河東河中府蒲坂縣南

太岳 在河東彘縣東上黨西一名霍山

底柱山 在太陽關東析城之西

析城山 在河東濩澤縣西

王屋山 在河東垣縣東北

太行山 在河內澤州山陽縣西北

常山 在曲陽縣西北

碣石山 在北平驪城縣西南今平州

兗

青

荊

荊山 南條荊山在南郡臨沮縣東北今襄州

內方山 一名章山在江夏竟陵縣東北

大別山 鄭玄云在安豐縣按左傳吳既與楚夾漢然後楚乃濟漢而陳自小別至于大別然則二別近漢之名無緣得在安豐縣要與內方相接漢水所經必在荊州界也今漢陽軍

衡山 在潭州湘南縣東南

梁

岷山 蜀郡有湔道岷山在西徼外

嶓冢山 梁州云岷嶓既藝是嶓冢在梁州

蔡山 不知所在

蒙山 在蜀郡青衣縣今雅州有蒙頂

雍

岍山 吳岳在扶風汧縣西今隴州

山名數圖

岱山 本屬兖州萊蕪縣

徐

蒙山 在太山蒙陰縣西南

羽山 在東海祝其縣南

豫

大伾山 潞州黎陽縣山是

熊耳山 在洪農盧氏縣東

外方山 即中岳嵩高今穎州嵩高山

桐栢山 在南陽平氏縣東南今唐州

陪尾山 在江夏安陸縣東北今安州

楊

敷淺原 一名博陽山在豫章歷陵縣南今洪州

岐山 在扶風美陽縣西北今屬鳳州

荊山 北條荊山在馮翊懷德縣南今同州

西傾山 在隴西臨洮縣西南今在洮州

朱圉山 在天水冀縣南今秦州界

鳥鼠山 在隴西首陽縣西南今渭州

太華山 在京兆華陰縣南今華州

終南山 在扶風武功縣今在鳳州

惇物山 在武功縣東

三危山 地理志杜林以爲敦煌郡即古瓜州杜預亦云鄭玄引地記書云在鳥鼠西南孔穎達非之以爲必在河之南

積石山 在金城河閞縣西南

三條山 中條自雍州西傾朱圉鳥鼠至豫熊耳外方桐栢陪尾南條自雍州嶓冢至于荊州荊山內方大别北條自雍州岍岐荊山至冀之壺口雷首泰山底柱析城王屋太行常山碣石

禹貢九州

冀

衡漳 濁漳出潞州長子縣東至鄴入清漳清漳出上黨

常水 出常山上曲陽縣今定州東入滱水

衛水 出常山靈壽縣東北入滹沱今真定

降水 在襄國信都縣今冀州信都

兗

灉水

沮水

九河 自大陸之北分為九徒駭太史馬頰覆釜胡蘇簡潔鉤盤鬲津

漯水 出東郡東武縣至青州洛安千乘縣入海

雷夏澤 在濟陰成陽縣西北今鄆縣

青

濰水 出琅耶箕屋山北今沂州至都昌縣入海今濰州

淄水 出太山萊蕪縣原山東北至千乘博昌縣入海

汶水 出泰山萊蕪縣原至西南入濟也

豫

伊水 出洪農盧氏縣東熊耳山東北入洛

洛水 出洪農上洛縣冢嶺山東北至河南鞏縣東入河

瀍水 出河南穀城縣潛亭北西東南入洛

澗水 出洪農新安縣東南入洛

孟津 在河內河陽縣南洛陽城北

沇水 在河陽溫郡西北平地今孟州溫縣及濟源縣

濟水 出河東垣縣王屋山東南至河內武德縣入河今濟出溫之西北溫是古之舊縣

滎澤 在敖倉東南今鄭州滎澤

河澤 在濟陰定陶縣東

孟豬 在梁郡睢陽縣東北

梁

江水 出岷山

沱水 在蜀郡郫縣南郡枝江縣有沱水其尾入江

潛水 出嶓冢東西至巴郡江州入江

名數圖

徐

淮水 出桐栢山旁小山胎簪山會泗沂入海

大野澤 在山陽鉅野縣北

沂水 出泰山蓋縣南至下邳入泗今沂州

泗水 出濟陰乘氏縣東南至臨淮睢陵縣入淮乘氏今屬曹州

荆

滄浪水 別流在荆州出荆山今襄州

三澨 在江夏竟陵縣今復州景陵縣

澧水 在長沙澧陵縣今澧州

雲夢澤 地里志南郡華容縣有雲夢澤杜預南郡枝江縣西有雲夢城江夏安陸縣亦有雲夢子虛賦云雲夢者方八九百里則此澤跨江南北每處名存焉

九江 今江州有九江烏江蚌江烏白江嘉靡江畎江源江廩江提江菌江

揚

三江 南江自豫章下入彭蠡至海中江自岷山至彭蠡北江自漾入海

彭蠡震澤 震澤吳南大湖名彭蠡江漢合處

漾水 出隴西氐道縣至武都爲漢水

沔水 在漾之下漢之上經三泉金牛驛爲沔水

漢水 漾水至武都爲漢水今漢中

桓水 出蜀郡蜀山西南行羌中入南海

雍

渭水 出鳥鼠同穴

涇水 出涇州涇陽縣西幵頭山東南至馮翊陵陽縣入渭

灃水 出鳳翔鄠縣東南北過上林苑入渭

漆沮 出耀州北池直跂縣鄭渠濁水入焉洛謂之漆水

弱水 最在西北入於流沙流沙在居延澤之西

合黎 在張掖郡甘州删丹縣酒泉郡之東

流沙 在合黎西即居延澤

黑水 出張掖郡雞山南流至燉煌過三危山南入于海

河水 出崑崙山色白漢志云河水兩源一出葱嶺一出于闐

豬野 在武威縣東北有休屠澤古文以爲豬野澤

濬畎澮距川圖

壹成之田耜廣五寸二耜爲耦一耦之伐廣尺深尺謂之畎田首倍之廣二尺深二尺謂之遂九夫爲井井間廣四尺深四尺謂之溝九遂入一溝九溝入一洫右一同之田方十里爲成成間八尺深八尺曰洫方百里爲同同間廣二尋深二仞謂曰澮九澮共入大川一同之田遂九千溝九百洫九十澮九

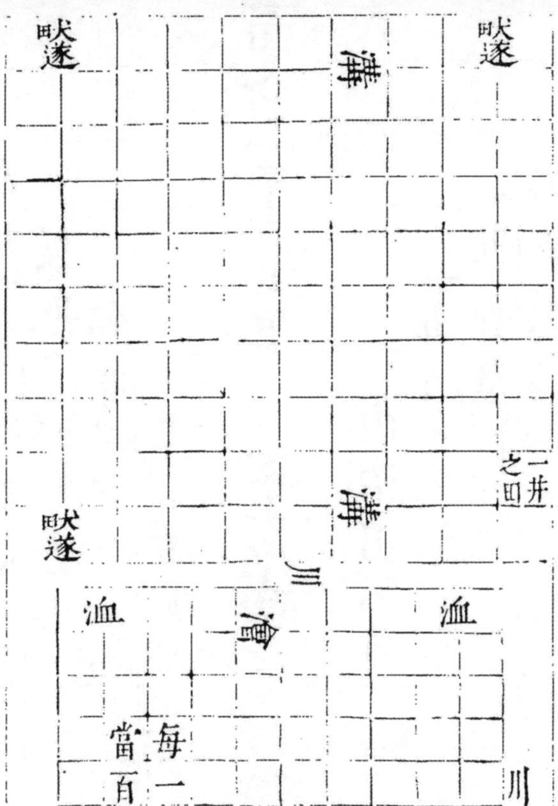

畎遂　溝　畎遂　一井之田　溝　畎遂　川

洫　澮　洫　每一目當百井　川　澮　洫　三

堯制五服圖

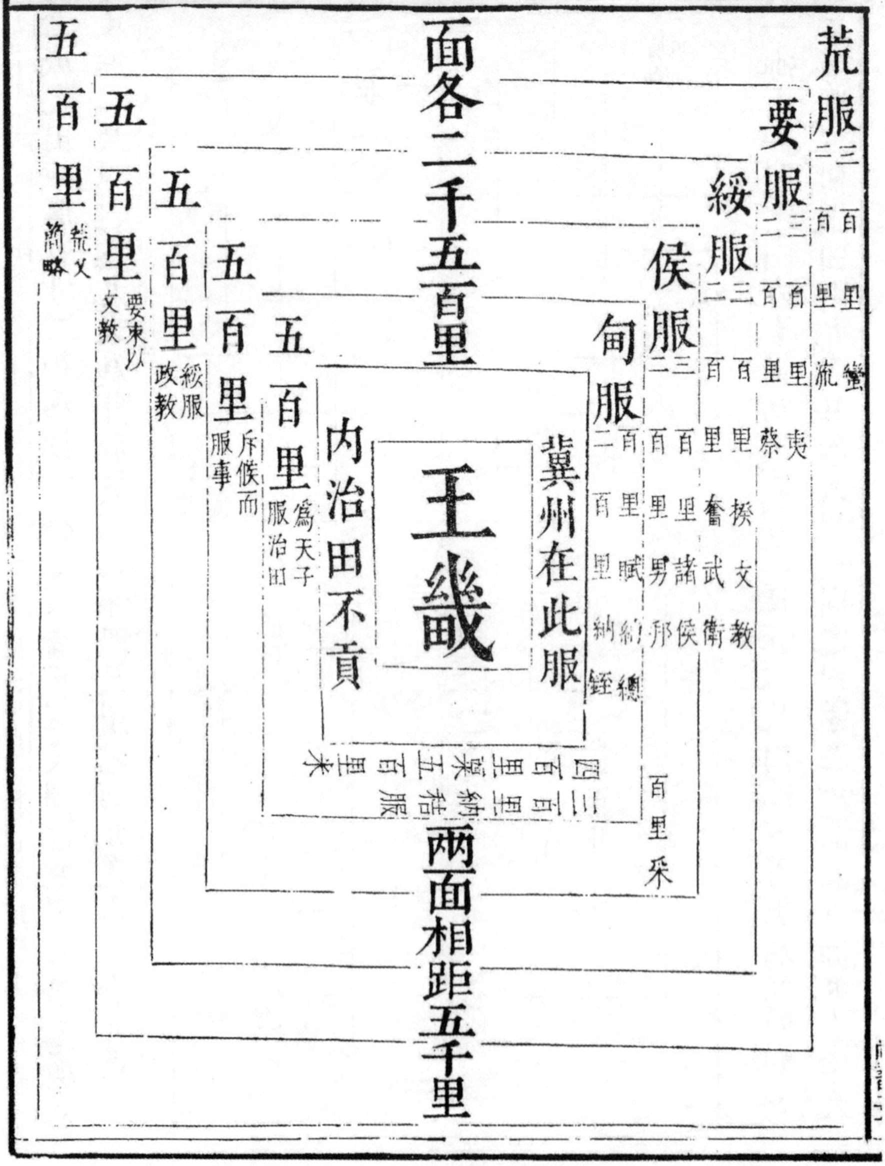

面各二千五百里

荒服 三百里蠻 二百里流

要服 三百里夷 二百里蔡

綏服 三百里揆文教 二百里奮武衛

侯服 三百里諸侯 二百里男邦 百里采

甸服 百里賦納總 二百里納銍 三百里納秸服 四百里粟 五百里米

冀州在此服

王畿

內治田不貢

五百里 爲天子服治田

五百里 斥候而服事

五百里 綏服政教

五百里 要束以文教

五百里 荒文簡略

兩面相距五千里

弼成五服圖

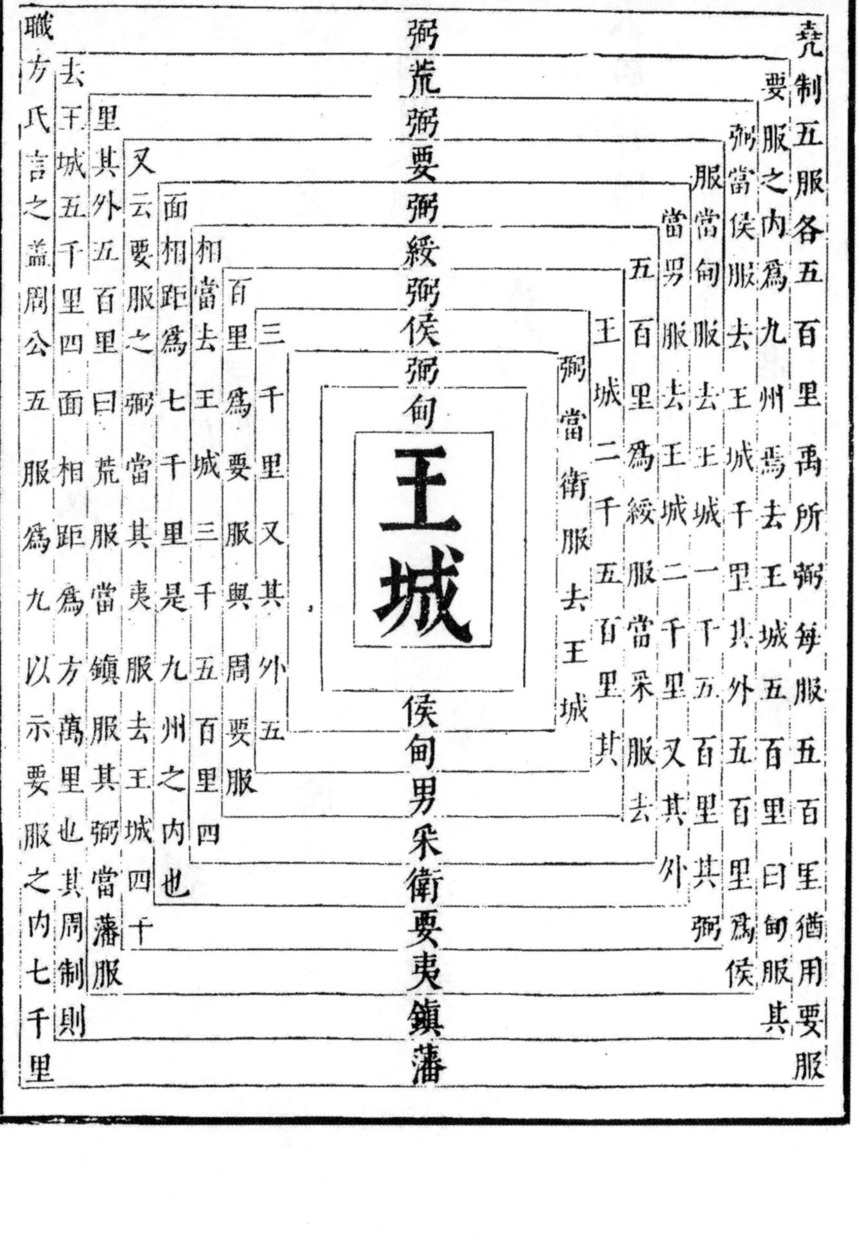

堯制五服各五百里禹所弼每服五百里猶用要服
要服之內爲九州爲去王城五百里曰甸服其
弼當侯服去王城千里其外五百里爲侯
服當甸服去王城一千五百里其弼
當男服去王城二千里又其外
五百里爲綏服當采服去
王城二千五百里其
弼當衛服去王城

弼荒弼要弼綏弼侯弼甸

王城

侯甸男采衛要夷鎭藩

三千里又其外五
百里爲要服與周要服
相當去王城三千五百里四
面相距爲七千里是九州之內也
又云要服之弼當其夷服去王城四千
里其外五百里曰荒服當鎭服其弼當藩服
去王城五千里四面相距爲方萬里也其周制則
職方氏言之蓋周公五服爲九以示要服之內七千里

舜十二州圖

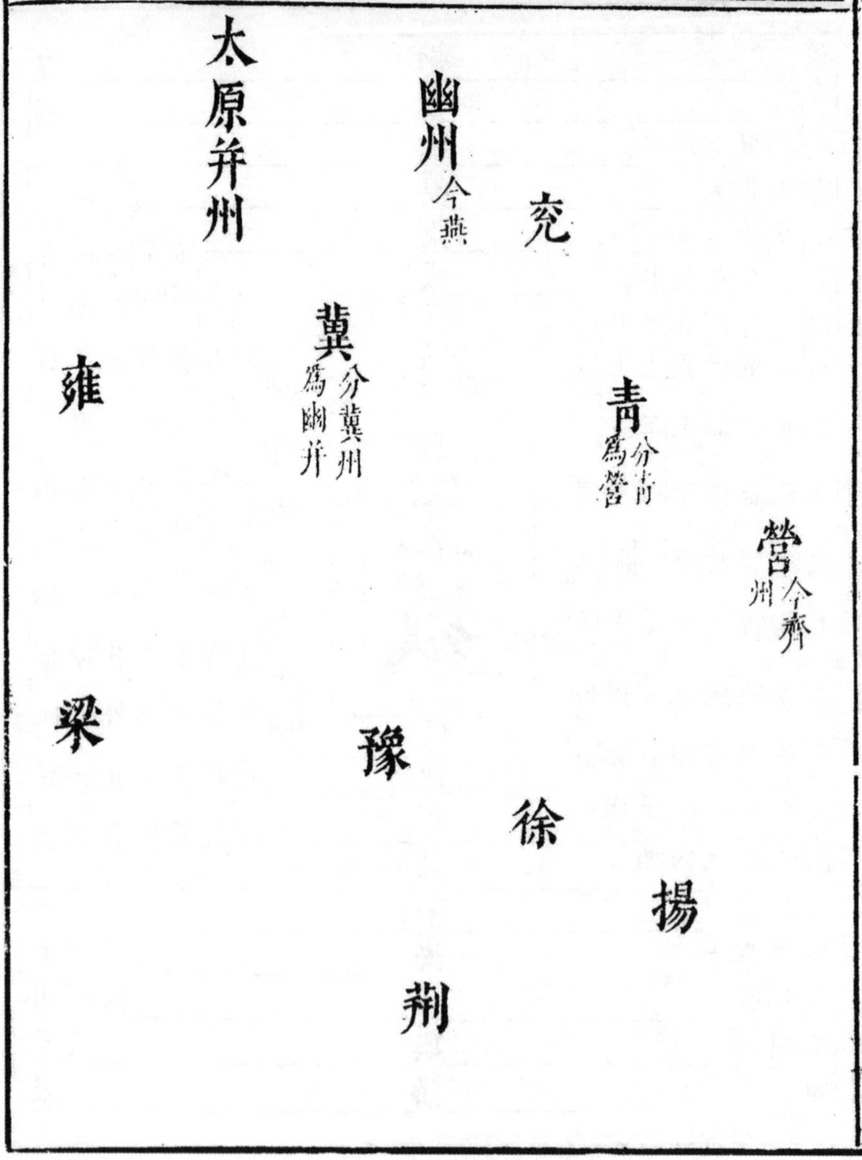

營州今齊

青分青為營

揚

兗

徐

幽州今燕

荊

豫

冀分冀州為幽并

太原并州

雍

梁

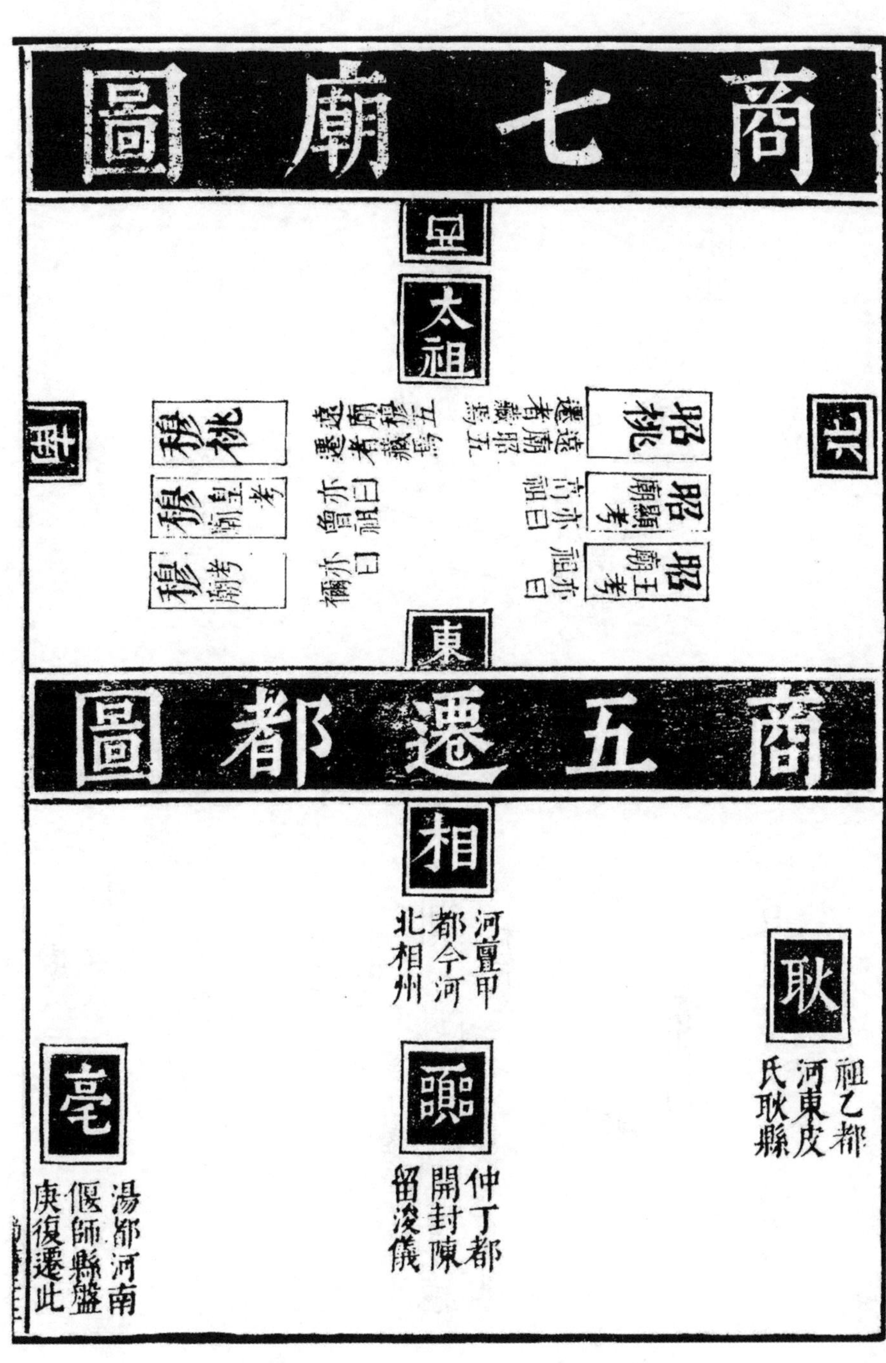
商七廟圖
西
太祖
北
南
昭祧
昭 顯考廟
昭 王考廟
穆祧
穆 皇考廟
穆 考廟
東
商五遷都圖
相
河亶甲都今河北相州
耿
祖乙都河東皮氏耿縣
囂
仲丁都開封陳留浚儀
亳
湯都河南偃師縣盤庚復遷此

一三五

周營洛邑圖

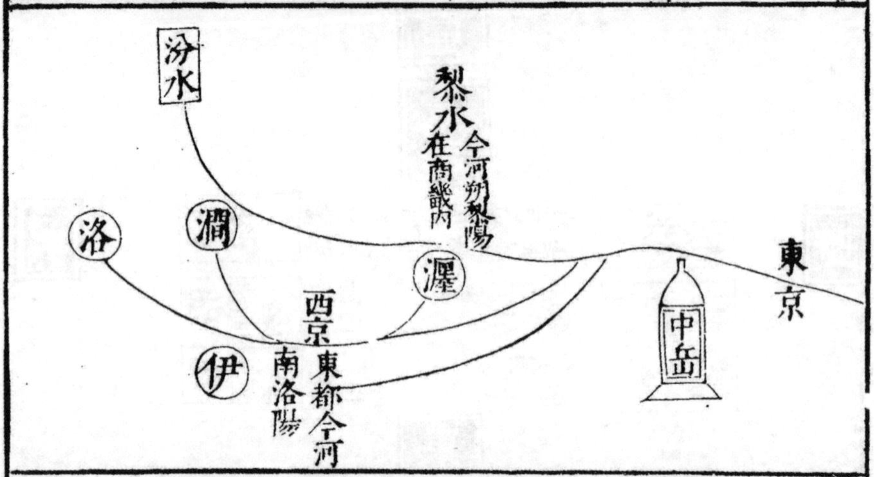

汾水
黎水在商畿內今河南黎陽
洛
澗
瀍
伊
西京東都今河南洛陽
東京
中岳

召誥土中圖

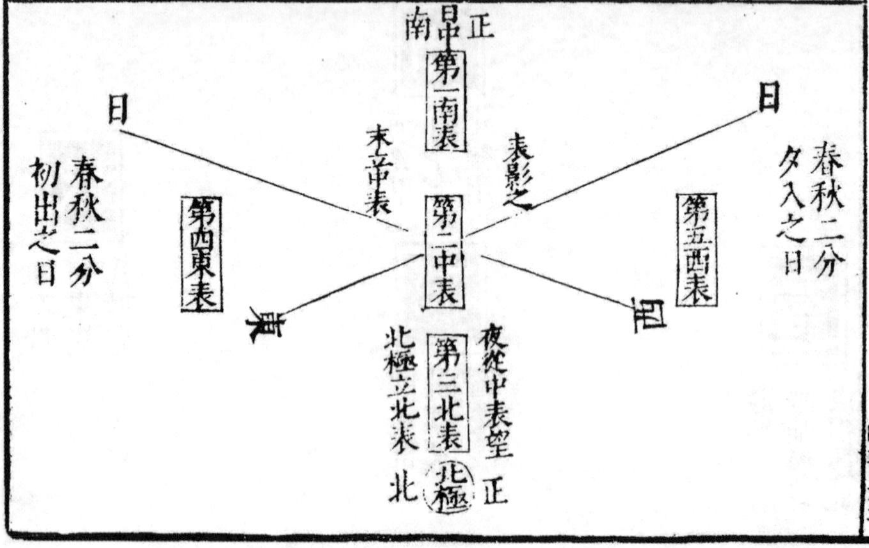

日中正南
第一南表
第二中表
第三北表
第四東表
第五西表
日
日
春秋二分初出之日
春秋二分夕入之日
末東表
表影之
東
西
夜從中表望北極立北表
正北
北極

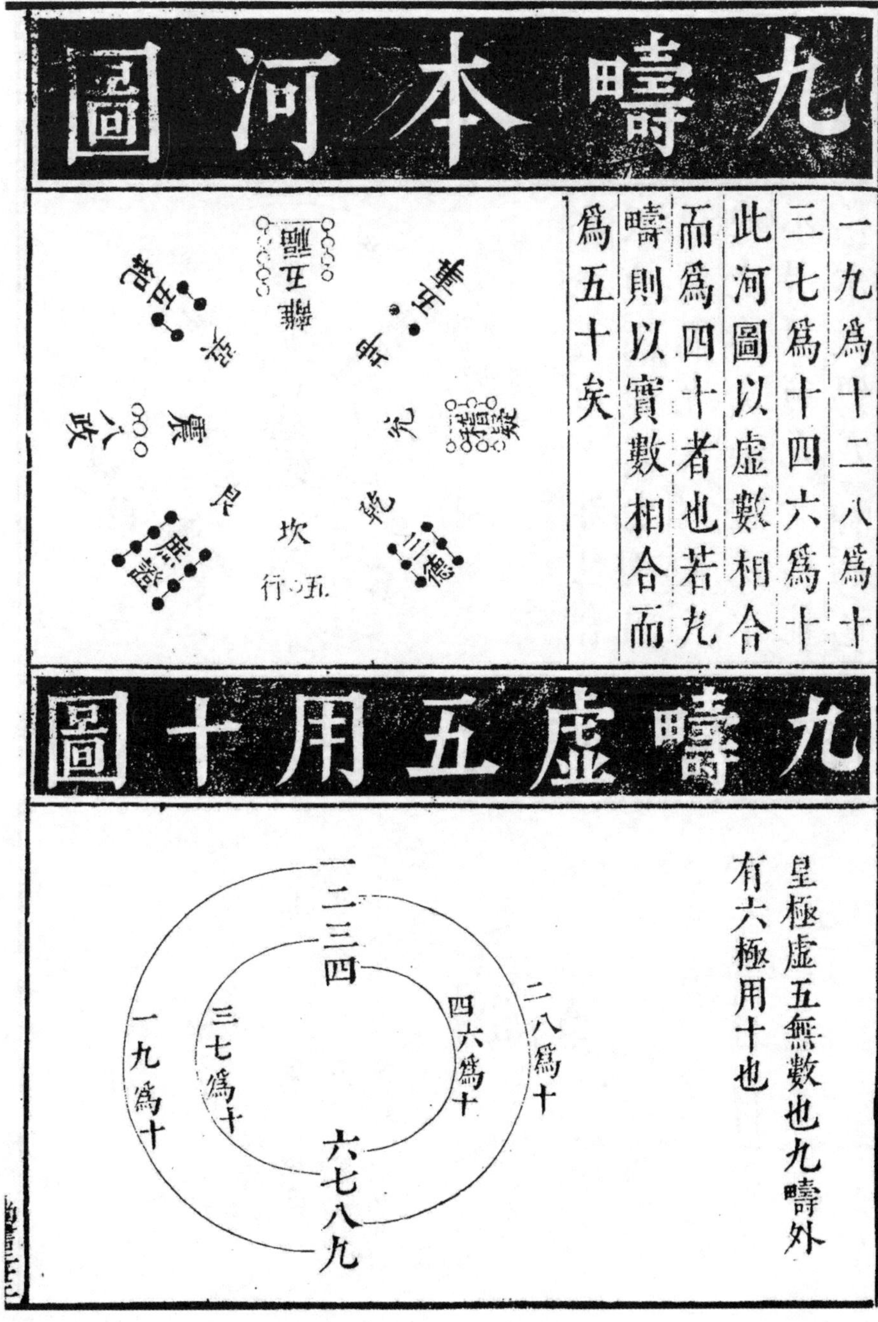

九疇本河圖

一九爲十二八爲十三七爲十四六爲十此河圖以虛數相合而爲四十者也若九疇則以實數相合而爲五十矣

九疇虛五用十圖

皇極虛五無數也九疇外有六極用十也

洪範九疇圖

水在天地之外包含天地而範圍之故曰洪範而九疇則在天地之内矣鯀堙洪水不畀洪範九疇禹能治水天錫九疇此也

九疇合八數圖

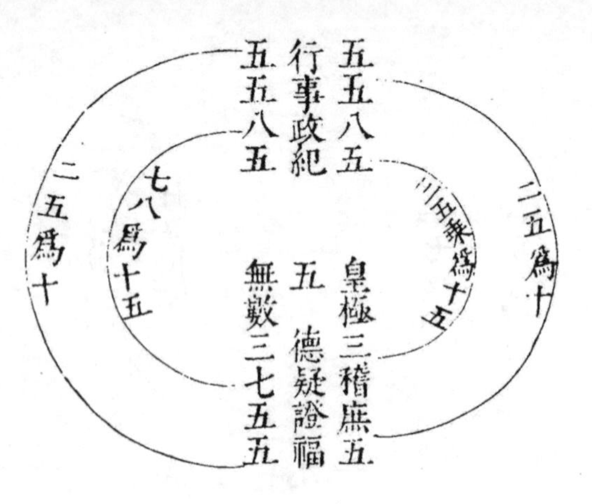

合爲十者二合爲十五者亦二總而爲大衍之數五十

九疇相乘得數圖

五行五事相乘爲二十五

庶證不與五相乘故不言五

五紀五福相乘爲二十五

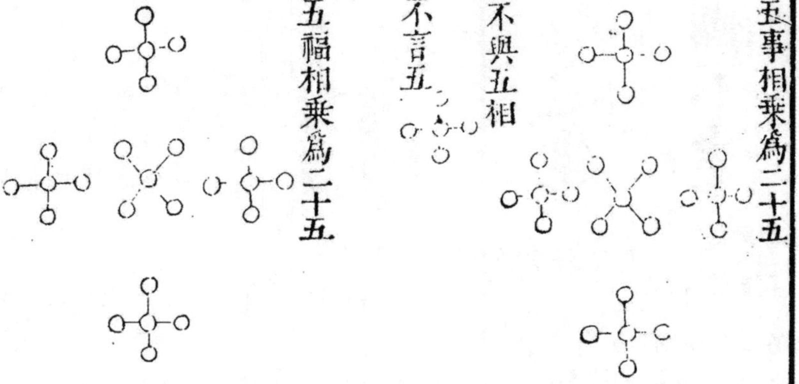

右五疇相乘象天圓而有變

三德自相乘爲九

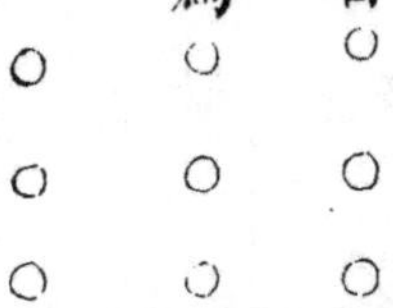

六極自相乘爲三十六

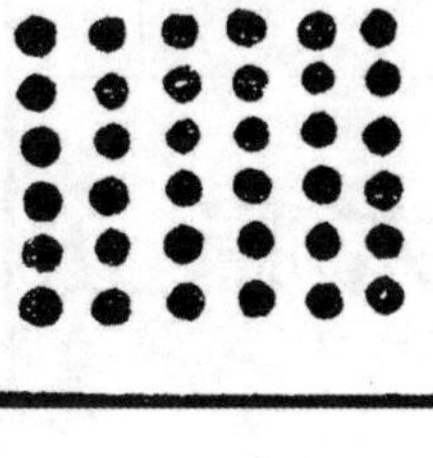

八政自相乘爲六十四

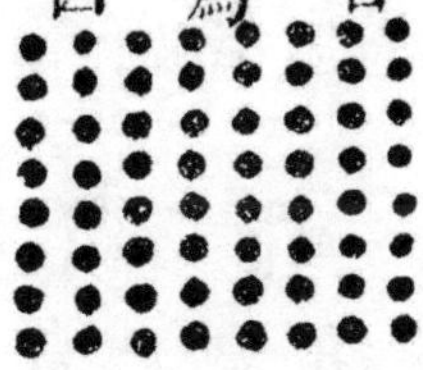

稽疑七自相乘爲四十九

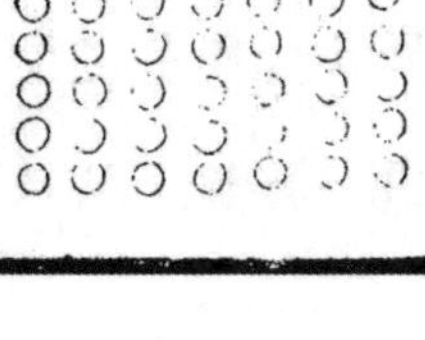

右四疇相乘象地方而無變

劉向洪範傳圖

木	金	火	水	土	
田獵不宿 飲食不享 出入不節	好攻戰輕 百姓飾城 郭侵邊境	棄法律逐 功臣殺太子 以妾爲妻	簡宗廟不 禱祠廢宗 祀逆天時	治宮室飾臺 榭內淫亂犯 親戚侮父兄	
木不曲直	金不從革	火不炎上	水不潤下	稼穡不成	
貌不恭 謂不肅	言不從 謂不乂	視不明 謂不晢	聽不聰 謂不謀	思不睿 謂不聖	皇不極 謂不建
咎狂	咎僭	咎舒	咎急	咎蒙	咎眊
罰常雨	罰常暘	罰常燠	罰常寒	罰常風	罰常陰
厥極惡 順之其福 攸好德	厥極憂 逆之其 福康寧	厥極疾 順之其 福壽	厥極貧 順之其 福富	厥極凶 短折順之 其考終命	厥極弱

老泉先生洪範之圖

皇極之建

貌肅恭	木曲直	時雨	
言從乂	金從革	時暘	
視明晢	火炎上	時燠	
聽聰謀	水潤下	時寒	
思容聖	土稼穡	時風	

五福

皇極不建

貌不恭狂	木不曲直	常雨
言不從僭	金不從革	常暘
視不明豫	火不炎上	常燠
聽不聰急	水不潤下	常寒
思不睿蒙	土不稼穡	常風

六極

皇極居五次圖

一
二
三
四
五皇極
六
七
八
九

一 二 三 四 五皇極 六 七 八 九

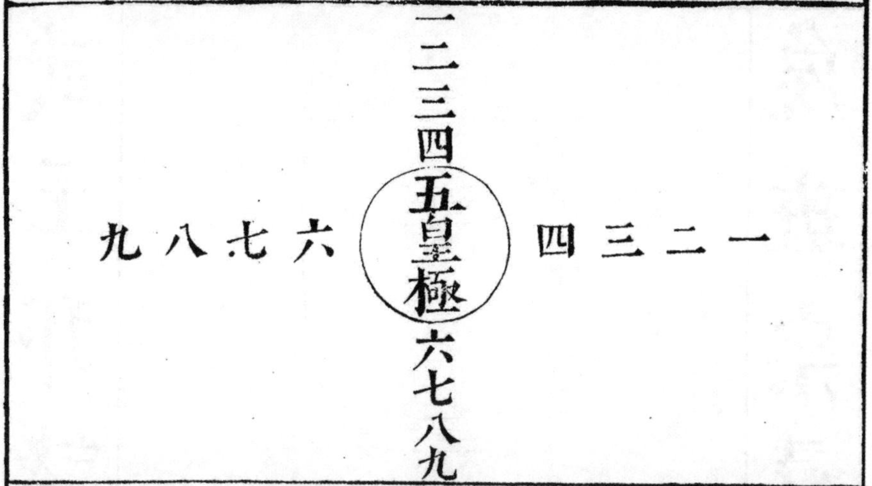

皇極不言數圖

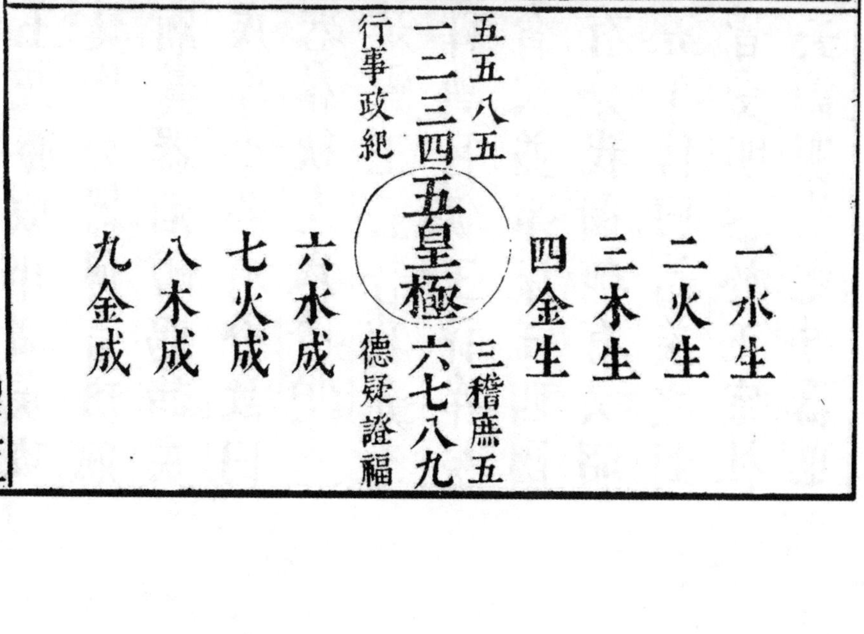

一水生	二火生	三木生	四金生	五皇極	六水成	七火成	八木成	九金成

五行 五事 八政 五紀

一 二 三 四 五皇極 六 七 八 九

三德 稽疑 庶證 五福

周宗彝

武王邦諸
侯班宗彝

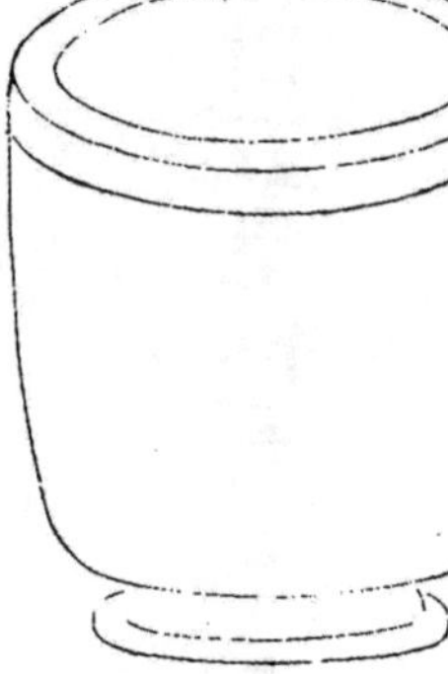

武王既勝殷邦諸侯班宗彝作分器傳言班賦宗廟彝器酒罇賜諸侯諸侯尊卑各有分故曰分器春秋左氏傳昭十二年楚靈王云昔我先王熊繹與呂伋王孫牟燮父禽父並事康王四國皆有分我獨無有又昭十五年傳曰諸侯之封也皆受明器於王室杜預云謂明德之分器也

六年五

侯服朝——一年侯服朝

侯服朝——二年甸服朝

侯服朝——三年男服朝

侯服朝——四年甸服朝

采服朝

侯服朝——五年衛服朝

侯服朝——六年甸服朝

每年	侯東來	一見	二年	甸東來	一見	四年	采東來	一見	春朝夏宗
每年	侯南來	一見	二年	甸南來	一見	四年	采南來	一見	
每年	侯西來	一見	二年	甸西來	一見	四年	采西來	一見	
每年	侯北來	一見	二年	甸北來	一見	四年	采北來	一見	

服朝圖

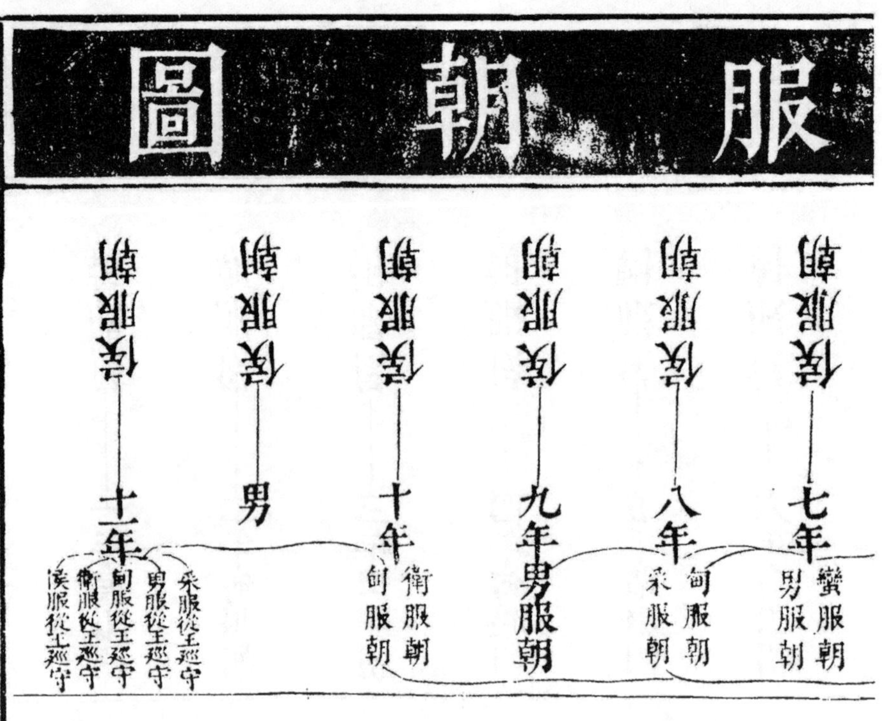

秋覲冬遇

五年	衛東來	一見	六年	蠻東來	一見	三年	男東來	一見
五年	衛南來	一見	六年	蠻南來	一見	三年	男南來	一見
五年	衛西來	一見	六年	蠻西來	一見	三年	男西來	一見
五年	衛北來	一見	六年	蠻北來	一見	三年	男北來	一見

君牙太常圖

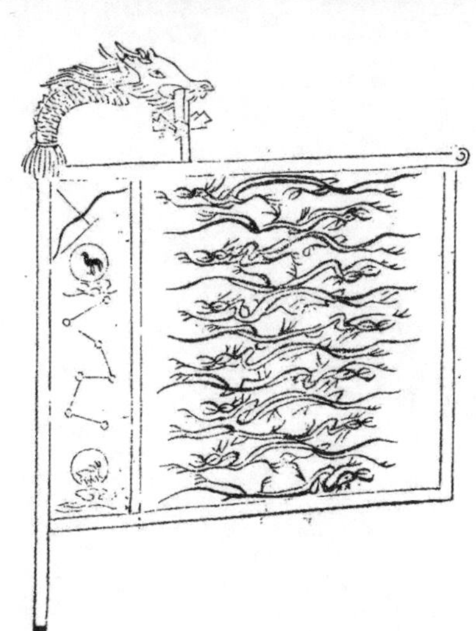

王建太常十有二斿繆首畫日月其下及斿交畫升龍降龍皆正幅用絳帛爲質斿則屬焉

穆王命君牙曰惟乃祖乃父世篤忠貞服勞王家厥有成績紀于太常　周禮司勳云凡有功者銘書於王之太常祭於大烝鄭氏云銘之言名也生則書于王旌以識其人與其功也死則於烝祭先王祭之

平王錫圭瓚圖

瓚槃口徑皆可六寸

平王錫晉文侯秬鬯圭瓚傳曰以圭爲杓柄謂之圭瓚　祭之初酌鬱鬯之酒以裸尸圭瓚者酌鬱鬯之杓杓下有槃瓚卽槃之名也是以圭爲杓之柄故謂之圭瓚周禮典瑞曰裸圭有瓚以肆先王以裸賓客鄭司農云於圭頭爲器可以挹鬯裸祭謂之瓚詩云瑟彼玉瓚黃流在中毛傳云玉瓚圭瓚也黃金所以飾流鬯也鄭云黃流秬鬯也圭瓚之狀以圭爲柄黃金爲勺青金爲外朱中央

牧誓兵器圖

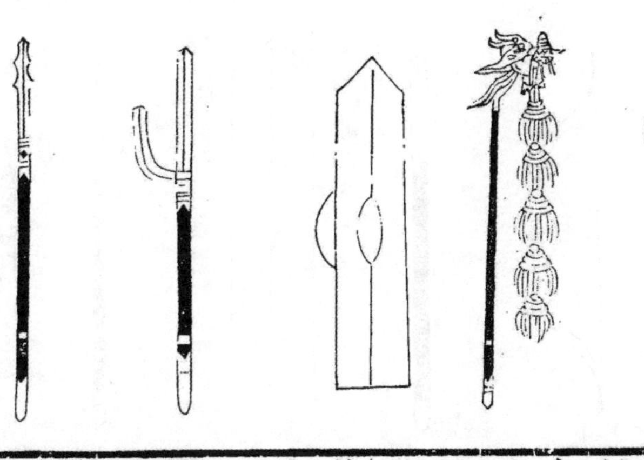

牧誓時甲子昧爽王朝至于商郊牧野乃誓王左杖黃鉞右秉白旄傳曰鉞以黃金飾斧左手杖鉞示無事於誅右手把旄示有事於教　誓曰稱爾戈比爾干立爾矛　傳曰稱舉也戈戟干楯也方言云戟楚謂之孑吳揚之間謂之戈是戈即戟也正義引考工記曰戈柲六尺有六寸車戟常鄭云八尺曰尋倍尋曰常然則戈戟長短異名其制則同此云舉戈宜舉其長者故以戈爲戟也方言云楯自關而東或謂之楯或謂之干關西謂之楯是干楯爲一也戈短人執而舉之故言稱楯則並以扞敵故言比矛長立之於地故言立也

費誓兵器圖

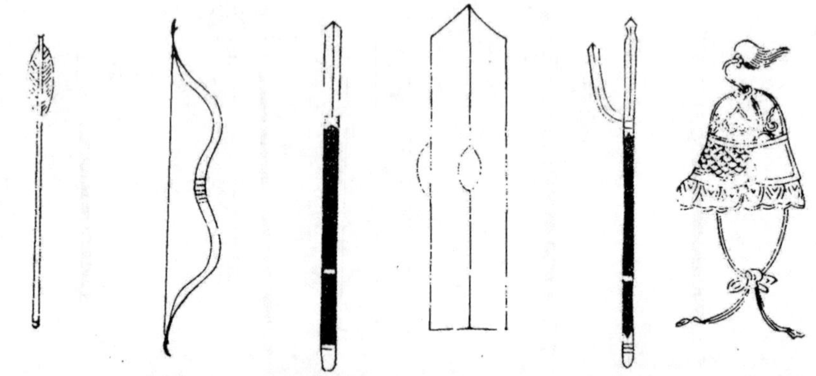

冑　戈　干　矛　弓　矢

費誓曰善敹乃甲冑敿乃干無敢不弔備乃弓矢鍛乃戈矛礪乃鋒刃無敢不善　世本云杼作甲宋仲子云少康子杼也說文云冑兜鍪也兜鍪首鎧也經典皆言甲冑秦世已來始有鎧兜鍪之文古之作甲用皮秦漢已來用鐵鄭云敹謂穿徹之謂甲繩有斷絕當使敹理穿治之干是楯敿施也楯無施功之處惟繫紛於楯故以爲施汝楯紛紛如綬而小繫於楯以持之其以爲飾每弓一矢百弓十矢千其數欲備足也　舊圖二篇但畫兵器今略載其文

漢儒傳授

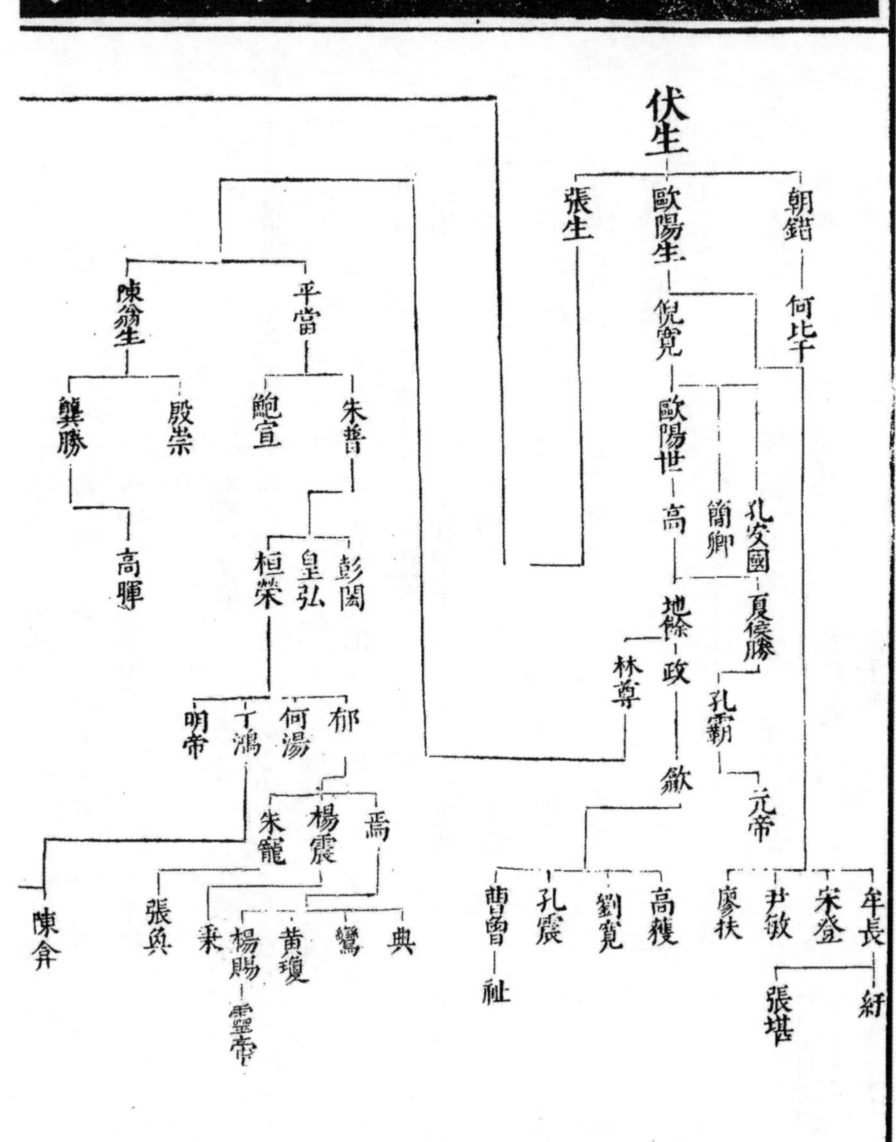
伏生
張生
歐陽生
朝錯
倪寬
何比干
歐陽世
簡卿
孔安國
高
地餘
夏侯勝
林尊
政
孔霸
歙
元帝
曹曾
孔震
劉寬
高獲
廖扶
尹敏
宋登
牟長
祉
張堪
紆
陳翁生
平當
龔勝
殷崇
鮑宣
朱普
高暉
桓榮
皇弘
彭閎
明帝
丁鴻
何湯
郁
朱寵
楊震
焉
陳弇
張奐
秉
楊賜
黃瓊
鸞
典
靈帝

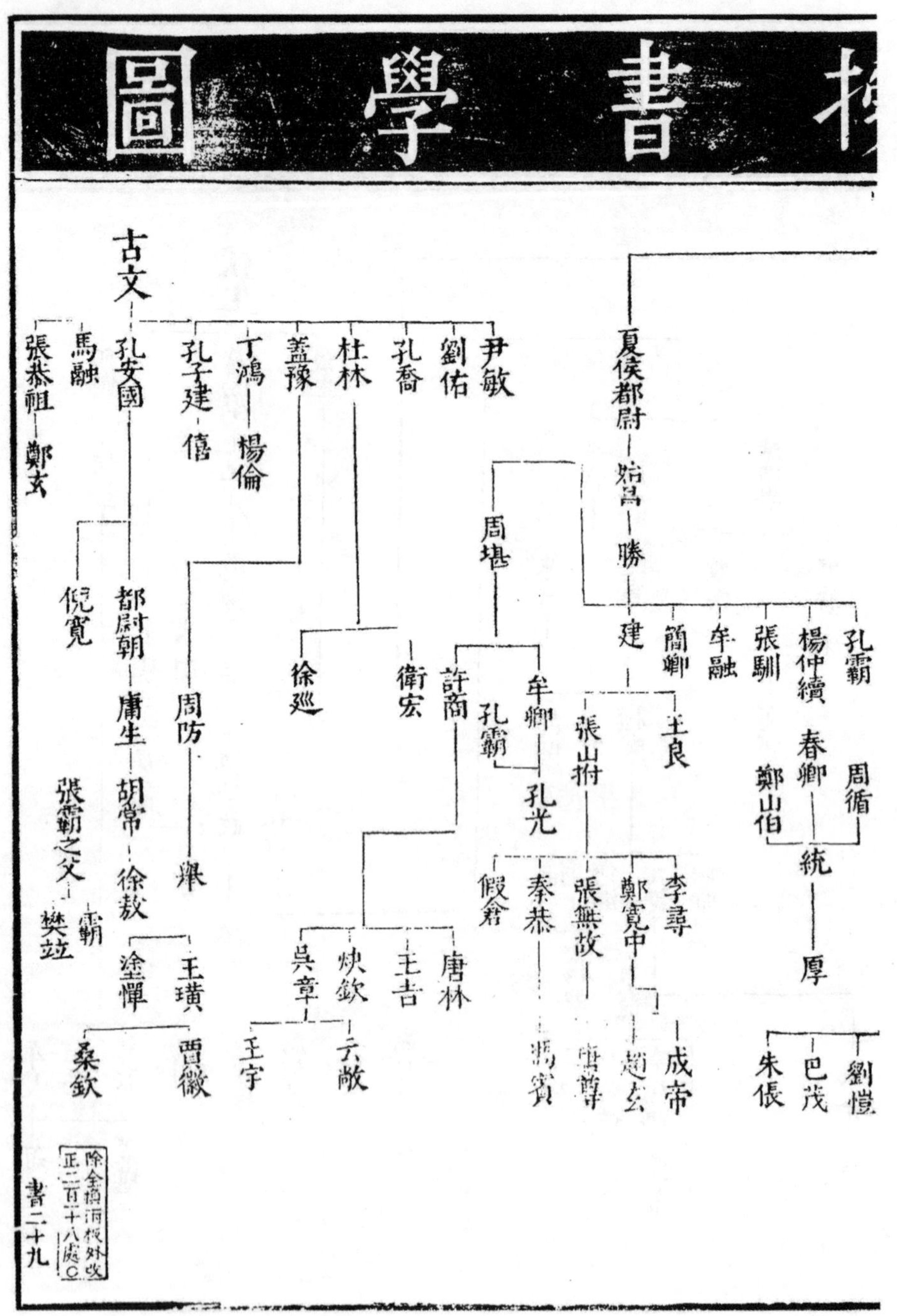

書學圖
古文
尹敏
劉佑
孔喬
杜林
蓋豫
丁鴻
孔子建
孔安國
馬融
張恭祖
鄭玄
僖
楊倫
夏侯都尉
始昌
勝
建
簡卿
牟融
張馴
楊仲續
孔霸
周循
春卿
鄭山伯
統
厚
劉愷
巴茂
朱倀
周堪
許商
牟卿
孔霸
孔光
張山拊
王良
李尋
鄭寬中
張無故
秦恭
假倉
成帝
趙玄
唐尊
馮賓
唐林
王吉
炔欽
吳章
云敞
王宇
周防
舉
徐巡
衛宏
倪寬
都尉朝
庸生
胡常
徐敖
王璜
塗惲
賈徽
桑欽
張霸之父
霸
樊竝
除金摘洞校外改正二百二十八處C
書二十九

一五〇

毛詩正變指南圖目錄

明新都吳繼仕考校

毛詩正變指南圖目錄終

毛詩正變指南圖

詩篇名

周南十一篇

關雎后妃之德　葛覃后妃之本　卷耳后妃之志　樛木后妃逮下

螽斯后妃子孫衆多　桃夭后妃之所致　兎罝后妃之化　芣苢后妃之美

漢廣德廣所及　汝墳道化行　麟之趾關雎之應

召南十四篇

鵲巢夫人之德　采蘩夫人不失職　草蟲大夫妻以禮自防　采蘋大夫妻循法度

甘棠美召伯　行露召伯聽訟　羔羊鵲巢之功致　殷其靁勸以義

摽有梅男女及時 小星惠及下 江有汜美媵 野有死麕惡無禮

何彼襛矣美王姬 騶虞鵲巢之應

邶國風十九篇

柏舟言仁而不遇 綠衣衛莊姜傷已 燕燕衛莊姜送歸妾 日月衛莊姜傷已

終風衛莊姜傷已 擊鼓怨州吁 凱風美孝子 雄雉刺衛宣公

匏有苦葉刺衛宣公 谷風刺夫婦失道 式微黎侯寓于衛其臣勸以歸 旄丘責衛伯

簡兮刺不用賢 泉水衛女思歸 北門刺仕不得志 北風刺虐

靜女刺時 新臺刺衛宣公 二子乘舟思伋壽

鄘國風十篇

柏舟共姜自誓 牆有茨衛人刺其上 君子偕老刺衛夫人 桑中刺奔

鶉之奔奔刺衛宣姜 定之方中美衛文公 蝃蝀止奔 相鼠刺無禮
干旄美好善 載馳許穆夫人作

衛國風十篇

淇澳美武公之德 考槃刺莊公 碩人閔莊姜 氓刺時
竹竿衛女思歸 芄蘭刺惠公 河廣宋襄公母歸于衛思而不止故作是詩 伯兮刺時
有狐刺時 木瓜美齊桓公

王國風十篇

黍離閔宗周 君子于役刺平王 君子陽陽閔周 揚之水刺平王
中谷有蓷閔周 兎爰閔周 葛藟王族刺平王 采葛懼讒
大車刺周大夫 丘中有麻思賢

鄭國風二十一篇

緇衣美武公　將仲子刺莊公　叔于田刺莊公大叔于田刺莊公
清人刺文公　羔裘刺朝　遵大路思君子女曰雞鳴刺不說德
有女同車刺忽山有扶蘇刺忽蘀兮刺忽狡童刺忽
褰裳思見正丰刺亂東門之墠刺亂風雨思君子
子衿刺學校廢揚之水閔無臣出其東門閔亂野有蔓草思遇時
溱洧刺亂
齊國風十一篇
雞鳴思賢妃還刺荒著刺時東方之日刺衰
東方未明刺無節南山刺襄公甫田大夫刺襄公盧令刺荒
敝笱刺文姜載驅齊人刺襄公猗嗟刺魯莊公
魏國風七篇

葛屨刺褊 汾沮洳刺儉 園有桃刺時 陟岵孝子行役思念父母

十畝之間刺時 伐檀刺貪 碩鼠刺重斂

晉國風十二篇

蟋蟀刺晉僖公 山有樞刺晉昭公 揚之水刺晉昭公 椒聊刺晉昭公

綢繆刺晉亂 杕杜刺時 羔裘刺時 鴇羽刺時

無衣美晉武公 有杕之杜刺晉武公 葛生刺晉獻公 采苓刺晉獻公

秦國風十篇

車鄰美秦仲 駟驖美襄公 小戎美襄公 蒹葭刺襄公

終南戒襄公 黃鳥哀三良 晨風刺康公 無衣刺用兵

渭陽康公念母 權輿刺康公

陳國風十篇

宛丘刺幽公 東門之枌疾亂 衡門誘僖公 東門之池刺時
東門之楊刺時 墓門刺陳佗 防有鵲巢憂讒賊 月出刺好色
株林刺靈公 澤陂刺時

鄶國風四篇

羔裘大夫以道去君 素冠刺不能三年 隰有萇楚疾恣 匪風思周道

曹國風四篇

蜉蝣刺奢 候人刺近小人 鳲鳩刺不壹 下泉思治

豳國風七篇

七月周公陳王業 鴟鴞周公救亂 東山周公東征 破斧美周公
伐柯美周公 九罭美周公 狼跋美周公

小雅八十篇

鹿鳴燕羣臣嘉賓 四牡勞使臣之來 皇皇者華君遣使臣 棠棣燕兄弟

伐木燕朋友故舊 天保下報上 采薇遣戍役 出車勞還率

杕杜勞還役 魚麗美萬物盛多能備禮 南陔孝子相戒以養 白華孝子潔白

華黍時和歲豐宜黍稷 南有嘉魚樂與賢 南山有臺樂得賢 由庚萬物得由其道

崇丘萬物得極其高大 由儀萬物之生各得其宜 蓼蕭澤及四海 湛露天子燕諸侯

彤弓天子錫有功諸侯 菁菁者莪樂育材 六月宣王北伐 采芑宣王南征

車攻宣王復古 吉日美宣王田 鴻鴈美宣王 庭燎美宣王

沔水規宣王 鶴鳴誨宣王 祈父刺宣王 白駒大夫刺宣王

黃鳥刺宣王 我行其野刺宣王 斯干宣王考室 無羊宣王考牧

節南山家父刺幽王 正月大夫刺幽王 十月之交大夫刺幽王 雨無正大夫刺幽王

小旻大夫刺幽王　小宛大夫刺幽王　小弁刺幽王　巧言刺幽王
何人斯蘇公刺暴公　巷伯刺幽王　谷風刺幽王　蓼莪刺幽王
大東刺亂　四月大夫刺幽王　北山大夫刺幽王　無將大車大夫悔將小人
小明大夫悔仕于亂世　鼓鍾刺幽王　楚茨刺幽王　信南山刺幽王
甫田刺幽王　大田刺幽王　瞻彼洛矣刺幽王　裳裳者華刺幽王
桑扈刺幽王　鴛鴦刺幽王　頍弁諸公刺幽王　車舝大夫刺幽王
青蠅大夫刺幽王　賓之初筵衛武公刺時　魚藻刺幽王　采菽刺幽王
角弓父兄刺幽王　菀柳刺幽王　都人士刺衣服無常　采綠刺怨曠
黍苗刺幽王　隰桑刺幽王　白華周人刺幽后　緜蠻微臣刺亂
瓠葉大夫刺幽王　漸漸之石下國刺幽王　苕之華大夫閔時　何草不黄下國刺幽王

大雅三十一篇

文王文王受命作周　大明文王有明德故天復命武王　緜文王之興本由太王　棫樸文王能官人

旱麓受祖　思齊文王所以聖　皇矣美周　靈臺民始附

下武繼文　文王有聲繼伐　生民尊祖　行葦忠厚

既醉太平　鳧鷖守成　假樂嘉成王　公劉名康公戒成王

泂酌名康公戒成王　卷阿名康公戒成王　民勞名穆公刺厲王　板凡伯刺厲王

蕩名穆公傷周室大壞　抑衛武公刺厲王亦以自警　桑柔芮伯刺厲王　雲漢仍叔美宣王

崧高尹吉甫美宣王　烝民尹吉甫美宣王　韓奕尹吉甫美宣王　江漢尹吉甫美宣王

常武名穆公美宣王　瞻卬凡伯刺幽王大壞　召旻凡伯刺幽王大壞

周頌三十一篇

清廟祀文王　維天之命太平告文王　維清奏象舞　烈文成王卽政諸侯助祭

天作祀先王先公昊天有成命郊祀天地我將祀文王於明堂時邁巡狩告祭柴望
執競祀武王思文后稷配天臣工諸侯助祭遣于廟噫嘻春夏祈穀于上帝
振鷺二王後來助祭豐年秋冬報有瞽始作樂而合乎祖潛季冬獻魚春獻鮪
雝禘太祖載見諸侯始見武王廟有客微子來見祖廟武奏大武
閔予小子嗣王朝于廟訪落嗣王謀於廟敬之羣臣進戒嗣王小毖嗣王求助
載芟春藉田而祈社稷良耜秋報社稷絲衣繹賓尸酌告成大武
桓講武類禡賚大封於廟般巡狩祀四嶽河海

魯頌四篇

駉頌僖公有駜頌僖公君臣有道泮水頌僖公能修泮宮閟宮頌僖公能復周公宇

商頌五篇

那祀成湯烈祖祀中宗玄鳥祀高宗長發大禘殷武祀高宗

作詩時世

二南譜

關雎 葛覃 卷耳 樛木 螽斯 桃夭

兎罝 芣苢 漢廣 汝墳 麟之趾 鵲巢

采蘩 草蟲 采蘋 行露 羔羊 殷其雷

標有梅 小星 江有汜 野有死麕 騶虞

右文王詩

甘棠 何彼穠矣

右武王詩

二南皆文武而列于周名葢周公分陜而治自陜而東周公主之自陜而西召公主之太師採詩得於周南之地者繫于周公得於召南之地者繫於召公

邶鄘衛譜

邶栢舟　衛頃侯詩繫周夷王世

綠衣　考槃　碩人　衛莊公詩繫周平王世

燕燕　日月　終風　擊鼓　凱風　衛州吁詩繫周桓王世

雄雉　匏有苦葉　谷風　式微　旄丘　簡兮

泉水　北門　北風　靜女　新臺　二子乘舟

氓　竹竿　伯兮　有狐

衛宣公詩繫周桓王世

鄘栢舟

衛武公詩繫周宣王世

墻有茨　君子偕老

桑中　鶉之奔奔

芄蘭

衛惠公詩繫周桓王世

定之方中　蝃蝀

相鼠　干旄

木瓜

衛文公詩繫周惠王世

載馳　衛戴公詩繫周惠王世

淇澳　衛武公詩繫周平王世

河廣　衛文公詩繫周襄王世 後譜云惠襄之閒

邶鄘衛商畿內地武王伐紂以其京師封紂子武庚分其地置三監自紂城北爲邶南爲鄘東爲衛成王滅三監封康叔于衛後世并二國而有之七世至頃侯當周夷王時衛變風始作各從其國本而異之爲邶鄘衛之詩自頃公至襄公凡十二君有詩者六成巳下無詩

王國風譜

黍離　君子于役　君子陽陽　揚之水　中谷有蓷　葛藟

周平王詩

兔爰　采葛　大車

周桓王詩

丘中有麻

周莊王詩

王國者王城也武王作邑於鎬京謂之宗周爲西都成王宅洛邑謂之王城爲東都卽今河南周公往營成周卽今洛陽成王還西都十一世至幽王爲犬戎所殺平王徙居東都王城於是王室下同諸侯詩不

復雅故貶之謂之王國變風

檜國風譜　此合在陳國風之下曹國風之上

羔裘　素冠　隰有萇楚　匪風

檜妘姓之國無世𣳾其詩當在周夷厲之間

鄭國風譜

緇衣　鄭武公詩繫周平王世

將仲子　叔于田　大叔于田　羔裘　遵大路

鄭莊公詩繫周桓王世

女曰雞鳴　山有扶蘇　蘀兮

鄭莊公詩繫周莊王世

有女同車　　鄭昭公詩繫周莊王世

褰裳　　鄭厲公詩繫周莊王世

丰　東門之墠　風雨　子衿　揚之水

出其東門　野有蔓草　鄭昭公詩繫周釐王世

溱洧　　鄭厲公詩繫周惠王世

清人　　鄭莊公詩繫周桓王世

周宣王封母弟友於鄭至平王時鄭之風始變自桓

至文凡六世有詩者五繆公以下無詩

齊國風譜

雞鳴　還　著　東方之日　東方未明

齊哀公詩繫周懿王世

南山　甫田　盧令　敝笱　載驅　猗嗟

齊襄公詩繫周莊王世

周武王封太公望于營丘是爲齊凡五世至哀公政衰

紀侯譖之於周懿王名而烹之當懿王時齊之變風始

作又九世至襄公有詩者二桓公巳下無詩

魏國風譜

葛屨　汾沮洳　園有桃　陟岵　十畝之間　伐檀　碩鼠

魏無世家其詩當在平桓之間

唐國風譜

蟋蟀

晉僖矦詩繫周宣王世

山有樞　揚之水　椒聊　綢繆　杕杜　羔裘　鴇羽

晉昭矦詩繫周平王世

無衣　有杕之杜

晉武公詩繫周釐王世

葛生　采苓

晉獻公詩繫周惠王世

周成王封弟叔虞于唐至六世孫僖侯唐之變風始作

唐之地堯都詩人本其風俗故云唐自僖至獻公有詩

者四惠公已下無詩

秦國風譜

車鄰

秦仲詩繫周宣王世

駟驖　小戎　蒹葭　終南

秦襄公詩繫周平王世

黄鳥

秦穆公詩繫周襄王世

晨風　無衣　渭陽　權輿

秦康公詩繫周襄王世

周孝王封非子於秦邑爲附庸當宣王時命爲大夫而變風

始作自非子至康公凡十五世有詩者三共公以下無詩

陳國風譜

宛丘　東門之枌

陳幽公詩繫周共和之間

衡門　東門之池　東門之楊

陳釐公詩繫周宣王世

墓門

陳桓公詩繫周桓王世

防有鵲巢　月出

陳宣公詩繫周襄王世

株林　澤陂

陳靈公詩繫周頃王世

周武王封嬀滿於陳是爲胡公當周厲王時陳之變風始作

凡十八君至於靈公有詩者五成公已下無詩

曹國風譜

蜉蝣

曹昭公詩繫周惠王世

候人　鳲鳩　下泉

曹共公詩繫周頃王世

周武王封叔振鐸于曹凡十五君至于

芮公有詩者二自共公以下無詩

豳國風譜

七月　鴟鴞　東山　破斧　伐柯　九罭　狼跋

豳戎狄之地名也后稷曾孫公劉自邰而出居焉及成王

時周公遭四國流言之變居于東都乃思先祖公劉太王

爲豳公憂勞民事致王業之艱難以此敘巳志而作七月

鴟鴞之詩成王悟而迎之故太師述其詩爲豳國之風

小雅詩譜

鹿鳴　四牡　皇皇者華　伐木

天保　采薇　出車　杕杜

右文王詩

魚麗　南陔　白華　華黍

右武王詩

棠棣　南有嘉魚　南山有臺　由庚　崇丘

由儀　蓼蕭　湛露　彤弓　菁菁者莪

右成王詩

六月　采芑　車攻　吉日　鴻雁

庭燎　沔水　鶴鳴　祈父　白駒

黄鳥　我行其野　斯干　無羊

右宣王詩

節南山　正月　十月之交 注至小宛當爲刺厲王　雨無正　小旻

小宛 右四詩歐譜載繫厲王　小弁　巧言　何人斯　巷伯

谷風　蓼莪　大東　四月　北山

無將大車　小明　鼓鍾　楚茨　信南山

甫田　大田　瞻彼洛矣　裳裳者華　桑扈

鴛鴦　頍弁　車舝　青蠅　賓之初筵

魚藻　采菽　角弓　菀柳　都人士

采綠　黍苗　隰桑　白華　綿蠻

瓠葉　漸漸之石　苕之華　何草不黃

右幽王詩四篇厲王詩附于此餘四十篇幽王詩

鄭氏云二雅皆周室居西都鎬豐之時詩也小雅正十六篇自鹿鳴至菁菁者莪是也有其義而亡其辭者六變雅五十八篇自六月之後是也

大雅詩譜

棫樸　旱麓　思齊　皇矣　靈臺　緜

右文王詩

文王　大明　下武　文王有聲　生民　行葦

旣醉　鳧鷖　假樂　公劉　泂酌　卷阿

右成王詩

民勞　板　蕩　抑　桑柔

右厲王詩

雲漢　崧高　烝民　韓奕　江漢　常武

右宣王詩

瞻卬　召旻

右幽王詩

大雅正十八篇變十三篇自文王至

卷阿爲正雅自民勞之後皆爲變雅

周頌

時邁　桓　賚　般

武王時作

清廟　維天之命　維清　烈文　天作

昊天有成命　我將　執競　思文

臣工　噫嘻　振鷺　豐年　有瞽

潛　雝　載見　有客　武

閔予小子　訪落　敬之　小毖　載芟

良耜　絲衣　酌

成王時作

周頌之作按左氏傳曰武王克商作頌曰載戢干戈

云云鄭譜云在周公復政成王即政之初

魯頌

駉　有駜　泮水　閟宮

周公伯禽受封於魯十四世至僖公能遵伯禽之法

既薨而國人美之季孫行父請命於周史克作頌

商頌

那　烈祖　玄鳥　長發　殷武

商湯中宗高宗時有作詩頌之者武王滅商封微子

代殷後七世至戴公當宣王時正考甫得商頌十二

篇於周太師歸以祀其先王孔子錄詩時得五篇

周公世次

周公旦—伯禽—考公—煬公(考公弟)—幽公—魏公(幽公弟)—厲公—獻(厲公弟)—眞—武(眞公弟)—懿

伯御(懿公兄括之子)—孝(懿公弟)—惠—隱—桓(隱公弟)—莊—閔—僖(閔公庶兄)—文—宣—成—襄—昭

定(昭公弟)—哀—悼—元—穆—共—康—景—平—文—頃

召公世次

召公奭(九世至)惠侯—釐(惠之子)—頃(釐之子)—哀(頃之子)—鄭(哀之子)—繆(鄭之子)—宣(繆之子)—桓—莊公—襄—桓

宣—昭—武—文—懿—惠—悼—共—平—簡—獻—孝—成

湣—釐—桓—文—易王—子噲—昭—惠(昭之子)—武成—孝(武成子)—王喜(孝之子)

衛

康叔—康伯—考伯—嗣伯—㨗伯—靖伯—貞伯—頃侯—釐侯—共伯—武公(共伯弟)

莊公—桓公—宣公(桓公弟)—惠公—黔牟(羣公子)—懿公(惠公子)—戴公(公子頑之子)—文公(戴公弟)—成公—穆公—定公

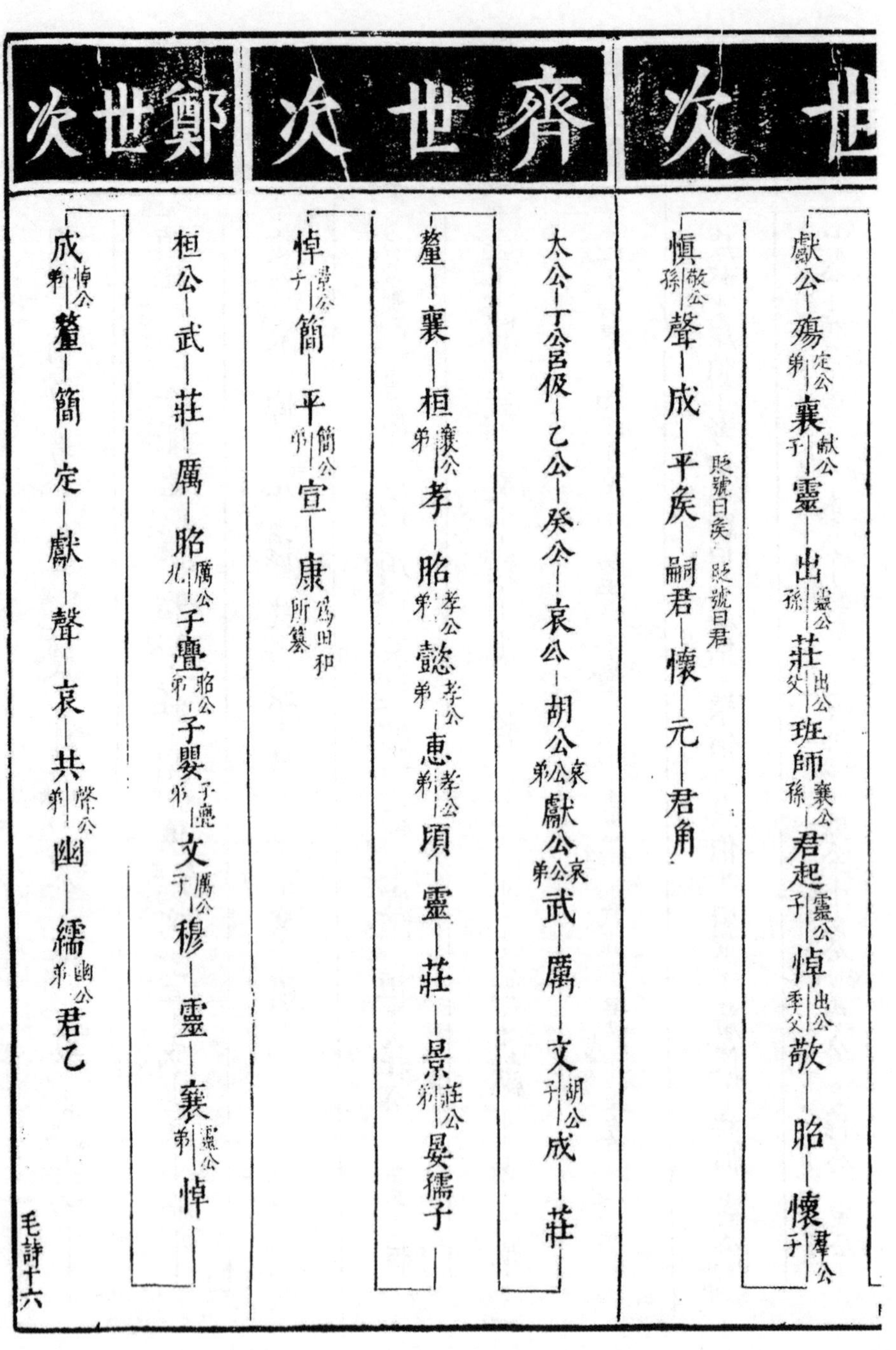
世次
獻公 殤定公弟 襄獻公子 靈 出靈公孫 莊出公父 班師襄公孫 君起靈公子 悼出公季父 敬 昭 懷聲公子
愼敬公孫 聲 成 平侯貶號曰侯 嗣君貶號曰君 懷 元 君角
齊世次
太公 丁公呂伋 乙公 癸公 哀公 胡公 獻公哀公弟 武 厲 文胡公子 成 莊
釐 襄 桓襄公弟 孝 昭孝公弟 懿孝公弟 惠孝公弟 頃 靈 莊 景莊公弟 晏孺子
悼景公子 簡 平簡公弟 宣 康爲田和所篡
鄭世次
桓公 武 莊 厲 昭厲公兄 子亹昭公弟 子嬰子亹弟 文厲公子 穆 靈 襄靈公弟 悼
成悼公弟 釐 簡 定 獻 聲 哀 共聲公弟 幽 繻幽公弟 君乙

曹世次

振鐸—太伯—仲君—宮伯—孝伯—夷伯—幽伯—戴伯—惠伯—石甫—繆公（石甫弟）—桓

莊—釐（莊公子）—昭—共—文—宣—成—武—平—悼—聲（悼公弟）—隱（平公弟）

靖—伯陽

聲（史記曰襄）

陳世次

胡公滿—申公—相公（申公弟）—孝（申公子）—慎—幽—釐—武—夷—平（夷公弟）—文—桓

厲（桓公弟）—莊（厲公弟）—宣（莊公弟）—穆—共—靈公—成—哀—惠（悼太子之子哀公之孫）—懷—湣

晉世次

唐叔虞—燮—武侯—成侯—厲侯—靖侯—釐侯—獻侯—穆侯—殤叔（穆侯弟）—文侯（穆侯子）—昭侯

孝侯—鄂—哀—小子侯—緡（小子侯弟）

桓叔—曲沃莊公—曲沃武公

獻公—君卓—惠公（卓兄）—懷公—文公（獻公子）—襄—靈—成（襄公弟）—景

厲—悼（襄曾孫）—平—昭—頃—定—出公—哀公（昭公曾孫）—幽公—烈—孝—靜（爲韓趙魏所滅）

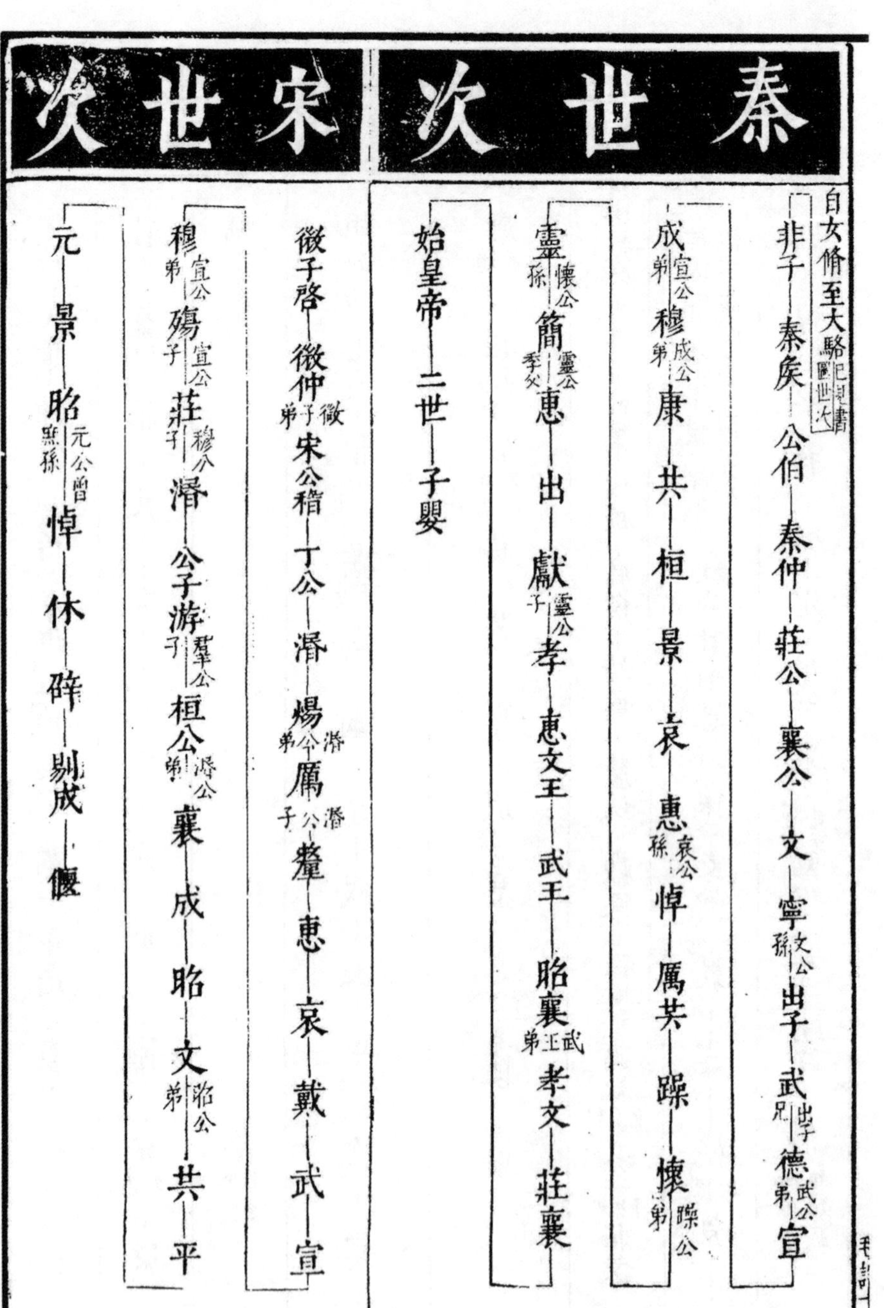

秦世次

自女脩至大駱已見書圖世次

非子—秦侯—公伯—秦仲—莊公—襄公—文—寧（文公孫）—出子—武（出子兄）—德（武公弟）—宣

成（宣公弟）—穆（成公弟）—康—共—桓—景—哀—惠（哀公孫）—悼—厲共—躁—懷（躁公弟）

靈（懷公孫）—簡（靈公季父）—惠—出—獻（靈公子）—孝—惠文王—武王—昭襄（武王弟）—孝文—莊襄

始皇帝—二世—子嬰

宋世次

微子啓—微仲（微子弟）—宋公稽—丁公—湣—煬（湣公弟）—厲（湣公子）—釐—惠—哀—戴—武—宣

穆（宣公弟）—殤（宣公子）—莊（穆公子）—湣—公子游（羣公子）—桓公（湣公弟）—襄—成—昭—文（昭公弟）—共—平

元—景—昭（元公曾庶孫）—悼—休—辟—剔成—偃

族

周公 名旦文王子
戴嬀 陳女嬀氏戴謚
黎侯 黎國君也
共姜 共伯之妻
許穆夫人 公子頑女
公劉 后稷曾孫
周平王母 申女
文公 名踕厲公子
齊哀公 不辰癸公子
晉僖公 名司徒靖侯子
獻公 詭諸武公之子
康公母 晉獻公女

召伯 名奭姬姓
公孫文仲 子仲字也
伋 衛宣公烝夷姜之子
公子頑 宣公庶子
武公 名和釐公子
惠公 名朔
鄭武公 名掘突
高克 鄭大夫
襄公 名諸兒釐公子
晉昭公 名伯文侯子
秦襄公 秦仲孫莊公子
陳佗 桓公弟五父

莊姜 衛莊公妻
衛宣公 公子邪
宣公二子 壽朔
衛文公 名燬公子頑子
莊公 名揚周卿士
宋襄母 衛文公妹宋桓公妻
將仲子 祭仲也
太子忽 鄭莊公子
魯莊公 名同桓公子
武公 名稱曲沃莊伯子
穆公 名任好成公子
宣公 杵臼莊公弟

譜

夏姬 鄭女也
管叔 鮮文王子
家父 周大夫家父字
申女 姜姓之女
亶父 太王字
大任 文王母
凡伯 周公之胤
尹吉甫 周卿士尹氏也
南仲 文王臣
二王之後 杞宋
正考甫 孔子之先
娀 有娀氏國名

曹昭公 名班釐公子
蔡叔 度文王子
皇父 六卿之一
靈公 名平國共公子
太伯 太王長子
太姒 文王妃
芮伯 芮國伯爵
仲山甫 四岳後
休父 重黎後
文母 太姒也
宋湣公 孔子祖

共公 名襄昭公子
祈父 司馬也
譚大夫 譚國名
褒姒 褒女姒其字
姜嫄 后稷之母
召穆公 康公六世孫
仍叔 周卿士
韓侯 姬姓國
微子 紂庶兄
季孫行父 季文子
魯僖公 閔公兄

十五國

文王詩三十七篇

武王詩十篇

成王詩四十九篇　時一國有詩

豳詩七篇

康王　昭王　穆王　共王無詩　時亦無詩

懿王無詩　時一國有詩

齊風始變五篇

孝王無詩　時亦無詩

夷王無詩　時一國有詩

衛風始變一篇 頃

厲王變雅九篇 四小雅 五大雅 附幽王詩歐正入譜　時一國有詩

陳風始變二篇 幽 歐譜云在共和之間

夷厲之間無詩　時一國有詩

檜風始變四篇

共和之間無詩　時一國有詩

唐風始變一篇 僖 歐譜云在宣王時

宣王詩二十篇 十四小雅 六大雅　時三國有詩

衛風一篇 武　陳風三篇 釐　秦風始變一篇 秦仲

幽王詩四十六篇 四十四小雅 二大雅 歐譜小雅止四十篇　時無詩

平王詩六篇 聚爲王國風　時五國有詩

衛風四篇 武一 莊三　唐風七篇 昭　秦風四篇　鄭風始變一篇 武

三詩七

國風譜

桓王詩三篇（在王國風）

衛風二十六篇　鄭風五篇　時三國有詩

陳風一篇

平桓之間無詩

魏風七篇　時一國有詩

莊王詩一篇（在王國風）

齊風六篇（襄）　鄭風五篇（莊三　昭一　厲一）　時二國有詩

釐王無詩

唐風二篇（武）　時一國有詩

惠王無詩

衛風六篇（文五　戴一）　唐風二篇（獻）　曹風一篇　鄭風二篇（文一　厲二）　時四國有詩

襄王無詩

曹風三篇（文）　秦風五篇（康四　穆一）　陳風二篇（宣）　時三國有詩

惠襄之間無詩

衛風一篇（文）　時一國有詩

頃王無詩

陳風二篇（靈）　時一國有詩

匡王以下無詩

右自文王至頃王凡二十世其可考者陳齊衛晉曹鄭魏此變風之先後也其篇名則詳見下圖

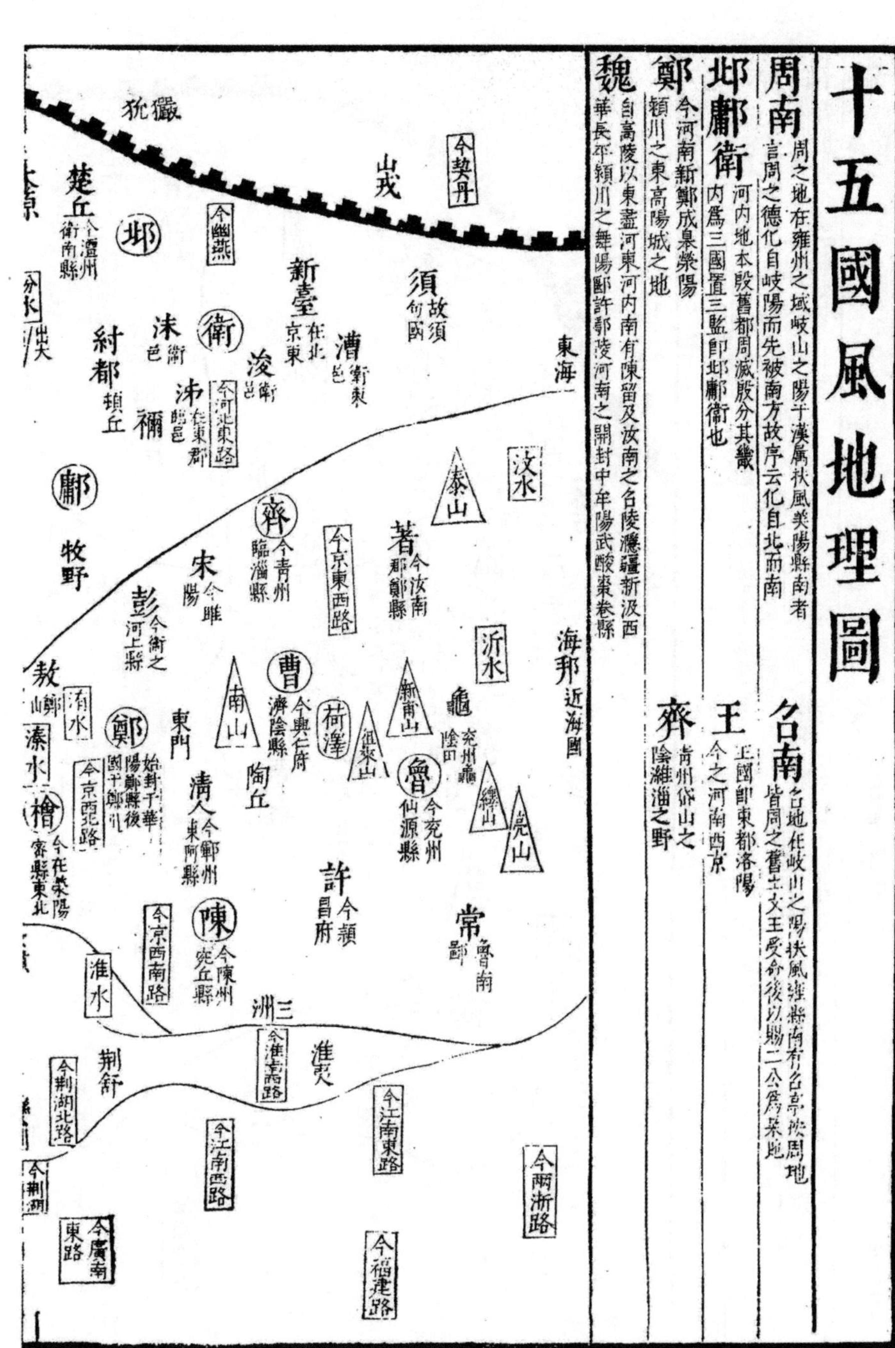
十五國風地理圖
周南 周之地在雍州之域岐山之陽于漢屬扶風美陽縣南者言周之德化自岐陽而先被南方故序云化自北而南
召南 召地在岐山之陽扶風雍縣南有召亭故周地皆周之舊土文王受命後以賜二公爲采地
邶鄘衛 河內地本殷舊都周滅殷分其畿內爲三國置三監卽邶鄘衛也
王 王國卽東都洛陽今之河南西京
鄭 今河南新鄭成皋滎陽潁川之東高陽城之地
齊 青州岱山之陰濰淄之野
魏 自高陵以東盡河東河內南有陳留及汝南之召陵隱彊新汲西華長平潁川之舞陽郾許鄢陵河南之開封中牟陽武酸棗卷縣
玁狁
山戎
今燕丹
今幽燕
楚丘 今澶州衛南縣
邶
新臺 在北京東
須 故須句國
衛
沬 衛邑
紂都
漕 衛東邑
浚 衛邑
沬 在東郡臨邑
今河北東路
禰
頓丘
東海
鄘
汶水
泰山
牧野
齊 今青州臨淄縣
今京東西路
著 今汝南郡鄭縣
宋 今睢陽
彭 今衛之河上縣
沂水
海邦 近海國
敖 鄭山
洧水
溱水
檜 今在滎陽密縣東北
鄭
今京西北路
東門
始封于華陽鄭縣後國于鄭
南山
曹 今興仁府濟陰縣
荷澤
徂徠山
新甫山
龜 兗州泗水縣
陶丘
清 今鄆州東阿縣
魯 今兗州仙源縣
繹山
嶧山
許 今潁昌府
陳 今陳州宛丘縣
常 魯南鄙
今京西南路
淮水
三洲
今淮南西路
淮夷
荊舒
今荊湖北路
今荊湖
今江南西路
今江南東路
今兩浙路
今廣南東路
今福建路

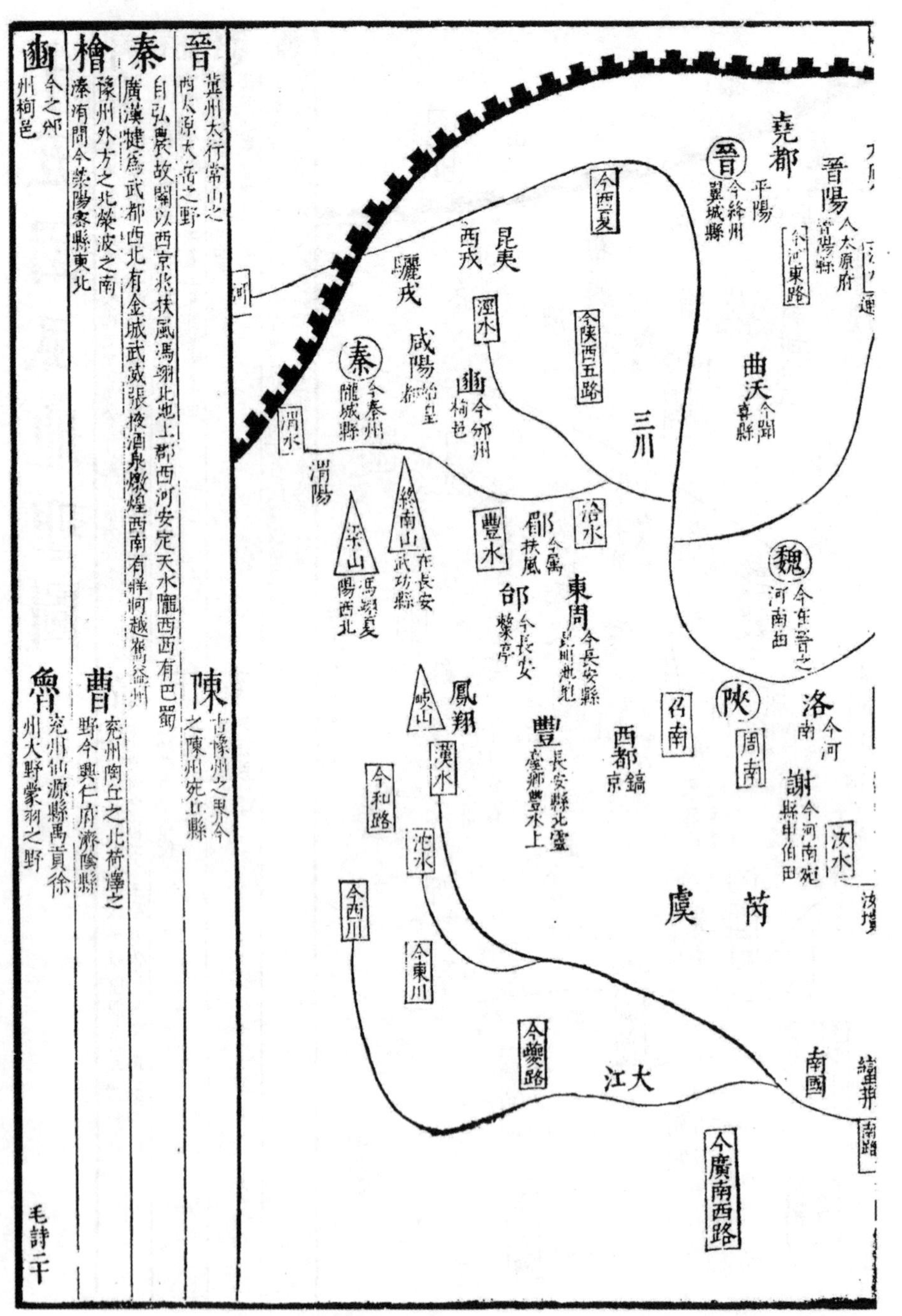
晉 冀州太行常山之西太原太岳之野
秦 自弘農故關以西京兆扶風馮翊北地上郡西河安定天水隴西西有巴蜀廣漢犍爲武都西北有金城武威張掖酒泉燉煌西南有牂牁越嶲益州
檜 豫州外方之北滎波之南溱洧間今滎陽密縣東北
豳 今之邠州栒邑
陳 古豫州之東今之陳州宛丘縣
曹 兗州陶丘之北荷澤之野今興仁府濟陰縣
魯 兗州仙源縣禹貢徐州大野蒙羽之野
堯都
晉 今絳州翼城縣
晉陽 今太原府晉陽縣
今河東路
今西夏
昆夷
西戎
驪戎
今陝西五路
涇水
咸陽
秦 今秦州隴城縣
豳 今邠州栒邑
三川
曲沃
渭水
渭陽
終南山 在長安武功縣
梁山
洛水
豐水
鄠 今屬扶風
魏
東周 今長安縣
鳳翔
岐山
漢水
豐
西都 鎬京
召南
陜
周南
洛 今河南
汝水
沱水
今西川
今東川
虞
芮
今夔路
大江
南國
今廣南西路

日居月諸圖

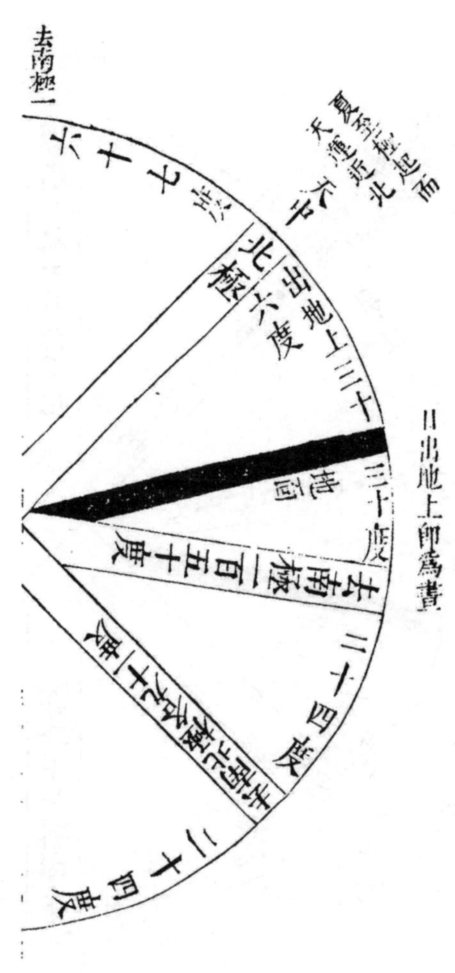

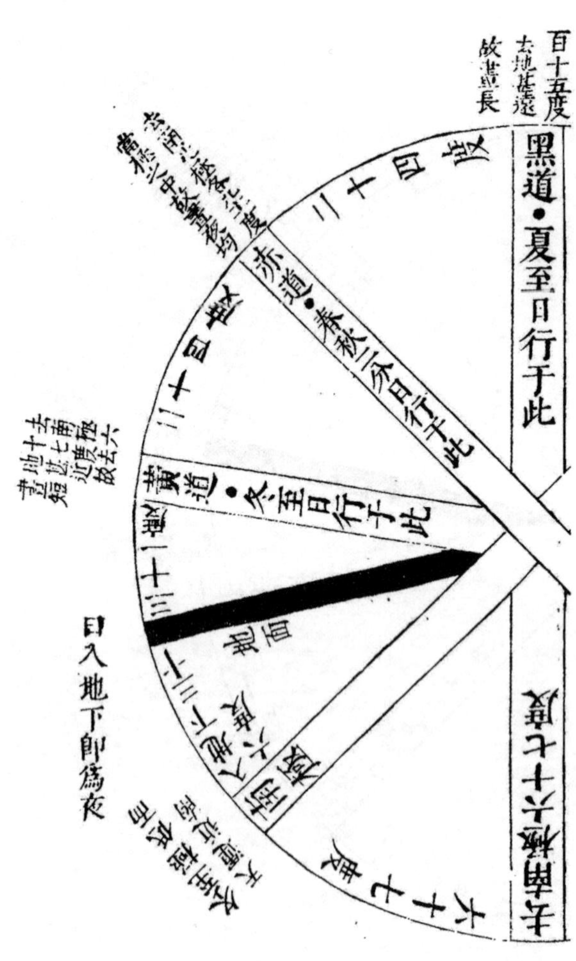
百十五度
黑道・夏至日行于此
赤道・春秋二分日行于此
黃道・冬至日行于此
地面
南極
去南極六十七度
六十七度
日入地下即爲夜

公劉相陰陽圖

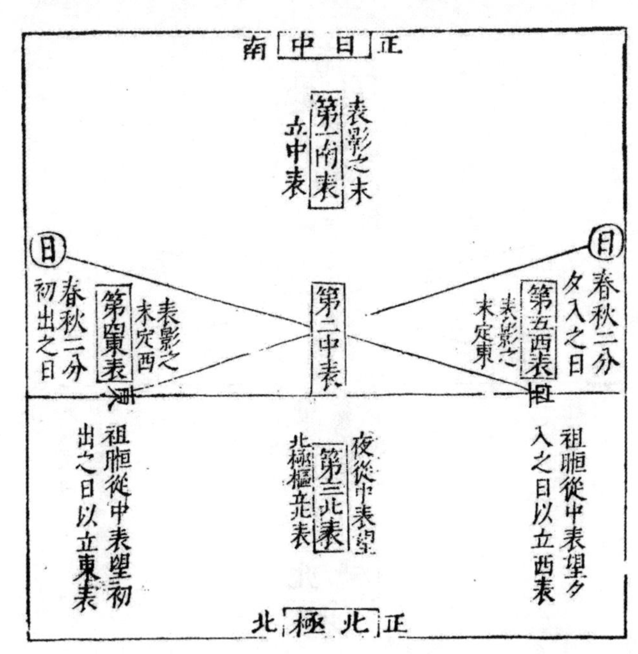

以土圭測土深正日景以求地中日南則景短多暑謂立表處太南近日也日東則景夕多風謂日昳景乃中立表處太東近日也日北則景長多寒謂立表處太北遠日也日西則景朝多陰謂日未中而景中立表處太西遠日也

楚丘揆日景圖

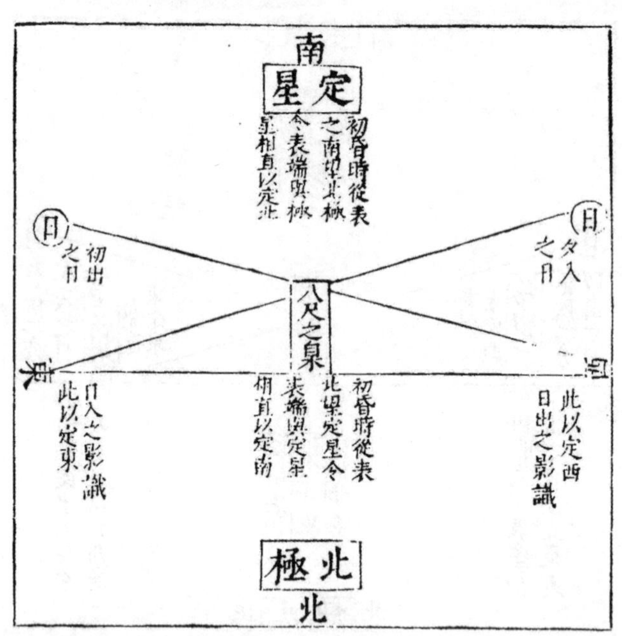

營室謂之定在東壁之西月令十月之昏星也於定星之昏正四方星中之時以此時而作楚丘之宮廟又度以日影而營表其位正其東西南北而作楚丘之宮室

唐制呂才定

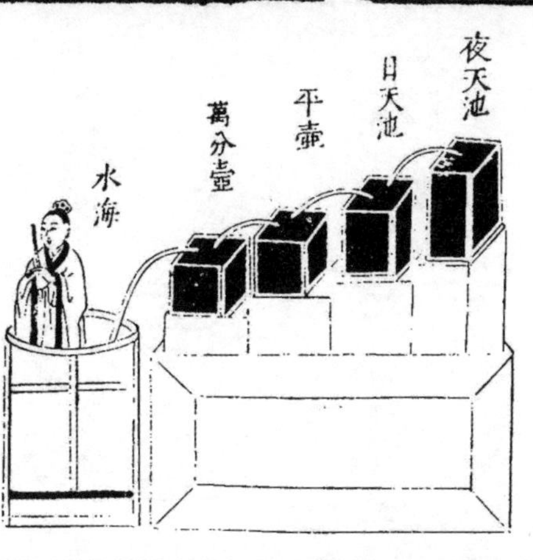

齊國風東方未明刺無節也朝廷興居無節號令不時挈壺氏不能掌其職焉按周禮夏官之屬挈壺氏掌漏刻者也鄭氏曰漏之箭晝夜共百刻冬夏之間有長短焉太史立成法有四十八箭其制莫考今因舊圖取唐之呂才今之燕肅所制列之于圖

唐制有四匱

一夜天池　二日天池　三平壺

四萬分壺　又有水海

以水海浮箭以四匱注水始自夜天池以入于日天池自日天池以入于平壺以次相注入于水海浮箭而上每以箭浮爲刻分也

今制有二匱

一渴烏　一石壺　四十八箭　竹注筒一

銅節水小筒一　減水盎一　退水盆一

匱二漆木爲之深一尺二寸徑三尺二寸五分壺以石爲之深二尺一寸五分徑一尺三寸二分內圍四尺一寸

挈壺氏圖

今制燕肅定

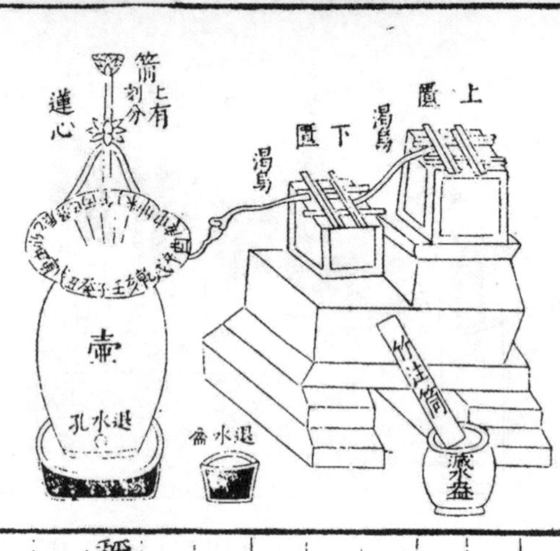

渴烏二銅爲之上者長三尺二寸受水口徑三分出水口一分半下者長二尺八寸受水口徑二分出水口一分

箭以漆桐爲之長四尺徑六分重四兩有半刻蓮花爲首飾上一尺六寸刻節候中一尺五寸分二十五刻每刻六分下九分安在蓮心

減水盎竹注筒銅節水小筒三物設在下匱之旁以平水勢

退水盆設于壺竅之下以受退水

稱漏水法

晝夜計十二時每時八刻二十分每刻六十分計水二斤八兩

箭四十八二箭當一氣歲統二百一十六萬分悉刻于箭上銅烏引水盂下注蓮心浮箭以上登至于晝夜之別分至之候冬夏長短昏曉隱見與周官水臬晷影無差

大田雨我公田圖

私	私	私
私	公田	私
私	私	私

雨我公田遂及我私公田所以入稅私田以治洫治澮孟子曰八家皆私百畝同養公田公事畢然後敢治私事是也其詳周禮井田之法圖

甫田歲取十千圖

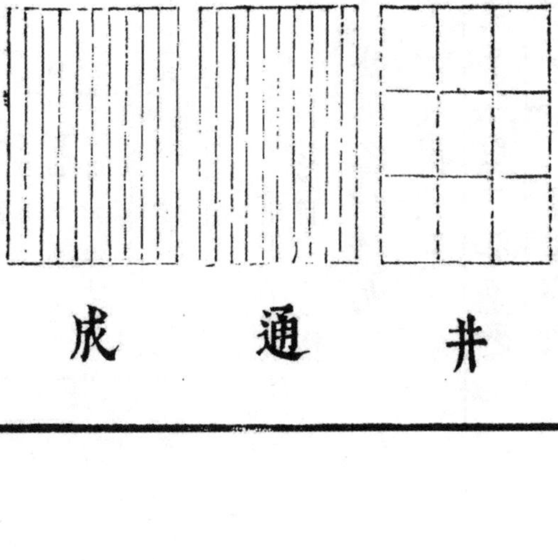

井　通　成

十千於井田法一成之數也九夫爲井井稅一夫其田百畝井十爲通通稅十夫其田千畝通十爲成成方十里成稅百夫其田萬畝欲見其數從井通起之故言歲取十千

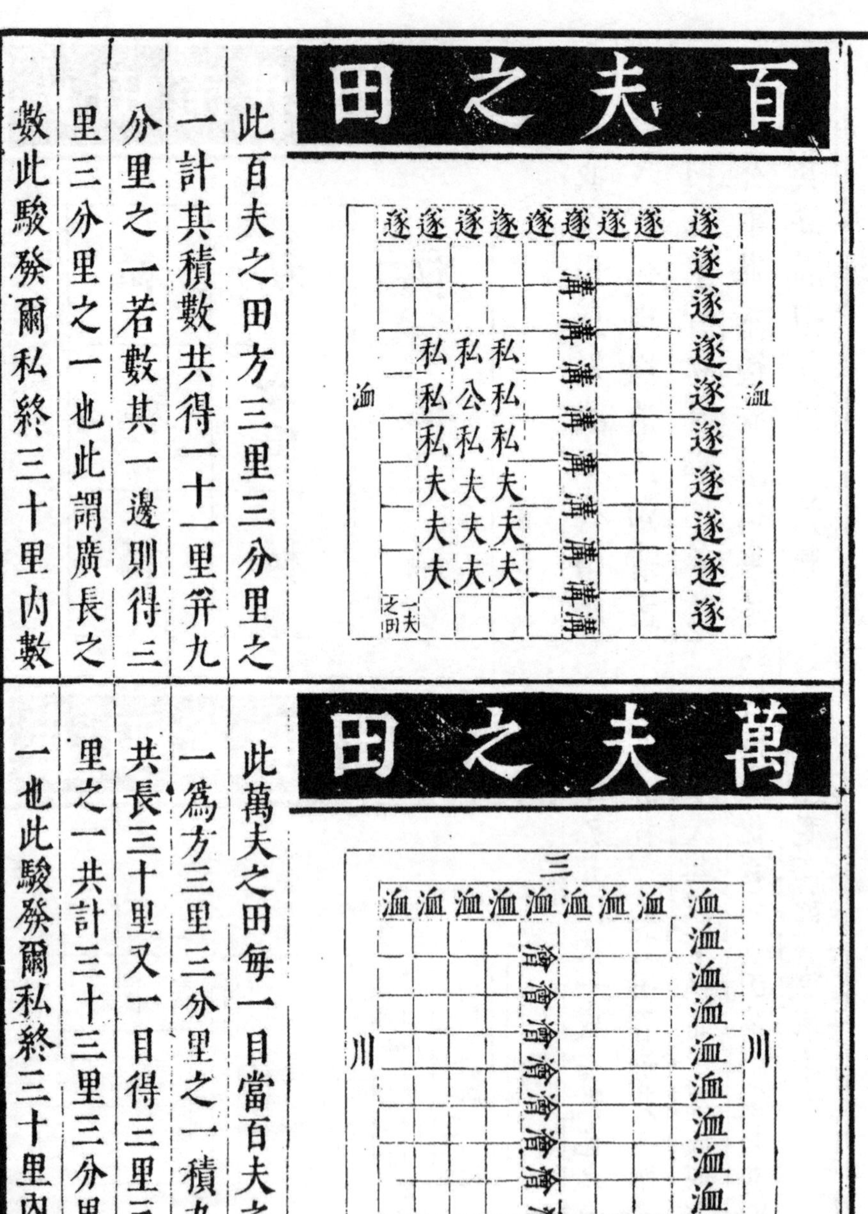

百夫之田

此百夫之田方三里三分里之一計其積數共得一十一里幷九分里之一若數其一邊則得三里三分里之一也此此謂廣長之數此駿發爾私終三十里內數

萬夫之田

此萬夫之田每一目當百夫之田一爲方三里三分里之一積九目共長三十里又一目得三里三分里之一共計三十三里三分里之一也此駿發爾私終三十里內數

載芟藉田圖

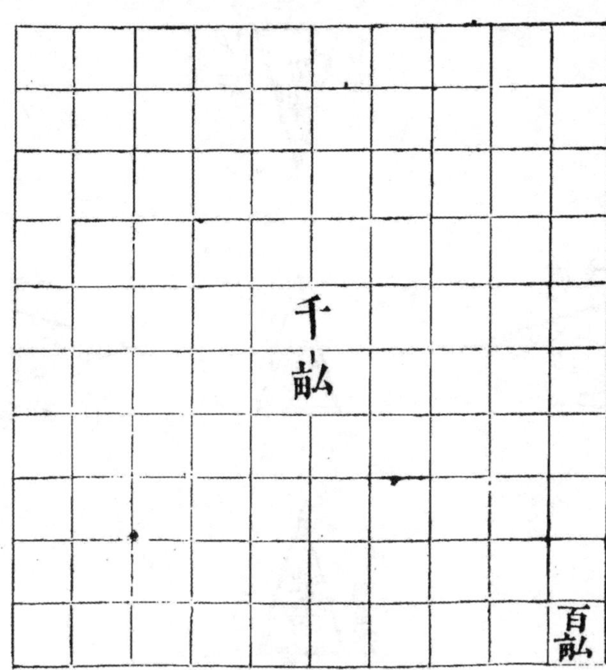

藉者借也借民力而耕之也天子千畒諸侯百畒孟春之月天子帥三公諸侯九卿親耕于藉田以祈社稷天子三推諸侯九推祈社稷者禮王爲民立社曰大社自爲立社曰王社在藉田中藉田所祈也

時邁巡狩圖

王者以時巡行邦國柴告天地望秩山川徧于羣神時邁之詩武王滅紂已定天下以時巡狩而其臣作頌美其事以爲告祭柴望之樂歌也

我將明堂圖

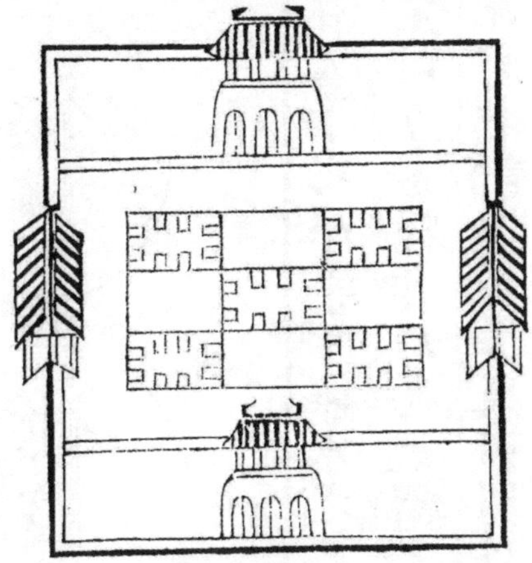

古者祭天於圜丘掃地而祭其禮極簡故又于季秋之月大享于明堂以享上帝以文王配傳曰宗祀文王於明堂以配上帝我將之詩此祀文王所歌之詩也明堂周制也

清廟閟宮圖

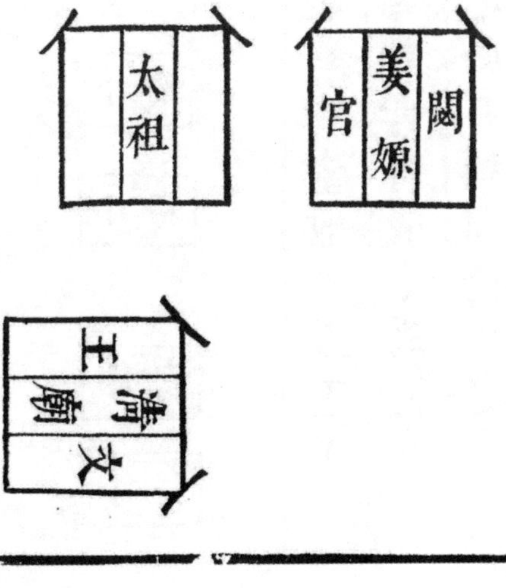

太祖

閟宮 姜嫄

清廟 文王

清廟文王廟也周公旣成洛邑朝諸侯率以祀文王于清廟閟宮姜嫄廟也魯亦有閟宮者以周公故得立姜嫄廟僖公修而新之故魯頌有閟宮之詩閟神也

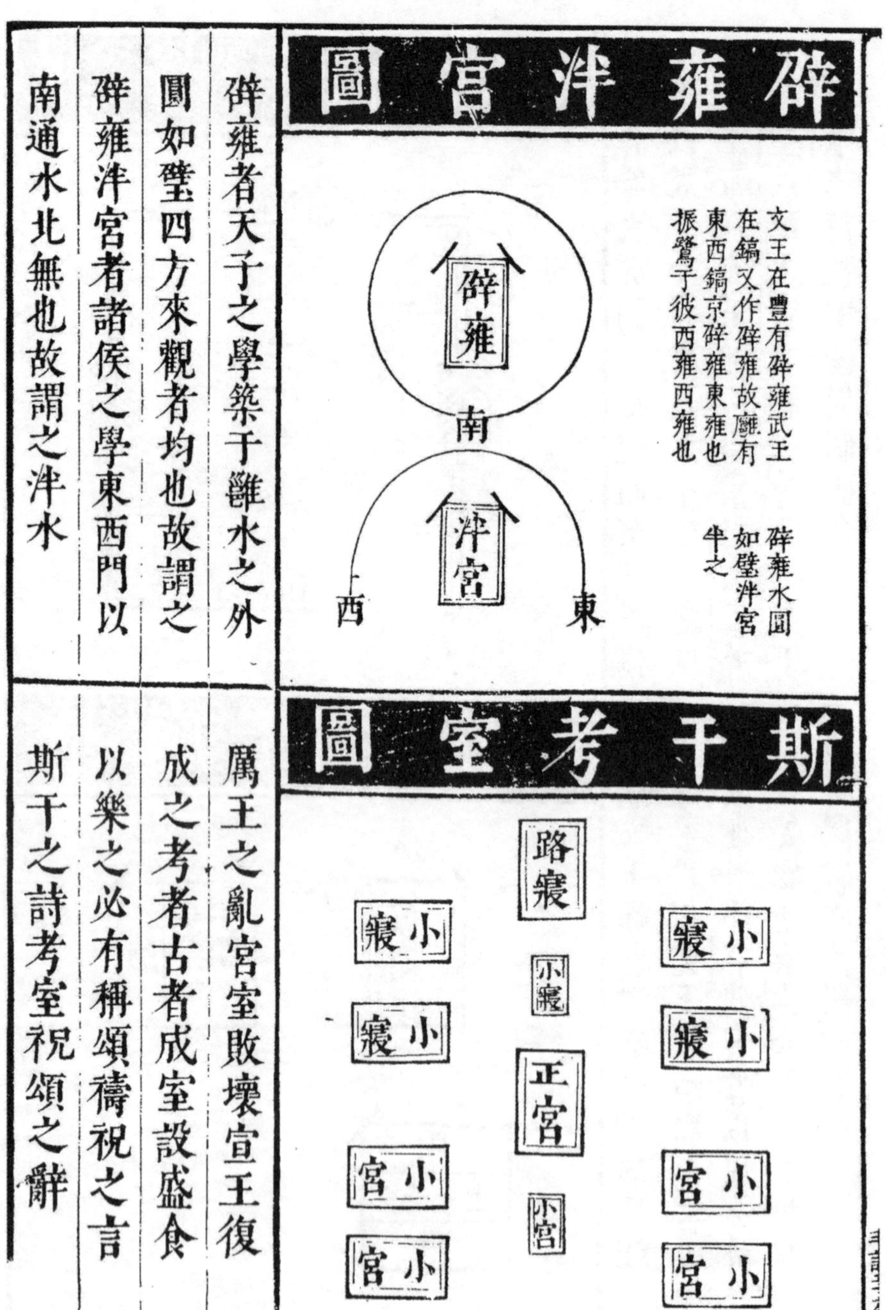

辟雍者天子之學築于雝水之外圓如璧四方來觀者均也故謂之辟雍泮宮者諸侯之學東西門以南通水北無也故謂之泮水

厲王之亂宮室敗壞宣王復成之考者古者成室設盛食以樂之必有稱頌禱祝之言斯干之詩考室祝頌之辭

小戎車式

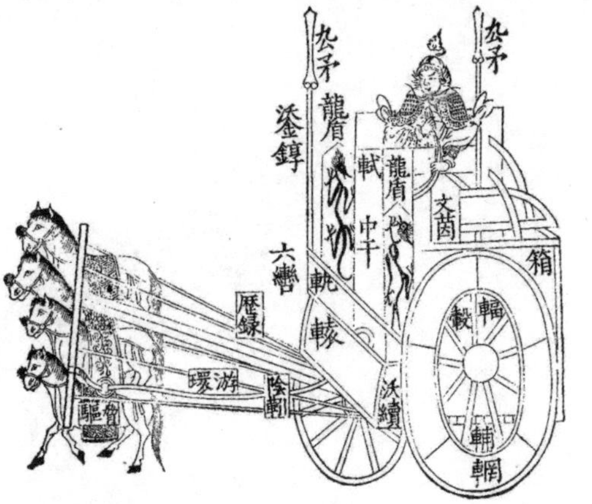

青黑深淺斑駁爲驒　馬之青黑綦文曰騏　白腹爲驕

馬之後左足白者爲馵　赤身黑鬣曰騮　黃身黑喙曰騧

橫一木而可憑者軾也軾前又有橫木曰軓軓前直一木而案之者輈也輈之末受一木以橫曰衡衡者軛也輈之漸曲而上至於衡居衡之上而下拘曰軥一輈而五束束有歷錄歷錄者文也所束之處因爲文章此所謂五楘梁輈也輈在軓前二馬處之衡下夾輈以服車而傍出二馬以驂之驂馬之欲出者引外轡以貫於游環驂馬之欲入者偪以脅驅而制之脅驅裁韋革以繫於衡軫之先後當服馬之脅以愛防于駕乘者也若夫游環則貫而靷之常處游蕩于馬脊之間而爲之曲防也車之衡長不過六尺六寸二馬服於前不與驂馬並則不可無陰靷故革靷於陰軓軓垂輈之上以服其驂而其車使不與服馬齊

戎制圖

小戎馬式

車前四馬皆如此欲辨馬名故不畫甲

其首而引之者陰靷也故曰陰靷沃續者飾金於靷端之環也驂之內轡亦以金飾其觼不待牽挽而繫之於軾也觼者受靷之所也詩曰六轡在手而不言八者以夫陰靷之在軾也又曰俴駟孔羣又曰虎韔鏤膺蓋韔者弓之室膺者馬之帶若今鏤胷也俴者馬之甲鑠金以爲其扎爲服以驂有盾以蔽之盾者畫龍以爲飾故曰龍盾厹矛者刃有三角立於左右鋈錞者矛之白金之鐓也蒙伐者中干也謂之干有以捍敵而自衛謂之伐則有事於伐之然必蒙之以有菀之文章非獨事武而已竹閉者䩛也䩛以竹縢以緄蒙而藏之尚美且武如此則其器可知至於弓則交韔二弓亦副之以備壞也

商頌王畿圖

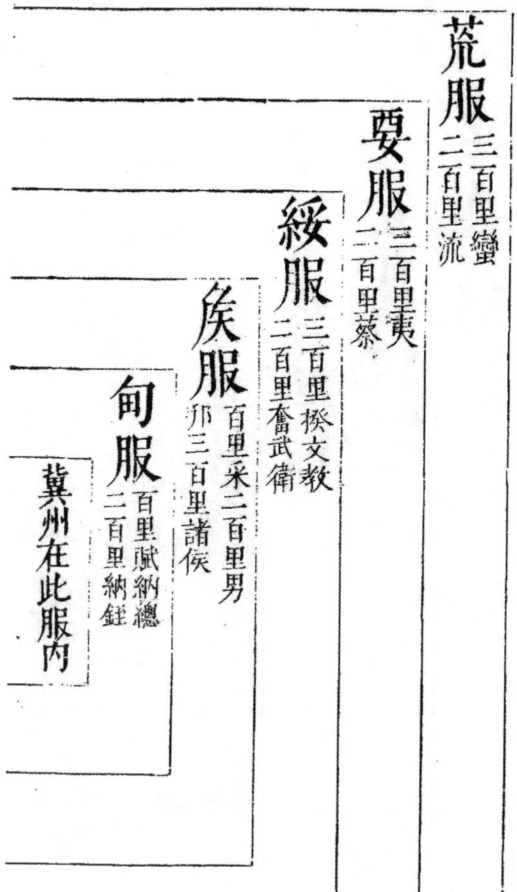

荒服 三百里蠻 二百里流

要服 三百里夷 二百里蔡

綏服 三百里揆文教 二百里奮武衛

侯服 百里采 二百里男邦 三百里諸侯

甸服 百里賦納總 二百里納銍

冀州在此服內

面各三千五百里

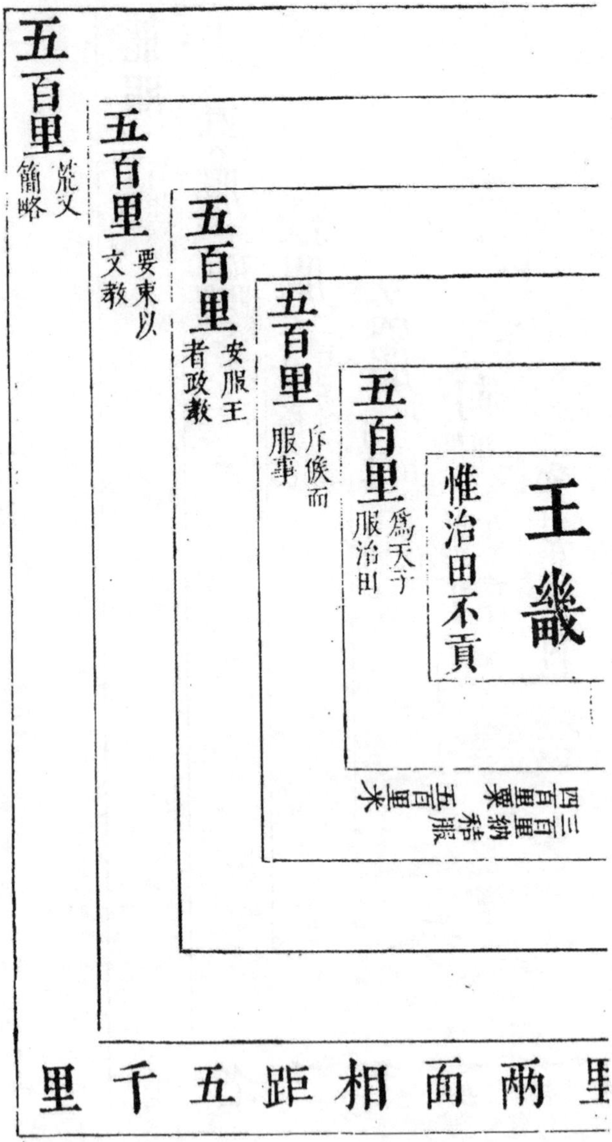

王畿

惟治田不貢

三百里納秸服

四百里粟

五百里米

五百里 為天子服治田

五百里 斥候而服事

五百里 安服王者政教

五百里 要束以文教

五百里 荒忽簡略

里兩面相距五千里

釋草名

芣苢 車前　蔞 蒿　茅 今白茅　葭 蘆亦名蒹葭　蒲 柔滑草

艾 冰臺今艾蒿　蘢 紅草　芍藥 香草　蓬 蒿別種　葑 須也蔓菁

莠 亂苗草　荍 蚍衃今荊葵　藍 染草　菡萏 荷華　白華 茗華

蕭 萩蒿　蓍 靈草　萑 蘆葭大者　葦 大葭　葽 四月莠

莪 莪蒿　藟 藤　瓠 瓠　菼 似葦而小實　諼草 萱草

菲 芴卽土瓜　苕 陵苕　茹藘 茅蒐　荑 茅始生　菅 茅屬

蝱 貝母　長楚 銚芅　茨 蒺藜　鷊 綬草　苹 萍

稂 莠類也　芄蘭 蕪蔓　荷 芙蕖　蕑 蘭香草　苓 黃苓

壺 瓠　芴 茭草　蔦 寄生　蓷 茺蔚臭穢草

釋菜名

荇 接余　卷耳 苓耳　蘩 皤蒿　蕨 鱉菜　芹 今水中芹菜

綠 王芻　瓠葉 庶人菜　菫 苦菜　茆 鳧葵　蔚 牡蒿

莫 音暮菜名　蓫 牛蘈　薇 薇菜　鬱 棣屬　蘋 大萍

薁 蘡薁　葍 大葉白花根如指可食　藻 水菜　葵 菜名　荼 苦菜

韭 菜一種而久　苓 大苦菜　唐 唐蒙菜　杞 非常菜　芑 菜名

釋木名

蔦 蔓木　楚 叢木一曰荊　甘棠 杜梨　栗 冬菓　椅 楸

桐 梧桐　梓 椅屬　扶蘇 小木　柳 柔木　樞 荎也今之刺榆

栲 山樗　柞 堅強木　女桑 荑桑　棫 白桵　樸 枹木

灌木 叢生木　枸 木可爲醬　楰 鼠梓　楛 木中矢笴　棣 移木似白楊

杻 檍似棣　漆 漆樹　梅 柟　檜 栢葉松身　椒聊 椒

樗 惡木　女蘿 菟絲　榆 白枌　柘 桑柘木　杜 赤棠

條 抽實似梅　棘 木赤心者　榛 小木叢生　木瓜 菓名　杞 枸檵

臺 夫須　栩 杼柞木也　櫟 櫟木　桑 今蠶所食　檀 強忍木

檖 赤羅　枌 白枌　檿 山桑　檉 河柳　榖 惡木

栵 栭栗　桋 赤棘　楊 條楊　樛 木下曲曰樛　椐 木可爲杖

釋穀名

稷 穈似黍不粘　稻 稌稻　粱 米　禾 粟　麻 實謂之蕡

荏菽 胡豆　麥 麥之小者　麰 麥之大者　秬 黑黍　秠 一稃二米

藿 豆　稺 後種曰稺　稙 先種曰稙　苴 麻子　稑 先熟後種

穜 先種後熟　穈 穄也又曰穆　芑 赤粱　粺 精米　黍 丹穀

釋鳥名

雎鳩 鵰類
鵲 鳥鵲
鳲鳩 桔鞠
脊令 鵻渠
鵙 伯勞
黃鳥 摶黍
鴻鴈 大曰鴻小曰鴈
鷂 鷂雞
流離 少好鳥
烏 孝鳥
鶉 鵪
鴇 性不止樹之鳥
鷺 白鷺
鶚 惡鳥
鶩 禿鶩水鳥
鷹 鷙鳥
鴟鴞 鸋鴂鵃
鸛 鵲屬
鵻 大不
梟鴟 惡声鳥
桑扈 竊脂
鸒斯 雅鳥
鸖 水鳥
鵜 鵜鶘好食魚
鴛鴦 匹鳥
倉庚 黃鳥
鳶 鴟類
隼 鷹
鳳 雄曰鳳雌曰凰
晨風 鸇也

釋獸名

麟 仁獸大麕
象
羔羊 羊子曰羔
麕 麞
貔 猛獸
豕 豬豨摠名
熊 似豕
羆 有力獸
貉 似狐
豺 似狗
狐 媚獸
蜮 似鱉含沙射人
猱 猜獸
豝 牝豕
豵 豕生三子曰豵
尨 犬多毛
駱 白馬黑鬣
騶虞 義獸
羜 未成羊曰羜
貆 貉子曰貆
肩 獸三歲曰肩
特 獸三歲曰特
犉 黃牛黑脣
兕 一角似牛
牂羊 牝羊
盧 田獵之犬
狸 似貓
羖 牝羊
獫 田犬長喙
歇驕 田犬短喙

釋蟲名

螽斯 蚣蝑
草蟲 常羊
阜螽 蠜
蝤蠐 蝎虫
螓 蜻蜓
蒼蠅 醜扇
蟋蟀 蛬
蜉蝣 渠略
蜩 螗又蟬也
蠋 桑虫
蟰蛸 長踦
伊威 委黍
熠燿 螢火
蛣 蝘
蜂 螫人飛虫
桃蟲 鷦
虺 似虵而小
果蠃 土蜂
蝪 蜥蜴
螟蛉 桑虫
螟 食苗心虫
螣 食葉虫
蟊 食根虫
賊 食節虫
莎雞 草虫一名樗雞

釋魚名

魴 赤尾魚
鱣 大魚無鱗
鮪 鮥魚名
鯀 鯀魚子
鱮 鰱魚
鯉 今赤鯉
鼉 似蜥蜴大有鱗
鱘 大魚
鰷 白鰷
鱨 黃魚
鰋 鮎魚
鯊 鮀魚
鱧 鮦魚

釋馬名

鐵 馬如鐵赤黑色
駒 馬二歲
騋 馬高七尺以上
騏 馬青驪色
黃 黃騂色
騧 黃馬黑喙
驪 純黑曰驪
騂 赤馬黑鬣
騵 騂馬白腹
駱 白馬黑鬣
駰 泥驄馬
驈 驪馬白跨
騅 蒼白雜毛色
皇 黃白色
駓 黃白雜毛曰駓
騂 赤黃色
魚 二目白魚
驒 青驪驎曰驒
雒 黑身白鬣
騢 赭白色似鰕魚
驔 驪馬黃脊
騆 青驪今鐵驄
駮 身白尾黑食虎豹
駁 色不純

釋衣服制名

頍弁 皮弁
鞞鞛 容刀鞞
琫珌 琫佩刀削上飾下飾
邪幅 [illegible]行縢
纚 縚
冔 殷冠
臺 以禦暑
笠 以禦雨
緇撮 緇冠
綸 釣繳
緡 綸
衾 被
裯 禪被又床帳
副 后夫人首飾編髮爲之
笄 衡笄
總角 結髮
珈 笄飾之最盛如今步搖上飾
綠衣 綠衣諸侯夫人祭服
象服 褕翟闕翟
毳衣 大夫毳冕
充耳 瑱也天子以玉諸侯石
會弁 弁之縫中飾以玉以會髮
觿 以解結成人之佩
韘 玦也射御則佩之以彄沓手指
緇衣 黑色卿士朝服
素冠 練冠喪禮祥祭而縞冠素紕
雜佩 珩璜琚瑀衝牙之類
狐裘 大夫黼
芾 冕服
伊絲 大帶
袞衣 卷龍
麻衣 深衣諸侯朝服
佩璲 以瑞玉爲佩
絲衣 祭服
載弁 爵弁

已上形制並見三禮圖

釋車馬器名

朱幩 以朱纏鑣扇汗
大車 大夫之車
翟茀 翟車夫人以翟羽飾車茀蔽也
車帷裳 婦人之車也
軝 長轂之軝
鞗 轡
革 轡首
和鸞 和在軾鸞在鑣
鈴 在旂上
鉤膺 樊纓
鏤錫 眉上曰錫
鞹 革
鞃 軾中
淺 虎皮淺毛
幭 覆式
厄 烏蠋
綏 大綏以登車
旐旄旗旂

形制並見三禮圖

釋禮樂器名

祼灌鬯　璋瓚　玉瓚秬鬯圭瓚　豆登木曰豆瓦曰登　籩

几　爵周曰爵　斝商曰斝　大斗長三尺　鼐大鼎　鼎

鼒小鼎　罍　兕觥罰爵　籩　大房半體俎　簋

筐　筥　篚　錡　釜　莞小蒲席

簟竹葦　籥六孔　笙　簧笙　翿纛翳　磬

業大板以飾筍爲縣　虡畫之植者爲虡　崇牙可以縣　樹羽置羽其上　應

田大鼓　縣鼓周鼓　鞉鞉鼓　柷木椌　圉楬也　簫編竹小管

管如笛　鼖大鼓　翟羽　琴瑟塤篪

已上形制並見三禮圖

釋兵農器名

殳長丈二而無刃　祋殳也　干盾

戈句矛戟　戚斧　揚鉞

鈎援鈎梯也援以攻城　臨衝臨車衝車

敦弓畫弓　朱英矛飾　綠縢繩

象弭弓反末也所以解臂紛以象骨爲之

魚服矢服魚皮爲之　決鈎弦

拾遂也　橐韜　彤弓朱弓

錢銚　鎛鎒田器　耜

形制並見三禮圖

四詩傳

魯詩

- 浮丘伯
  - 楚元王子郢
    - 魯丕
  - 魯申公
    - 高嘉
      - 包咸
        - 明帝
    - 右師細君
    - 魏應
      - 千乘王伉
        - 福
    - 許晃
      - 李業
        - 黃讜之子
          - 容
            - 詡
      - 元帝
    - 魯恭
    - 博士江公
      - 王臧
        - 卓茂
    - 趙綰
    - 孔安國
    - 周霸
    - 夏寬
      - 魯賜
    - 繆生
    - 徐偃
    - 大江公
      - 闕門慶忌
      - 韋賢
        - 玄成
          - 成帝
        - 賞
        - 褚少孫
        - 唐長賓
        - 張長安
          - 游卿
            - 元帝
            - 許晏
            - 王扶
    - 許生
    - 徐公
      - 王式
        - 薛廣德
          - 龔舍

齊詩

- 齊轅固
  - 公孫弘
  - 夏侯始昌
    - 后蒼
      - 白奇
      - 匡衡
        - 師丹
          - 班伯
        - 伏理
          - 張邯
          - 皮容
        - 滿昌
          - 成帝
          - 湛
            - 晨
              - 無忌
                - 完
          - 黯
            - 恭
              - 壽
      - 翼奉
      - 蕭望之
  - 任末
  - 景鸞

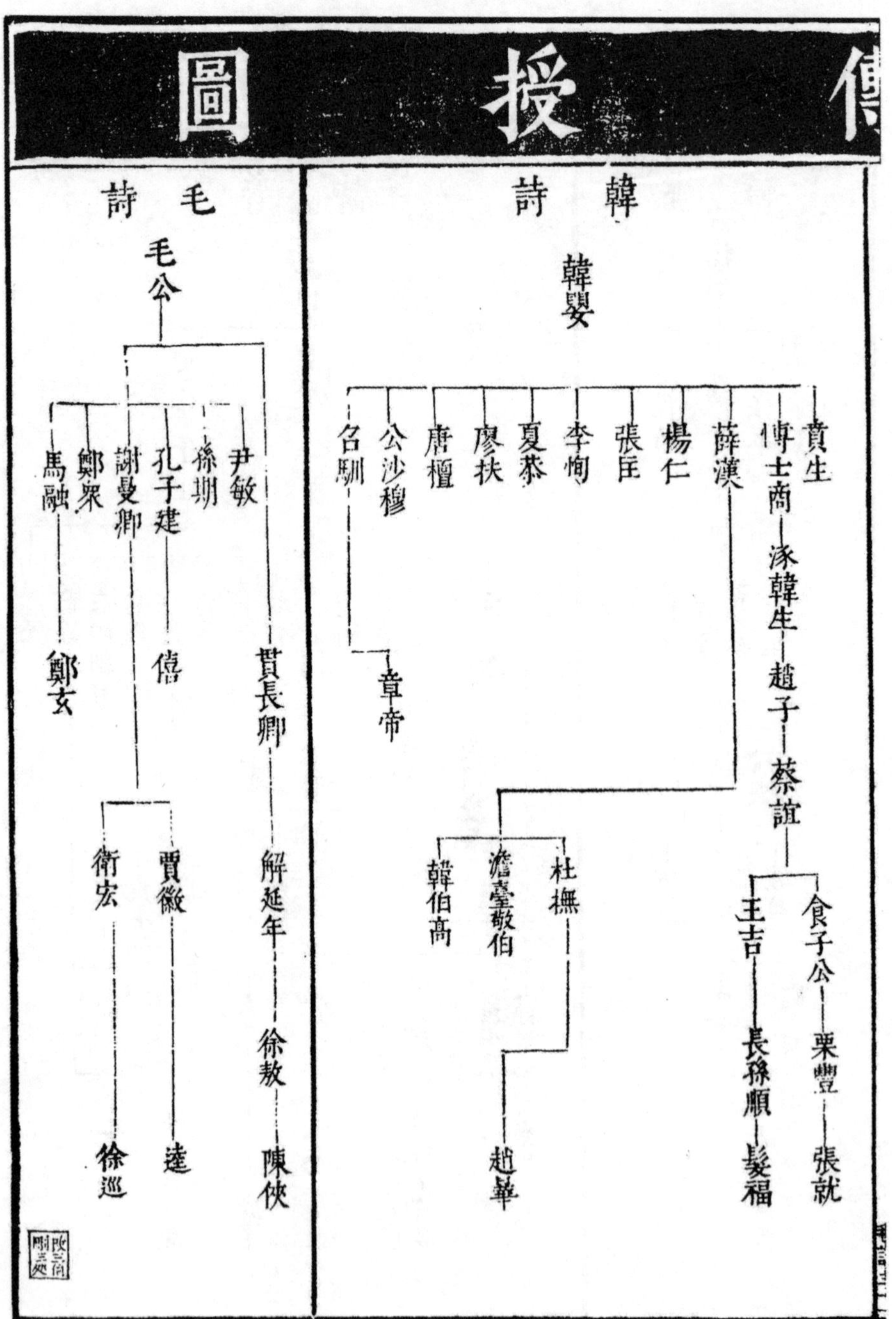

傳授圖
韓詩
韓嬰
賁生
博士商
涿韓生
趙子
蔡誼
食子公
王吉
栗豐
長孫順
張就
髮福
薛漢
杜撫
澹臺敬伯
韓伯高
趙曄
楊仁
張匡
李恂
夏恭
廖扶
唐檀
公沙穆
召馴
章帝
毛詩
毛公
尹敏
孫期
孔子建
謝曼卿
鄭眾
馬融
貫長卿
解延年
徐敖
陳俠
僖
鄭玄
衛宏
賈徽
徐巡
逵

春秋筆削發微圖目錄

明新都吳繼仕考校

春秋筆削發微圖目錄終

春秋筆削發微圖

隱

始元年己未終十一年

己巳不尸其位曰隱

周 平王四十九年至五十一年 桓王元年至八年

齊 釐公九年至十九年

晉 鄂侯二年至六年 哀侯元年至六年

秦 文公四十四年至五十年 寧公元年至四年

楚 武王十九年至二十九年

宋 穆公七年至九年 殤公元年至八年

衛 桓公十三年至十六年 宣公元年至七年

陳 桓公二十三年至三十三年

蔡 宣侯二十八年至三十五年 桓侯元年至三年

曹 桓公三十五年至四十五年

桓

始元年庚午終十八年

丁亥辟土服遠曰桓

周 桓王九年至二十三年 莊王元年至三年

齊 釐公二十年至三十三年 襄公元年至四年

晉 哀侯七年至八年小子元年至三年 湣侯元年至十三年

秦 寧公五年至十二年出公元年 至六年武公元年至四年

楚 武王三十年至四十七年

宋 殤公九年至十年 卽 莊公元年至十七年

衛 宣公八年至十九年惠公元年 至三年黔牟元年至三年，

陳 桓公三十四年至三十八年厲公 元年至七年莊公元年至六年

蔡 桓侯四年至二十年 哀侯元年

曹 桓公四十六年至五十五年 莊公元年至八年

莊

始元年戊子終三十二年已未勝敵克亂曰莊

鄭莊公二十二年至三十二年

燕穆侯七年至十七年

周莊王四年至十五年釐王五年惠王元年至十五年

齊襄公五年至十二年桓公元年至二十四年

晉滑侯十四年至二十八年武公并晉因其元爲二十八年至三十九年獻公元年至十五年史記少一年

秦武公五年至二十年德公二年宣公十二年成公元年至二年

楚武王四十八年至五十一年文王十三年堵敖五年成王元年至十年

宋莊公馮十八年至十九年湣公元年至十年桓公元年至二十年

衛黔牟四年至十一年惠公復入通黔牟年爲惠公十四年至三十一年懿公元年至七年

陳莊公七年宣公元年至三十一年

蔡哀侯二年至二十年穆侯九年至十三年

曹莊公九年至三十一年釐公元年至九年

鄭子嬰元年至十四年厲公復入元年至七年文公元年至十一年

閔

始元年庚申終二年辛酉在國遭難曰閔

鄭莊公四十三年厲公元年至四年昭公元年至二年子亹元年

燕穆侯十八年宣侯元年至十三年桓侯元年至四年

周惠王十六年至十七年

齊桓公二十五年至二十六年

晉獻公十六年十七年

秦成公三年四年

楚成王十一年十二年

宋桓公二十一年二十二年

衛懿公八年戴公元年

陳宣公三十二年三十三年

蔡穆侯十四年十五年

曹昭公元年二年

鄭文公十二年十三年

僖

始元年壬戌終三十三年甲午小心畏曰僖

燕 桓侯五年至七年莊公元年至二十九年

周 惠王十八年至二十六年襄王元年至二十五年

齊 桓公二十七年至四十三年孝公十年昭公六年

晉 獻公十八年至二十六年惠公十四年懷公一年文公九年襄公元年

秦 穆公元年至三十三年

楚 成王十三年至四十五年

宋 桓公二十三年至三十一年襄公十四年成公元年至十年

衛 文公元年至二十五年成公元年至八年

陳 宣公三十四年至四十五年穆公元年至十六年共公元年至五年

蔡 穆侯十六年至二十九年莊公元年至十九年

曹 昭公三年至九年共公元年至二十六年

鄭 文公十四年至四十五年穆公元年

燕 莊公三十二年至三十三年襄公元年至三十一年

文

始元年乙未終十八年壬子忠信接禮曰文

燕莊公三十年三十一年

周 襄王二十六年至三十三年頃王六年匡王元年至四年

齊 昭公七年至二十年懿公元年至四年

晉 襄公二年至七年靈公元年至十二年

秦 穆公三十四年至三十九年康公元年至十二年

楚 成王四十六年穆王元年至十二年莊王元年至五年

宋 成公十一年至十七年昭公九年文公二年

衛 成公九年至二十六年

陳 共公六年至十八年靈公元年至五年

蔡 莊侯二十年至三十四年文侯元年至三年

曹 共公二十七年至三十五年文公元年至九年

鄭 穆公二年至十九年

燕 襄公三十二年至四十年桓公元年至九年

宣

始元年癸丑終十八年

庚午善問周遠曰宣

周	匡王五年至六年定王元年至十六年
齊	惠公元年至十年頃公元年至八年
晉	靈公十三年至十四年成公七年景公九年
秦	共公元年至五年桓公元年至十三年
楚	莊王六年至二十三年
宋	文公三年至二十年
衛	成公二十七年至三十五年穆公元年至九年
陳	靈公六年至十五年成公元年至八年
蔡	文公四年至二十年景侯元年
曹	文公十年至二十三年宣公元年至四年
鄭	穆公二十年至二十二年靈公一年襄公元年至十四年
燕	桓公十年至十六年宣公元年至十一年

成

始元年辛未終十八年

戊子安民立政曰成

周	定王十七年至二十一年簡王元年至十三年
齊	頃公九年至十七年靈公元年至九年
晉	景公十年至十九年厲公元年至八年
秦	桓公十四年至二十七年景公元年至四年
楚	共王元年至十八年
宋	文公二十一年至二十二年共公元年至十三年平公元年至三年
衛	穆公十年至十一年定公元年至十二年獻公元年至四年
陳	成公九年至二十六年
蔡	景侯二年至十九年
曹	宣公五年至十七年成公元年至五年
鄭	襄公十五年至十八年悼公二年成公十二年
燕	宣公十二年至十五年昭公十三年武公元年
吳	壽夢元年至十二年壽夢元年成六年也

二一八

襄

始元年己丑終三十一年己未因事有功曰襄

周　簡王十四年靈王二十七年景王三年

齊　靈公十年至二十八年莊公六年景公元年至六年

晉　悼公元年至十五年平公元年至十六年

秦　景公五年至三十五年

楚　共王十九年至三十一年康王十五年郟敖三年

宋　平公四年至三十四年

衛　獻公五年至十八年殤公十二年獻公復入三年襄公元年至二年

陳　成公二十七年至三十年哀公元年至二十七年

蔡　景侯二十年至四十九年靈侯元年

曹　成公六年至二十三年武公十三年

鄭　成公十三年至十四年釐公五年簡公二十四年

燕　武公二年至十九年文公六年懿公四年惠公元年至三年

吳　壽夢十四年至二十五年諸樊十三年餘祭六年

昭

始元年庚申終三十二年辛卯威儀恭明曰昭

周　景王四年至二十五年敬王元年至十年

齊　景公七年至三十八年

晉　平公十七年至二十六年昭公六年頃公十四年定公元年至二年

秦　景公三十六年至四十年哀公元年至二十七年

楚　郟敖四年靈王十二年平王十三年昭王六年

宋　平公三十五年至四十四年元公十五年景公七年

衛　襄公三年至九年靈公二十五年

陳　哀公二十八年至三十五年惠公元年至二十四年

蔡　靈侯二年至十二年平侯九年悼侯三年昭侯元年至九年

曹　武公十四年至二十七年平公四年悼公九年襄公五年

鄭　簡公二十五年至三十六年定公十六年獻公四年

燕　惠公四年至九年悼公七年共公五年平公十四年

吳　餘祭七年至十七年餘眛四年王僚十二年闔閭五年

定

始元年壬辰終十五年

丙午安民大慮曰定

周敬王十一年至二十五年

齊景公三十九年至五十三年

晉定公三年至十七年

秦哀公二十八年至三十六年惠公六年

楚昭王七年至二十一年

宋景公八年至二十二年

衛靈公二十六年至四十年

陳惠公二十五年至二十八年懷公四年湣公七年

蔡昭侯十年至二十四年

曹隱公元年至四年靖公四年伯陽七年

鄭獻公五年至十三年聲公元年至六年

燕平公十五年至十九年簡公元年至十年

吳闔閭六年至十九年夫差元年

哀

始元年丁未終二十七年經止

十六年壬戌恭仁短折曰哀

周敬王二十六年至四十一年

齊景公五十四年至五十八年孺子一年悼公四年簡公四年平公二年

晉定公十八年至三十三年

秦惠公七年至十年悼公十二年

楚昭王二十二年至二十七年惠王元年至十年

宋景公二十三年至三十八年

衛靈公四十一年至四十二年出公十二年莊公二年

陳湣公八年至二十三年楚滅陳殺湣公

蔡昭侯二十五年至二十八年成侯元年至十二年

曹伯陽八年至十五年宋滅曹虜伯陽實哀八年

鄭聲公七年至二十二年

燕簡公十一年至十二年獻公元年至十四年

吳夫差二年至十七年

周世次

平王—太子洩父（不入統）—桓王（平王孫）—莊王—僖王

惠王—襄王—頃王—匡王／定王（匡王弟）—簡王

靈王—景王—悼王（史不入統）—敬王（悼王弟）三十九年即獲麟之歲

武王得天下十二世至平王東遷平王至敬王十三世（不數洩父悼王）平王末年當魯隱元年故周八百六十七年四百年在春秋前二百四十二年在春秋中二百二十五年在春秋後

魯世次

隱公（惠公子息姑）—桓公（隱公弟允）—莊公（同）—閔公（開）

僖公（莊公子申）—文公（興）—宣公（倭）—成公（黑肱）

襄公（午）—昭公（裯）—定公（昭公弟宋）—哀公（蔣）

姬姓文王子公旦之後伯禽封于曲阜爲魯侯自伯禽至隱公十四世自隱公至哀公十二世哀公終二十七年卒十六年孔丘卒經止十六年

齊世次

僖公祿甫—襄公諸兒—桓公小白（僖公子）—孝公昭—昭公潘（桓公子）

懿公商人（桓公子）—惠公元（桓公子）—頃公無野—靈公環—莊公光

景公杵臼（莊公弟）—晏孺子荼—悼公陽生（景公子）—簡公壬—平公驁（簡公弟）

太公望之後姜姓武王封太公于齊營丘太公至僖公十三世僖公九年魯隱公攝政

晉世次

鄂侯郄孝侯弟—哀侯光—小子侯—侯緡哀侯弟—曲沃武公并晉滅之爲晉後—武侯稱莊伯子

獻公詭諸—惠公夷吾—懷公圉—文公重耳獻公子—襄公驩—靈公夷皋

成公黑臀襄公弟—景公孺—厲公州蒲—悼公周襄公曾孫—平公彪—昭公夷—頃公去疾—定公午

唐叔虞之後武王滅唐而封之至燮父改爲晉自唐叔至鄂侯十四世鄂侯二年春秋始焉

衛世次

桓公完—宣公晉桓公弟—惠公朔—黔牟羣公子—懿公赤惠公子—戴公申公子頑之子

文公燬戴公弟—成公鄭—穆公遬—定公臧—獻公衎—殤公剽定公弟

襄公惡獻公子—靈公元—出公輒靈公孫—莊公蒯聵出公父

康叔封之後武王之弟封于衛至桓公十三年春秋始焉自康叔至桓十三世

宋世次

穆公和—殤公與夷宣公子—莊公馮穆公子—閔公捷—桓公御說閔公弟—襄公茲父

成公王臣—昭公杵臼—文公鮑昭公弟—共公固—平公成—元公佐—景公頭曼

其先契封於商武王伐商封武庚後武庚亂更封微子自微子至穆公十四世

秦世次

文公（襄公子）—寧公—出子—武公（寧公子）—德公（寧公子）—宣公

成公（宣公弟）—穆公（成公弟 任好）—康公（罃弘）—共公（稻）—桓公（榮）

景公—哀公—惠公（哀公孫）—悼公

伯益末孫曰非子周孝王邑之秦號曰秦嬴至襄公爲周平王平犬戎封爲侯自秦嬴至秦仲三世至襄公五世至穆公十三世

楚世次

武王（熊通 蚡冒弟）—文王（熊貲）—杜敖（熊囏）—成王（杜敖弟 頵）—穆王（商臣）

莊王（旅）—共王（審）—康王（昭）—郟敖（麇）—靈王（圍）

初王（比 共王子）—平王（疾棄 共王子）—昭王（軫）—惠王（章）

顓頊高陽之後陸終少子季連之苗裔熊繹成王時封於楚以子男之田姓芊氏自鬻熊至武王十七世

蔡世次

宣侯考父—桓侯封人—哀侯獻舞—繆侯肸

莊侯甲午—文侯申—景侯固—靈侯般

平侯廬—悼侯東國—昭侯田—成侯朔

文王子蔡叔度之後武王封於蔡蔡叔以罪放蔡仲繼焉自蔡仲至戴侯九世宣侯戴侯子

鄭世次

莊公寤生—厲公突—昭公忽莊公子—子亹莊公子—子嬰昭公子—厲公奔蔡至此復入

文公捷—繆公蘭—靈公夷—襄公堅靈公弟—悼公費

成公睔悼公弟—釐公髡頑—簡公嘉—定公寧—獻公蠆—聲公勝

鄭桓公友厲王少子宣王庶弟宣王封於鄭犬戎殺桓公鄭人立其子武公武公子莊公

滕

滕侯縠—宣侯嬰齊—孝侯鄭—昭侯元—文侯壽

成公原—悼侯寧—頃公結—隱公虞

滕姬姓文王之子繡之後武王封之自叔繡以下九世莊公始見郎穀也

杞

成公史記云共公—德公—桓公姑容德公弟—孝公丐—文公益姑孝公弟

平公鬱釐文公弟—悼公成—隱公乞—僖公過隱公弟

夏禹之後東樓公周武王封于杞以奉夏后氏祀自東樓公八世至成公見于春秋

薛

獻侯穀—襄公定—薛伯比—惠公夷宜

任姓奚仲封薛侯遷于邳仲虺居薛爲湯左相武王復以其弟雍滑爲薛侯小國無紀不可知

吳	虞	許	邾	莒
壽夢 — 諸樊 — 餘祭壽夢子 — 餘眛壽夢子 王僚 — 闔閭諸樊子光 — 夫差	虞公爲晉所滅僖五年冬晉人執虞公	穆公新臣 — 僖公業 — 昭公錫我 — 靈公寧 — 悼公買 — 許男斯 — 元公成	儀父克 — 邾子瑣 — 文公蘧蒢 — 定公貜且 — 宣公牼 悼公華 — 莊公穿 — 隱公益 — 桓公革	茲丕公 — 紀公庶其 — 厲公季佗 — 渠丘公朱 — 犂比公密州 — 展輿犂比公子 著丘公去疾犂比公子 — 庚輿著丘公弟 — 郊公著丘公子 — 莒子狂 — 共公買
吳太伯奔荆蠻自號句吳武王封其後于吳自太伯至壽夢十九世始稱王	出自太王姬姓自虞仲至虞公十二世	姜姓與齊同族武王封文叔於許自許叔至穆公凡十三世始見於春秋	邾姓顓頊有陸終生六子弟五曰安期武王封期裔挾爲附庸十一世儀父始見春秋	紀姓少昊之後周武王封茲其于莒自紀公已下爲巳姓不知誰賜之也十二世茲丕公始見春秋

曹世次

桓公終生—莊公射姑—僖公夷赤—昭公班—共公襄

文公壽—宣公廬—成公負芻—武公勝—平公須

悼公午—襄公野—隱公通—靖公露—伯陽

文王子曹叔振鐸之後武王封之於商振鐸至桓公十一世

陳世次

桓公文公子鮑—陳佗桓公弟—厲公桓公子躍—莊公桓公子林—宣公桓公子杵臼

穆公款—共公朔—靈公平國—成公午—哀公弱

惠公吳悼太子之子—懷公柳—閔公越

舜之後嬀姓堯妻舜女居嬀汭因爲姓周時虞遏父爲周陶正以元女大姬配胡公封之陳胡嬀滿卽遏父子自胡公至桓公十二世

燕世次

繆侯—宣侯—桓侯—莊公—襄公—桓公

宣公—昭公—武公—文公—懿公—惠公

悼公—共公—平公—簡公—獻公

燕有南有北南燕姞姓北燕姬姓武王封召公奭於北燕其國僻小不通諸夏至簡公二十九世始見春秋今從年表敘繆侯以下

春秋一百二十四國爵姓

爵姓具者四十九國

魯（侯姬）　秦（伯嬴）　衛（侯姬）　杞（公姒）　曹（伯姬）　息（侯姬）　鄧（侯曼）　北燕（伯姬）　晉（侯姬）　吳（子姬）　鄭（伯姬）　邾（子曹）

滕（侯姬）　虞（侯姬）　紀（侯姜）　楚（子芈）　徐（子嬴）　越（子姒）　蔡（侯姬）　許（男姜）　薛（侯任）　隨（侯姬）　巴（子姬）　鄫（子姒）

齊（侯姜）　宋（公子）　陳（侯嬀）　小邾（子曹）　莒（子己）　虢（公姬）　郕（子姬）　芮（伯姬）　胡（子嬀）　州（公姜）　南燕（伯姞）　梁（伯嬴）

荀（侯姬）　賈（侯姬）　凡（伯姬）　宿（男風）　祭（伯姬）　郳（子妘）　原（伯姬）　夔（子芈）　滑（伯姬）　郯（子嬴）　舒鳩（子偃）　偪陽（子妘）

邢（侯姬）

有爵無姓者一十六國

萊（子）　弦（子或子姓）　潞（子或隗姓）　沈（子或嬴姓）　譚（子或子姓）　宗（子）　邵（子）　白狄（子）　頓（子）　肥（子）　戎蠻（子）

麋（子或祈姓）　鼓（子或祈姓）　穀（伯或嬴姓）　唐（侯）　舒（子）

有姓無爵者一十八國

黄（嬴）　羅（熊或偃姓）　魏（姬）　耿（姬）　霍（姬）　郜（姬）　韓（姬或侯爵）　焦（姬）　楊（姬）　夷（妘）　淮（姬）　申（姜）

密（姬）　向（姜）　鄋瞞（漆）　舒庸（偃）

爵姓皆亾者三十三國

江（或嬴姓）　鄍　權（或偃姓）　道　栢　貳　軫　絞　六（或偃姓）　遂　崇　戴（或子姓）

無終　蓐收　冀　溫　於餘丘　厲　項（或姞姓）　英氏　蓼（或偃姓）　巢　庸　根牟

鮮虞（姒）　介　陸渾　鄀　房　桐（或偃姓）　邿　狄

附庸九國

顓臾（風姓）　須句（風姓）　葛（嬴姓）　任（風姓）　牟　極　蕭（或子姓）　鄟　章

五霸		
齊桓公	周僖王元年	魯莊公十三年稱霸
宋襄公	周襄王十三年	魯僖公十九年稱霸
晉文公	周襄王二十年	魯僖公二十八年稱霸
秦穆公	周襄王二十八年	魯文公三年稱霸
楚莊王	周定王九年	魯宣公十一年稱霸

齊盟			
齊桓公			
宋襄公			
晉文公	平公	悼公	
楚靈王	康王	平王	昭王
吳王闔閭	夫差		
越王句踐			

與盟之國								
周王	魯	晉	齊	楚	秦	鄭	衛	宋
陳	蔡	鄫	曹	滕	邾	許	杞	紀
莒	吳	越	江	黄	滑	徐	邢	薛
沈	頓	胡	北燕	小邾	淮夷	白狄		

春秋諸國地理圖

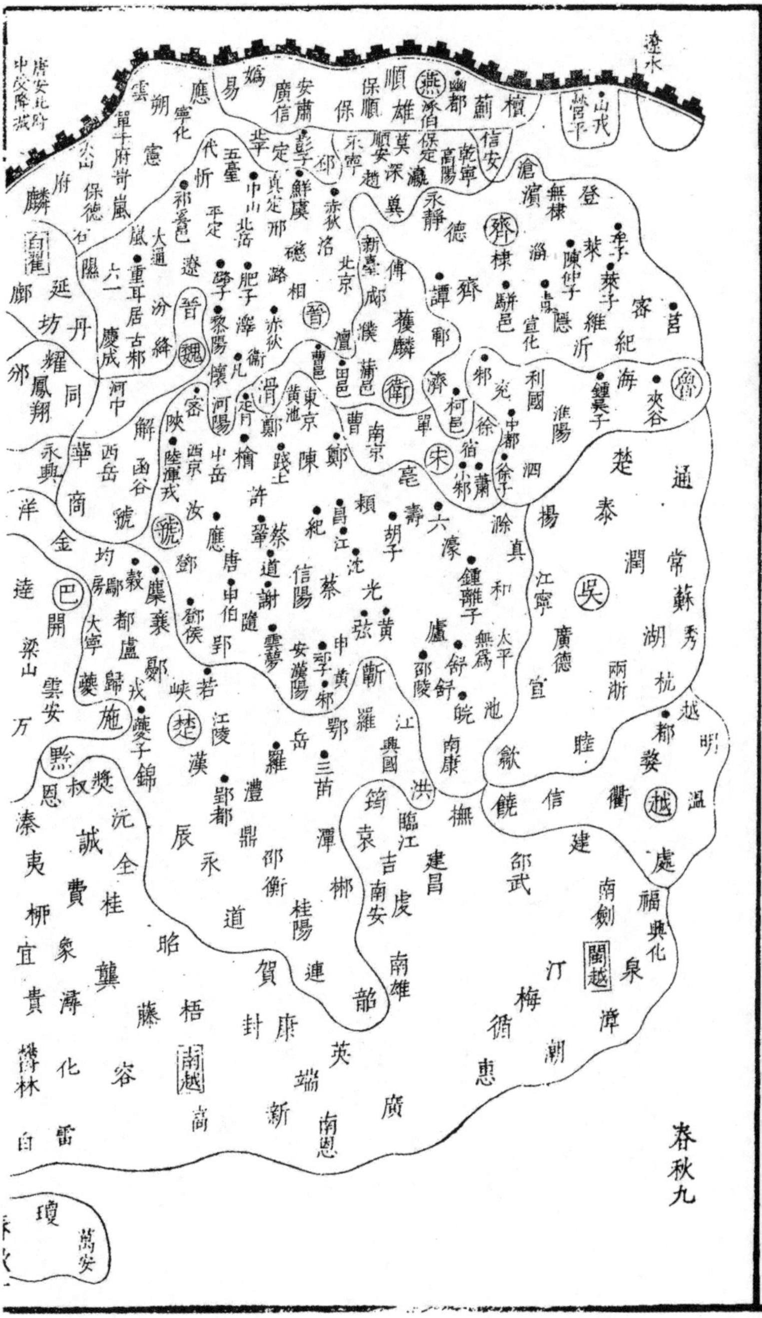

春秋九

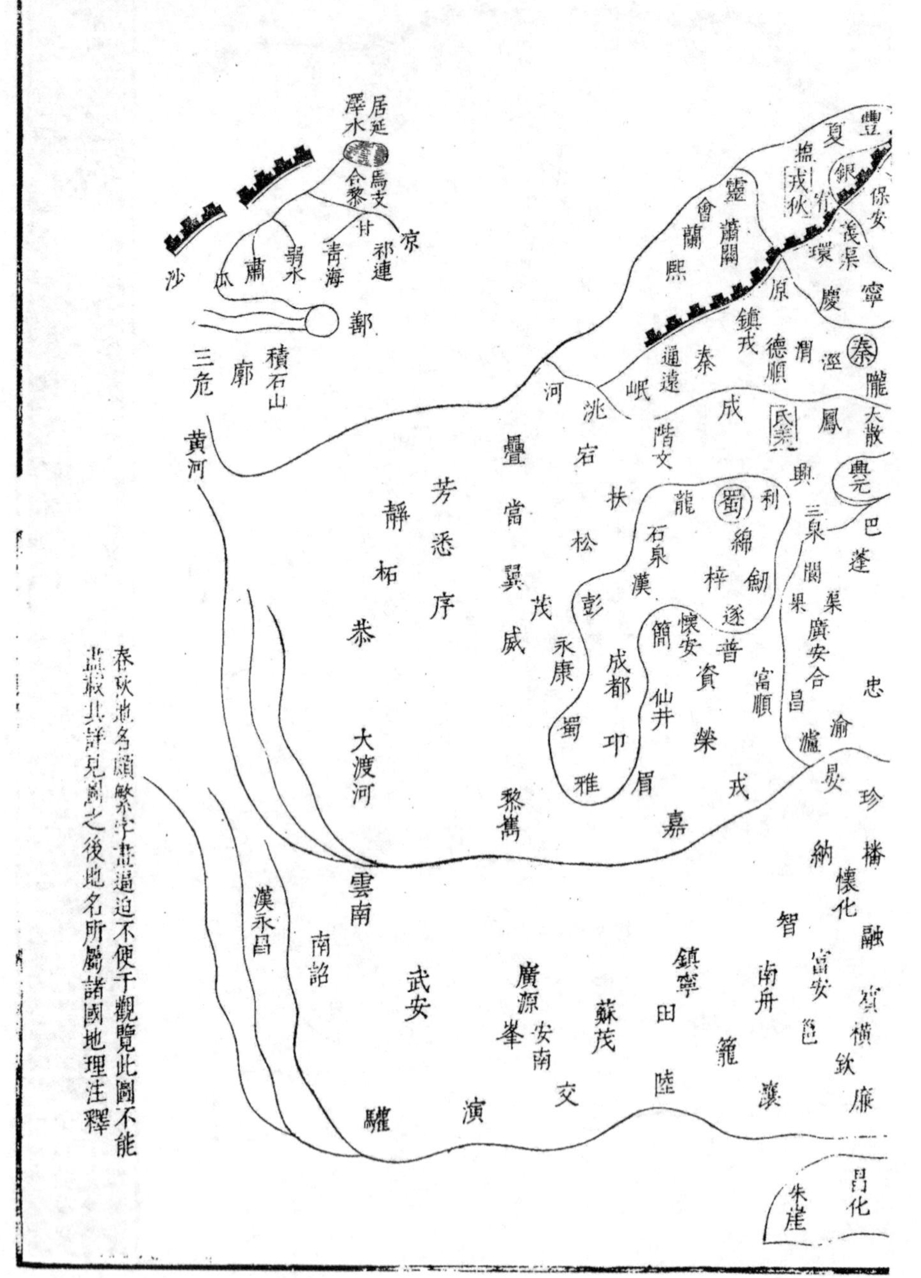

春秋地名頗繁字畫逼迫不便于觀覽此圖不能
盡載其詳見圖之後地名所屬諸國地理注釋
居延澤水
合黎
甘
祁連
青海
弱水
肅
瓜
沙
鄯
積石山
廓
三危
黄河
河
洮
宕
叠
芳
静
悉
序
柘
恭
當
翼
茂
威
扶
松
彭
永康
蜀
大渡河
黎嶲
雲南
漢永昌
南詔
武安
廣源
峯
安南
蘇茂
交
演
驩
鎮寧
田
陸
籠
濮
南丹
智
納
懷化
富安
邕
珍
播
融
賓
横
欽
廉
昌化
朱崖
成都
邛
雅
眉
嘉
戎
榮
資
仙井
簡
懷安
普
遂
梓
綿
劍
利
龍
石泉
漢
蜀
富順
瀘
昌
合
廣安
渠
果
閬
三泉
興
巴
蓬
忠
渝
興元
大散
鳳
氐羌
成
階文
岷
通遠
秦
德順
鎮戎
渭
涇
秦
隴
原
慶
環
慶
寧
保安
銀
夏
豐
會
蘭
熙
靈
蕭關
戎狄

二三〇

地名

東京 首止 大棘 宛濮 蒲 平丘 城棣 蟲牢 武父 黃 鼯

承筐 鳴雁 **南京** 黍丘 鴻口 橫 魚門 陽梁 孟諸 蒙澤 貫

彭城 沙隨 盧門 **西京** 翟泉 唐 褚氏 圉 解 乾祭 蒯

霍 垂隴 敖 熒 修澤 匽 北林 清 逢澤 棐林 制田

皇 邲 鄢 汜 鄩 新城 **北京** 柯 沙亭 曲梁 雞澤

沙鹿 馬陵 **青州** 棘邑 牟婁 鄟 夷 紀 鄑 **密州** 渠丘

郜 **濟州** 祝阿 譚 鮑 **沂州** 祝丘 穆陵 堂阜 枋

登州 萊 **兖州** 菟裘 龜陰 紅 成 防 東陽 武城

曹州 楚丘 廪丘 郚 垂 **海州** 濫 夾谷 中城 紀鄣

博州 清丘 瓦 桃丘 阿澤 清 秦 戚 鐵 穀 鄟

鄆州 郈 郭 闞 陽穀 邿 郲瑕 密 **揚州** 蒲 良

齊州 盧 石窌 防門 清亭 遂 讙 棘地 **利國監** 梁丘 防

緡 咸丘 天野 郎 閭丘 唐 棠 甯母 重館 **并州** 千畝

中都 綿上

所屬

趙州 鄗邑 **亳州** 兗 許 棘 天丘 鄍 向城 澶淵 **陳州**
棰 鳴鹿 鬼閻 辰陵 **頴州** 昌衍 牛首 繹 狐口 郜 蔑
桃 曲池 **德州** 轅 野井 **棣州** 貝丘 乾時 **懷州** 隰郕 河陽
向 原 溴梁 絺 南陽 陽樊 攢茅 隤 雍榆 **河中府** 馬陵
河曲 茅津 顛軨 郇 桑泉 解 瑕 耿 萁 清原 黃父
稷 涑水 翼 霍 瓠丘 采桑 蒲城 **虢州** 桑田 桃林 虢略
華山 **永興** 少習 菟和 蒼野 **同州** 王城 新里 **鳳翔** 酆宮 岐陽
許州 鈞臺 高氏 雍氏 皋鼬 汾丘 湛坂 狼淵 桐丘 匡 曲洧
頼城 長葛 向 **蔡州** 項 房 堂谿 櫟 桑隧 鄧 陘
繁陽 鹿上 乾谿 **汝州** 魯齒 方城 **萊州** 介根 **維州** 郱 **鄧州**
卷 鄭 楚 白羽 豐析 **襄州** 津 荒谷 冶父 郢 陳鄉
湫 **鄂州** 蒲騷 **濠州** 橐皋 州來 **潤州** 鳩茲 **廬州** 鵲岸 潛
雞父 **蘇州** 衡山 **洪州** 艾陵 **興元** 錫穴 **潞州** 壺口 曲梁 **祁州**
曲沃 **廣德** 桐 **常州** 夫椒

諸國

魯 今兗州仙源縣
齊 今青州臨淄縣
晉 平陽絳邑縣
秦 今秦州隴城縣
楚 今江陵北紀南城
宋 梁國睢陽縣

衛 汲郡朝歌縣
陳 陳國陳縣
蔡 汝南上蔡縣
曹 今濟陰定陶縣
鄭 滎陽宛陵縣西南
燕 北燕今薊縣南東郡

吳 今吳郡
越 會稽山陰縣
滕 沛國公丘縣東南
邾 魯國鄒縣
向 譙國龍亢縣東南
紀 東莞劇縣

杞 陳留雍丘縣
凡 汲郡共縣東南
許 潁川許昌縣
薛 魯國鄒縣
宿 東平無鹽縣
郜 濟陰城武縣東南

鄧 潁川召陵縣西南
戎 陳留濟陽縣
芮 在馮翊臨晉縣
極 附庸
魏 在河東河北縣
穀 南陽郡筑陽縣北

牟 今泰山牟縣
葛 梁國寧陵縣東北
郳 附庸東海昌慮東北
譚 濟南平陵縣西南
遂 濟北蛇丘縣東北
滑 河南緱氏縣

郜 東平無鹽縣東北
邢 廣平襄國縣
江 汝南安陽縣
冀 平陽皮氏縣東北
徐 下邳僮縣東南
舒 今廬江舒縣

弦 弋陽軑縣東南
鄅 今琅琊鄅縣
厲 義陽隨縣北
項 汝陰項縣
英 楚與國
申 南陽宛縣

地理

共 汲郡共縣
夷 城陽莊武縣
獮 弘農陝縣東南
郕 東平剛父縣西南
息 汝南新息縣
州 南郡華陽縣東南

道 汝南安陽縣南
栢 汝南西平縣
霍 永安縣東北
耿 平陽皮氏縣東南
陽
權 南郡當陽縣東南

羅 宜城縣西山中後徙南郡枝江
賴 在義陽隨縣
蓼 義陽棘陽縣東南
絞
鄖 江夏雲杜縣東南
黃 今弋陽縣

巴 巴郡江州縣
梁 馮翊夏陽縣
虞 河東大陽縣
隨 今義陽隨縣
邛
萊 東萊黃縣

根牟 東夷國瑯邪陽都縣
管 滎陽京縣東北
黎 上黨壺關縣
茅戎
徐吾氏 茅戎別種
郇瑕 河東解縣東北

巢
焦 在陝縣
鄆
任 今任城縣
無終 山戎
偪陽 彭城傅陽縣

胡 汝陰縣西北
郜 在任城亢父縣
肥 白狄陽縣西北
鑄 濟北蛇丘縣所治
舒鳩 共屬國
鼓 白狄別種鉅鹿曲陽

鄅 今瑯琊開陽縣
桐 盧江舒縣西南
莒 今城陽莒縣

周地

瓦屋地
翟泉今洛陽城內大倉西南池水後狄泉同
劉
皇河陽鞏縣西南
王城今河南縣
郊河南鞏縣西南
京師

魯地

蔑魯國卞縣南
潛魯地
防在瑯琊華縣東南
讙濟北蛇丘縣西
成泰山鉅平縣東南
鄆魯西邑東郡廩丘縣東
咸丘高平鉅野縣南
龜陰泰山博縣北
闞在東平須昌縣東南
曲池汶陽縣北

趡地
奚地
祝丘地
洙水在魯城北下合泗
長勺地
乘丘地
鄑地
洮地
根牟魯東界瑯琊陽都縣東
郿魯下邑

諸今城陽諸縣
魯濟
鄟
汶陽田汶水北地
卞縣
外陘
郚卞縣南
笙魯境
蜀泰山博縣西北
棘汶陽田邑濟北蛇丘縣

台瑯琊費縣南
遇地
漷水
蚡泉地
紅沛國蕭縣遠疑
比蒲
野井濟南祝阿縣東
中城
郈東平無鹽縣東南
費邑

成孟氏邑
莒父邑
蕭邑
毗邑
郱瑕邑
郎高平方與縣東南
闡東平剛縣北
唐高平方與縣北下棠同
棠高平方與縣北有觀魚臺
甯母高平方與縣東泥母亭

梁丘高平昌邑縣西南
桃卞縣東南有桃虛
啓陽瑯琊開陽縣
武城泰山南

陳地

濮
召陵潁川縣
辰陵潁川長平縣東南

齊地

石門 濟北盧縣西南濟水之門
艾 泰山牟縣東南
濼 水名在濟南歷城縣西北入濟
禚 地
嬴 今泰山嬴縣也
乾時 時水在樂安界旱則涸
柯 今濟北東阿
北杏 地
小穀 濟北穀城縣
落姑 地

葵丘
陽穀 東平須昌縣北
甗
郪丘
平州 泰山牟縣西
夾谷 祝其縣
鞌 地名去齊五百里
袁婁 地名去齊五十里
重丘 地
陽州 齊魯境上邑

垂
祝阿 今屬齊卽上柯
艾陵 地

晉地

蔇 琅邪繒縣北
沙鹿山
河陽 在懷州
箕 太原陽邑縣南
令狐 在河東
斷道 一名卷楚
赤棘
河曲 在河東蒲坂縣南
梁山 馮翊夏陽縣北
苕丘

雍榆 汲郡朝歌縣東
曲沃
乾侯 境內邑魏郡斥丘縣
適歷
五氏
晉陽 太原
大鹵 太原晉陽縣
溴梁 水名也河內軹縣東南
柯 魏郡內黃縣東北
沙 陽平元城縣東南

宋地

菅
穀丘
沙隨 梁國寧陵縣北
龜
亳 在沛國相縣西南
幽
檉 陳國陳縣西北
貫 梁國蒙縣西北
鹿上 汝陰原鹿縣
盂 地傳二十一年會

緡 地
泓 水
鄖 廣陵海陵縣
承匡 在陳留襄邑縣西
新城 在穀熟縣西
魚石 地
彭城 今彭城縣
南里 城內里名
曲棘 在陳留外黃縣城中
蕭 宋附庸

湶蒢 近老丘地
嵒 宋鄭之間田
虛

衛地

- 清 在濟北東阿縣
- 垂 在濟陰句陽縣東北
- 越 近垂地
- 蒲 在陳留長垣縣西南
- 桃丘 在濟北東阿縣東南
- 鄄 今東郡鄄城
- 城濮
- 楚丘
- 鹹 東郡濮陽縣東南
- 匡 在陳留襄縣西北
- 帝丘 今東郡濮陽縣
- 戚 在頓丘衛縣西
- 清丘 今濮陽縣東南
- 新築
- 馬陵 在陽平元城縣東南
- 澶淵 在頓丘縣南
- 瓦 在東郡燕縣
- 曲濮 地
- 朝歌 城內邑今汲郡
- 平陽 今太山平陽縣也
- 雞澤 在廣平曲梁縣西南
- 平丘 在陳留長垣縣西南
- 牽 魏郡黎陽縣東北
- 黃池 在陳留封丘縣南
- 垂葭 高平鉅野縣西南

鄭地

- 鄢 今潁川鄢陵縣
- 長葛 潁川長社縣北
- 祊 祀太山邑琅邪費縣東南
- 武父 陳留濟陽縣東北
- 櫟 鄭別都今河南陽翟縣
- 滑 陳留襄邑縣西北
- 扈 滎陽卷縣西北
- 新城 新密今滎陽密縣
- 垂隴 滎陽縣東
- 暴
- 棐
- 棐林 滎陽宛陵縣東南
- 大棘 陳留襄邑縣南
- 衡雍 今滎陽卷縣
- 邲 屬襄城
- 蟲牢 陳留封丘縣北
- 柯陵 鄭西地
- 鄫
- 虎牢 本鄭地後屬晉即成皋
- 鄔
- 郹
- 戲
- 雍丘 屬陳留
- 蕭魚
- 向 潁川長社縣東北
- 亳城
- 踐土
- 鐵 在戚城南

楚地

- 陘 潁川召陵縣南
- 鍾離 邑名淮南縣
- 柤 地
- 申 縣
- 乾谿 譙國城父縣南
- 州來 淮南下蔡縣
- 長岸 地
- 雞父 安豐縣南
- 巢 邑名
- 柏舉

郳地

- 偃 地
- 沂西 沂水出東莞蓋縣入泗
- 訾婁
- 繹 魯國鄒縣
- 濫 東海昌慮縣
- 漷東
- 句繹 邑
- 漆 在高平南平縣東北
- 閭丘 在高平南平縣西北

莒地

密 城陽淳于縣東北
鄆 城陽姑幕縣南
向 東海承縣東南
鄅 瑯琊鄅縣
茲 姑幕縣東北
防 城陽平昌縣西南

紀地

浮來 東莞縣北
郱 東莞臨朐縣東南
鄑 北海都昌縣西有訾城
郚 朱虛縣東南
酅 在齊國東安平縣

諸國地

莘 蔡地
洮 曹地
皋鼬 蔡繁昌縣東南
夫鍾 郕地
陽 北燕地在中山
殽 虢弘農澠池西
下陽 虢邑河東大陽縣
鄸 曹邑
婁林 徐下邳僮縣東南
彭衙 秦馮翊郃陽縣西北
鳧 許一名析後屬楚
容城 許地
聶北 邢地
夷儀 邢地後衛滅之爲衛邑
攢函 狄地
檇李 吳地吳郡嘉興縣南
橐皋 吳地淮南逡遒縣東南
鄖 吳地發陽也廣陵海陵縣東南
牟婁 杞城陽諸縣東北
無婁 杞邑
緣陵 杞邑

闕地

惡曹
牡丘
薄
女栗
厥貉
析 郇羽
黑壤
瑣澤
交剛
虛朾
貍脤
脅
善道
長樗
邢丘
商任
捄
祲祥
厥慭
郪陵
昌閒

周王族諸氏

王族 王子黨 王子虎惠王叔 王子狐平王子 王子稠 王子定 王子弱 王子延 王子瑕 王子癸

王子姑 季遐 王子克莊王弟 王叔桓公 佞夫靈王之子 王子朝景王庶子 王叔陳生 王子猷車 王子札 王子捷札之子

子頹莊王子 王孫沒 王孫蘇 王孫滿 劉氏 劉康公王季子 定公名夏康公之子 獻公定公之子 文公名卷一名狄字伯蚡獻公庶子

桓公文公子 劉佗 劉毅 名氏 名伯謚昭公 名伯奐謚莊公 盈莊公子謚簡公 名伯廖謚武公 名戴公 名襄戴公子

甘氏 成公 甘昭公惠王子 景公成公子 簡公景公之弟 悼公簡之弟名過 莊公名伯奐戴子 昭公武之子 單氏 穆公名旂

武公穆公子 平公武公子 單伯 襄公單伯子 頃公襄公子 靖公頃公子 獻公靖公子 成公獻公子 單蔑 原氏

莊公 伯貫莊公子 襄公伯貫子 伯絞襄公之孫 跪尋伯絞之弟 原伯魯 原壽過魯子

諸姓內史氏 內史過 叔服過之子 叔興服之子 詹氏 詹父 詹桓伯父之子 周公氏 黑肩謚桓公

忌父桓公子 宰孔 周公閱 周公楚 富氏 富辰 富辛辰之子 南宮氏 南宮極 嚚極之子

鄩氏 鄩肸 鄩羅肸子 儋氏 儋季靈王弟 儋括季之子 翩括之子 鞏氏 鞏成 鞏簡成之後

賓氏 賓滑 起賓滑子 毛伯氏 毛伯衛 過衛之後 得過之族 尹氏 尹言多 尹武公

文公名盟武公之子 成氏 成肅公 簡公肅之後 辛氏 辛有 蘇氏 蘇子忿生之後 庚氏 庚過

庚皮過之子 蔿氏 蔿戍愆 蔿國 陰氏 陰忌 陰不佞 陰里 瑕氏 瑕辛

瑕廖 瑕禽 石氏 石尚 石速膳夫 石張 樊氏 樊皮穆仲後 樊齊謚頃皮之子

魯公族諸氏

公子

公子豫　公子偃　益師 字衆父　衆仲 衆父之子　公子翬 字羽父　偃 成公弟　公子魚 奚斯　公子買 子叢　公子鉏 成公庶弟

公子粟 昭公子　公子憖 子仲　公子貴 昭公子　公子野 襄公弟　公子衍 昭公子　公子衡 成公子衡父　施父 惠公之子　孝叔 惠公三世孫　子般 莊公之子　公子達

公爲 昭公子務人　公子荆 哀公子　子惡 文公子　子視 子惡之弟

孟氏 孟氏族通稱孟孫亦曰仲孫　仲孫慶父 桓公子　公孫敖 慶父之子　孟孫穀 敖長子　孟孫難 敖次子諡惠叔　仲孫蔑 穀之子　仲孫速 蔑之子諡莊子　仲孫獲 速之子　仲孫何忌 獲之子

仲孫羯 速之庶子　孺子秩 羯之兄　孟椒 蔑之子諡惠伯　南宫説 獲子諡敬叔　孟彘 何忌子諡武伯　子服回 椒子諡昭伯　子服何 回子諡景伯　孟之反 孟氏之族

叔孫氏 其後亦爲叔仲氏　叔牙 桓公子僖叔公子牙　公孫玆 叔牙子諡戴伯　叔孫得臣 莊叔　叔仲彭生 諡惠伯　僑如 諡宣伯　叔孫豹 諡穆叔　叔孫虺 諡昭伯　孟丙 豹之子在齊生

仲壬 在齊生　豎牛 豹之子　叔孫婼 叔仲子諡昭伯　叔仲小 帶之子　叔仲志 穆子之孫　叔孫不敢 成子　州仇 武叔　叔孫舒 文子　叔孫輒 字子張　公若藐 叔孫族

季氏 公父穆伯後別爲公父氏 季氏族又有公冶亦季氏屬　季友 桓公子公子季成季　季孫行父 諡文子　季孫宿 諡武子　季孫公彌 公鉏　公鉏極 公彌昆孫　季孫紇 諡悼子　意如 諡平子　季公亥 意如庶叔父

季孫斯 諡桓子　季寤 意如子子言　公父歜 諡文伯　季孫肥 諡康子　臧孫氏　公子彄 僖伯子臧　臧孫達 諡哀伯　辰 諡文仲　許 諡宣叔　賈 許之子

爲 賈弟武仲奔齊立爲後　紇 諡武仲　昭伯 爲之子許之孫　會 昭伯從弟　東門氏　公子遂 諡襄仲　公孫歸父 字子家　子家羈 歸父之孫　公孫嬰齊 遂之子

子叔氏　公孫叔肹 宣弟　子叔嬰齊　叔老 諡齊子嬰齊子　叔弓 諡敬子　叔鞅 叔弓之子　叔輒 叔弓之子　詣 叔輒之子　還 詣之子　青 還之子

展氏　無駭 公子展孫爲展氏　展禽 柳下惠　展喜　展莊叔　王父　展瑕　秦氏　秦子 莊公戎御　秦堇父

秦遄　丕茲 堇父之子　梁氏　梁子　梁其踁　莒氏　莒夷 亦曰莒越　陽州 莒夷之子　陽氏　陽虎

戠 虎之弟　冉氏　冉猛　會 猛之兄

齊公族諸氏

公族 竈為欒氏 蠆為高氏 公子彊 子良 夷仲年 僖公弟彭生子 生公孫無知者 東宮得臣 太子 公孫傁 公孫明 亦曰子明 公孫青 頃公之孫 仲孫湫

叔仲還 公子鉏 公子買 公子牙 靈公子 公子成 名固 頃公之子 子士 亦曰子公 固之子 公子無虧 武孟 公子雍 桓公之子 公子捷 字子車 頃公孫 公子角 頃公子

公孫夏 公孫敖 **國氏** 國歸父 姜姓 謚莊子 國佐 謚武子 莊子子 勝 武子之子 弱 謚景子 悼孟 早歿 夏 謚貞子 國書

國瓘 悼子 **高氏** 高傒 字敬仲 宣子 名固 傒孫 無咎 宣子之子 弱 無咎之子 厚 亦宣子之子 止 字子容 厚之子 豎 止之子 酄 傒曾孫 酄子偃

張 偃之子 謚昭子 發 偃之子 無丕 昭子之子 **陳氏** 公子完奔齊為田氏 公子完 田完 字敬仲 須無 謚文子 無宇 謚桓子 陳恒 田恒 謚成子 陳乞 謚僖子

瓘 田常兄 字子玉 孫書 無宇子 陳逆 陳子行 子彊 豹 莊 並完之後 **慶氏** 慶克 慶佐 克之弟 封 名字子家 克之子

舍 字子之 封之子 嗣 封之族 子息 繩 亦曰慶嬰 **崔氏** 崔夭 杼 謚武子 夭之子 成 杼之子 彊 成之弟 明 杼之子 如 杼之族

東郭氏 東郭偃 書 偃之後 賈 亦曰大陸子方 **申氏** 申鮮虞 申挈 鮮虞子 申蒯 **棠氏** 棠公 棠邑大夫

棠無咎 棠公之子 **宛氏** 宛茷 何忌 茷之後 **晏氏** 晏弱 謚桓子 晏平仲 名嬰 弱子 晏圉 平仲子 晏父戎 晏氂

盧蒲氏 盧蒲嫳 盧蒲癸 **管氏** 管至父 夷吾 字敬仲 管子夷 仲之後 **鮑氏** 姒姓 叔牙 鮑牽 謚莊子

鮑國 謚文子 牽弟 牧 國之子 點 **隰氏** 隰朋 鉏 朋之曾孫 **郱氏** 郱歡 夏 意茲

師 三人皆歜之後 **欒氏** 欒子雅 公孫竈也 施 字子旗 子雅子 **高氏** 高子尾 公孫蠆也 彊 字子良 子尾子 齮 **工僂氏** 工僂會

工僂灑 工僂會之後 **顏氏** 顏涿聚 名庚 晉 庚之子 **閭丘氏** 閭丘嬰 明 嬰之子 閭丘息 明之子 **王氏** 王申

王豹 王湫 王猛 王何 **賈氏** 賈舉 賈寅 **召氏** 召陽 召忽

楚公族諸氏

公子　郟敖（康王子）　王子幕　王子平夏（公子元，文王弟，令尹）　槖師　朱（子朱，亦曰息公子朱）　職（穆王弟）　嬰齊（令尹子重）　茷（名發鉤）

側（子反）　罷　穀臣（楚王子）　㷼　展（子南）　成　齮　宜穀　壬夫（令尹子辛）　罷戎

午（莊王子子庚）　何忌　圍（令尹）　黑肱（圍弟子晳）　繁　比（子干，謚初王）　祿（靈王子）　公孫明（子明）　罷敵　魴（令尹子魚）

牟（爲申公）　申（平王子，令尹子西，申有司馬）　結（昭王兄，字子期）　成　啓（昭王兄子閭）　寧（申之子子國）　朝（申之子）　太子建（子木）　勝（建之子）　王孫燕（勝之弟）

陽氏　匄（子瑕匄，子令終）　完（終之弟）　佗　南氏　追舒（子南）　去疾（子南子）　公子貞（子囊）　囊瓦（楚瓦）　鬭氏

伯比　穀於菟（子文）　子良（子越椒，字伯棼）　般（子陽）　箴尹克黃　賁黃（椒之子）　棄疾（子文子）　韋龜　成然（其子辛）　懷（辛之子）

巢　廉　丹　御疆　申公班　梧　章　繙　宜申（子西）　勃（子上）

成氏（出于閻氏）　成得臣（伯比子）　大心（子西孫伯）　成嘉（大心弟，字子孔）　虎（子玉孫成熊）　薳氏（薳同）　薳賈　艾獵（孫叔敖也）　子馮　掩（子馮子）

罷（令尹子蕩）　呂臣（叔伯）　啓疆　薳罷　薳越　薳章　薳射　薳洩　薳居　屈氏

屈瑕（其子樂遊）　朱（御樂遊之子）　季子靈（申公巫臣）　邢侯（巫臣子）　狐庸　子蕩　子閭　清尹弗忌　蕩（其子申，申子到）　建

生（建之子）　申氏　申叔時　叔跪（其子叔豫）　叔展　無宇（其子申亥）　申公壽餘　申包胥　觀氏　丁父（其子起）

從（字子玉，子觀瞻）　伍氏　伍舉（椒舉，參子）　奢（子伍尚、伍員）　椒鳴（奢之弟）　沈氏　司馬戌（沈尹戌）　子高（其弟后臧）　潘氏　潘崇

厖（字師叔）　叔黨（厖子）　潘子臣　潘子（皆黨之子）　連尹氏　連尹襄老　黑要　舟氏　之僑（字子舟）　舟犀（無畏子）

晉公族

公族

成師 穆侯子曲沃桓叔
鱓 莊伯成師子
稱 鱓子武公後為晉武侯
雍 文公子
樂 文公子
太子申生 獻公子共子

楊干 悼公弟

荀氏

荀林甫之後中行氏荀首之後為智氏

荀林父 荀伯謚中行桓子
荀庚 謚宣子
首 知季謚莊子
罃 知罃字子羽
偃 謚獻子字伯游
朔 知朔

盈 謚悼子字伯夙
荀吳 中行偃子
躒 知躒亦曰文伯
徐吳 文子子
荀寅 中行寅
荀瑤 謚襄子
知起 中行喜
荀息 荀叔恐別族
荀騅
荀家

荀賓
荀會

士氏

士蔿 字子輿
士穀 蔿之子
士會 謚武子
士燮 謚文子
士富 穀之孫
士魴 會之子
彘裘 魴之子

士匄 謚宣子
士鞅 謚獻子
士渥濁 謚貞子
士弱 謚莊子
文伯 弱之子
彌牟 謚景伯
士吉射 謚昭子
夷皐

魏氏

畢萬

魏犨 謚武子
呂錡 魏錡
魏顆
令狐文子 頡
魏絳 犨子謚莊子
呂相 錡子謚宣子
魏舒 謚獻子
魏戊 獻庶子
魏曼多 謚襄子
壽餘 萬之後

趙氏

趙夙
趙衰 字子餘謚成子
趙盾 謚宣子
趙同 衰之子
趙括 衰之子
趙嬰 衰之子
朔 謚莊子盾之孫
趙穿 夙之庶孫
趙旃 穿之子

趙勝 旃之子
趙朝 勝之曾孫
趙武 謚文子
趙成 謚景子
趙鞅 謚簡子
趙無卹 謚襄子
趙午 邯鄲午
趙稷 午之子

欒氏

欒賓

共叔成 亦曰欒共
欒枝 謚貞子
欒盾 枝之子
書 謚武子盾之子欒伯
黶 謚桓子
鍼 桓子弟
盈 謚懷子黶子
糾 弁糾
樂
京廬

弗忌
魴 皆欒族

郤氏

郤豹 字叔虎
郤芮 豹之子
郤缺 謚成子
郤克 謚獻子
步揚
步招
郤犨 謚文子

族　諸　氏

郤錡 駒伯　郤至 諡昭子　毅 犨少子 步毅　郤溱　郤稱　郤乞　郤縠　韓氏　韓萬 曲沃莊伯弟　簡

厥 諡獻子　無忌 厥之子　起 諡宣子　叔禽　叔椒　子羽 並起之子　伯音 諡簡子　固 起之孫　羊舌氏　羊舌職

羊舌赤 子容 伯華子　羊舌肸 字叔向　羊舌鮒 職子　羊舌虎 職子 叔虎　揚石 字食我　先氏　先丹　先軫　先友

先都　先且居 霍伯　先縠 亦曰原縠　狐氏　狐突　狐毛　狐偃 字子犯 突之子　狐溱　射姑 賈季 字季佗　鞫居 諡簡伯

張氏　張老 亦曰張孟　張君臣 老之子　張趯　張抑胡　解氏　解張 亦曰張侯　解揚　解狐 揚之後　董氏

董狐　董安于 趙簡子臣　董叔　賈氏　右行賈華　賈辛　右行詭 辛之後　欒氏　欒王鮒 諡桓子　丁

徵　胥　臼氏　司空季子 名胥臣　甲 胥臣之子　克 甲之子　胥氏　胥童 克之子　胥午　胥梁帶

祁氏　祁舉　祁瞞　祁奚　午 奚之子　盈 午之子　丕氏　丕鄭 亦曰丕鄭父　豹 鄭之子　女叔氏

女叔齊 叔侯　游 齊之子　女寬 女叔寬　督 鳥　籍氏　偃　談 偃之子　秦 談之子　郲氏　郲豫

郲師

宋公族諸氏

公族

目夷（襄公兄字子魚） 公子友（子魚之子） 魚石（子魚之孫） 魚府（石之弟） 公孫固（莊公孫） 公孫鍾離 公孫圍龜（字子靈） 靈不緩 公子頃（文公弟）

公子肥（文公之子） 公孫師（字仲江） 仲幾（師之孫） 仲佗（幾之子） 公子成（莊公子） 戍讙 公孫雋 孔叔（襄公弟） 公子卭（昭公弟） 鱗矔（桓公孫）

鱗朱（矔之孫） 公子成（無地弟） 褚師段（字子石） 石彄（段之子） 公子無地（景公弟） 公子穀甥 公子朝（桓公弟） 老佐 孔父嘉 太子座（平公子）

母弟辰（平公子） 公孫丁 公子御戎 公子蕩（桓公子） 公孫壽 莊蕩意諸 蕩虺（意諸之弟） 上陽澤 公子寅 公子朱

公子固 公孫忌 公子地 公孫援 公孫周（字子高） 得（周之長子） 啓 公孫青（頃公孫字子石）

向氏

向氏 向戌

向勝 向寧 向宜（字子祿） 向鄭 向巢（戌之曾孫） 向羅 向魋（桓魋） 子車 司馬牛 向爲人

向帶

華氏

華氏 華父督 費遂 華椒 華弱（椒之孫） 華吳 華御事 華豹 臣（元子）

喜（督之孫） 耦（沓曰華孫 督曾孫） 貙（字子皮） 多僚（貙之弟） 登（多僚弟） 元（御事之子） 閱（臣之弟） 華牼 合比（牼之弟） 亥（合比之弟）

定（亥之弟） 啓（定之子） 無感 皐比（閱之子） 華姓 華部延

樂氏

樂氏 樂呂（戴公曾孫） 將鉏 樂得

樂豫 樂嬰齊 樂遬 樂喜（子罕） 舍（喜之孫） 樂祁（祁犂子梁） 溷（子明） 輓（祁之弟） 朱鉏（輓之子） 茷（司城子路）

轡（子蕩） 裔 大心（右師）

衛公族諸氏

公族
子行
太子疾 莊公子
子南 靈公子
公孫彌牟 子之子
孝伯 莊公子
急子 宣公子
壽子 宣公子
左公子洩 宣公子
右公子職 宣公子

公子頑 諡昭元伯
公子適 字子瑕
子儀 適之弟
子黑肩 諡成子
公孫鱄 字子鮮
公孫免餘
公孫無地
公孫臣
叔武 諡夷成公弟
公孟縶

公子歂犬
子蟜
子伯
子皮

孫氏
孫莊子
昭子 莊子之子
桓子 名良夫昭子子
文子 名林父桓子子
孫蒯 文子之子
孫嘉 文子之子
孫襄 字伯國

孔氏
孔達
孔成子 名烝鉏
羈 成子之孫
文子 名圉羈孫
孔悝 文子之子

甯氏
跪
莊子 名速
武子 名俞莊子之子
相 武子之子
惠子 名殖相之子
悼子 名喜惠子之子

北宮氏
北宮括
北宮遺 括子
文子 名佗括子
貞子 名喜佗子
結

石氏
石碏
石厚
石祁子
石成子
共子 名買成子之子

褚氏
褚師圃
定子 名申師圃之子
聲子 名比定子之子
悼子 名惡共子之子
曼姑 悼子之子
魋 曼姑之子
圉 魋之子

大叔氏
大叔儀 諡文子
申 文子孫諡懿子
疾 諡悼子懿子子
遺 疾之弟爲莊公所逐

史氏
史朝
王霄 朝之子
高魴 王霄子
史狗
鰌 字子魚

齊氏
齊惡
豹

王孫氏
王孫賈
齊子 諡昭

趙氏
趙黶
陽 黶之孫

元氏
元咺
角 咺之子

夏氏
夏戊
期 戊之子

鄭公族諸氏

公族

公子嘉 穆公之子字子孔
公孫洩 子孔之子
孔張 洩之子
公孫揮 字子羽
羽頡 馬師頡
然丹 子革
子然 穆公子
然明 鬷蔑

公孫黑 字子晳
共叔段 太叔
公孫滑 太叔之子
公父定叔
公孫閼 字子都
公孫獲
公子呂 字子封
公孫揮 字子羽行人
公孫宛
公孫定

公孫曼伯 檀伯
公孫登
公子閼
公子繻
公子申 成公子也
公子元
公子歸生 字子家
公子宋 字子公
公子瑕 文公之子
公子士 文公子

公子俞彌 文公子
叔詹 申差
子印 穆公子
印堇父 子印之後
印段 子石
印癸 字子柳段之後

國氏

公子發 字子國
公孫僑 子產亦曰子美
國參 字子思諡桓子

伯張氏

公孫黑肱 字子張
公孫段 字子石

游氏

公子偃 子游
公孫蠆 子蟜
游眅 子明蠆子
吉 子太叔亦曰世叔
楚 公孫楚子南

祝氏

祝聃 亦曰聃伯
祝欵

皇氏

皇武子
皇戌 武子之後
耳 戌之子
辰
頡

石氏

石楚
首
制 子服
奠 亦曰石盂
石甲父

四姓

遂因氏
工妻氏
須氏
須遂氏 已上四姓皆宗強

豐氏

子豐 穆公子
公孫段 伯石豐子
豐卷 字子張段子
施 字子旗段子

陳族諸氏

公族

芋尹蓋
公孫貞子
逢滑
公子招 哀公弟
公子過 招之弟
鍼子
鍼宜咎
公子御寇 宣公子
公子完 字敬仲

顓孫
女叔
原仲
公子勝 哀公子
孔奐
賈獲
偃師 哀公太子
公子黄 哀公弟
公子留 哀公子

蔡公族

公族

隱太子（靈公子）　朝吳（聲子之子）　公孫肸（霍名）　歸生（字子家謚聲子）　公子朝　公子偃　文之錯　公孫翩　公子乾

公子駟　公孫辰　公孫姓　公子燮

吳公族

公族

太子友（夫差子）　王子地（夫差太子）　王孫彌庸　慶忌（夫差子）　王子姑曹（夫差子）　公子黨　季札（延陵季子）　蹶由　公子苦雒

燭庸　掩餘　子山（闔閭子）　夫槩王（爲堂谿氏）

莒官族

莒挐（莒子弟）　莒慶　公子務婁　瞀胡　公子滅明　公子牟夷　太子僕　季佗（並紀公子）　意恢　公子鐸

蒲餘侯（茲夫）　苑羊牧之　烏存　界我

曹

公子

公孫彊　公子欣時（字子臧）

虞

宮之奇　共伯　虞叔（虞公弟）

虢

文公　石父（其子忌父）　林父（忌父之子）　虢公醜

諸侯興廢

魯滅一國	楚滅二十三國	邾滅一國
項	息 弦 黄 夔	須句
晉滅十四國	鄧 權 江 蓼(文五年)	莒滅一國
耿 霍 魏 虢(赤狄潞氏)	六 邶 庸 舒庸	鄶
虞 焦 楊 韓(赤狄甲氏)	陳 蔡 賴 舒鳩	狄滅一國
偪陽 肥 鼓 陸渾	唐 頓 胡 舒	温
衛滅一國	隨 申 蓼(宣八年杜云二國名)	鄭滅一國
邢	秦滅二國	許
宋滅一國	梁 滑	吳滅一國
曹	齊滅六國	徐
蔡滅一國	譚 遂 蔡 紀	越滅一國
沈	郭 陽	吳

春秋始終

春秋始於隱公

左氏曰攝而不書卽位　公羊曰賢其讓　穀梁曰讓非其正以行小惠

杜預曰平王東遷之始王隱公讓國之賢君　范甯曰於時則接乎隱公故因茲以託始

啖助曰幽厲雖衰雅未爲風平王之初人習餘化及化變風移陵遲久矣若格以太平之政則比屋不可勝誅故斷自平王之遷而以隱公爲始

春秋終于獲麟

左氏杜預曰感嘉瑞之無應因所感而作所以爲終

公羊何休以麟爲漢受命之瑞周亾天下之異夫子知其將有六國爭強秦項交戰劉氏乃立斯民罹苦感泣而作春秋文成致麟

穀梁范甯曰非狩而曰狩大其適也不曰來不外麟于中國也不言有不使麟不常于中國也

學左氏者曰麟生於火而游於土春秋禮也脩火德而致其子

又曰孔子作書麟爲之至四靈王者之瑞故有素王之說

陳欽以爲麟西方毛蟲金精孔子立言西方兌爲口故麟至

劉向尹更始曰瑞灾不兼今麟爲周異不得復爲漢瑞知應孔子而至

鄭衆賈逵服虔頴容曰自衛反魯修經巳成麟感而至取麟爲水物故以爲修母致子之應

楊士勛曰詩終于麟趾春秋終于獲麟

春秋總[illegible]

書王一百四十六	不書王九十六	書正九十七	不書正一百四十五	盟例總九十六
會例總一百六十八	朝例總三十八	聘例三十三	如例一百二十三	出例一百八十二
公出而至八十九	公至例七十九	名例三十一	遂事例二十	天王出入居十三
兄弟例十四	時月總一千一百九十九	書時四百六十九	書月三百三十八	書日三百八十一
書天王崩九	諸侯卒一百三十四	魯夫人薨葬二十	世子内女大夫卒五十	遷國邑十
日食三十六	山崩震電各二	地震五	不雨七	雨雪天雨雹各三
内外大水九	無冰三	星災四	大旱二	大有年一有年一
凶年七	螽災總十八	宮廟總十四	烝嘗三	大雩十九
蒐狩大閱總九	還例潰例各四	放例三	獲例六	寶器例四
田邑例七	取例二十六	納例五	魯夫人如會歸十三	歸復歸十九

例數

殺逆二十五	討弑君賊六	殺世子母弟九	城例總三十三	殺大夫例三十七
圍例總四十四	奔例總七十五	以歸例十二	兵入例二十七	執例三十一
伐例總二百十	次例總十六	救例二十五	侵例五十八	乞師五
戰例總二十三	内戰敗績六	來例九	外戰敗十二	逃例三
戍例三	立例六	平例六	覿例二	盜例五
誘例二	獻捷例二	公追例二	錫例求例各三	遇例七
媵例四	内女歸來歸總十	内逆女五	外逆女四	王姬例五
稅賦例三	新作例三	築臺囿六	書朔二	不視朔不告朔各一
書晦書閏各二	書郊九	書即位八	不書即位四	書首時五十九
書非首時一	四時不具四	有月無時二	有日無月一	

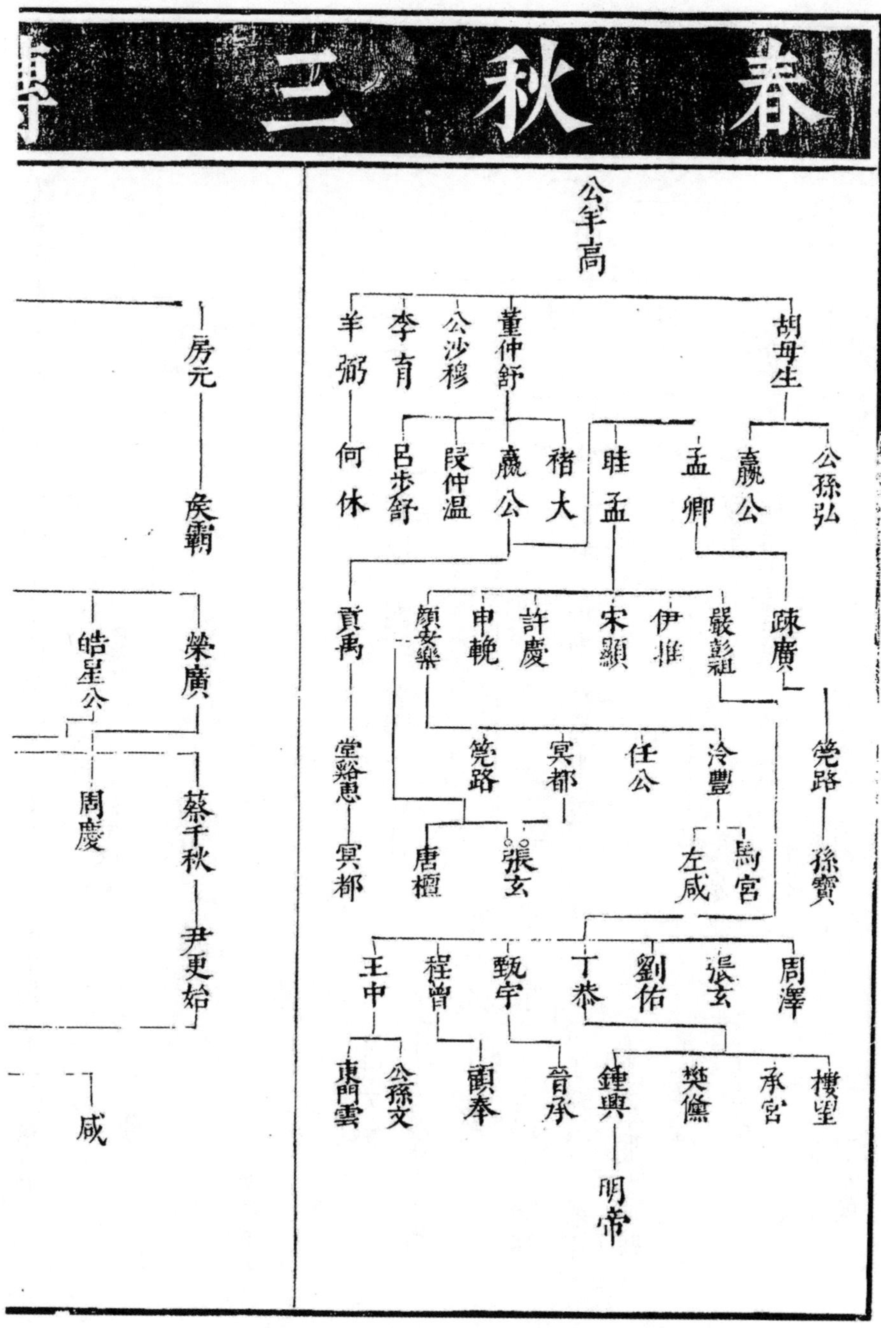
春秋三傳
公羊高
胡毋生
董仲舒
公沙穆
李育
羊弼
公孫弘
嬴公
孟卿
眭孟
褚大
嬴公
段仲溫
呂步舒
何休
疏廣
嚴彭祖
伊推
宋顯
許慶
申輓
顏安樂
貢禹
筦路
孫寶
泠豐
任公
冥都
筦路
堂谿惠
冥都
馬宮
左咸
張玄
唐檀
周澤
張玄
劉佑
丁恭
甄宇
程曾
王中
樓望
承宮
樊儵
鍾興
明帝
普承
顧奉
公孫文
東門雲
房元
侯霸
榮廣
皓星公
蔡千秋
周慶
尹更始
咸

傳授圖

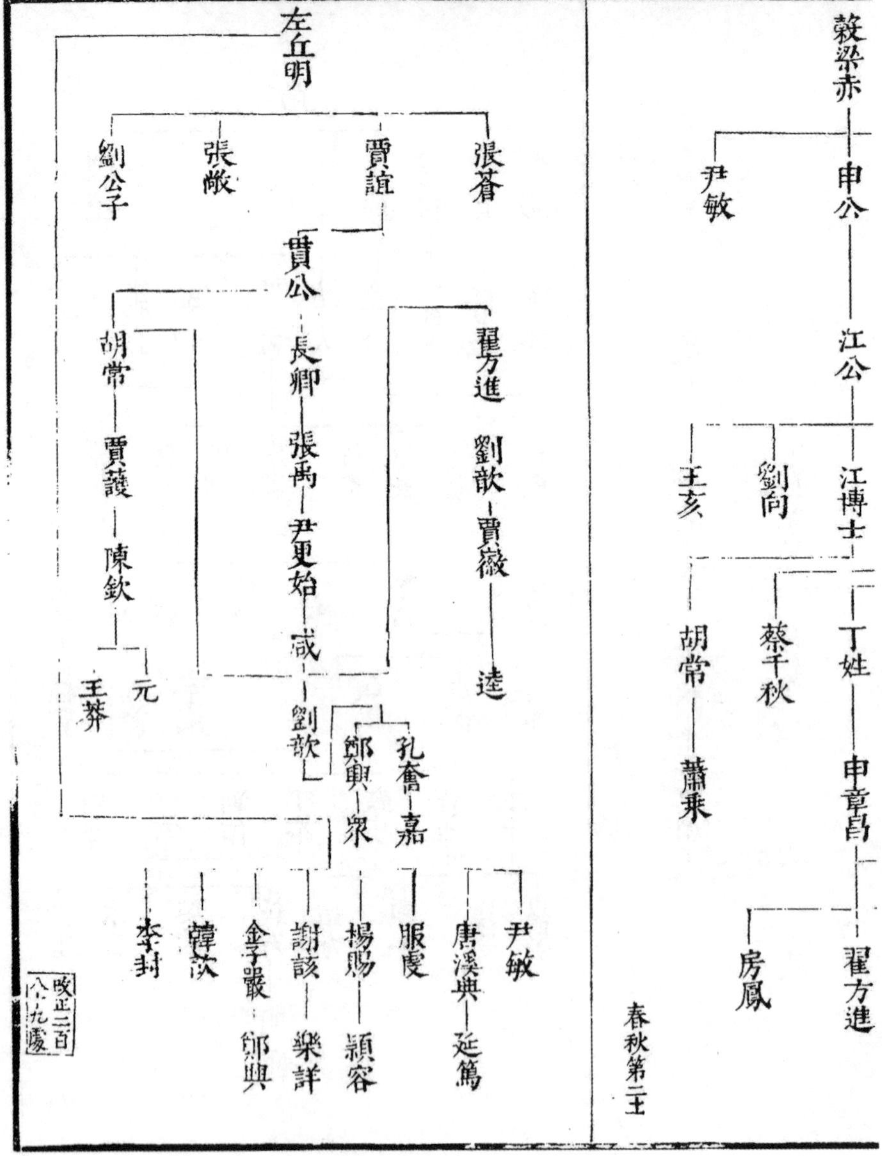

左丘明
- 張蒼
- 賈誼
  - 貫公
    - 長卿 — 張禹 — 尹更始 — 咸 — 劉歆
    - 翟方進 — 劉歆 — 賈徽 — 逵
    - 胡常 — 賈護 — 陳欽 — 元、王莽
- 張敞
- 劉公子

孔奮 — 嘉 — 服虔
鄭興 — 衆 — 楊賜 — 潁容
尹敏
唐溪典 — 延篤
謝該 — 樂詳
金子嚴 — 鄭興
韓歆
李封

穀梁赤
- 尹敏
- 申公 — 江公
  - 王亥
  - 劉向
  - 江博士
    - 胡常 — 蕭秉
    - 蔡千秋
    - 丁姓 — 申章昌
      - 房鳳
      - 翟方進

春秋第三十

改正二百八十九處

禮記制度示掌圖目錄

明新都吳繼仕考校

目錄終

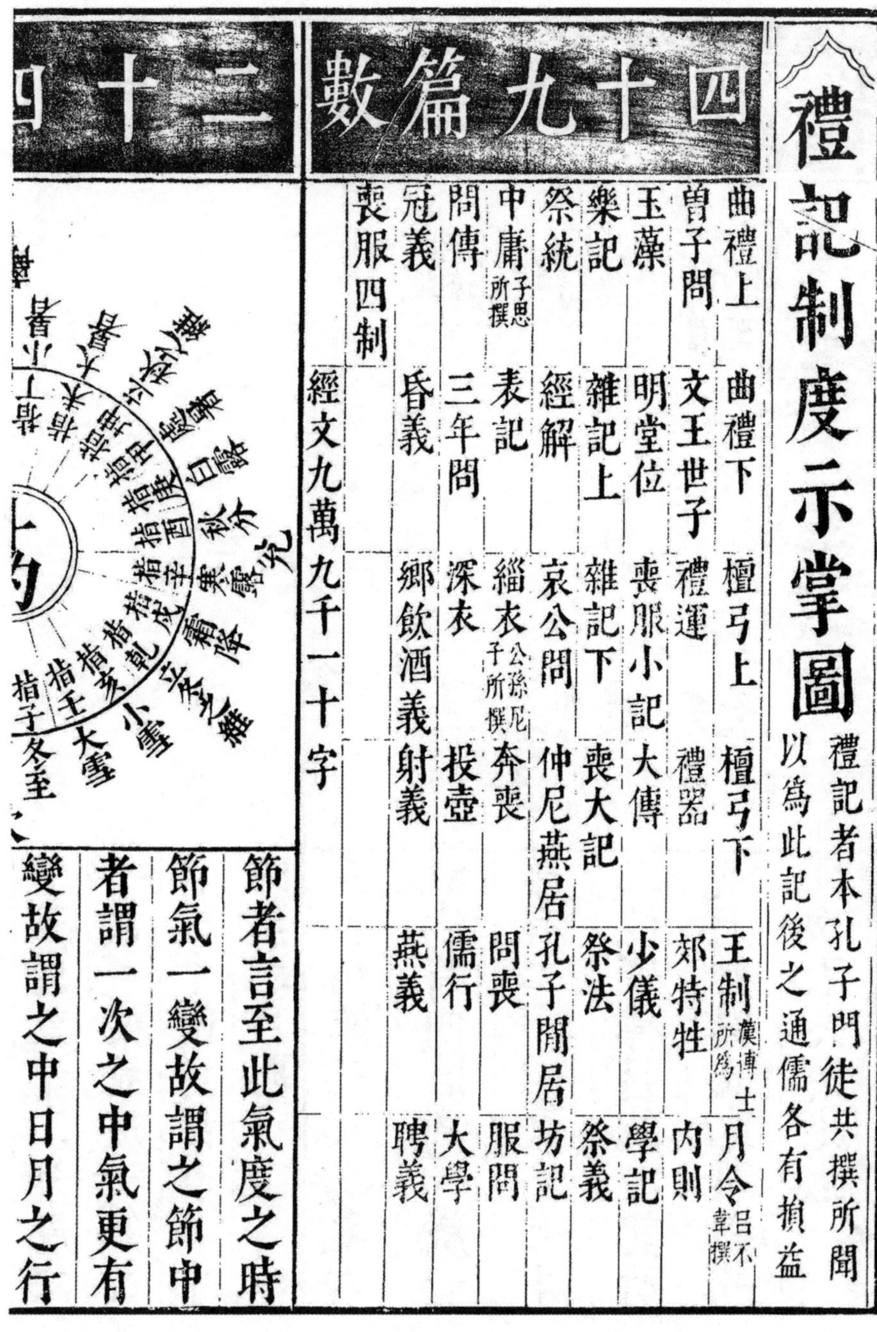

禮記制度示掌圖

禮記者本孔子門徒共撰所聞以為此記後之通儒各有損益

四十九篇數

曲禮上	曲禮下	檀弓上	檀弓下	王制漢博士所為	月令呂不韋撰
曾子問	文王世子	禮運	禮器	郊特牲	內則
玉藻	明堂位	喪服小記	大傳	少儀	學記
樂記	雜記上	雜記下	喪大記	祭法	祭義
祭統	經解	哀公問	仲尼燕居	孔子閒居	坊記
中庸子思所撰	表記	緇衣公孫尼子所撰	奔喪	問喪	服問
問傳	三年問	深衣	投壺	儒行	大學
冠義	昏義	鄉飲酒義	射義	燕義	聘義
喪服四制					

經文九萬九千一十字

二十四

節者言至此氣度之時節氣一變故謂之節中者謂一次之中氣更有變故謂之中日月之行

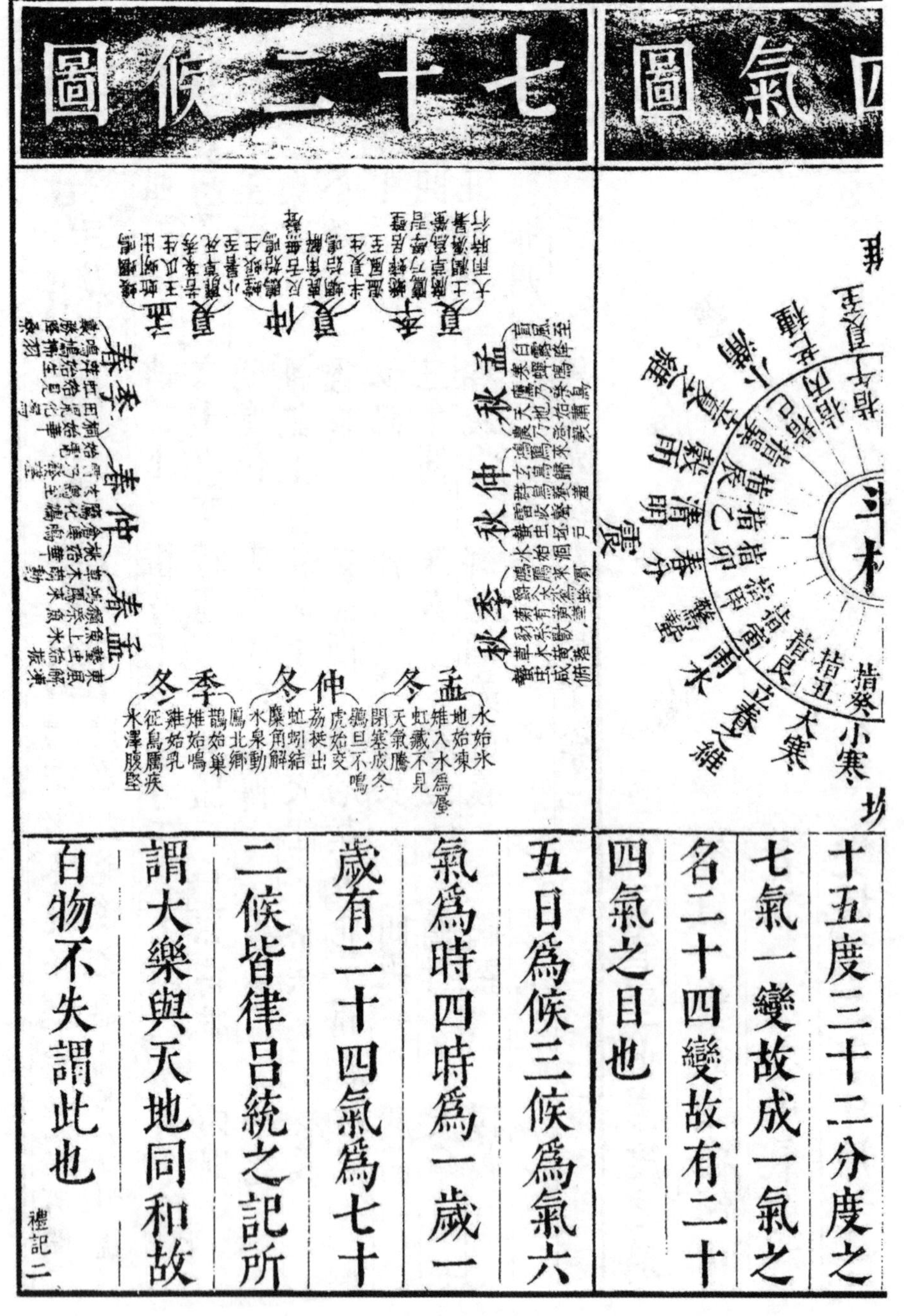

十五度三十二分度之七氣一變故成一氣之名二十四變故有二十四氣之目也

五日爲候三候爲氣六氣爲時四時爲一歲一歲有二十四氣爲七十二候皆律吕統之記所謂大樂與天地同和故百物不失謂此也

月令中星圖

陽生於子故日之行也自北而西歷南而東冬至在牽牛中春分在婁夏至在井秋分在角正月在營室二月奎三月胃四月畢五月井六月柳七月翼八月角九月房十月尾十一月斗十二月女則奎井角以三仲月言之也斗以仲冬月本言之也

月令明堂圖

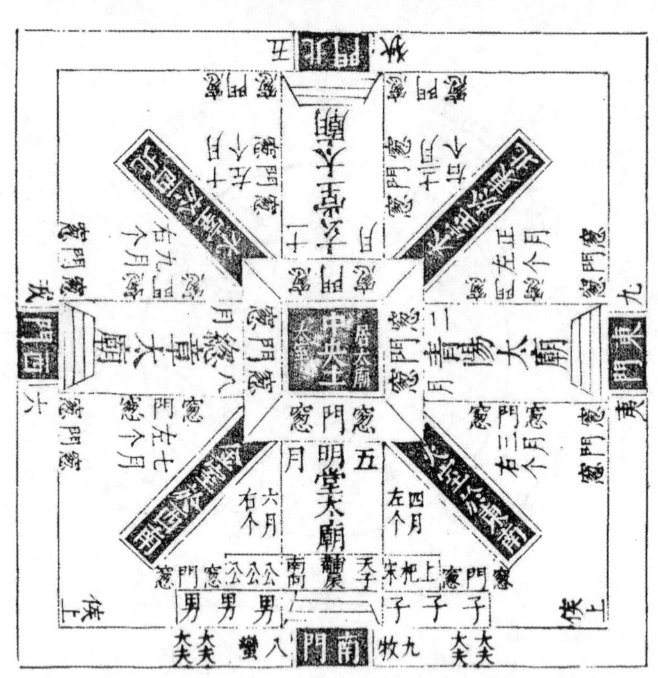

孟春居青陽左个仲春居青陽太廟季春居青陽右个孟夏居明堂左个仲夏居明堂太廟季夏居明堂右个中央居太廟太室孟秋居總章左个仲秋居總章太廟季秋居總章右个孟冬居玄堂左个仲冬居玄堂大廟季冬居玄堂右个

十二律還

相爲宮圖

	宮	商	角	徵	羽	變宮	變徵
十一月	黃鍾	太蔟	姑洗	林鍾	南呂	應鍾	蕤賓
十二月	大呂	夾鍾	仲呂	夷則	無射	黃鍾半	林鍾半
正月	太蔟	姑洗	蕤賓	南呂	應鍾	大呂半	夷則半
二月	夾鍾	仲呂	林鍾	無射	黃鍾	太蔟半	南呂
三月	姑洗	蕤賓	夷則	應鍾	大呂半	夾鍾	無射
四月	仲呂	林鍾	南呂	黃鍾半	太蔟半	姑洗半	應鍾
五月	蕤賓	夷則	無射	大呂半	夾鍾半	仲呂半	黃鍾半
六月	林鍾	南呂	應鍾	太蔟半	姑洗半	蕤賓半	大呂半
七月	夷則	無射	黃鍾	夾鍾半	仲呂半	林鍾半	太蔟
八月	南呂	應鍾	大呂	姑洗半	蕤賓半	夷則半	夾鍾半
九月	無射	黃鍾	太蔟	仲呂半	林鍾半	南呂半	姑洗半
十月	應鍾	大呂	夾鍾	蕤賓半	夷則半	無射半	仲呂半

月令十二律管候氣圖

各如其方位埋之入地有深淺以木案節之

地面

黄鍾管長九寸	冬至陽氣距地面九寸止
大吕八寸四分	十二月陽氣距地面八寸四分止
太蔟八寸	正月陽氣距地面八寸止
夾鍾七寸七分	二月陽氣距地面七寸七分止
姑洗七寸一分	三月陽氣距地面七寸一分止
仲吕六寸七分	四月陽氣距地面六寸七分止
蕤賓六寸三分	五月陰氣距地面六寸三分止
林鍾六寸	六月陰氣距地面六寸止
夷則五寸六分	七月陰氣距地面五寸六分止
南吕五寸三分	八月陰氣距地面五寸三分止
無射五寸	九月陰氣距地面五寸止
應鍾四寸七分	十月陰氣距地面四寸七分止

候氣之法爲室三重戸閉塗釁必周密布緹縵室中以木爲案置十二律管内庳外高各從其方位加律其上以葭莩灰實其端案歷而候之氣至則一律飛灰其爲氣所動者灰散其人及風所動者灰聚地有踈密不能無差忒故以木案試之然後實土案上令堅密均其上以水平其槩然後埋律其下雖有踈密爲木案所節其氣自平但在調其案上之土耳又隋志論其法先治一室令地極平乃埋律管皆使上齊入地有深淺冬至陽氣距地面九寸而止惟黄鍾一管達之故黄鍾爲之應正月距地面八寸止自太蔟以上皆達黄鍾大吕皆已虚故惟太蔟一律飛灰

月令所屬圖

仲春盛德在木
故所主皆木屬
仲夏盛德在火
故所主皆火屬
仲秋盛德在金
故所主皆金屬
仲冬盛德在水
故所主皆水屬

月令仲春昏星

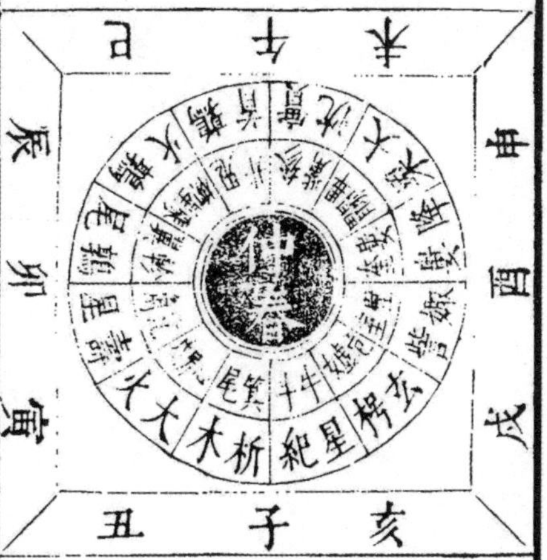

仲春之月日在奎昏弧中旦建星中日月會于降婁戌之位也疏云日在奎婁而入于酉地即奎婁加酉則初昏之時井鬼在午柳星張在巳翼軫在辰

月令仲夏昏星

仲夏之月日在東井昏亢中旦危中日月會于鶉首未之位也疏云仲夏日在東井而入于酉地即東井加酉則初昏之時角亢在午氐房心在巳尾箕在辰

月令仲秋昏星

月令仲冬昏星

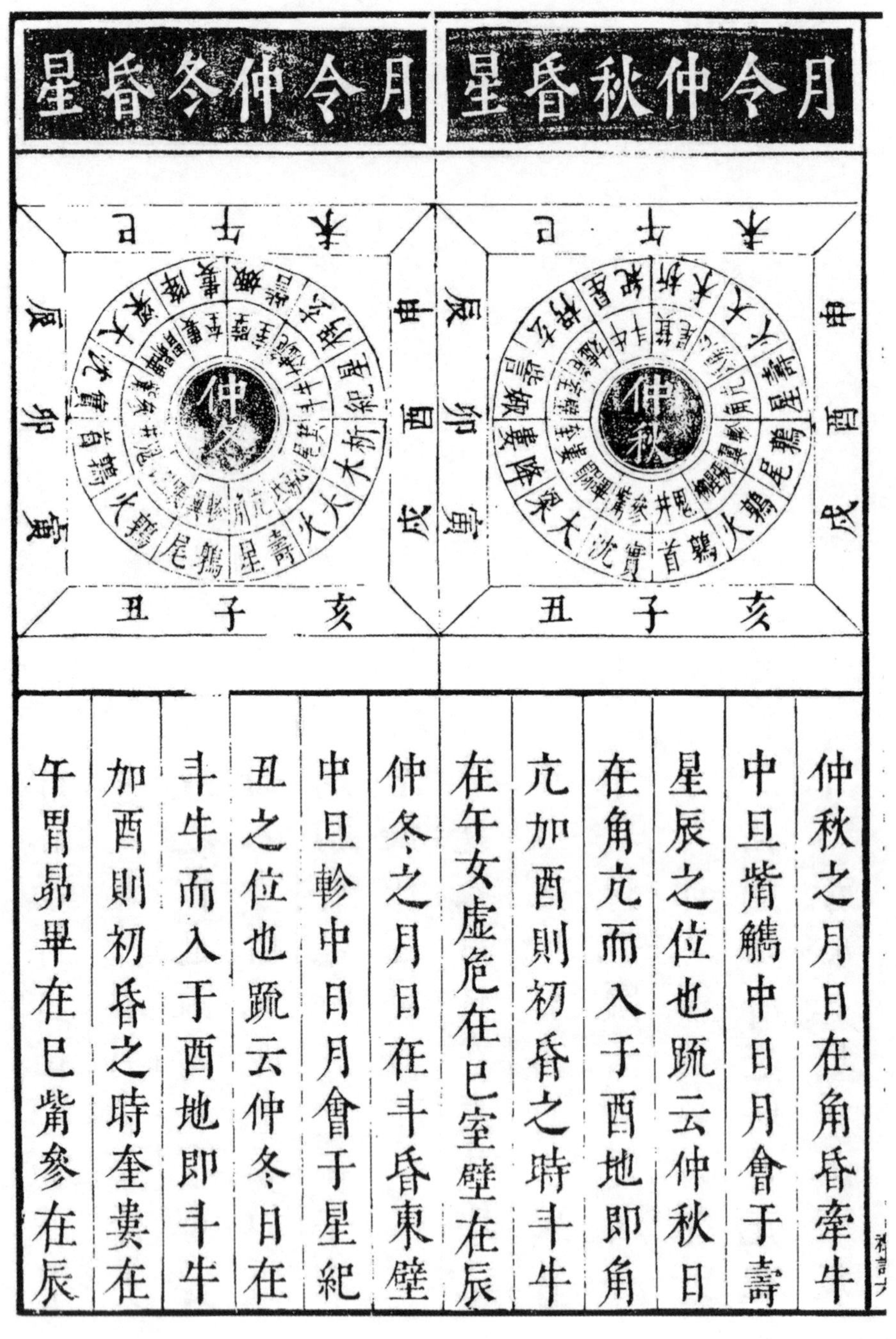

仲秋之月日在角昏牽牛中旦觜觿中日月會于壽星辰之位也疏云仲秋日在角亢而入于酉地即角亢加酉則初昏之時斗牛在午女虛危在巳室壁在辰仲冬之月日在斗昏東壁中旦軫中日月會于星紀丑之位也疏云仲冬日在斗牛而入于酉地即斗牛加酉則初昏之時奎婁在午胃昴畢在巳觜參在辰

五社制度圖

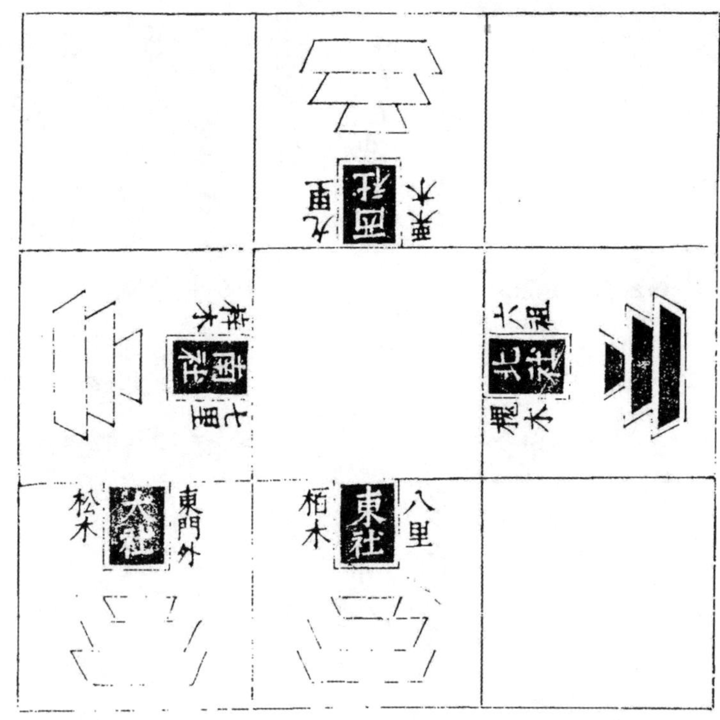

天子之社廣五丈諸侯半之五方之社其土各象其方之色各植其所宜之木封諸侯則各分其方之土冒之以黄土

五帝坐位圖

立夏日迎氣南郊
火德帝赤熛怒 祝融
人帝炎帝

季夏十八日迎氣西南郊
土德帝含樞紐 后土
人帝黃帝

立秋日迎氣西郊
金德帝白招拒 蓐收
人帝少昊

立春日迎氣東郊
木德帝靈威仰 句芒
人帝太昊

人帝顓頊
水德帝汁光紀 玄冥
立冬日迎氣北郊

五時迎氣祭五行之人帝太昊之屬梁崔靈恩云明堂及郊坐位依五行相向一行解云五精帝南面人帝北面其牲天人各一犢

二六八

王制 商

王畿九州圖

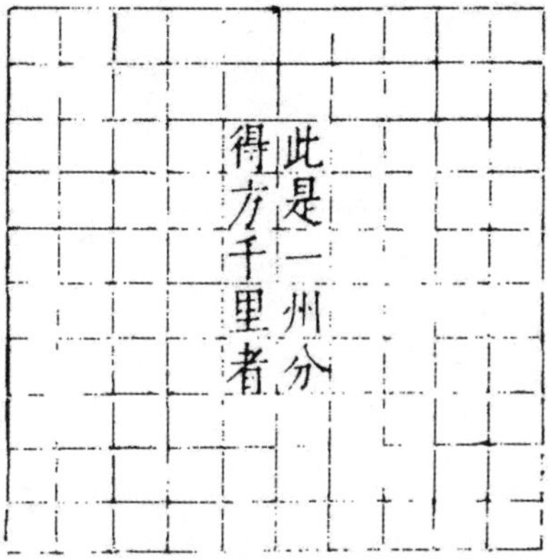

此是一州分得方千里者

十里

州	州	州
州	王畿	州
州	州	州

商有天下地方三千里三三而九千里者九也一千里爲王畿其餘八千里分爲八州各有方千里者每州大小國共建一百二十〇一箇千里分爲一百箇方百里内除三十箇百里爲大國二十箇商時地狹大國不過百里其餘七十箇百里存在

百里十

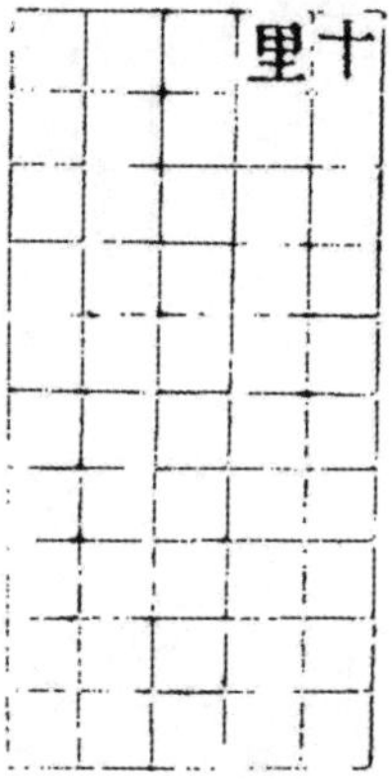

十里

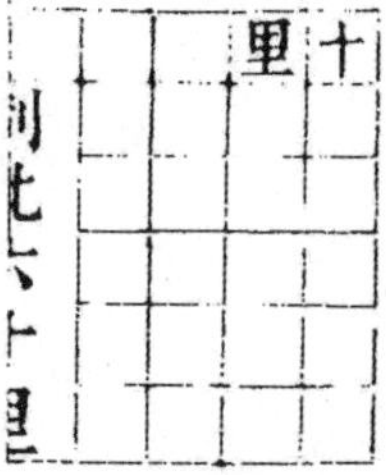

十里

制此六十里

更將三十箇百里爲方十里建六十里之國六十箇七七四十九每一國用四十九箇十里十國四百九十箇四十國

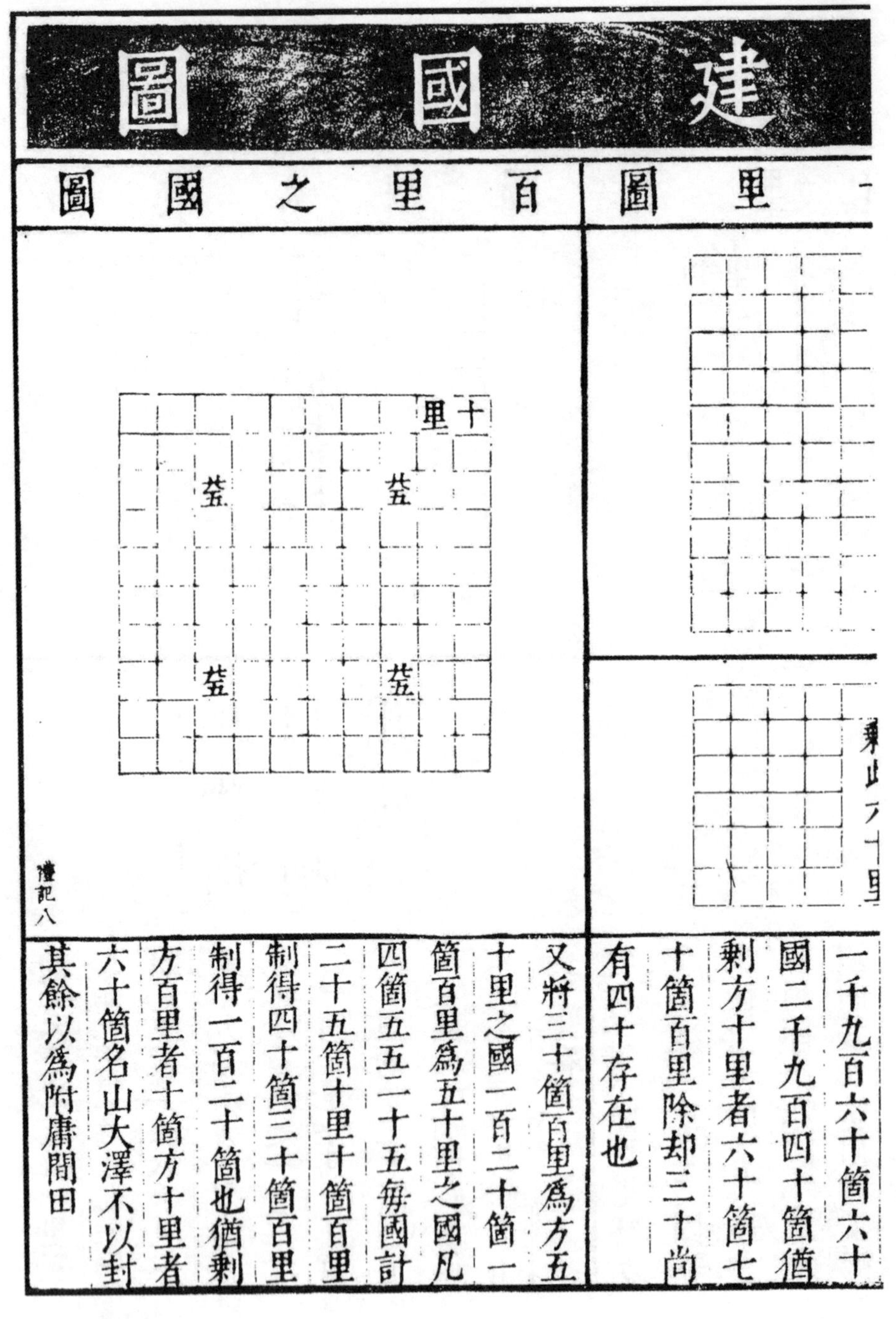

一千九百六十箇六十
國二千九百四十箇循
剩方十里者六十箇七
十箇百里除却三十尚
有四十存在也
又將三十箇百里爲方五
十里之國一百二十箇一
箇百里爲五十里之國凡
四箇五五二十五每國計
二十五箇十里十箇百里
制得四十箇三十箇百里
制得一百二十箇也猶剩
方百里者十箇方十里者
六十箇名山大澤不以封
其餘以爲附庸閒田

王制周

五等侯國圖

一州之地方千里者六以五千里封五等之國各一百四十六又侯伯二國餘方千里五合百五十一周因商制州建國二百一十則尚少五十九今以此千里內封方百里者五十九以足之餘四十一同爲附庸田

侯四百里之國六爲次

四百里地居十六同此千里百同之地封侯國外餘四同職方氏方四百里則六侯每國十六同合六侯國約九十六

公五百里之國四爲大國

伯三百里之國十一爲次

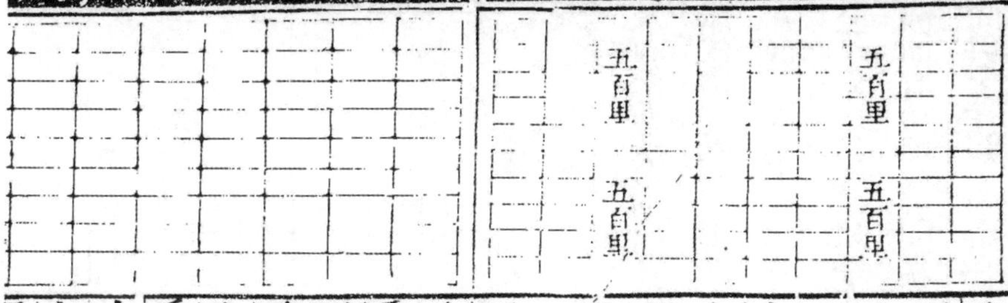

凡邦國千里周公設法封之封公以五百里則四公方四百里則六侯方三百里則十一伯方二百里則二十五子方百里則百男凡方千里者一爲方百里者百以方三百里之積以九約之得十一有奇職方氏方三百里則十一伯合伯圖之十一於方千里之內則得九

建國圖

國

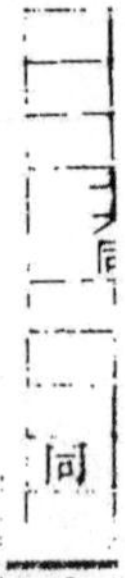

同尚餘四同

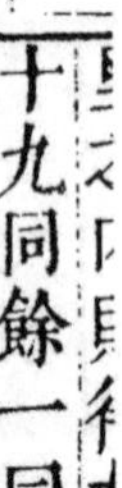

十九同餘一同

國

子二百里之國二十五爲次國

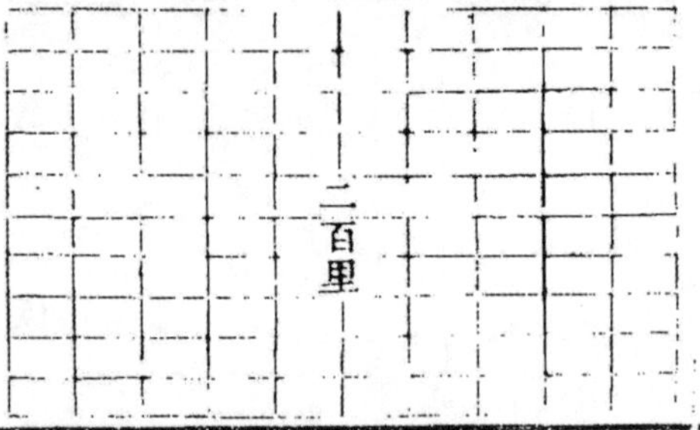

二百里

二百里國居四同職方氏方二百里則二十五子國此爲盈上四等之數合四十六

男百里之國百爲小國

每國方百里

附庸各地一同

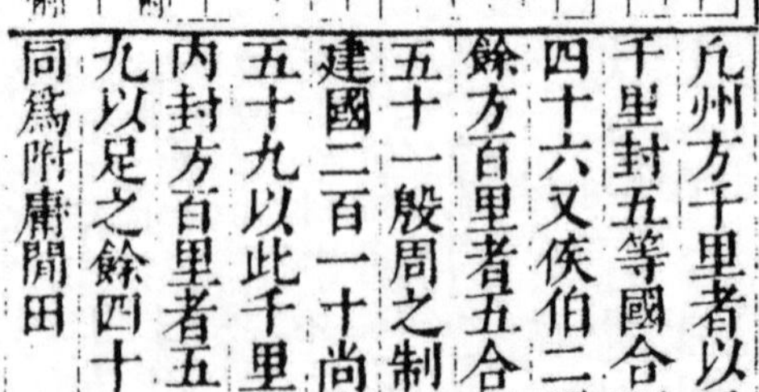

凡州方千里者以五千里封五等國合百四十六又侯伯二國餘方百里者五合百五十一殷周之制州建國二百一十尚少五十九以此千里之內封方百里者五十九以足之餘四十一同爲附庸閒田

四等附庸國

侯九同　伯七同　子五同　男三同

四等附庸

凡諸侯爲牧正帥長及有德者乃有附庸諸侯不爲正長但有德者取閒田爲附庸公無附庸侯附庸九同伯七同子五同男三同進則取之退則歸之上公地方五百里積二十五同地極故無附庸侯地本十六同有功進受九同爲二十五與公等伯地本九同有功進受七同爲十六同與侯等子地本四同有功進受五同爲九同與伯等男地本一同有功進受三同爲四同與子等四等附庸合二十四同

王制公卿大夫士圖

天子

三公

九卿

二十七大夫

八十一元士

次國

上卿

中卿

下卿

二卿命於天子

一卿命於其君

下大夫五人

上士二十七人

大國

上卿

中卿

下卿

皆命於天子

下大夫五人

上士二十七人

小國

二卿

皆命於其君

下大夫五人

上士二十七人

天子縣內圖

大夫之田

二十

七

待封王之子弟

六十四萬

九千六百

井以祿士

以爲閒田

公　公　公　副　副　副　待封王之子弟

天子之縣內立百里之國九七十里之國二十一五十里之國六十三凡九十三國名山大澤不以朌餘以祿士爲閒田

周公明堂圖

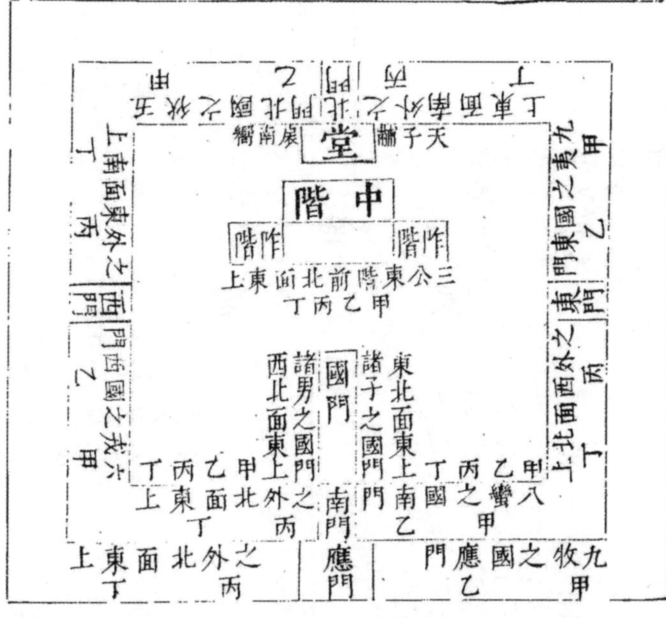

明堂在國之陽三里外七里內丙巳之地東西九筵南北七筵東西凡五室南北亦然上圓法天下方法地八窻象八風四闥法四時九室法九州十二階法十二月三十六戶法三十六雨七十二牖法七十二風四廟九室共十三位此周公明堂定制也

武舞表位圖

南

天子八佾八人爲列八八六十四爲八列於南表下立俟奏樂此人舞自南表舞至東表下住爲一變凡舞六成樂皆自上而至下執干戚自下而上執羽籥

東

從南表舞過此東位立住又俟奏樂此人舞又過表下爲再成

西

從東位舞過此西表下立又俟奏樂此人又舞過此表下謂之三成

北

從西表舞過此位爲三成訖舞人又面南表而立至樂作又却舞迴過表初位處謂之四成至六七八九成却從南至東東至西西至北又終歸南

武始而北出謂初舞位嚮南舞者從南位漸北至次位也再成而滅商謂舞者從第二位至第三位象武王伐紂三成而南者謂從第三位至第四位極北又南反象武王伐紂南歸四成而南國是疆者謂四成舞者從北頭第一位却至第二位象武王伐紂教化行於南方五成而分爲左右謂從第二位分爲左右象周公召公居二伯左右六成復綴以崇謂南初位舞者從第三位南至本位言北上却反至南上立也

二七六

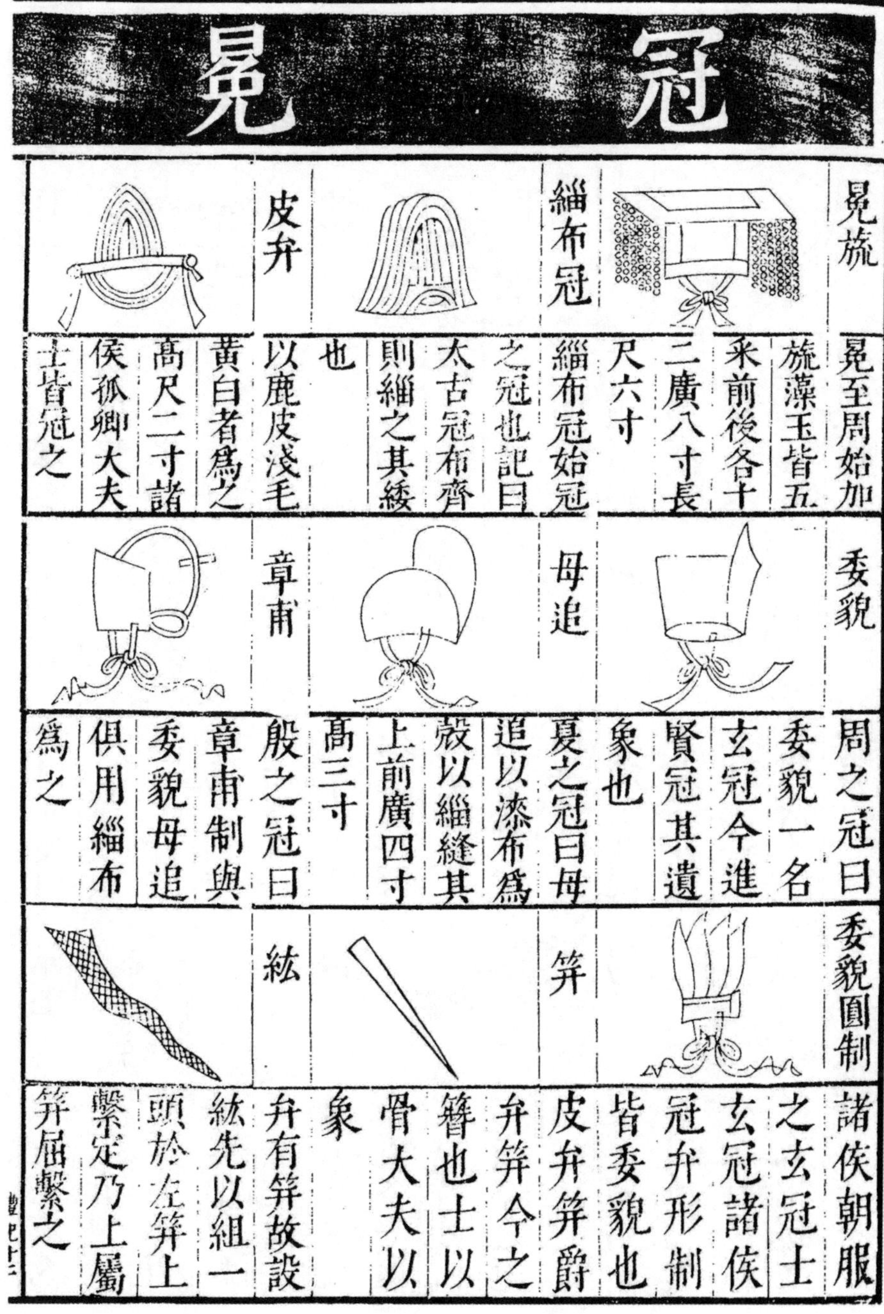
冠冕

冕旒

冕至周始加旒藻玉皆五采前後各十二廣八寸長尺六寸

緇布冠

緇布冠始冠之冠也記曰太古冠布齊則緇之其緌也

皮弁

以鹿皮淺毛黃白者爲之高尺二寸諸侯孤卿大夫士皆冠之

委貌

周之冠曰委貌一名玄冠今進賢冠其遺象也

母追

夏之冠曰母追以漆布爲殼以緇縫其上前廣四寸高三寸

章甫

殷之冠曰章甫制與委貌母追俱用緇布爲之

委貌圓制

諸侯朝服之玄冠士玄冠諸侯冠弁形制皆委貌也

笄

皮弁笄爵弁笄今之簪也士以骨大夫以象

紘

弁有笄故設紘先以組一頭於左笄上繫定乃上屬笄屈繫之

制圖

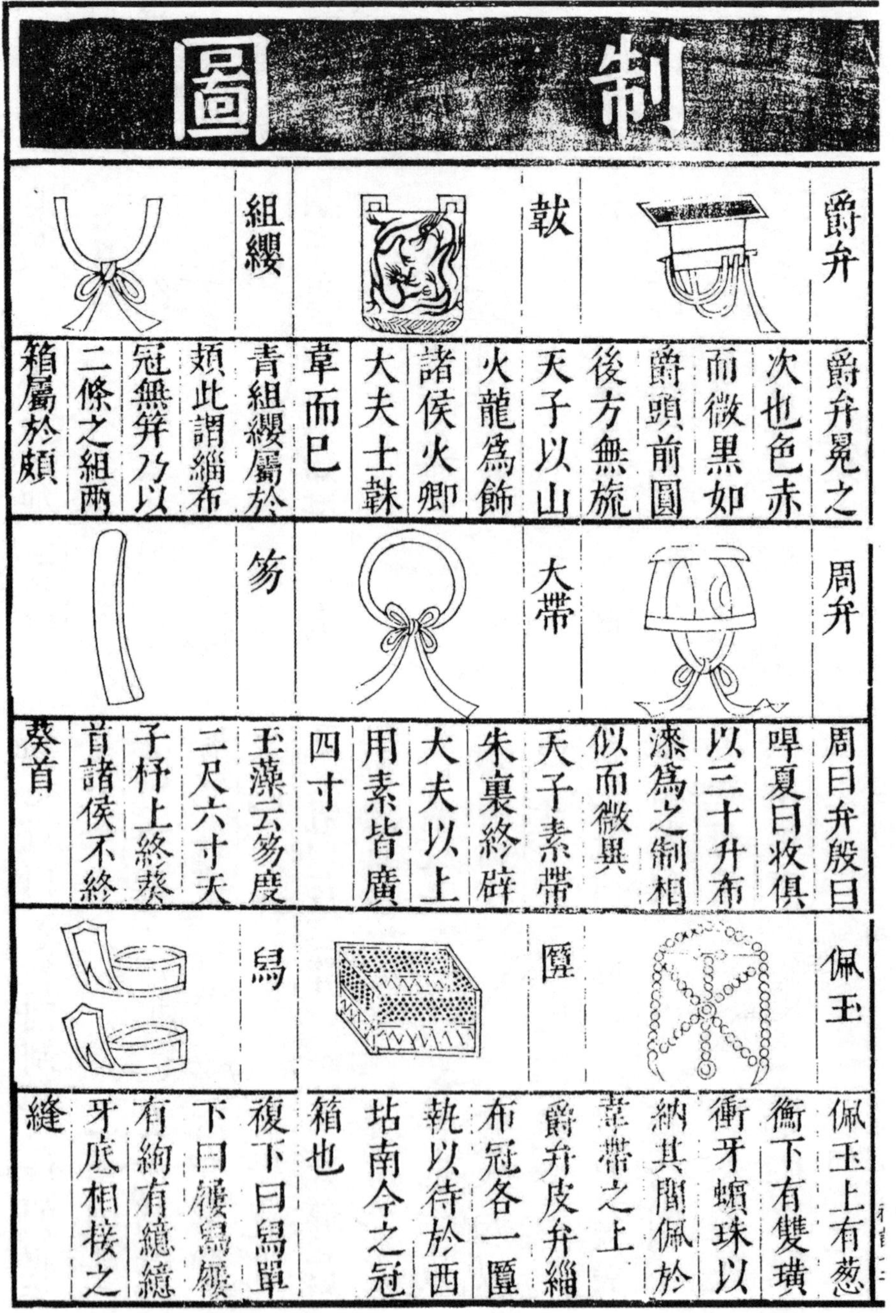
爵弁
韍
組纓
爵弁冕之次也色赤而微黑如爵頭前圓後方無旒天子以山火龍爲飾諸侯火卿大夫士韎韋而已
青組纓屬於頍此謂緇布冠無笄乃以二條之組兩箱屬於頍
周弁
大帶
笏
周曰弁殷曰冔夏曰收俱以三十升布漆爲之制相似而微異
天子素帶朱裏終辟大夫以上用素皆廣四寸
玉藻云笏度二尺六寸天子杼上終葵首諸侯不終葵首
佩玉
匴
舄
佩玉上有葱衡下有雙璜衝牙蠙珠以納其閒佩於革帶之上
爵弁皮弁緇布冠各一匴執以待於西坫南今之冠箱也
複下曰舄單下曰屨舄屨有絇有繶繶牙底相接之縫

器用

黃目

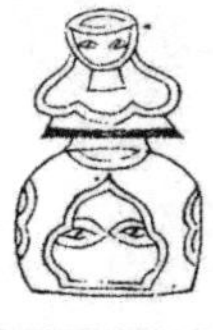

黃目以黃金爲目黃者中也目者清明也酌於中清明於外

梡俎

有虞氏梡俎足四如案長二尺四寸廣尺二寸高尺漆兩端赤中央黑

嶡俎

夏后氏嶡俎似梡而增以橫木爲距於足中也

瓦甒

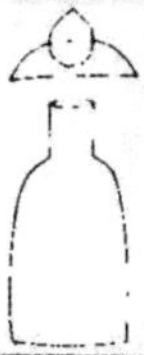

祭天用瓦甒盛五齊受五斗口徑一尺脰高二寸

畢

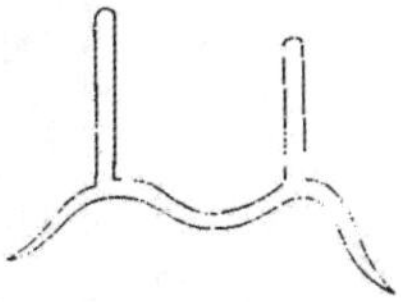

郊特牲云宗人執畢先入主人舉肉之時舉畢助主人舉肉也

棜

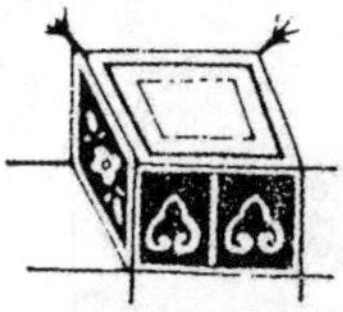

玉藻云大夫側尊用棜長四尺廣二尺四寸深五寸以陳饌

相

樂記云治亂以相即拊也亦節樂以韋爲表裝之以糠

觶

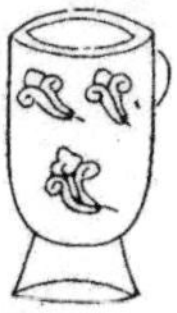

禮器曰尊者舉觶三升曰觶口徑五寸中深四寸強底徑三寸

角

禮器曰卑者舉角四升曰角口徑五寸中深五寸四分底徑三寸

制圖

棋俎

毁俎曰棋讀曰矩曲橈其足枳棋之樹其枝多曲殷俎足似之

房俎

周以房俎其制足間有橫下有柎似乎堂後有房也

鼎冪

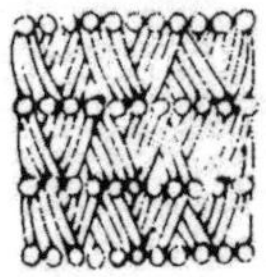

冪者若束若編九鼎冪蓋以茅爲長則束本短則編其中央

禁

禮云大夫用棜士用禁長四尺廣二尺四寸通局足高三寸漆赤中

覆饌巾

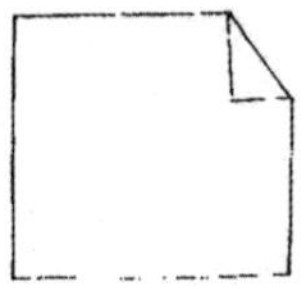

覆饌巾士大夫以緇布赬裏諸侯天子以玄帛纁裏

匜

匜者盥手澆水之器似羹魁柄中有道可以沃盥澆手也

散

散似觚五升曰散口徑六寸中深五寸一分強底徑四寸

觥

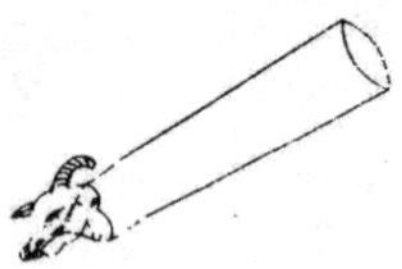

兕觥角爵也觥罰爵也兕似牛一角青色無兕者用木也

釜

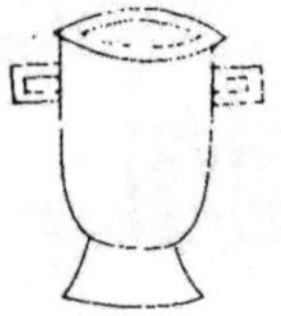

九鼎牛羊豕三鼎各象其形象腊鮮腊物之細雜止用常鼎也

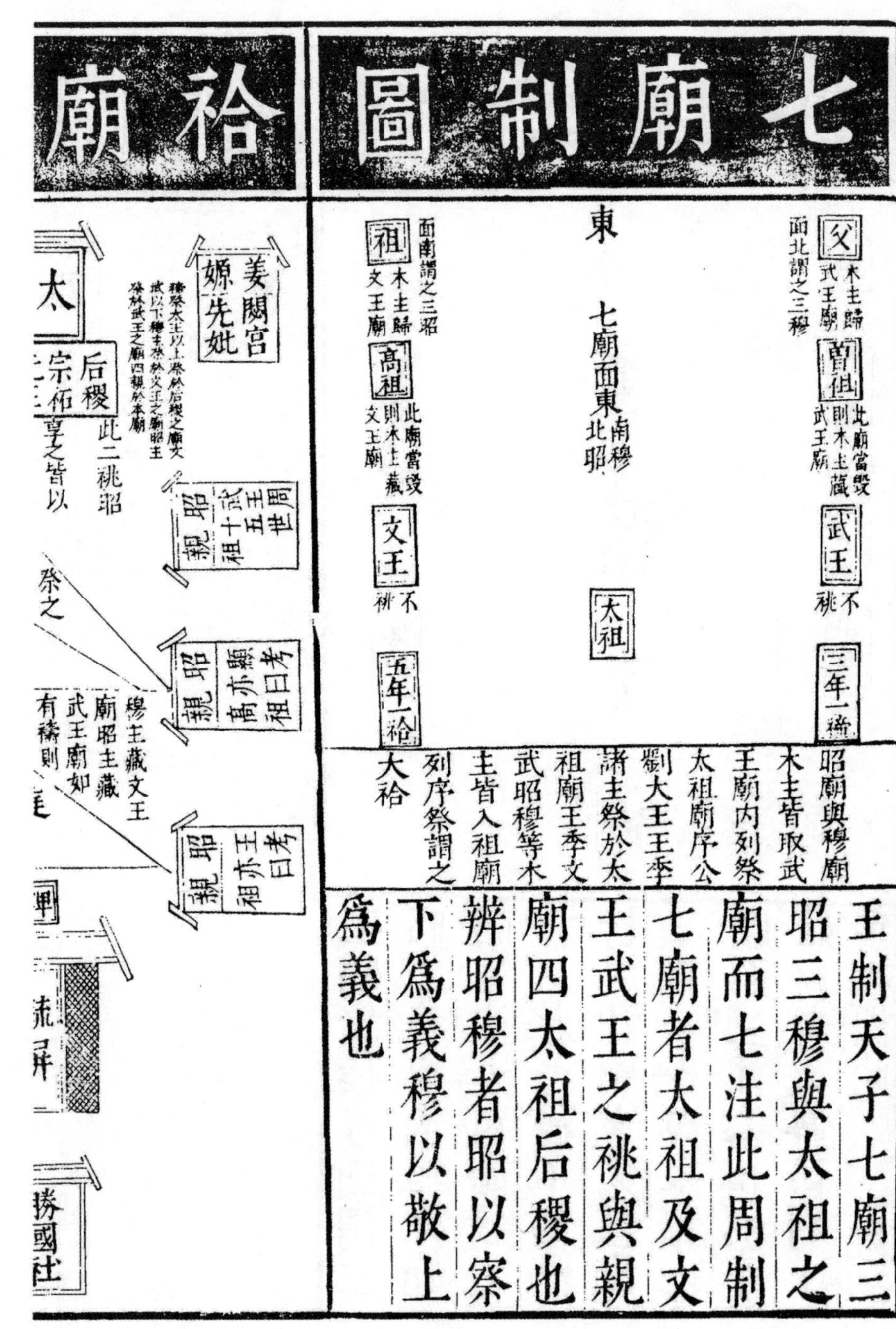

七廟制圖
祫廟
面北謂之三穆
父
木主歸武王廟
曾祖
此廟當毀則木主藏武王廟
武王
不祧
三年一禘
東
七廟面東
南穆北昭
太祖
面南謂之三昭
祖
木主歸文王廟
高祖
此廟當毀則木主藏文王廟
文王
不祧
五年一祫
昭廟與穆廟木主皆取武王廟內列祭太祖廟序公劉大王王季諸主祭於太祖廟王季文武昭穆等木主皆入祖廟列序祭謂之大祫
王制天子七廟三昭三穆與太祖之廟而七注此周制七廟者太祖及文王武王之祧與親廟四太祖后稷也辨昭穆者昭以察下爲義穆以敬上爲義也
姜嫄
閟宮
先妣
后稷
此二祧昭
周世
武王
五十
昭
親
顯考
亦曰
高祖
昭
親
王考
亦曰
祖
昭
親
穆主藏文王廟昭主藏武王廟

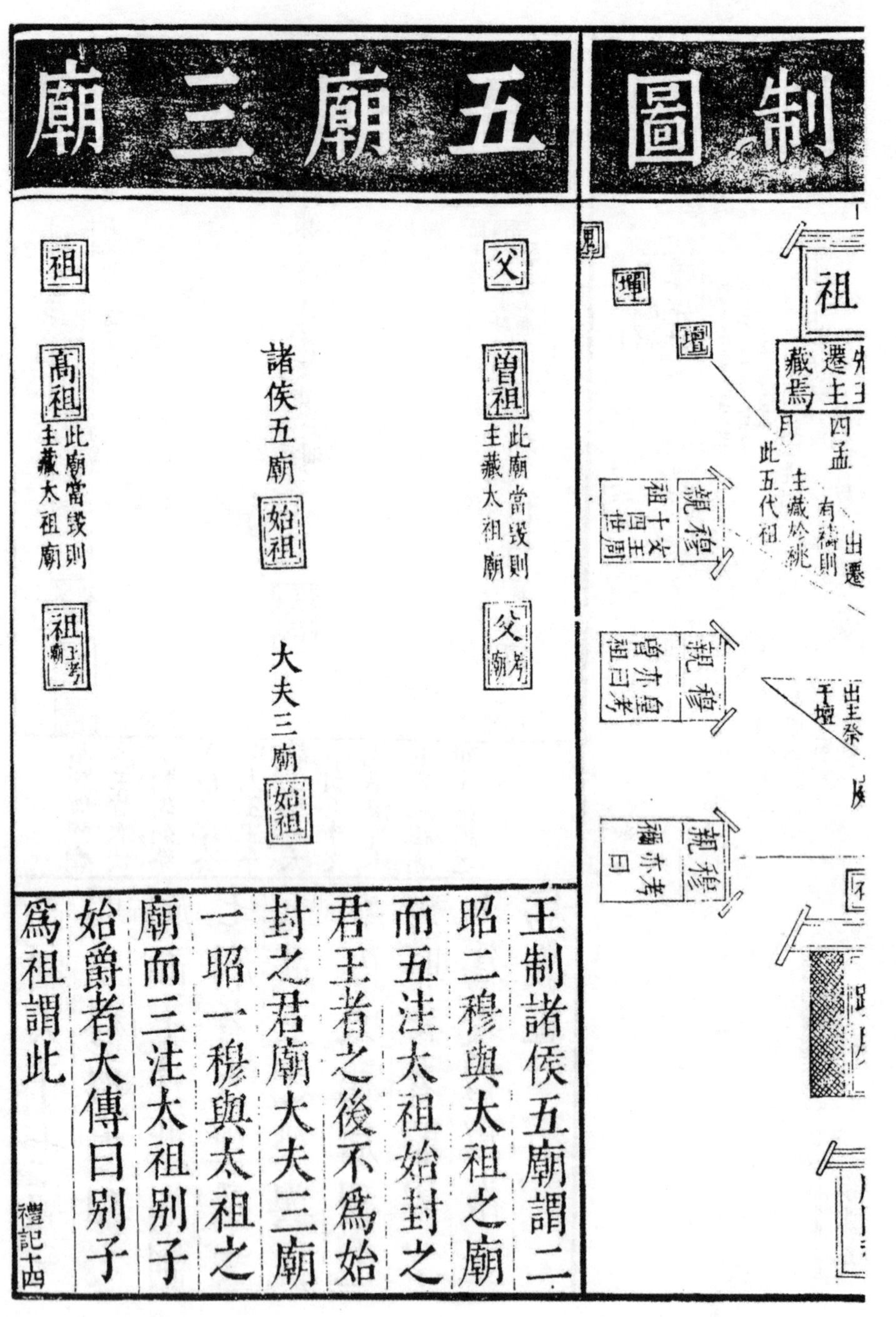

王制諸侯五廟謂二昭二穆與太祖之廟而五注太祖始封之君王者之後不爲始封之君廟大夫三廟一昭一穆與太祖之廟而三注太祖別子始爵者大傳曰別子爲祖謂此

禮記十四

二八二

別子祖宗

大宗	別子	庶子			
大宗	小宗 親兄弟 繼禰者	庶子			
大宗	小宗 同堂兄弟 繼祖者	小宗 繼禰者	庶子		
大宗	小宗 再從兄弟 繼曾祖者	小宗 繼祖者	小宗 繼禰者	庶子	
大宗	小宗 三從兄弟 繼高祖者	小宗 繼曾祖者	小宗 繼祖者	小宗 繼禰者	庶子
百世不遷之宗	五世則遷之宗				

繼高祖者與三從兄弟爲宗繼曾祖者與再從兄弟爲宗繼祖者與同堂兄弟爲宗繼禰者與親兄弟爲宗一身事四小宗并大宗爲五也別子爲祖繼別爲宗繼禰爲小宗百世不遷之宗者別子之後也宗其繼別子所出者百世不遷之宗也宗其繼高祖者五世則遷也

郊禘宗祖

虞	夏	商	周
禘黃帝 文祖 祖顓頊 配文祖太祖	禘黃帝 文祖 祖顓頊 配文祖太祖	禘帝嚳 文祖 祖契 配文祖太祖	禘帝嚳 文祖 祖文王
郊嚳 配太祖 宗堯 如父禮	郊鯀 配太祖 宗禹 父	郊冥 配太祖 宗湯 父	郊稷 配天亦配文祖太祖 宗武王 父
舜	啓	太甲	成王

黃帝而後顓帝顓帝而後嚳嚳而後堯黃帝者堯所自出故禘之

黃帝而後顓帝顓帝而後鯀鯀而後禹黃帝亦禹所自出故禘之

嚳而後契契而後冥冥而後湯帝嚳商之所自出故禘之

嚳而後稷稷而後文王文王而後武王帝嚳亦周所自出故禘之

堂上昭穆

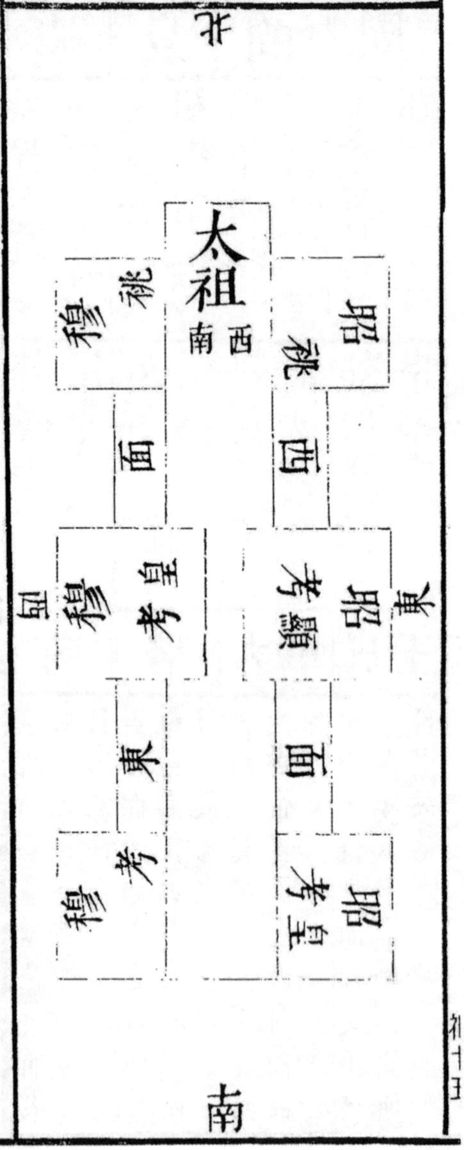

北

太祖 西南

昭 祧 西面

穆 祧 西面

昭 顯考 西面

穆 皇考 東面

昭 皇考

穆 考

東 西

南

室中昭穆

西

太祖

昭 祧 南面

穆 祧 西面

昭 顯考 北 南面

穆 皇考 北

昭 考王

穆 考

南

東

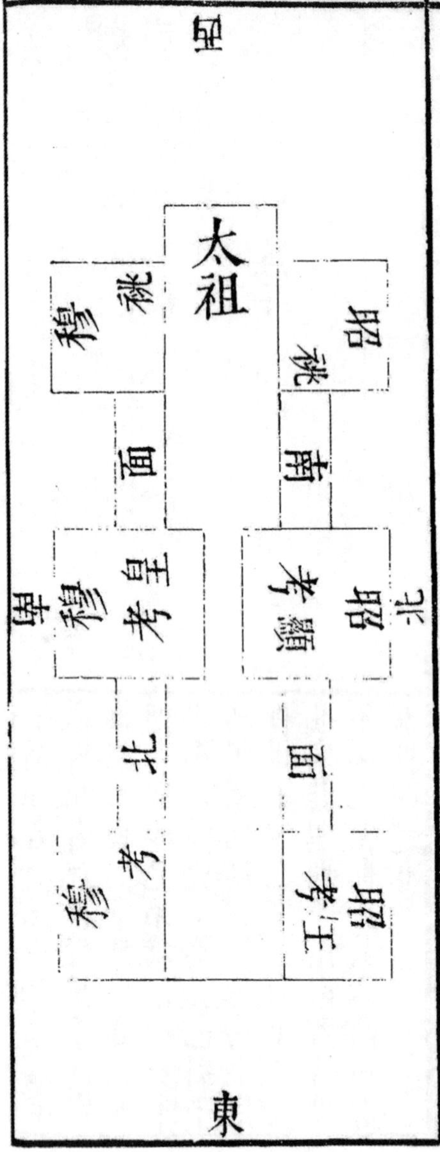

燕禮圖

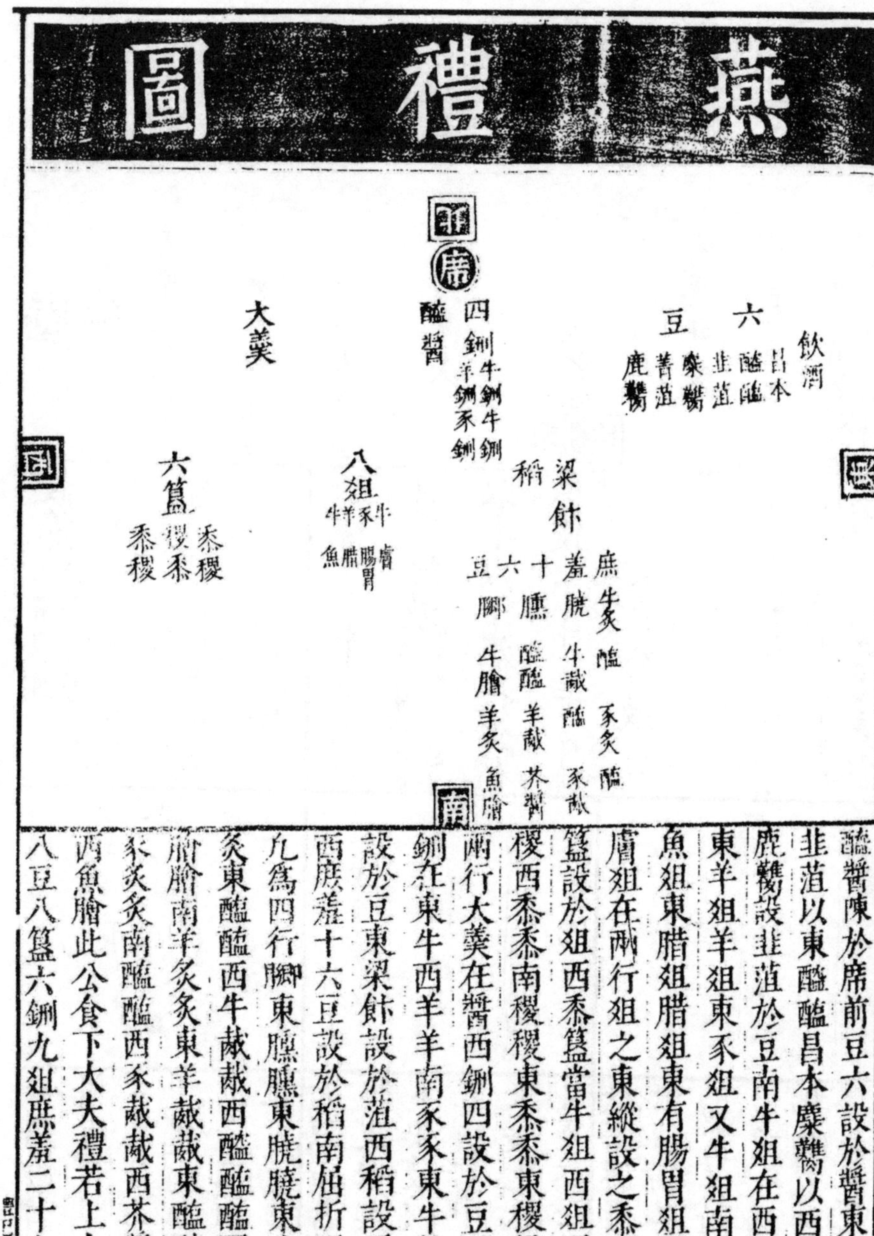

醓醬陳於席前豆六設於醬東西上韭菹以東醓醢昌本麋臡以西菁菹鹿臡設韭菹於豆南牛俎在西牛俎東羊俎羊俎東豕俎又牛俎南魚俎魚俎東腊俎腊俎東有腸胃俎又有膚俎在兩行俎之東縱設之黍稷六簋設於俎西黍簋當牛俎西俎西稷稷西黍黍南稷稷東黍黍東稷屈爲兩行大羹在醬西鉶四設於豆西牛鉶在東牛西羊羊南豕豕東牛飲酒設於豆東粱飰設於菹西稻設于粱西庶羞十六豆設於稻南屈折而陳凡爲四行膷東臐臐東膮膮東牛炙炙東醓醢西牛胾胾西醓醢醢西牛膾膾南羊炙炙東羊胾胾東醓醢東豕炙炙南醓醢西豕胾胾西芥醬醬西魚膾此公食下大夫禮若上大夫八豆八簋六鉶九俎庶羞二十也

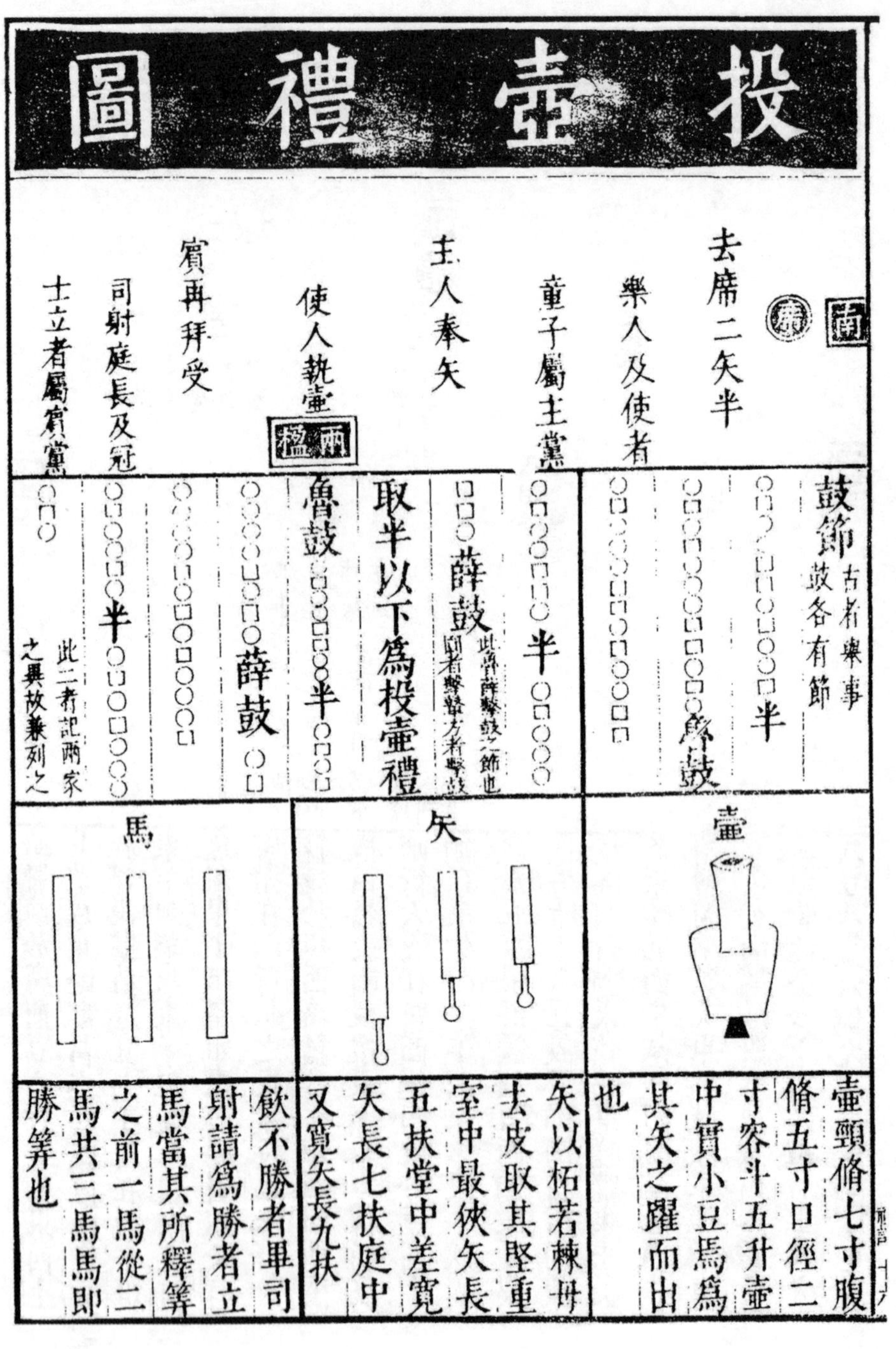

投壺禮圖

南

席

去席二矢半

樂人及使者

童子屬主黨

主人奉矢

使人執壺

兩楹

賓再拜受

司射庭長及冠

士立者屬賓黨

鼓節 古者樂事鼓各有節

○□○○□□○□○○□半

○□○□○○○□□○□○魯鼓

○□○○○□□○□○○□□

○□○○□□○半○□○○○

□□○薛鼓 此爲薛鼓之節也圓者擊鼙方者擊鼓

取半以下爲投壺禮

魯鼓○□○○□□○○半○□○□

○○○○□○□○薛鼓○□

○○○○□○□○○○○□

○□○○□○半○□○□○○

此二者記兩家之異故兼列之

○□○

壺

矢

馬

壺頸脩七寸腹脩五寸口徑二寸容斗五升壺中實小豆爲其矢之躍而出也

矢以柘若棘毋去皮取其堅重室中最狹矢長五扶堂中差寬矢長七扶庭中又寬矢長九扶

飲不勝者畢司射請爲勝者立馬當其所釋筭之前一馬從二馬共三馬馬即勝筭也

二八六

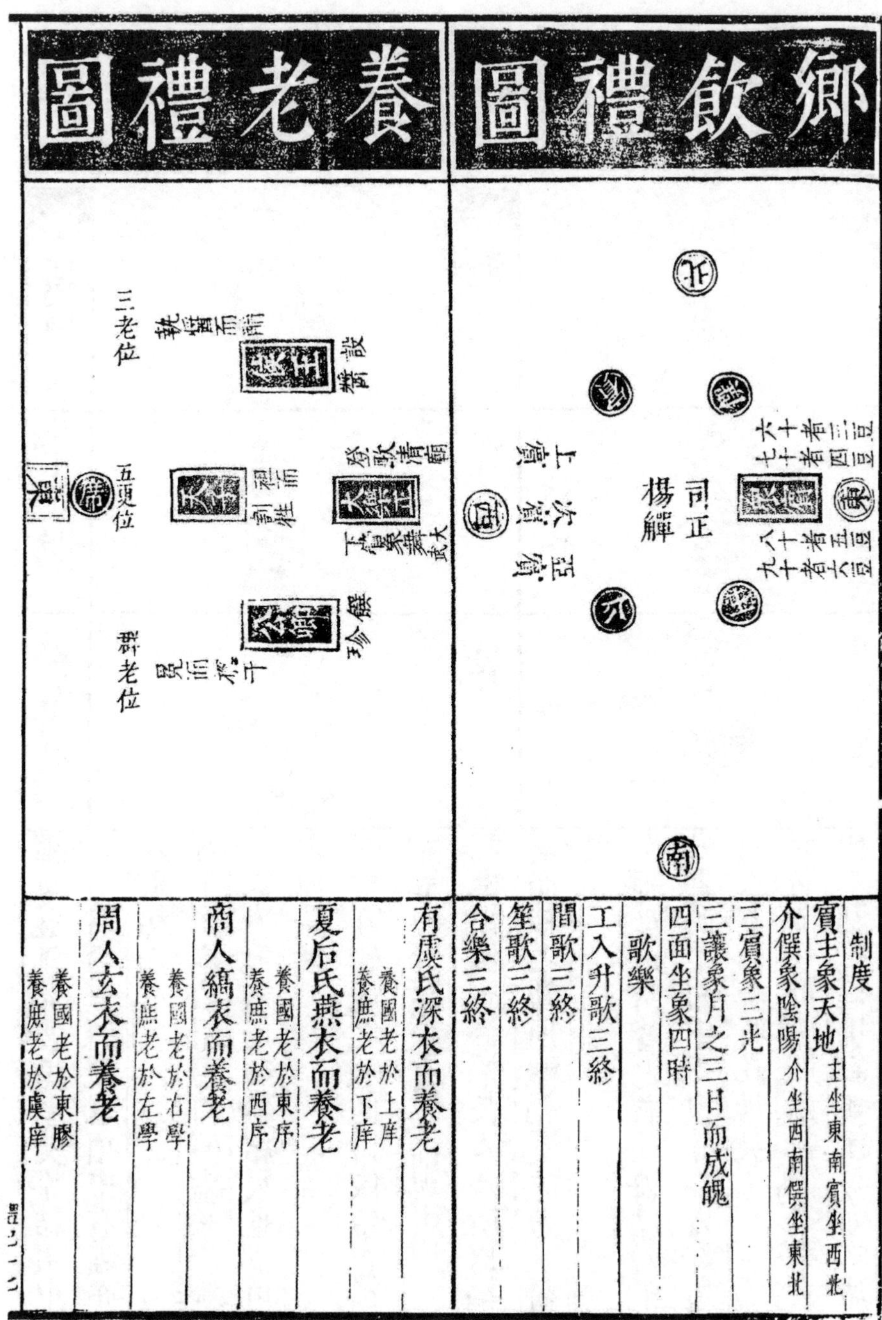
鄉飲禮圖
北
東
南
西
司正
揚觶
上賓
次賓
三賓
六十者三豆
七十者四豆
八十者五豆
九十者六豆
制度
賓主象天地主坐東南賓坐西北
介僎象陰陽介坐西南僎坐東北
三賓象三光
三讓象月之三日而成魄
四面坐象四時
歌樂
工入升歌三終
笙歌三終
間歌三終
合樂三終
養老禮圖
三老位
五更位
群老位
有虞氏深衣而養老
養國老於上庠
養庶老於下庠
夏后氏燕衣而養老
養國老於東序
養庶老於西序
商人縞衣而養老
養國老於右學
養庶老於左學
周人玄衣而養老
養國老於東膠
養庶老於虞庠

冠禮器圖

頍項

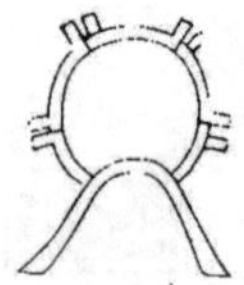

童子服

緇布冠

緇布冠無笄著頍圍髮際結項中隅爲四綴以固冠也項中有緇亦以頍爲之

童子采衣紒冠禮將冠者采衣紒采衣未冠者所服紒結髮也總角之丱是也

緇布冠始冠之冠也諸侯始加緇布冠績緌其頍項青組纓則與士同

昏禮器圖

纚

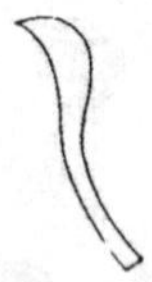

宵衣

笄

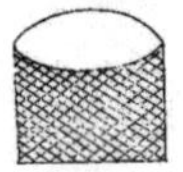

冠禮緇纚廣終幅長六尺所以韜髮而結之謂用纚韜髮訖乃爲紒矣

女師母姆所著之衣也姆婦人年五十無子而出不復嫁能以婦道教人者若今時乳母矣

笄竹器昏禮質明婦執笄棗栗自門入升自西階進拜奠于舅姑之席

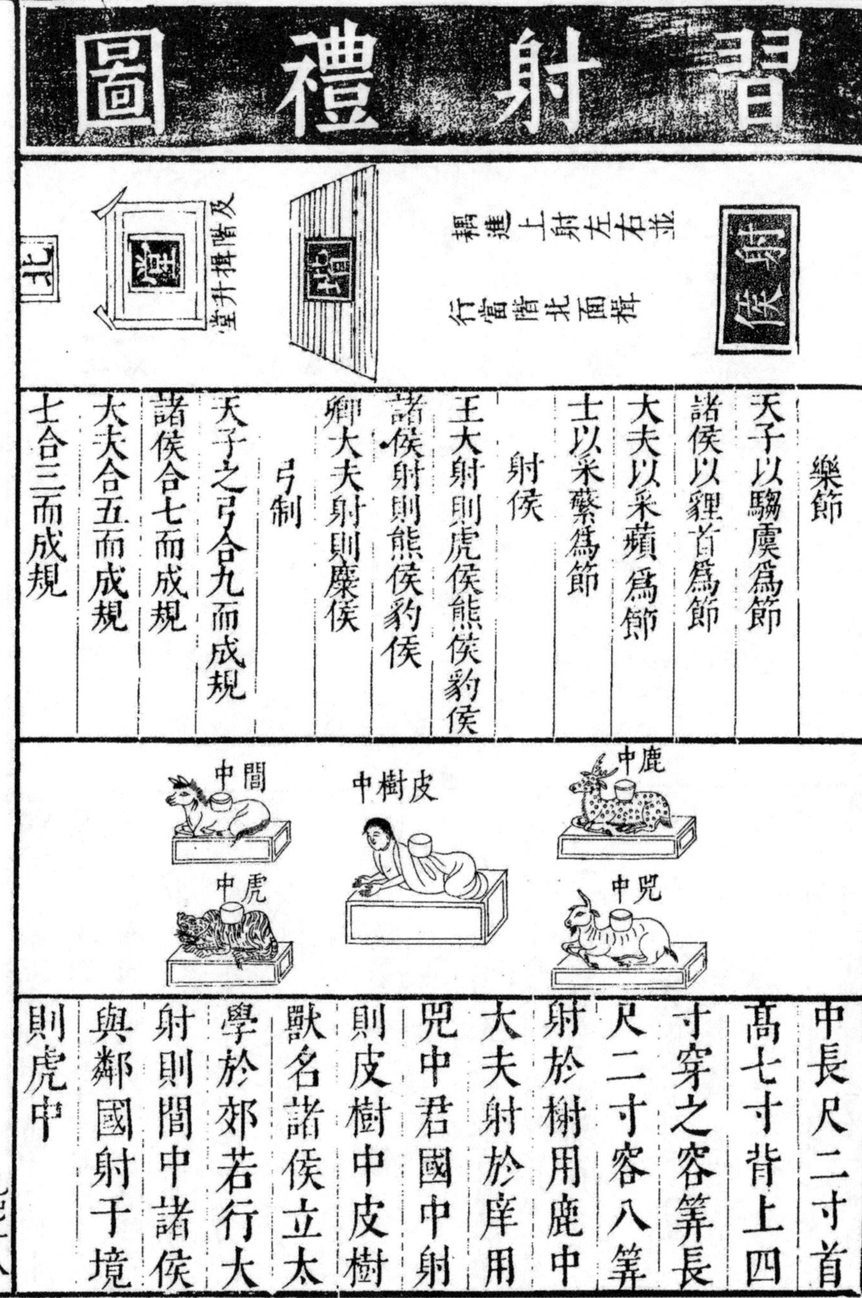

習射禮圖

射侯

耦進上射左右並行當階北面揖

及階揖升堂

樂節

天子以騶虞爲節

諸侯以貍首爲節

大夫以采蘋爲節

士以采蘩爲節

射侯

王大射則虎侯熊侯豹侯

諸侯射則熊侯豹侯

卿大夫射則麋侯

弓制

天子之弓合九而成規

諸侯合七而成規

大夫合五而成規

士合三而成規

中長尺二寸首高七寸背上四寸穿之容筭長尺二寸容八筭射於榭用鹿中大夫射於庠用兕中君國中射則皮樹中皮樹獸名諸侯立太學於郊若行大射則閭中諸侯與鄰國射于境則虎中

饗禮圖

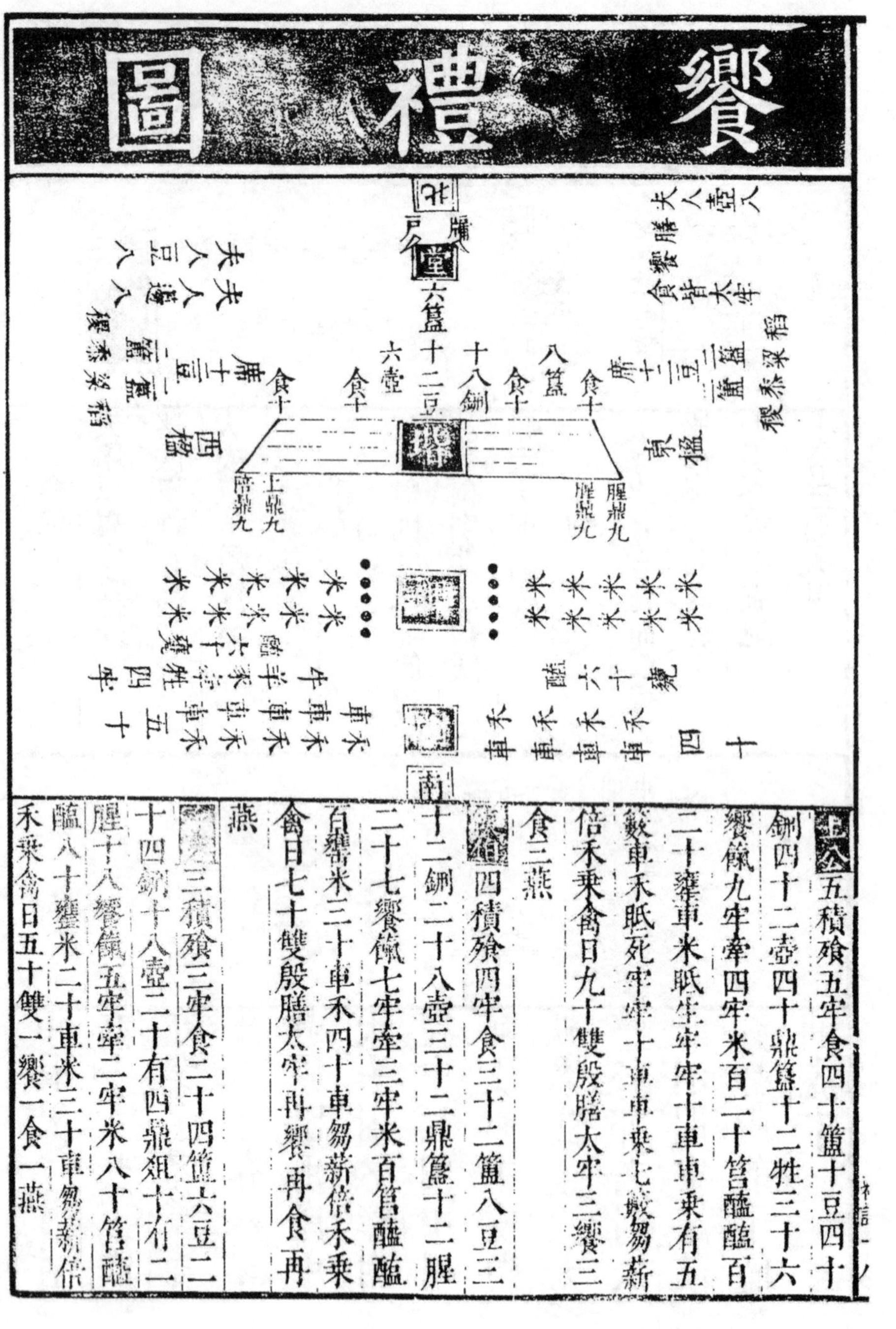

上公五積飧五牢食四十簠十豆四十鉶四十二壺四十鼎簋十二牲三十六饗餼九牢牽四牢米百二十筥醯醢百二十罋車米眂生牢牢十車車秉有五藪車禾眂死牢牢十車車秉七藪芻薪倍禾乘禽日九十雙殷膳太牢三饗三食三燕

侯伯四積飧四牢食三十二簠八豆三十二鉶二十八壺三十二鼎簋十二腥二十七饗餼七牢牽三牢米百筥醯醢百罋米三十車禾四十車芻薪倍禾乘禽日七十雙殷膳太牢再饗再食再燕

[illegible]三積飧三牢食二十四簠六豆二十四鉶十八壺二十有四鼎俎十有二腥十八饗餼五牢牽二牢米八十筥醯醢八十罋米二十車米三十車芻薪倍禾乘禽日五十雙一饗一食一燕

内外用事之日

外事以剛日

甲子 丙寅 戊辰 庚午
壬申 甲戌 丙子 戊寅
庚辰 壬午 甲申 丙戌
戊子 庚寅 壬辰 甲午
丙申 戊戌 庚子 壬寅
甲辰 丙午 戊申 庚戌
壬子 甲寅 丙辰 戊午
庚申 壬戌

内事以柔日

乙丑 丁卯 己巳 辛未
癸酉 乙亥 丁丑 己卯
辛巳 癸未 乙酉 丁亥
己丑 辛卯 癸巳 乙未
丁酉 己亥 辛丑 癸卯
乙巳 丁未 己酉 辛亥
癸丑 乙卯 丁巳 己未
辛酉 癸亥

祭祀用樽之數

祭宗廟十八樽	五齊五樽	五齊上五樽盛明水	三酒三樽	三酒上三樽盛玄酒	斝彝一盛明水	黄彝一盛鬱鬯
禘祭十六樽	四齊四樽	四齊上四樽明水	三酒三樽	三酒上三樽玄酒	斝彝一明水	黄彝一鬱鬯
時祭十二樽	二齊二樽	二齊上二樽明水	三酒三樽	三酒上三樽玄酒	斝彝一明水	黄彝一鬱鬯

禮記

五禮

吉禮數十二　凶禮數五　賓禮數八

軍禮數五　嘉禮數六

六禮

冠　昏　喪　祭　鄉　相見

七教

君臣　父子　兄弟　夫婦

長幼　朋友　賓客

八政

飲食　衣服　事爲　異制

度　量　數　制

四代車

虞鸞　夏鉤　商大路　周乘路

四代旗

虞旂　夏綏　商大白　周大赤

四代樽

虞泰　夏山罍　商著　周犧象

四遠

西不盡流沙　南不盡衡山

東不盡東海　北不盡常山

九經

脩身　尊賢　親親　敬大臣　體群臣

子庶民　來百工　柔遠人　懷諸侯

達道五

君臣　父子　夫婦　昆弟　朋友

達德三

好學近乎知　力行近乎仁

知恥近乎勇

六經教

溫柔敦厚詩不愚　疏通知遠書不誣

廣博易良樂不奢　絜淨精微易不賊

恭儉莊敬禮不煩　屬辭比事春秋不亂

五官

司徒　司馬　司空　司士　司寇

名數

四代器
虞兩敦　夏四璉　商六瑚　周八簋

四代服
虞黻　夏山　商火　周龍章

四代官
虞五十　夏百　商二百　周三百

六音
鞉　鼓　椌　楬　壎　篪

武樂六成
一成北出　再成滅商　三成而南
四成南國是疆　五成分周召左右　六成復綴以崇

六大
大宰　大宗　大史　大祝　大士　大卜

六府
司土　司木　司水　司草　司器　司貨

六工
土工　金工　石工　木工　獸工　草工

巡狩制
五年一巡狩　歲二月東巡狩　五月南巡狩
八月西巡狩　十有一月北巡狩

朝聘制
比年一小聘　三年一大聘
五年一朝

十義
父慈　子孝　兄良　弟悌　夫義
婦聽　長惠　幼順　君仁　臣忠

六宗
泰昭祭時　坎壇祭寒暑　王宫祭日
夜明祭月　幽禜祭星　雩宗祭水旱（宗當作禜字之誤）

七祀（諸侯五　大夫三　士二　庶人一）
司命　中霤　門　行　泰厲（諸侯公厲　大夫族厲）戶　竈

八蜡
貓　虎　坊　水庸　先嗇
司嗇　農　郵表畷

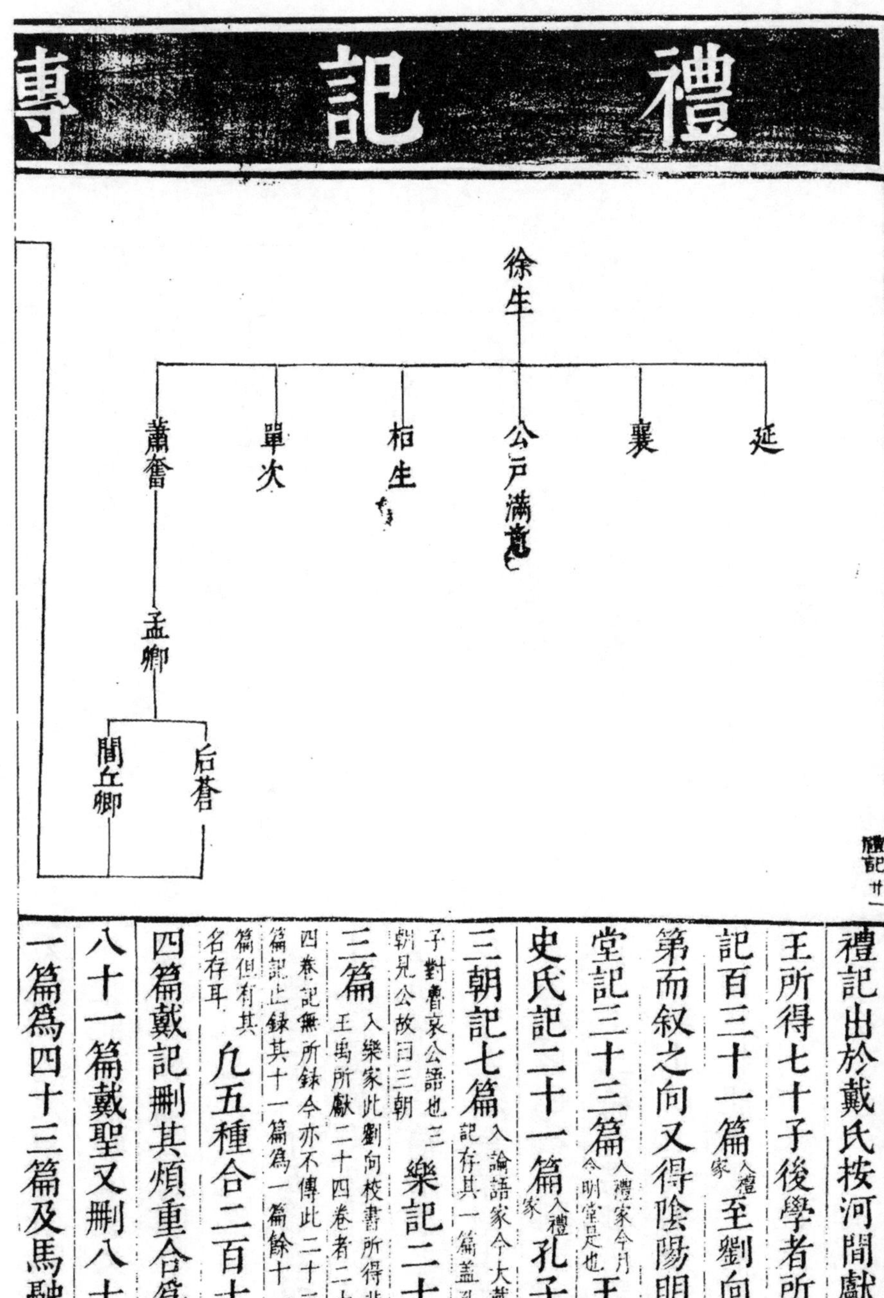

禮記出於戴氏按河間獻王所得七十子後學者所記百三十一篇（入禮家）至劉向第而叙之向又得陰陽明堂記三十三篇（入禮家今月令明堂是也）王史氏記二十一篇（入禮家）孔子三朝記七篇（入論語家今大戴記存其一篇蓋孔子對魯哀公語也三朝見公故曰三朝）樂記二十三篇（入樂家此劉向校書所得非王禹所獻二十四卷者二十四卷記無所録今亦不傳此二十三篇記止録其十一篇爲一篇餘十一篇但有其名存耳）凡五種合二百十四篇戴記删其煩重合爲八十一篇戴聖又删八十一篇爲四十三篇及馬融

授

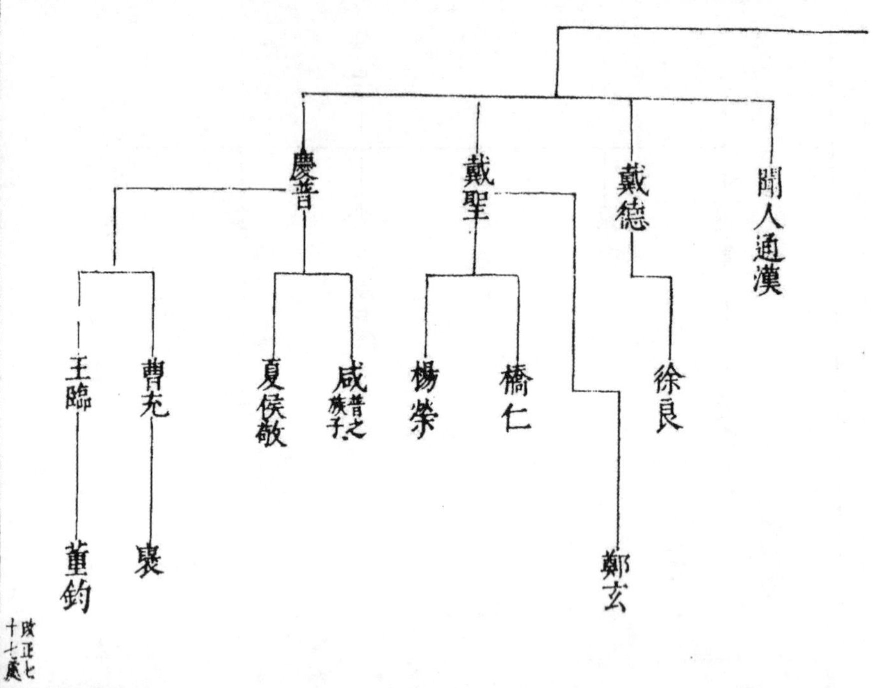

爲之傳乃足以月令明堂位樂記三篇鄭康成又爲之注孔頴達疏焉即今所謂禮記也或曰先儒謂戴聖删戴德八十五篇爲四十六篇馬融又取月令明堂位樂記三篇附益之乃成四十九篇余謂四十九篇蓋衍數也戴聖删取其實四十三篇并馬融所附益三篇止四十六又分曲禮檀弓雜記上下三篇爲六則成四十九而此三篇不當分

周禮文物大全圖目錄

明新都吳繼仕考校

周禮文物大全圖目錄終

周禮文物大全圖

天官冢宰 冢宰 大宰 小宰 宰夫 宮正 宮伯 膳夫 庖人 內饔 外饔 亨人
甸師 獸人 𩺰人 鼈人 腊人 醫師 食醫 疾醫 瘍醫 獸醫 酒正 酒人 漿人
凌人 籩人 醢人 醯人 鹽人 冪人 宮人 掌舍 幕人 掌次 大府 玉府 內府
外府 司會 司書 職內 職歲 職幣 司裘 掌皮 內宰 內小臣 閽人 寺人 內豎
九嬪 世婦 女御 女祝 女史 典婦功 典絲 典枲 內司服 縫人 染人 追師 屨人
夏采
地官司徒 大司徒 小司徒 鄉師 鄉老 鄉大夫 州長 黨正 族師 閭胥 比長 封人
鼓人 舞師 牧人 牛人 充人 載師 閭師 縣師 遺人 均人 師氏 保氏 司諫
司救 調人 媒氏 司市 質人 廛人 胥師 賈師 司虣 司稽 胥 肆長 泉府

司門 司關 掌節 遂人 遂師 遂大夫 縣正 鄙師 酇長 里宰 鄰長 旅師 稍人
委人 土均 草人 稻人 土訓 誦訓 山虞 林衡 川衡 澤虞 迹人 丱人 角人
羽人 掌葛 掌染草 掌炭 掌荼 掌蜃 囿人 場人 廩人 舍人 倉人 司祿 司稼
舂人 饎人 槀人

春官宗伯

大宗伯 小宗伯 肆師 鬱人 鬯人 雞人 司尊彝 司几筵 天府 典瑞 典命
司服 典祀 守祧 世婦 內宗 外宗 冢人 墓大夫 職喪 大司樂 樂師 大胥 小胥
大師 小師 瞽矇 眡瞭 典同 磬師 鍾師 笙師 鎛師 韎師 旄人 籥師 籥章
鞮鞻氏 典庸器 司干 大卜 卜師 卜人 龜人 菙氏 占人 簭人 占夢 眡祲 大祝
小祝 喪祝 甸祝 詛祝 司巫 男巫 女巫 大史 小史 馮相氏 保章氏 內史 外史
御史 巾車 典路 車僕 司常 都宗人 家宗人

夏官司馬

大司馬 小司馬 軍司馬 輿司馬 行司馬 司勳 馬質 量人 小子 羊人 司爟
掌固 司險 掌疆 候人 環人 挈壺氏 射人 服不氏 射鳥氏 羅氏 掌畜 司士 諸子
司右 虎賁氏 旅賁氏 節服氏 方相氏 大僕 小臣 祭僕 御僕 隸僕 弁師 司甲 司兵
司戈盾 司弓矢 繕人 槀人 戎右 齊右 道右 大馭 戎僕 齊僕 道僕 田僕 馭夫
校人 趣馬 巫馬 牧師 廋人 圉師 圉人 職方氏 土方氏 懷方氏 合方氏 訓方氏 形方氏
山師 川師 邍師 匡人 撢人 都司馬

秋官司寇

大司寇 小司寇 士師 鄉士 遂士 縣士 方士 訝士 朝士 司民 司刑
司刺 司約 司盟 職金 司厲 犬人 司圜 掌囚 掌戮 司隸 罪隸 蠻隸 閩隸
夷隸 貉隸 布憲 禁殺戮 禁暴氏 野廬氏 蜡氏 雍氏 萍氏 司寤氏 司烜氏 條狼氏 脩閭氏
冥氏 庶氏 穴氏 翨氏 柞氏 薙氏 硩蔟氏 翦氏 赤犮氏 蟈氏 壺涿氏 庭氏 銜枚氏

伊耆氏　大行人　小行人　司儀　行夫　環人　象胥　掌客　掌訝　掌交　掌察　掌貨賄　朝大夫

都則　都士　家士

冬官考工記

輪人　輿人　輈人　築氏　冶氏　桃氏　梟氏　㮚氏　段氏　函人　鮑人

韗人　韋氏　裘氏　鍾氏　筐人　㡛氏　玉人　楖人　雕人　磬氏　矢人　陶人　旊人

梓人　廬人　匠人　車人　弓人

漢景帝時河間獻王得左禮獻之初獻王開獻書之路時有李氏

上周官五篇失事官一篇乃求以千金不得取考工記以補之

六官之屬三百七十七

經文四萬五千一百六字

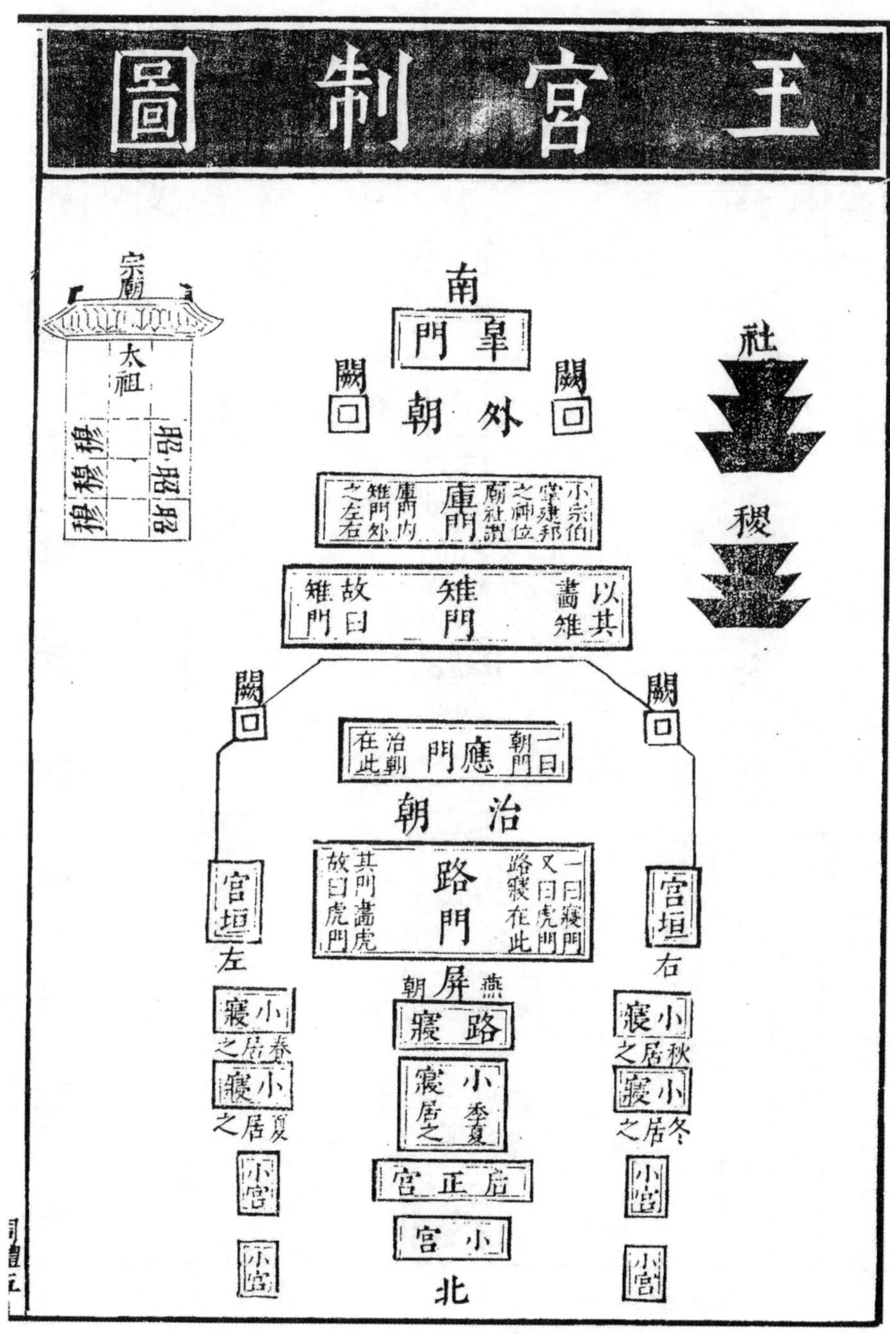
王宮制圖
南
皋門
闕
闕
外朝
小宗伯掌建邦之神位
庫門
庫門內雉門外之左右
以其畫雉故曰雉門
雉門
闕
闕
一曰朝門
應門
治朝在此
治朝
一曰寢門又曰虎門路寢在此
路門
其門畫虎故曰虎門
燕朝
屏
路寢
小寢季夏之居
后正宮
小宮
北
宮垣
左
小寢春之居
小寢夏之居
小宮
小宮
宮垣
右
小寢秋之居
小寢冬之居
小宮
小宮
宗廟
太祖
昭
昭
昭
穆
穆
穆
社
稷

營國制圖

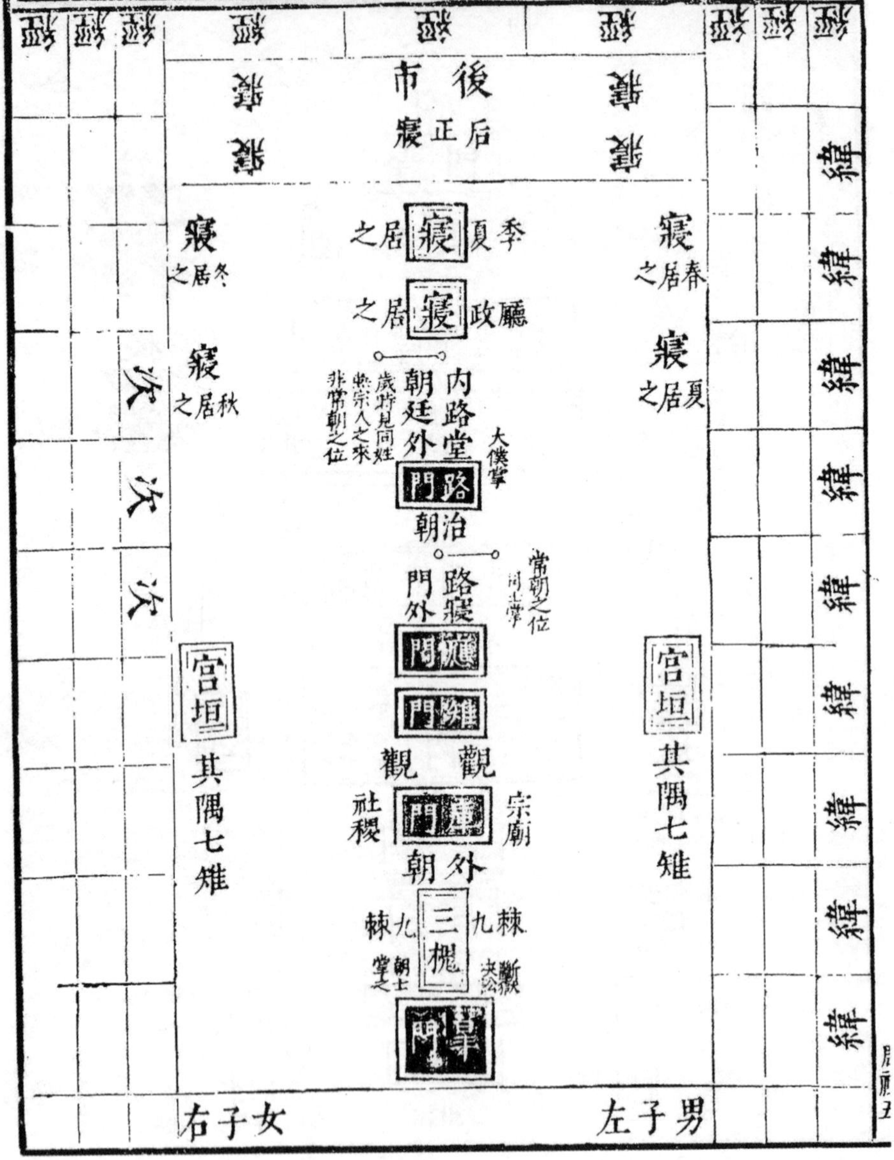

經 經 經 經 經 經 經 經 經

緯 緯 緯 緯 緯 緯 緯 緯 緯

後市

肆 肆 肆 肆

后正寢

季夏之居 寢

聽政之居 寢

春之居 寢

夏之居 寢

冬之居 寢

秋之居 寢

內路堂

大僕掌

外廷朝

歲時見同姓

與宗人之來

非常朝之位

路門

治朝

常朝之位

司士掌

路寢門外

應門

雉門

觀 觀

宗廟

社稷

庫門

外朝

三槐

九棘

九棘

斷獄決訟

朝士掌之

皋門

宮垣

其隅七雉

宮垣

其隅七雉

次 次 次

男子左

女子右

經涂九軌圖

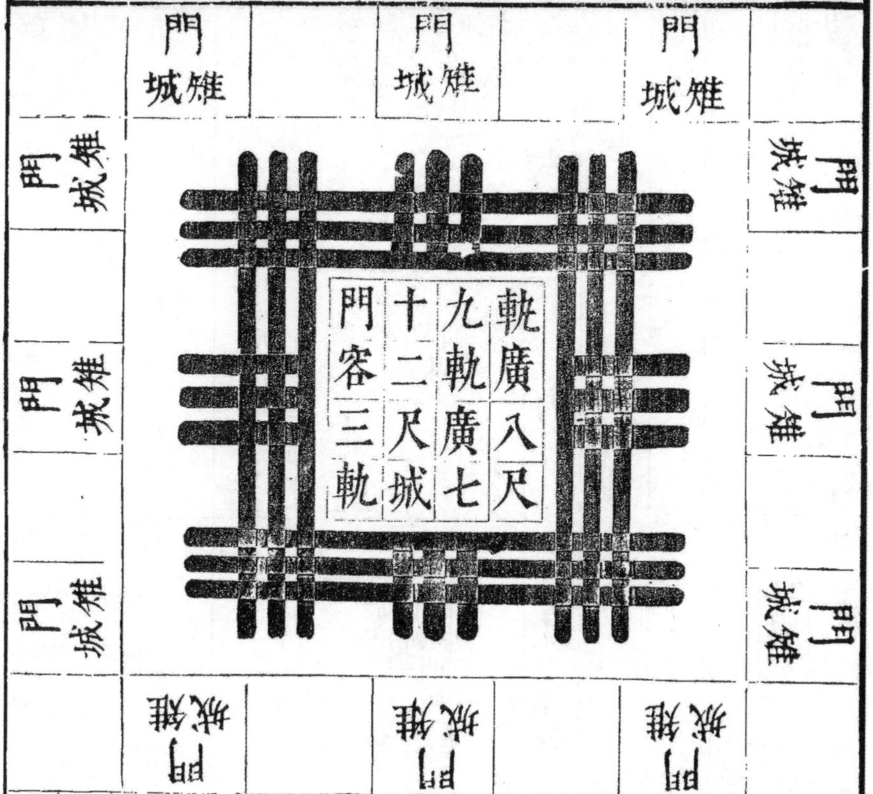

門 雉城　門 雉城　門 雉城

門 雉城　門 雉城　門 雉城

門 雉城　門 雉城　門 雉城

門 雉城　門 雉城　門 雉城

軌廣八尺九軌廣七十二尺城門容三軌

匠人營國方九里旁三門國中九經九緯經涂九軌天子十二門城內經緯之涂皆容方九軌軌謂轍廣也乘車六尺六旁加七寸凡八尺九軌七十二尺則此涂十二步王城面有三門有三涂男子由右女由左車由中央南北經東西緯王宮當中經

朝位寢廟社稷圖

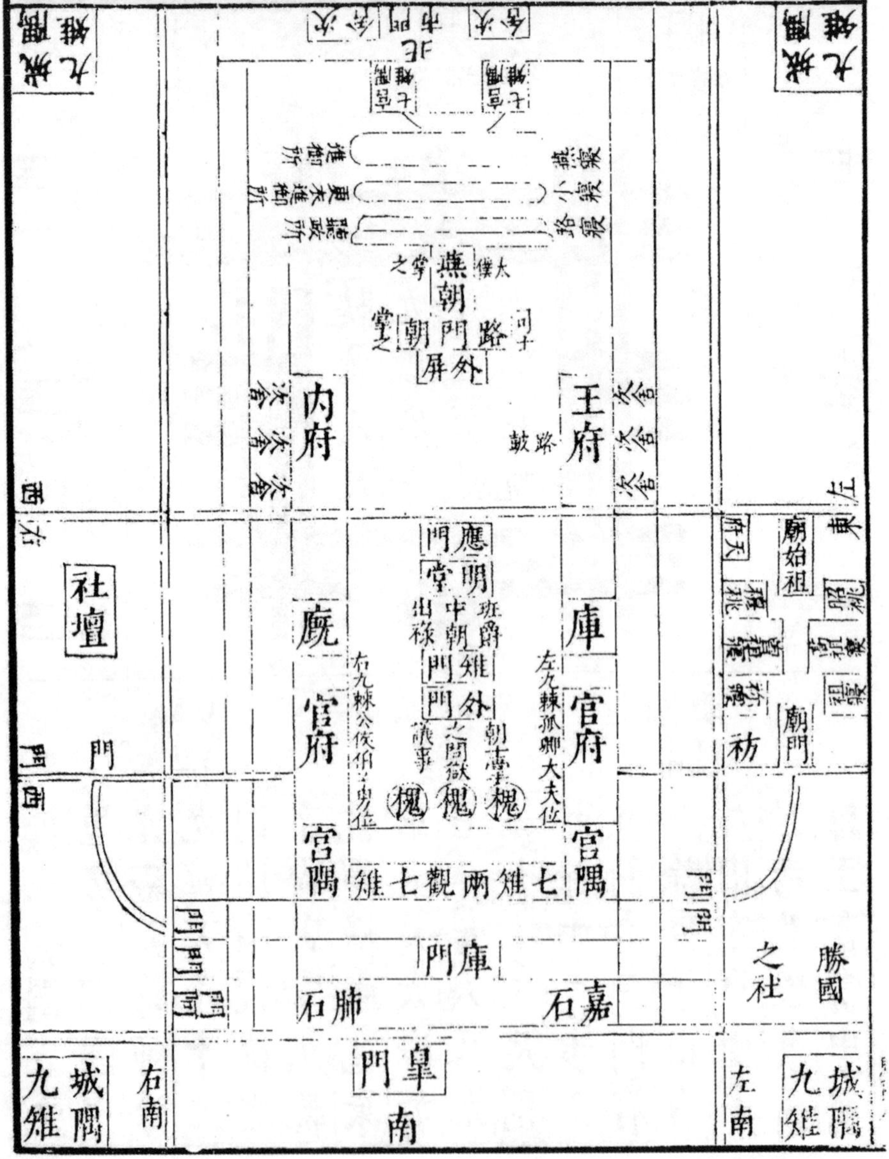

九雉城隅
次舍
市門
北
次舍
九雉城隅
七宫雉隅
七宫雉隅
進御所
更衣進御所
聽政所
寢路寢
路寢小寢
燕朝
大僕
宰之
司士
路門
朝
堂之
外屏
內府
次舍
次舍
次舍
王府
次舍
次舍
次舍
路鼓
西
右
社壇
應門
明堂
中朝
班爵
出祿
雉門
外門
庫
庾
右九棘公侯伯子男位
左九棘孤卿大夫位
官府
官府
朝市之門獄
議事
槐
槐
槐
東
左
廟始祖
天府
門
西門
宮隅
宮隅
七雉兩觀七雉
門
門
門
門
庫門
肺石
嘉石
勝國之社
九雉城隅
右南
皐門
南
左南
九雉城隅

宗廟圖

始祖廟

昭寢　穆寢

昭寢　穆寢

勝國之社

昭寢　穆寢

屏

社稷圖

天子雉門

左宗廟

庫門

右社稷

社稷壝

社稷

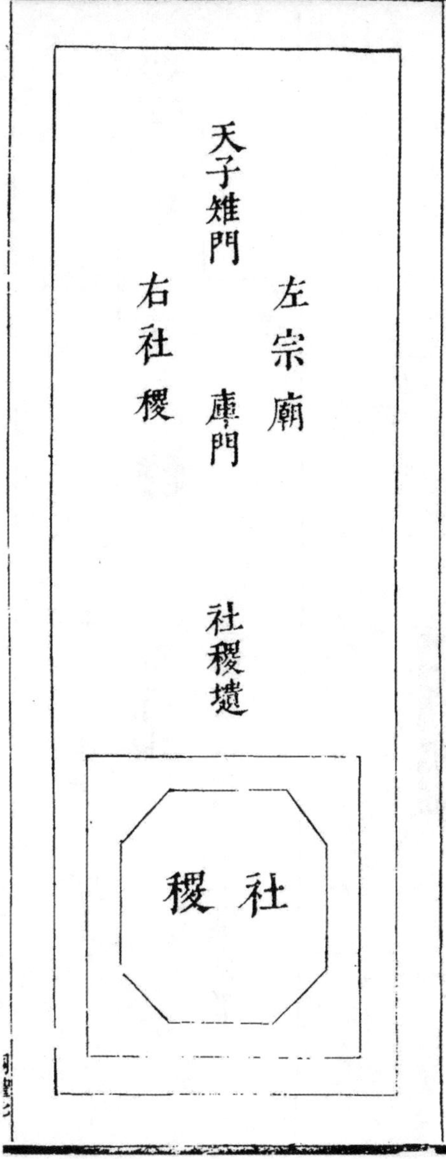

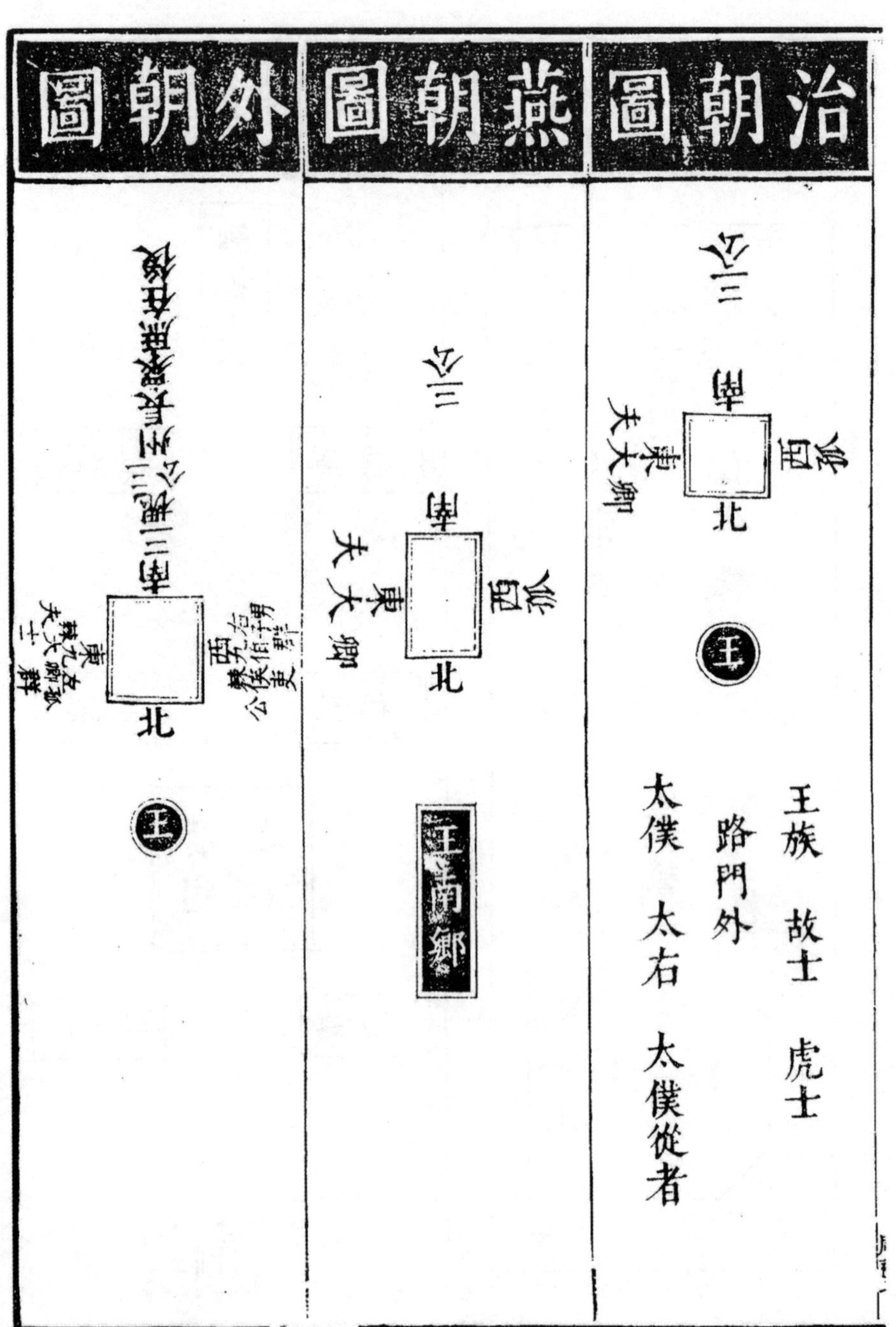

治朝圖
燕朝圖
外朝圖
王
王族　故士　虎士
路門外
太僕　太右　太僕從者
三公
北
東
王南鄉

夏世室

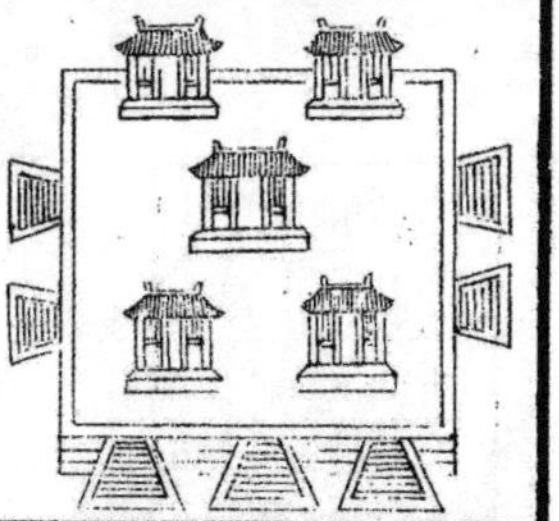

考工記夏世室堂修二七廣四修一五室三四步步四三尺九階四旁兩夾窗白盛門堂三之二室三之一

商重屋

考工記商人重屋堂修七尋堂崇三尺四阿重屋

周明堂

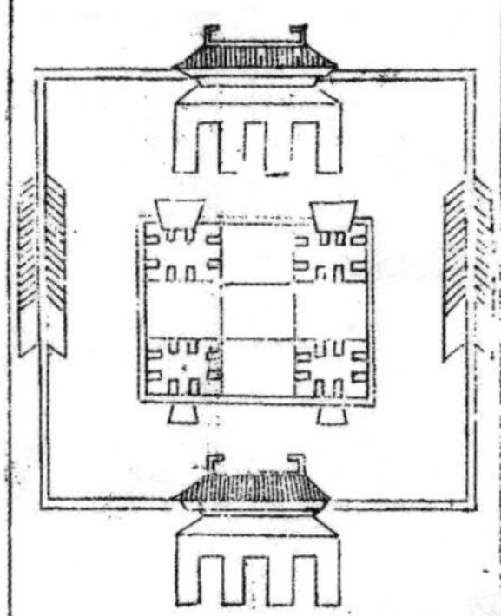

考工記周人明堂度九尺之筵東西九筵南北七筵堂崇一筵五室凡室二筵室中度以几堂上度以筵宮中度以尋野度以步涂度以軌

宮寢制圖

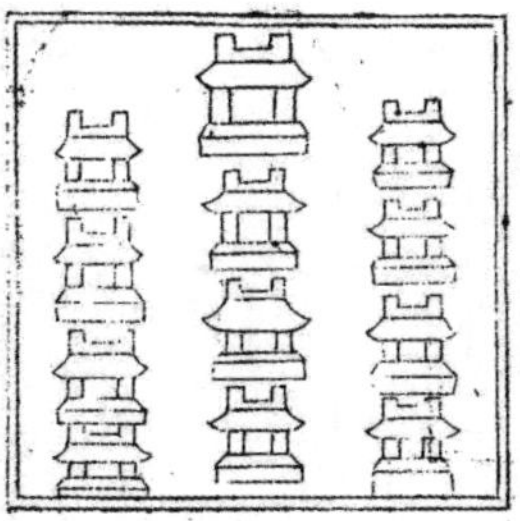

王六寢路寢在前爲正寢五在後通名燕寢一在東北春居之一在西南秋居之一在東南夏居之一在西北冬居之一在中央季夏居之三夫人已下分居后六宮

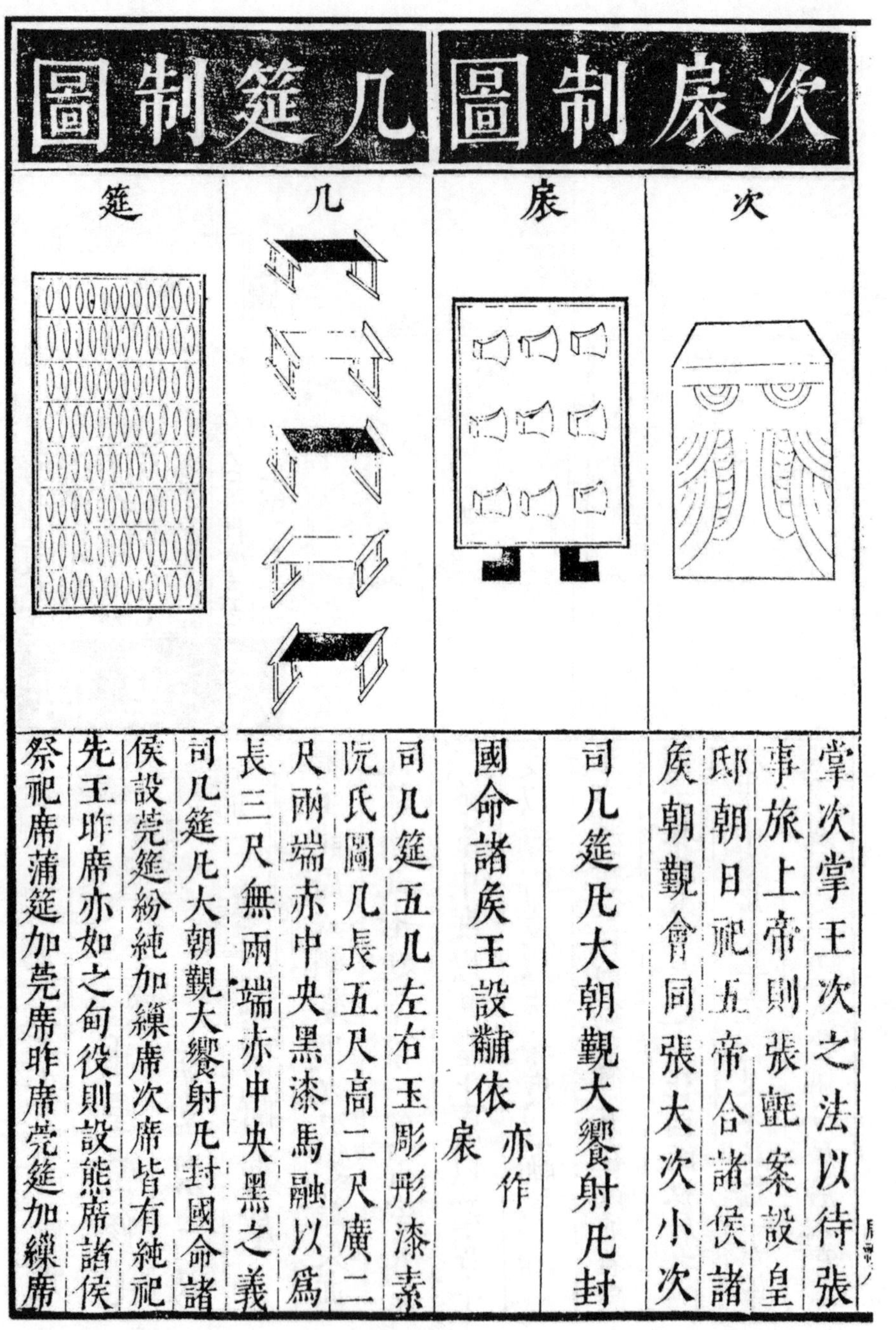

掌次掌王次之法以待張事旅上帝則張氈案設皇邸朝日祀五帝合諸侯諸侯朝覲會同張大次小次

司几筵凡大朝覲大饗射凡封國命諸侯王設黼依（依亦作扆）

司几筵五几左右玉彫彤漆素阮氏圖几長五尺高二尺廣二尺兩端赤中央黑漆馬融以爲長三尺無兩端赤中央黑之義

司几筵凡大朝覲大饗射凡封國命諸侯設莞筵紛純加繅席次席皆有純祀先王昨席亦如之甸役則設熊席諸侯祭祀席蒲筵加莞席昨席莞筵加繅席

王畿千里圖

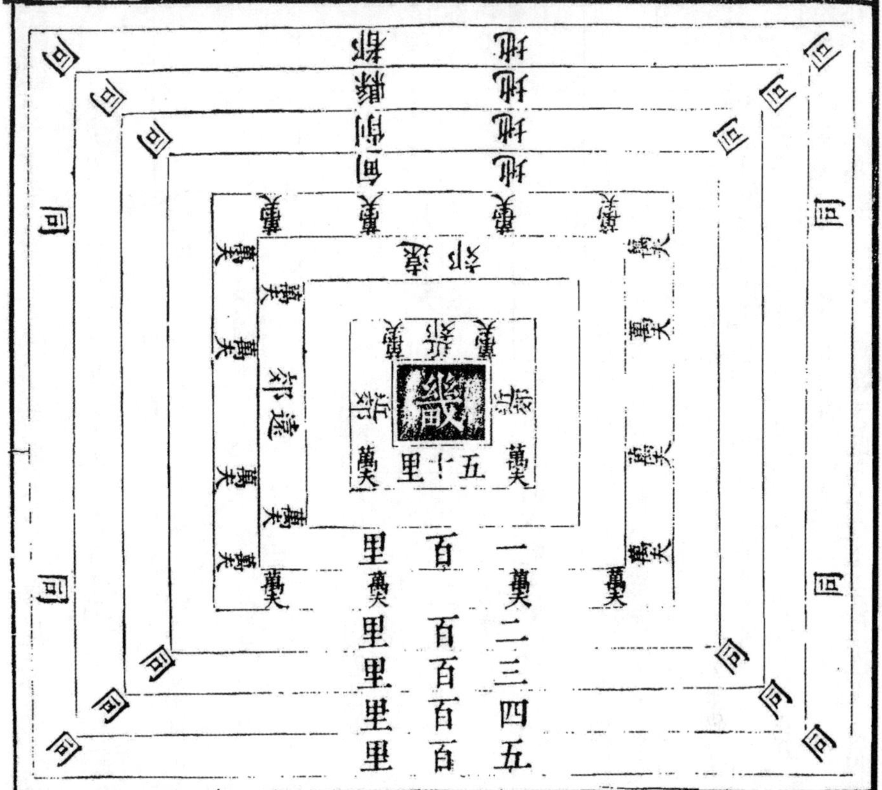

周王城者謂之環涂環涂環城之道直出者謂之野涂近郊四萬夫遠郊十六萬夫甸地七十二萬夫稍十二同縣二十八同疆十六同萬夫之四面後橫謂之川川上謂之路同之四面縱橫謂之澮澮上謂之道近郊至甸地惟方正然後可以爲井

王畿鄉遂采地圖

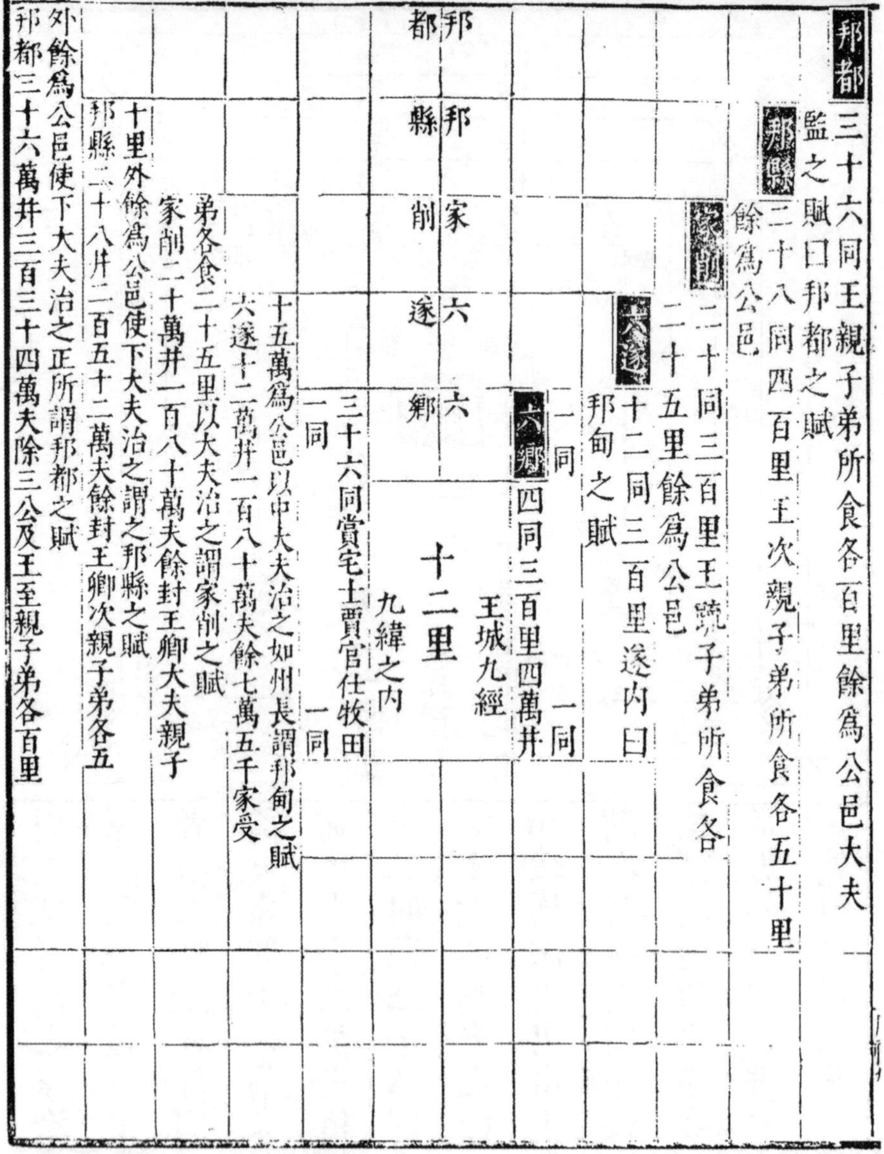

邦都 三十六同王親子弟所食各百里餘爲公邑大夫監之賦曰邦都之賦

邦縣 二十八同四百里王次親子弟所食各五十里餘爲公邑

家削 二十同三百里王䟽子弟所食各二十五里餘爲公邑

六遂 十二同三百里遂内曰邦甸之賦

六鄉 四同三百里四萬井

一同 一同

王城九經

十二里

九緯之内

三十六同賞宅士賈官仕牧田

一同 一同

邦都 邦縣 家削 六遂 六鄉

邦都三十六萬井三百三十四萬夫除三公及王至親子弟各百里外餘爲公邑使下大夫治之正所謂邦都之賦

邦縣二十八井二百五十二萬夫餘封王卿次親子弟各五十里外餘爲公邑使下大夫治之謂之邦縣之賦

家削二十萬井一百八十萬夫餘封王卿大夫親子弟各食二十五里以大夫治之謂家削之賦

六遂十二萬井一百八十萬夫餘七萬五千家受十五萬爲公邑以中大夫治之如州長謂邦甸之賦

三一四

井田之

凡一井九夫四井爲邑四邑爲丘四丘爲甸旁加一里爲滙則方六十里折爲六十四井出稅三十六井治滙四甸爲縣四縣爲都四都方八十里旁加十里則方百里爲一同

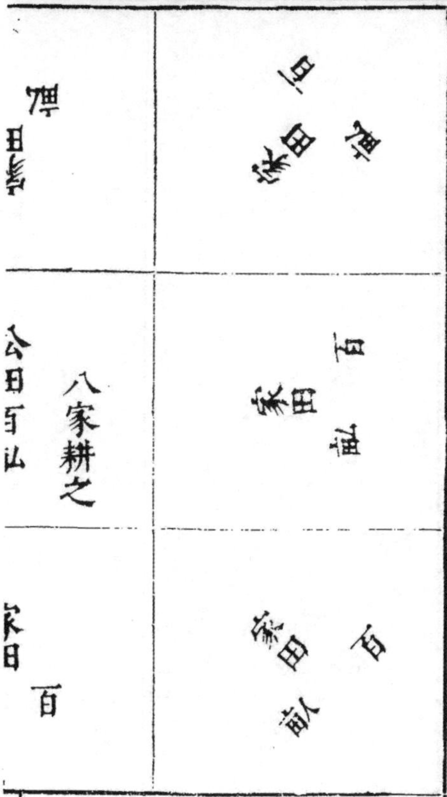

私田百畝一家

私田百畝一家

私田百畝一家

私田百畝一家

公田百畝八家耕之

私田百畝一家

都計萬井九萬夫内取六十四箇六十四

之法圖

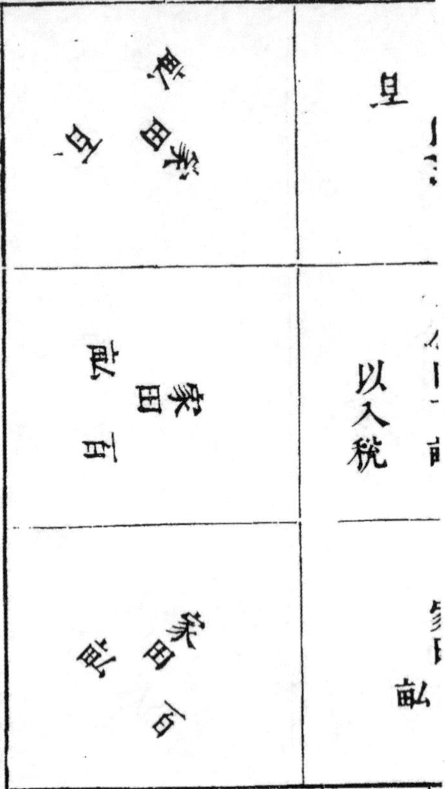

以入稅

家田百畝

家田百畝

家田百畝

井計四千九十六井三萬六千八百六十四夫出稅又六十箇下三十六井計二千三百四井二萬七千三十六夫治洫又三十六箇萬十里計三千六百井三萬二千

四百夫治澮故井田之法備於一同

四井爲邑圖

井 井
邑
井 井

邑方二里積三十六夫采地之制井田之稅異於鄉遂謂之邑則民以里居四井同邑故也

四邑爲丘圖

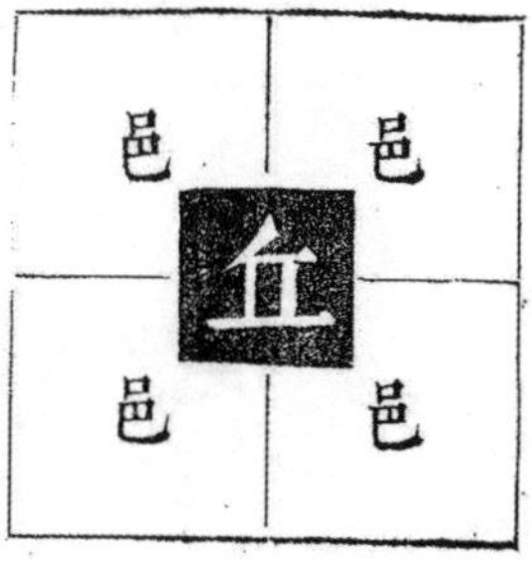

邑 邑
丘
邑 邑

丘方四里積十六井一百四十四夫謂之丘則民以族葬四邑同丘故也

四丘爲甸圖

旁加
丘 丘
旁加 甸 旁加
丘 音盛 丘
旁加

甸方八里六十四井積五百七十六夫出稅旁加一里計三十六井積三百二十四夫治洫共方十里出革車一乘甲士三人步卒七十二人

四甸爲縣圖

甸　甸
縣
甸　甸

縣方二十里四百井積三千六百夫內二千三百四夫出稅一千二百九十六夫治洫葢大夫家邑也

四縣爲都圖

縣　縣
都
縣　縣

都方四十里一千六百井積一萬四千四百夫內九千二百十六夫出稅五千一百八十四夫治洫葢王子弟卿大夫采邑也

四都爲同圖

旁加　都　都　旁加
同
旁加　都　都　旁加

四都方八十里旁加十里爲一同積萬井九萬井內四千九十六井三萬六千八百六十四夫出稅二千三百四井二萬七百三十六夫治洫三千六百井三萬二千四百夫治澮小司徒注

六鄉圖

六遂圖

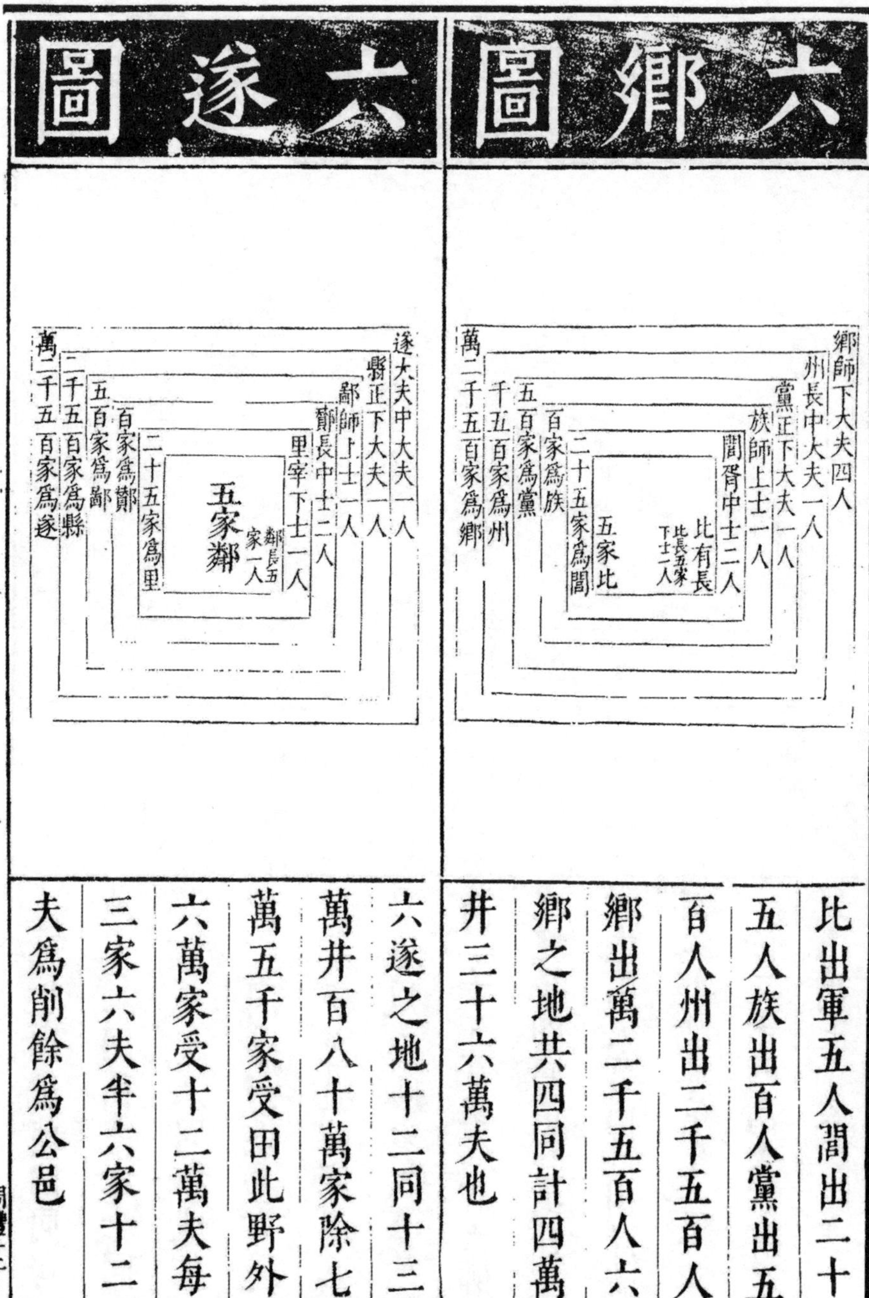

比出軍五人閭出二十五人族出百人黨出五百人州出二千五百人鄉出萬二千五百人六鄉之地共四同計四萬井三十六萬夫也

六遂之地十二同十三萬井百八十萬家除七萬五千家受田此野外六萬家受十二萬夫每三家六夫半六家十二夫爲削餘爲公邑

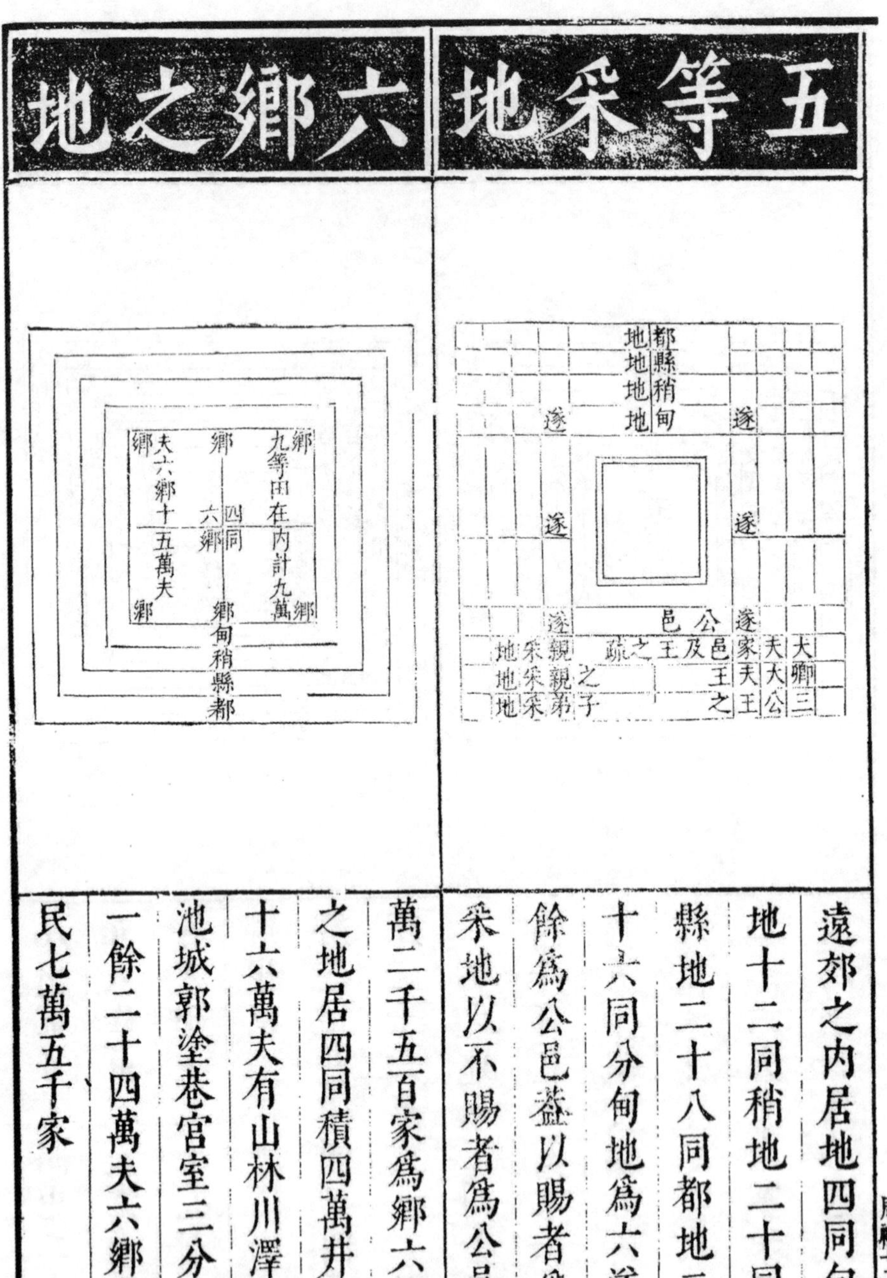

五等采地

遠郊之内居地四同甸地十二同稍地二十同縣地二十八同都地三十六同分甸地為六遂餘為公邑盡以賜者為采地以不賜者為公邑

六鄉之地

萬二千五百家為鄉六鄉之地居四同積四萬井三十六萬夫有山林川澤溝池城郭塗巷宮室三分去一餘二十四萬夫六鄉之民七萬五千家

職方氏

大司馬之職乃以九畿之藉施邦國之政職方千里曰國畿其外方五百里曰侯畿又其外方五百里曰甸畿又其外方五百里曰男畿又其外方五百里曰采畿又其外方五百里曰衛畿又其外方五百里曰蠻畿又其外方五百里曰夷畿又其外方五百里曰鎮畿又其外方五百里曰蕃畿

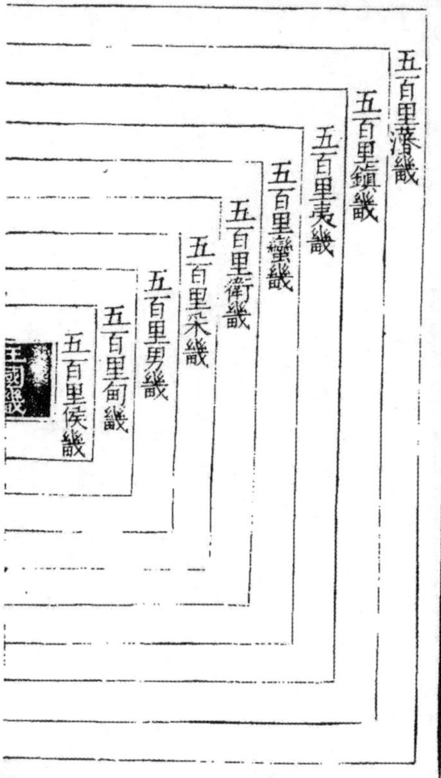

五百里藩畿
五百里鎮畿
五百里夷畿
五百里蠻畿
五百里衛畿
五百里采畿
五百里男畿
五百里甸畿
五百里侯畿
王國畿

大司馬分畿限施政職所共王政之職謂賦稅也　職方氏辨

九服圖

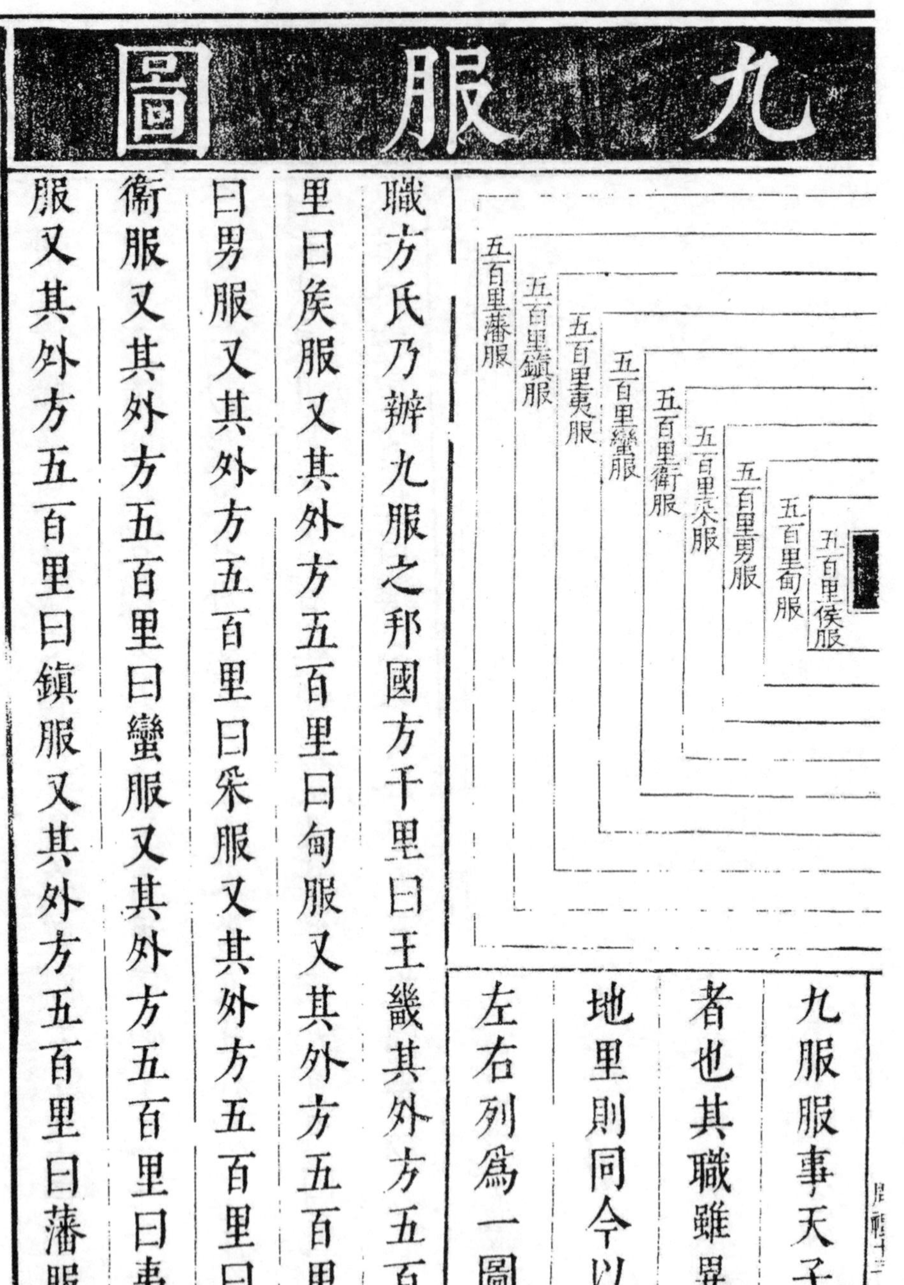

九服服事天子者也其職雖異地里則同今以左右列爲一圖

職方氏乃辨九服之邦國方千里曰王畿其外方五百里曰侯服又其外方五百里曰甸服又其外方五百里曰男服又其外方五百里曰采服又其外方五百里曰衛服又其外方五百里曰蠻服又其外方五百里曰夷服又其外方五百里曰鎮服又其外方五百里曰藩服

職方九州圖

州	方位	山鎮	澤藪	川	浸	民	畜	穀	利
揚	東南	會稽	具區	三江	五湖	二男五女	鳥獸	稻	金錫竹箭
荊	正南	衡山	雲夢	江漢	潁湛	一男二女	鳥獸	稻	丹銀齒革
豫	河南	華山	圃田	滎雒	波溠	二男三女	六擾	五種	林漆絲枲
青	正東	沂山	望諸	淮泗	沂沭	二男二女	雞狗	稻麥	蒲魚
兗	河東	岱山	大野	河泲	盧維	二男三女	六擾	四種	蒲魚
雍	正西	嶽山	弦蒲	涇汭	渭洛	三男二女	牛馬	黍稷	玉石
幽	東北	醫無閭	貕養	河泲	菑時	一男三女	四擾	三種	魚鹽
冀	河內	霍山	楊紆	漳	汾潞	五男三女	牛羊	黍稷	松柏
幷	正北	常山	昭餘祈	虖池嘔夷	淶易	二男二女	五擾	五種	布帛

行人六服朝貢圖

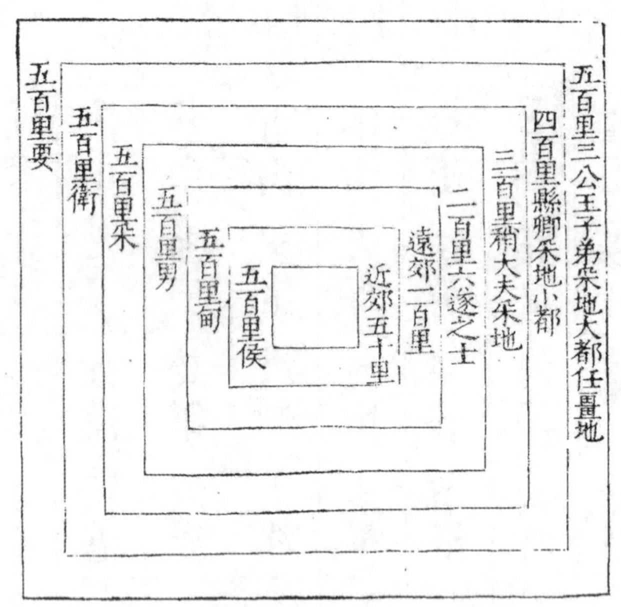

侯服歲壹見貢祀物甸服二歲壹見貢嬪物男服三歲壹見貢器物采服四歲壹見貢服物衛服五歲壹見貢材物要服六歲壹見貢貨物此外各以所貴寶爲摯

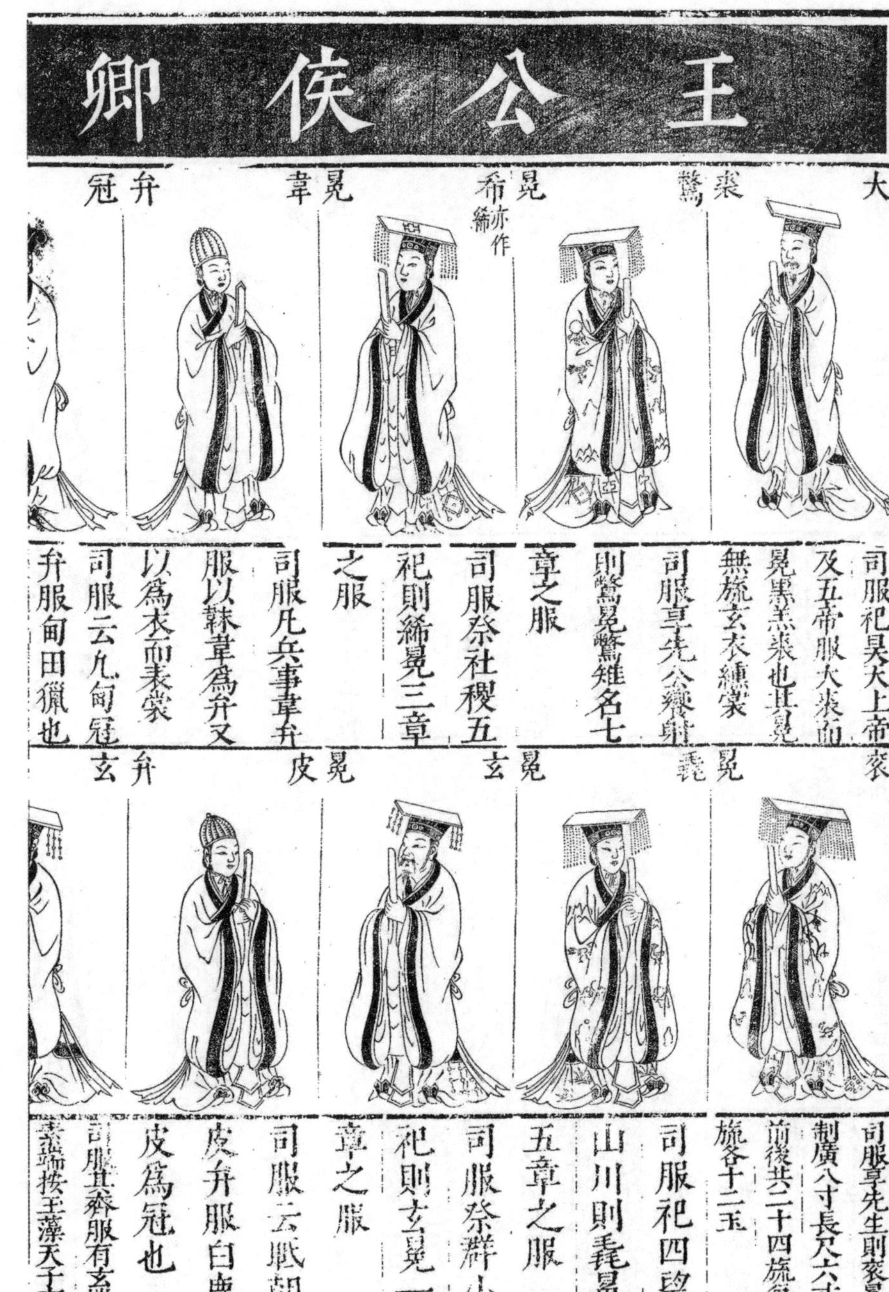
王公侯卿
大裘
鷩冕
希冕 希亦作絺
韋弁
冠弁
司服祀昊天上帝及五帝服大裘而冕裘黑羔裘也其冕無旒玄衣纁裳
司服享先公饗射則鷩冕鷩雉名七章之服
司服祭社稷五祀則絺冕三章之服
司服凡兵事韋弁服以韎韋爲弁又以爲衣而素裳
司服云凡甸冠弁服甸田獵也
衮冕
毳冕
玄冕
皮弁
玄
司服享先生則衮冕制廣八寸長尺六寸前後共二十四旒每旒各十二玉
司服祀四望山川則毳冕五章之服
司服祭群小祀則玄冕一章之服
司服云眡朝皮弁服白鹿皮爲冠也
司服其齊服有玄端素端按王藻天子玄

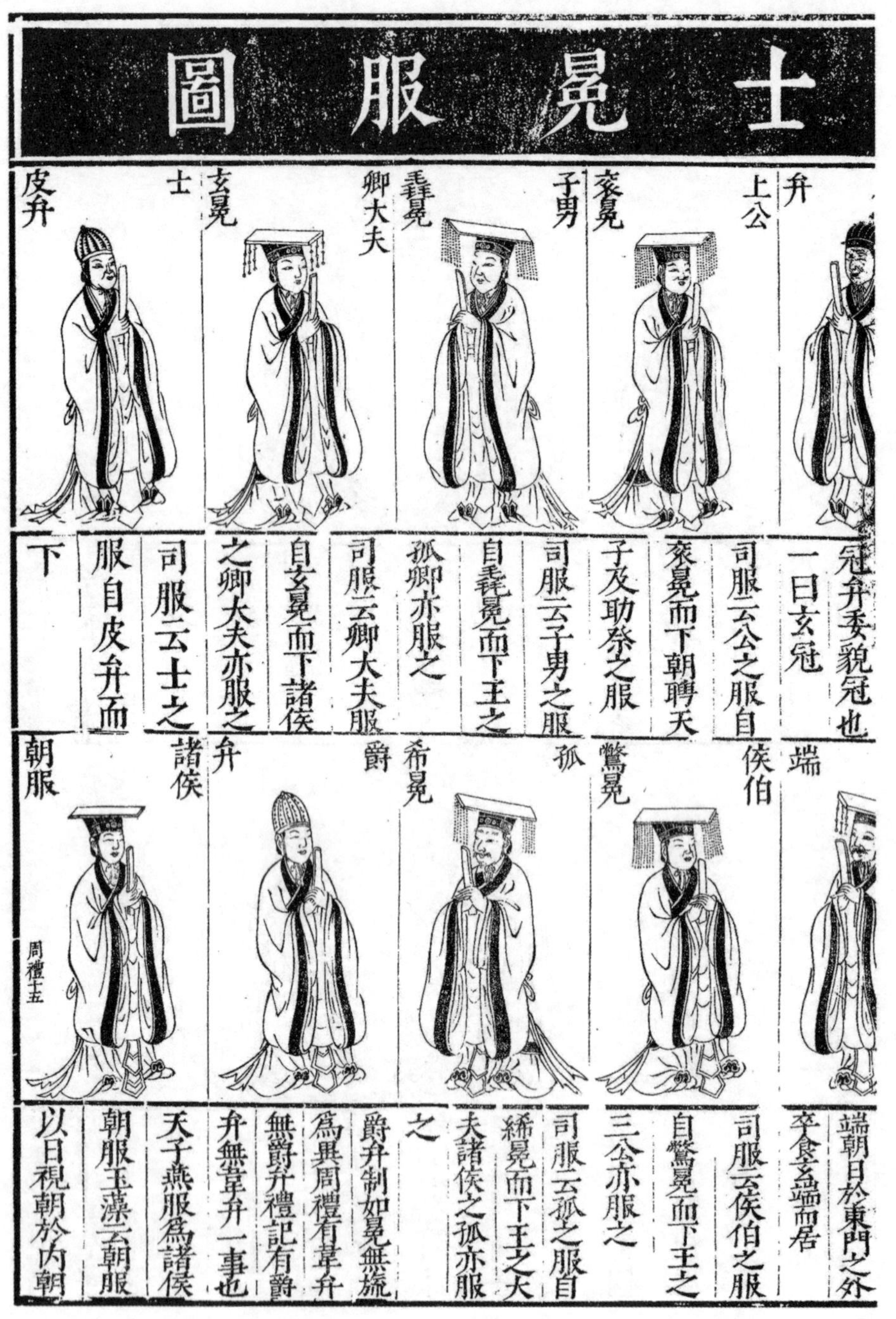
士冕服圖
弁
上公
袞冕
子男
毳冕
卿大夫
玄冕
士
皮弁
冠弁委貌冠也
一曰玄冠
司服云公之服自
袞冕而下朝聘天
子及助祭之服
司服云子男之服
自毳冕而下王之
孤卿亦服之
司服云卿大夫服
自玄冕而下諸侯
之卿大夫亦服之
司服云士之
服自皮弁而
下
端
侯伯
鷩冕
孤
希冕
爵
弁
諸侯
朝服
周禮十五
端朝日於東門之外
卒食玄端而居
司服云侯伯之服
自鷩冕而下王之
三公亦服之
司服云孤之服自
絺冕而下王之大
夫諸侯之孤亦服
之
爵弁制如冕無旒
爲異周禮有韋弁
無爵弁禮記有爵
弁無韋弁一事也
天子燕服爲諸侯
朝服玉藻云朝服
以日視朝於內朝

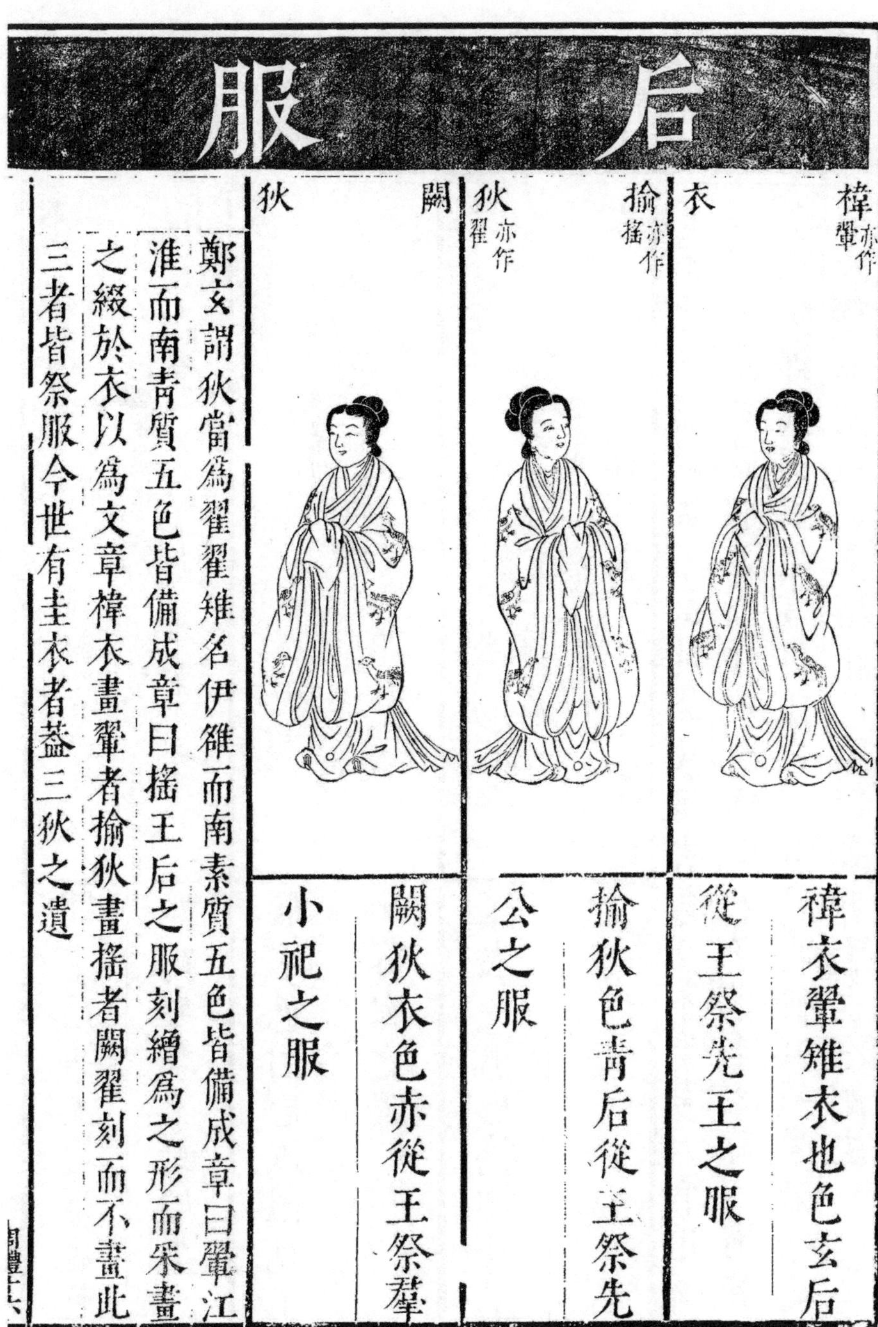

后服

褘（亦作翬）衣

揄（亦作搖）狄（亦作翟）

闕狄

褘衣翬雉衣也色玄后從王祭先王之服

揄狄色青后從王祭先公之服

闕狄衣色赤從王祭羣小祀之服

鄭玄謂狄當爲翟翟雉名伊雒而南素質五色皆備成章曰翬江淮而南青質五色皆備成章曰搖王后之服刻繒爲之形而采畫之綴於衣以爲文章褘衣畫翬者揄狄畫搖者闕翟刻而不畫此三者皆祭服今世有圭衣者蓋三狄之遺

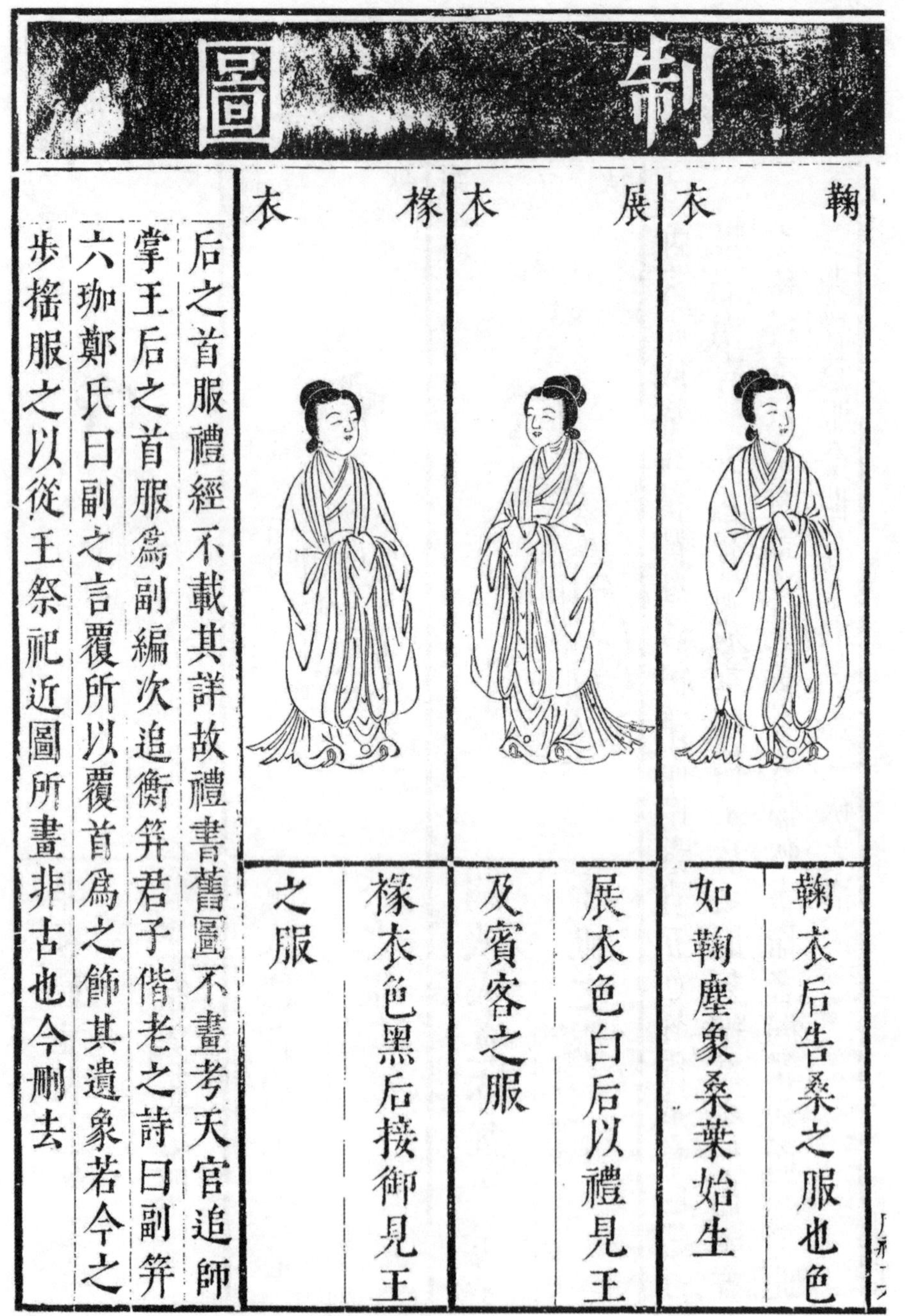

制圖

鞠衣

鞠衣后告桑之服也色如鞠塵象桑葉始生

展衣

展衣色白后以禮見王及賓客之服

褖衣

褖衣色黑后接御見王之服

后之首服禮經不載其詳故禮書舊圖不畫考天官追師掌王后之首服爲副編次追衡笄君子偕老之詩曰副笄六珈鄭氏曰副之言覆所以覆首爲之飾其遺象若今之步搖服之以從王祭祀近圖所畫非古也今刪去

圭璧璋瓚

大圭

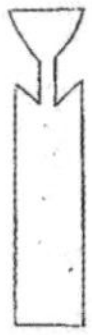

大圭長三尺杼上終葵首天子服之

冒圭

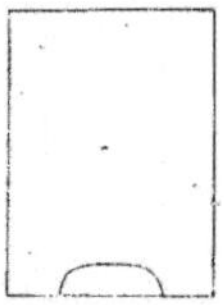

天子執冒圭四寸以朝諸侯

鎮圭

鎮圭以四鎮山爲瑑飾故以鎮爲名

桓圭

命圭九寸曰桓圭公守之

信圭

信圭像以人形爲瑑直爲信耳

躬圭

躬圭像以人形

駔琮

以組繫琮因名之天子宗后以爲權

大琮

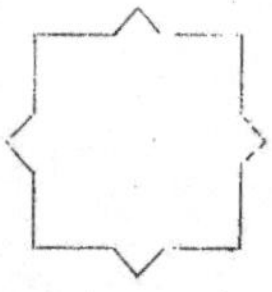

十有二寸射四寸厚一寸爲內鎮宗后守之

琬圭

琬圭九寸以治德以結好琬猶圓也

琰圭

琰圭九寸判規以除慝以易行

蒼璧

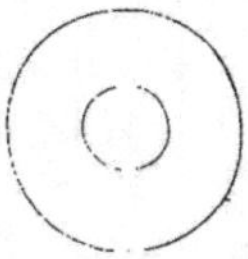

蒼璧禮天徑九寸好三寸兩邊各三寸

黃琮

黃琮禮地剡出一寸

兩圭有邸

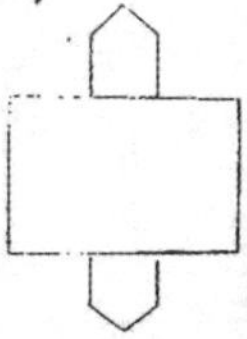

典瑞兩圭有邸以祀地旅四望玉人兩圭五寸有邸

圭璧

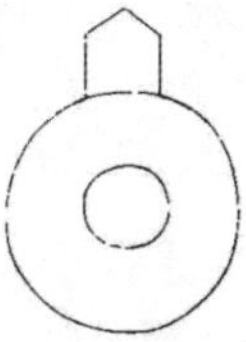

以祀日月星辰璧六寸璧上瑑出一圭長五寸

璋邸射

以祀山川以造贈賓客半圭曰璋從下自邸嚮上邪卻之曰邸射

圭瓚

祼圭有瓚如槃大五升口徑八寸深二寸

中璋瓚

中璋九寸勺口徑九寸鼻射寸

邊璋

邊璋七寸勺口

藻藉制圖

圭 
爲瑑飾爲躬耳

穀璧 
瑑穀稼之形爲飾五寸子執之

蒲璧 
瑑蒲草之形爲飾五寸男執之

牙璋 
牙璋以起軍旅瑑以爲牙

穀圭 
穀圭七寸天子以聘女其飾若粟文

大璋 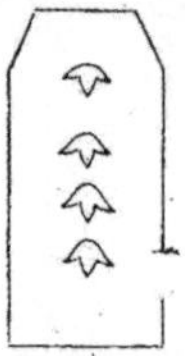
大璋七寸天子以巡守諸侯以聘女

琮 
六分長八寸厚寸

青圭 
青圭禮東方圭九寸厚寸博三寸剡上各一寸半

赤璋 
赤璋禮南方半圭曰璋

白琥 
白琥禮西方長九寸廣五寸刻伏虎形高三寸

玄璜 
玄璜禮北方半璧曰璜

四圭有邸 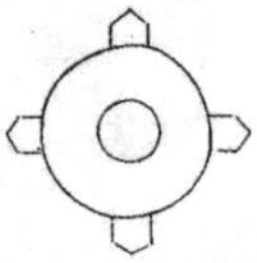
典瑞四圭有邸以祀天旅上帝玉人四圭尺有二寸

璋 
徑璋厚薄鼻寸

璧羨 
璧羨度尺好三寸以爲度羨徑也好孔也

圭玉繅 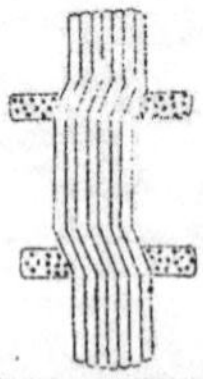
繅有五采文所以薦玉木爲中幹韋衣

諸侯繅藉 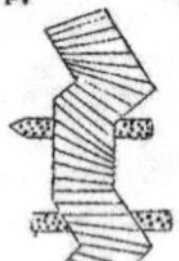
諸侯三采三就三就三匝也

蒲穀繅藉 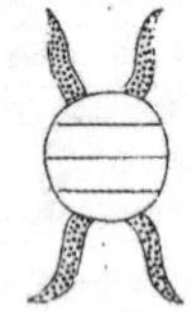
子男朱綠二采再就藻水草之文

方明 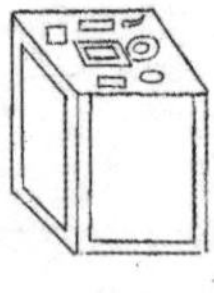
方明木也方四尺設六色以著玉也

圜丘樂圖

天宮黃鍾與無射合無射上生仲呂與地林鍾同位林鍾與蕤賓合但仲呂林鍾同在南故同位然天尊地卑嫌其同位而不用也仲呂上生黃鍾角黃鍾下生林鍾林鍾地宮又不用亦以嫌而不用林鍾上生太蔟太蔟爲徵太蔟上生南呂與無射同位又不用南呂上生姑洗姑洗爲羽祭天四聲足矣

大司樂以圜鍾爲宮黃鍾爲角太蔟爲徵姑洗爲羽冬日至於地上圜丘奏之樂六變則天神皆降

方丘樂圖

地宮林鍾林鍾上生太蔟太蔟爲角下生南呂南呂爲羽是先生後用也南呂生姑洗姑洗爲徵後生先用也祭地四聲足矣

大司樂函鍾爲宮太蔟爲角姑洗爲徵南呂爲羽夏日至於澤中方丘奏之樂八變則地示可得而禮矣

宗廟樂圖

黃鍾 大呂 大蔟 夾鍾 姑洗 中呂 蕤賓 林鍾 夷則 南呂 無射 應鍾

人宮黃鍾黃鍾下生林鍾林鍾爲地宮又避之不取也林鍾上生大蔟大蔟爲徵先生後用也大蔟下生南呂南呂爲天陽之宮同位又避之南呂上生姑洗姑洗南呂之合又避之姑洗下生應鍾應鍾爲羽應鍾上生蕤賓蕤賓地宮之陽以林鍾是地宮與相配合故又避之蕤賓上生大呂大呂爲角後生先用也

大司樂以黃鍾爲宮大呂爲角大蔟爲徵應鍾爲羽宗廟之中奏之樂九變則人鬼可得而禮

分舞樂圖

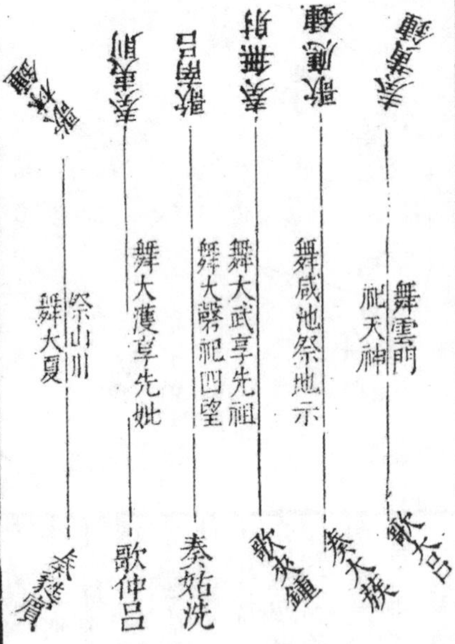

奏黃鍾　舞雲門　祀天神　歌大呂

歌應鍾　舞咸池祭地示　奏大蔟

奏無射　舞大武享先祖　歌夾鍾

歌南呂　舞大磬祀四望　奏姑洗

奏夷則　舞大濩享先妣　歌仲呂

歌函鍾　祭山川　舞大夏　奏蕤賓

黃鍾陽生之首大呂與之合太蔟陽聲二應鍾合姑洗陽聲三南呂合蕤賓陽聲四林鍾合夷則陽聲五仲呂合無射陽聲六夾鍾合

筍虡鍾

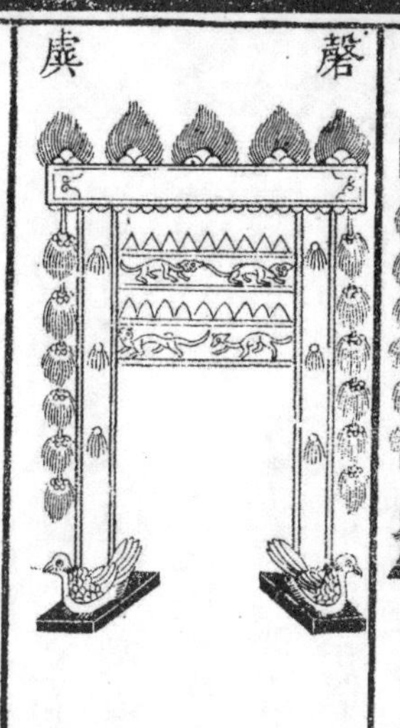

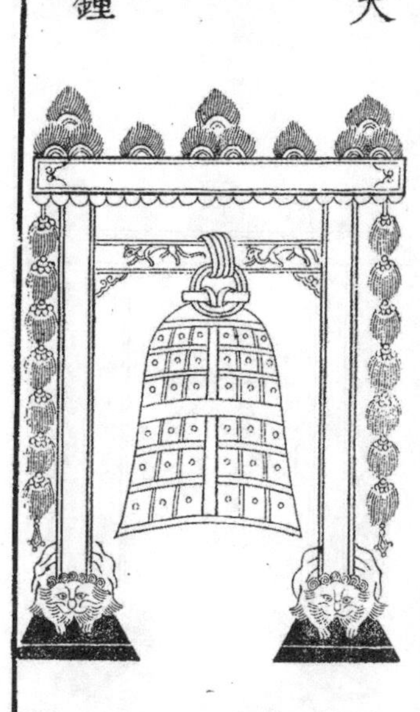

考工記曰梓人爲筍虡羸者羽者鱗者以爲虡厚脣弇口出目短耳大胷燿後大體短脰若是者謂之羸屬常有力而不能走其聲大而宏有力而不能走則於任重宜大聲而宏則於鍾宜若是以爲鍾虡是故擊其所縣而由其虡鳴銳喙決吻數目顅脰小體騫腹若是者羽屬常無力而輕其聲清揚而遠聞無力而輕則於任輕宜其聲清揚而遠聞則於磬宜若是者以爲磬虡故擊其所縣而由其虡鳴小首而長摶身而鳴若是者鱗屬以爲筍　植者爲虡橫者爲筍筍之上有崇牙虡之上設業業之上樹羽而有端有璧翣鍾虡飾以羸屬磬虡飾以羽屬而筍皆飾以鱗屬若筍文然故謂之筍其所植者蓋虡甲焉故謂之虡

大鍾特縣鍾也　典同凡爲樂器以十有二律爲之度數單穆公曰先王之制鍾也大不出鈞重不過石律度量衡於是乎生則樂器待律然後制而律度又待鍾然後生故有十二辰之鍾以應十二月之律十二辰之鍾大鍾也大鍾特縣詩書爾雅所謂鏞是也非十二辰之鍾則編焉周禮所謂編鍾是也

磬制圖

大磬

大磬特縣磬也　考工記磬氏爲磬倨句一矩有半其博爲一股爲二鼓爲三參分其股博去一以爲鼓博參分其鼓博以其一爲之厚　鄭司農云股磬之上大者鼓其下小者康成云股外面鼓内面小大長短雖殊其厚均也黃鍾之磬股鼓皆厚二寸餘推此可知

編鍾磬

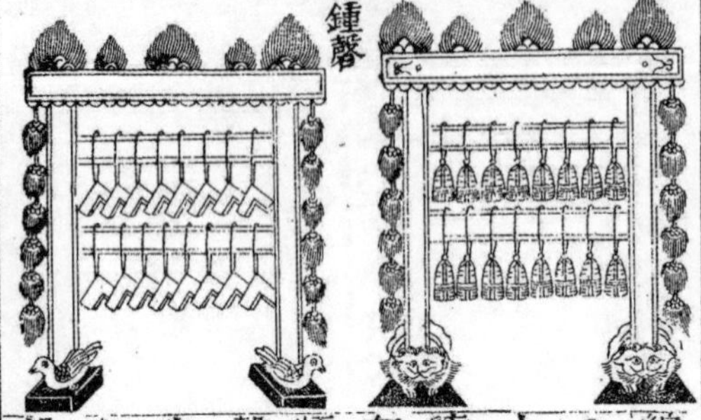

編鍾十六枚在一筍虡○鍾師掌金奏○編磬十六枚在一筍虡○眂瞭掌擊頌磬笙磬○磬在東方曰笙在西方曰頌○磬師掌教擊磬擊編鍾○凡縣編鍾磬半爲堵全爲肆十六枚在一筍虡曰堵鍾一堵磬一堵曰肆

鎛

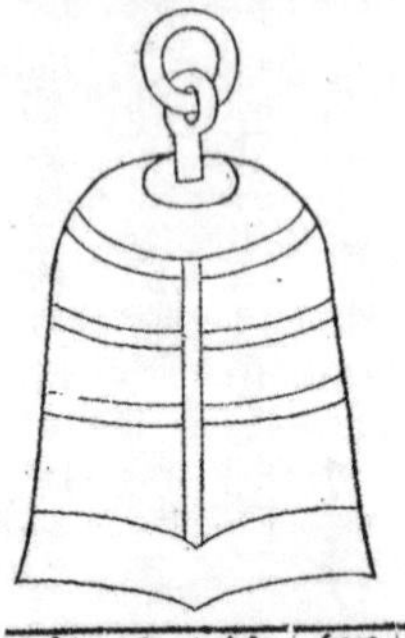

鎛師掌金奏之鼓祭祀鼓其金奏之樂國語伶州鳩曰細鈞有鍾無鎛大鈞有鎛無鍾細必和之以大大必和之以細鎛小鍾耳韋昭杜預皆以鎛爲小鍾惟鄭康成曰鎛如鍾

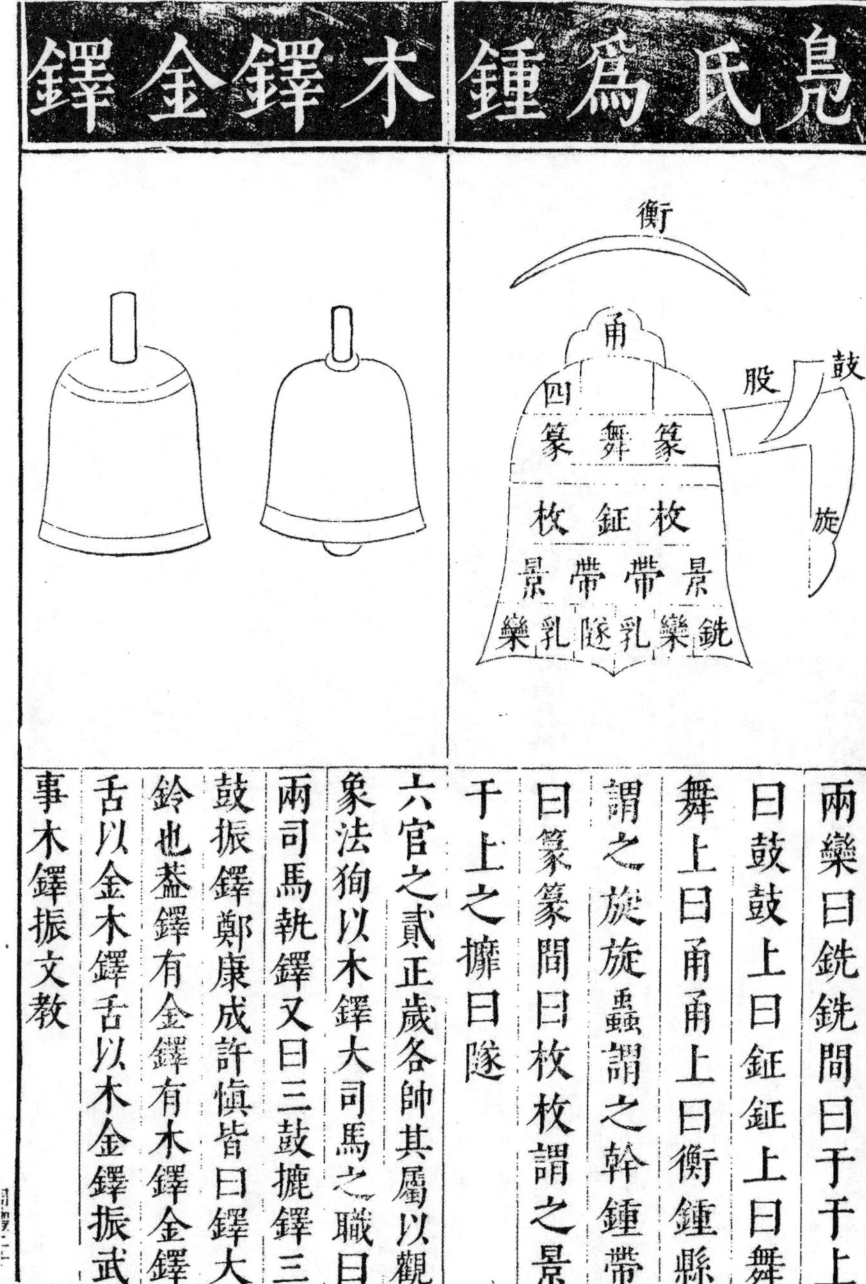

兩欒曰銑銑間曰于于上曰鼓鼓上曰鉦鉦上曰舞舞上曰甬甬上曰衡鍾縣謂之旋旋蟲謂之幹鍾帶曰篆篆間曰枚枚謂之景于上之攠曰隧

六官之貳正歲各帥其屬以觀象法狥以木鐸大司馬之職曰兩司馬執鐸又曰三鼓摝鐸三鼓振鐸鄭康成許愼皆曰鐸大鈴也蓋鐸有金鐸有木鐸金鐸舌以金木鐸舌以木金鐸振武事木鐸振文教

鼓人四金圖

錞

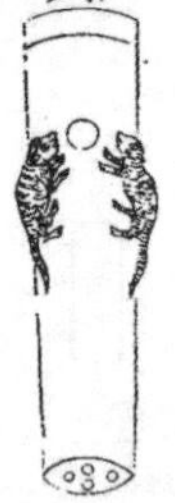

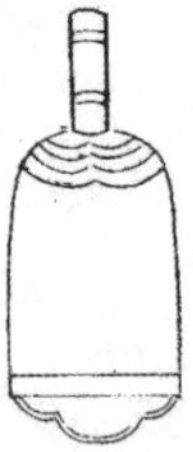

鼓人以金錞和鼓錞于也圓如碓頭大上小下樂作鳴之與鼓相和

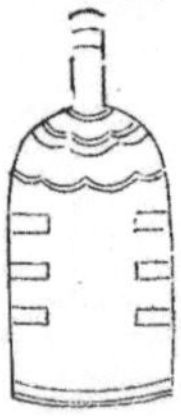

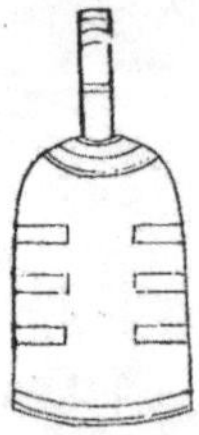

鐲

鼓人以金鐲節鼓鐲鉦也形如小鍾軍行則鳴之以爲鼓節

鐃

鼓人以金鐃止鼓鐃如鈴無舌有秉執而鳴之以止擊鼓

鐸

鼓人以金鐸通鼓鐸大鈴也振之以通鼓

舞師樂師舞制圖

兵舞

兵謂干戚也舞師教兵舞帥而舞山川祭祀樂師有干舞

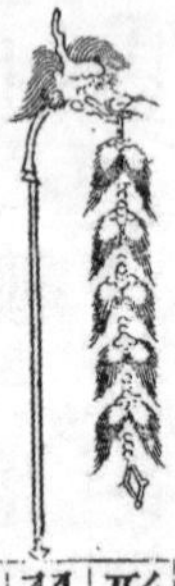

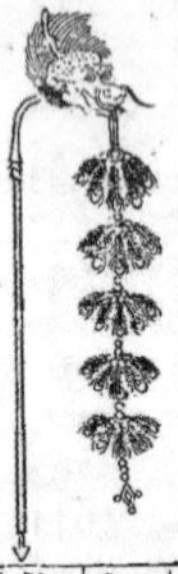

帗舞

帗列五采繒爲之有秉舞師教帗舞帥而舞社稷之祭祀

羽舞

羽析白羽爲之形如帗舞師教羽舞帥而舞四方之祭祀

皇舞

皇謂雜五采羽如鳳皇色舞師教皇舞帥而舞旱暵之事

旄舞

樂師教小舞又有旄舞人舞旄舞以旄牛毛爲之人舞無所執以手袖爲威儀

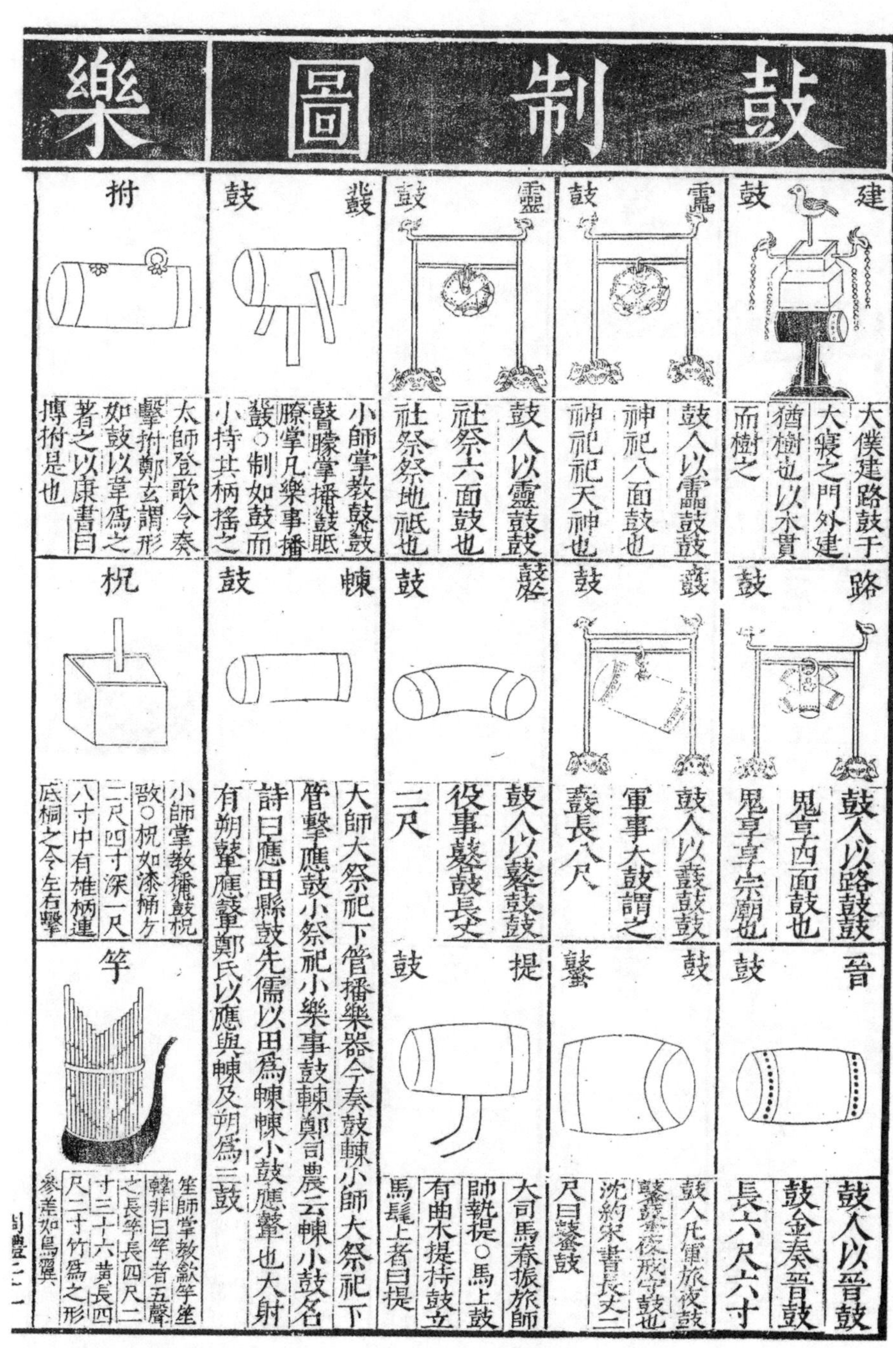
鼓制圖
樂
建鼓
大僕建路鼓于大寢之門外建猶樹也以木貫而樹之
靁鼓
鼓人以靁鼓鼓神祀八面鼓也神祀祀天神也
靈鼓
鼓人以靈鼓鼓社祭六面鼓也社祭祭地祇也
鼗鼓
小師掌教鼓鼗瞽矇掌播鼗眡瞭掌凡樂事播鼗○制如鼓而小持其柄搖之
拊
太師登歌令奏擊拊鄭玄謂形如鼓以韋爲之著之以康書曰搏拊是也
路鼓
鼓人以路鼓鼓鬼享西面鼓也鬼享享宗廟也
鼖鼓
鼓人以鼖鼓鼓軍事大鼓謂之鼖長八尺
鼛鼓
鼓人以鼛鼓鼓役事鼛鼓長丈二尺
鞞鼓
大師大祭祀下管播樂器令奏鼓鞞小師大祭祀下管擊應鼓小祭祀小樂事鼓鞞鄭司農云鞞小鼓名詩曰應田縣鼓先儒以田爲鞞鞞小鼓應鼙也大射有朔鼙應鼙鄭氏以應與鞞及朔爲三鼓
柷
小師掌教播鼗柷敔○柷如漆桶方二尺四寸深一尺八寸中有椎柄連底桐之令左右擊
晉鼓
鼓人以晉鼓鼓金奏晉鼓長六尺六寸
鼜鼓
鼓人凡軍旅夜鼓鼜鼜夜戒守鼓也沈約宋書長丈二尺曰鼜鼓
提鼓
大司馬春振旅師帥執提○馬上鼓有曲木提持鼓立馬髦上者曰提
竽
笙師掌教龡竽笙韓非曰竽者五聲之長竽長四尺二寸三十六簧長四尺二寸竹爲之形參差如鳥翼

器制圖

牘
笙師掌教舂牘應雅以教祴樂鄭司農曰牘以竹大五六寸長七尺

應
應長六尺五寸其中有雅短者一三尺虛中當無底其端有兩空髹畫以兩手築地

雅
笙師掌教舂牘應雅○雅狀如漆筩而弇口大二圍長五尺六寸以羊韋鞔之有兩紐

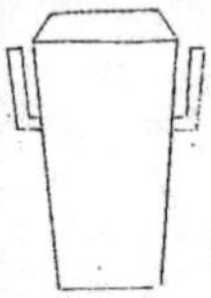

琴
大司樂有雲和空桑龍門之琴瑟廣雅曰琴長三尺六寸六分五弦文王武王加二弦

瑟
庖犧氏作瑟五十弦黃帝破為二十五弦舊圖雅瑟長八尺一寸廣一尺八寸

敔
敔狀如伏虎背上有二十七鉏鋙刻以木長尺櫟之書曰合止柷敔

止
爾雅曰所以鼓柷謂之止

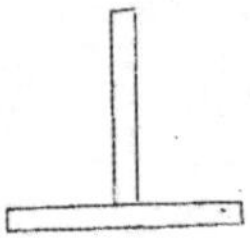

籈
爾雅曰所以鼓敔謂之籈

塤
笙師掌教塤謦蒙掌播塤○銳上平底大者如鵝子小者如雞子大小不同而同於六孔

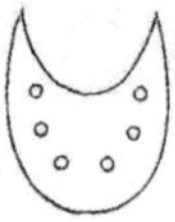

篪
笙師掌教龡篪篪以竹為之長尺四寸圍三寸小者尺二寸廣雅曰八孔鄭司農曰七孔

笙
笙長四尺大者十九簧小者十三簧爾雅曰大笙謂之巢小者謂之和

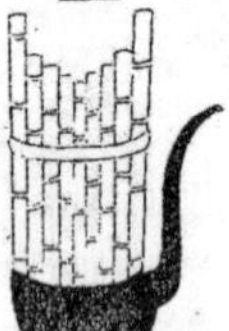

簫
小師掌教簫管比竹為之其狀鳳翼其聲鳳鳴爾雅曰大曰言小曰筊言二十三管長四尺筊十六管長尺二寸

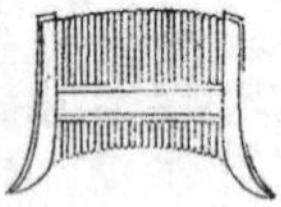

篴
笙師掌教篴杜子春云竹篴五孔篴一作笛

籥
笙師掌教籥籥如篴三孔

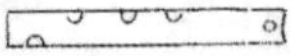

管
笙師掌教管大司樂有孤竹孫竹陰竹之管狀如篪六孔

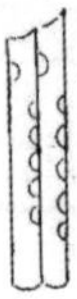

祭器制圖

椒禁鼎冪匜角觶散嶡俎椇俎房俎梡俎玄見禮記器用制圖

罍：形似壺大者一斛刻木爲之畫爲山雲之形

坫爵：坫以致爵漆赤中畫赤雲氣亦隨爵爲飾

玉爵：玉爵受一升口徑四寸底二寸上下徑二寸二分

龍勺：柄長二尺四寸受五升爲龍頭

畫布巾：畫五色雲氣冪六彝二尺二寸之幅而圓

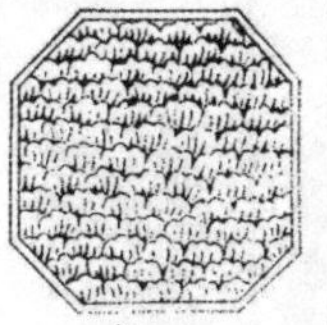

疏布巾：祭天地以疏布巾冪八尊用二尺二寸

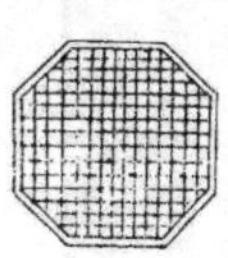

俎：周制房俎漆兩端赤中央黑

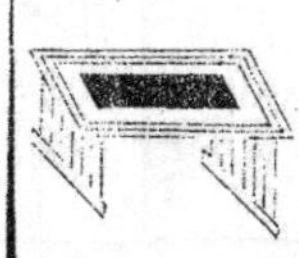

彝舟：尊下臺若今承槃外漆朱中足隨舟刻畫

豆：豆高尺二寸漆赤中畫飾不同

登：詩云于豆于登形象與豆同畫飾異耳

簠：外方內圓曰簠漆赤中稻粱器

簋：內方外圓曰簋足高二寸漆赤中盛黍稷

罍洗：受一斛口徑一尺脛高五寸後旁一寸

洗：洗高三尺口徑一尺五寸足徑三尺

籩：籩以竹爲之口以縢緣形如豆亦受四升

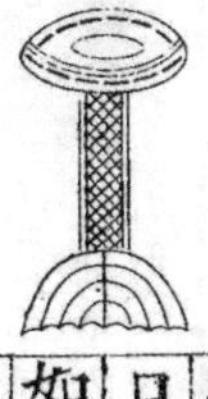

六尊制圖　六彝制圖

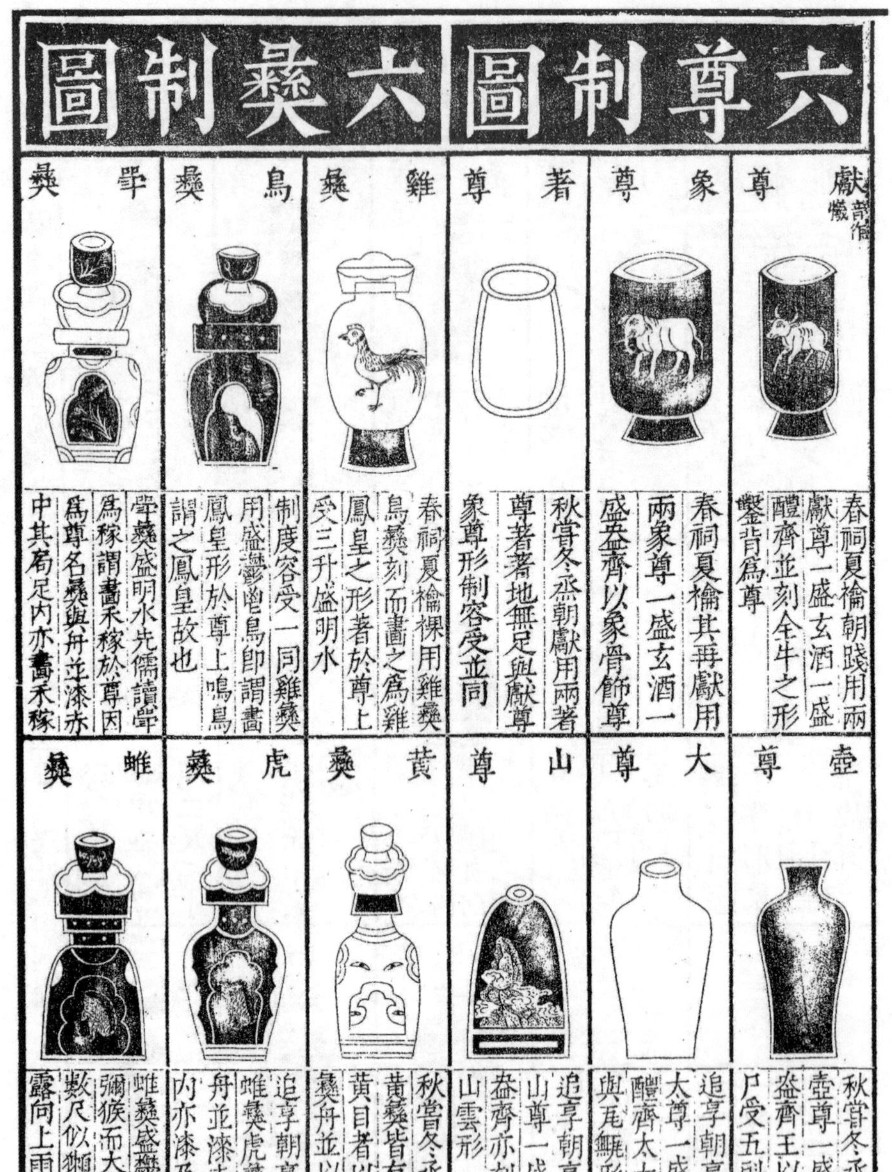

獻尊（音娑 犧）

春祠夏禴朝踐用兩獻尊一盛玄酒一盛醴齊並刻全牛之形鑿背爲尊

象尊

春祠夏禴其再獻用兩象尊一盛玄酒一盛盎齊以象骨飾尊

著尊

秋嘗冬烝朝獻用兩著尊著地無足與獻尊象尊形制容受並同

雞彝

春祠夏禴祼用雞彝鳥彝刻而畫之爲雞鳳皇之形著於尊上受三升盛明水

鳥彝

制度容受一同雞彝用盛鬱鬯鳥卽謂畫鳳皇形於尊上鳴鳥謂之鳳皇故也

斝彝

斝彝盛明水先儒讀斝爲稼謂畫禾稼於尊因爲尊名彝與舟並漆赤中其局足內亦畫禾稼

壺尊

秋嘗冬烝饋獻用兩壺尊一盛元酒二盛盎齊王以玉爵酌獻尸受五斗漆赤中

大尊

追享朝享朝踐用兩大尊一盛玄酒一盛醴齊太古之瓦尊也與瓦甒形制容受同

山尊

追享朝享再獻用兩山尊一盛玄酒一盛盎齊亦刻而畫之爲山雲形

黃彝

秋嘗冬烝祼用斝彝黃彝皆有舟盛鬱鬯黃目者以黃金爲目彝舟並以金漆

虎彝

追享朝享祼用虎彝蜼彝虎彝盛明水彝舟並漆赤中其局足內亦漆及畫虎爲飾

蜼彝

蜼彝盛鬱鬯蜼卬鼻似獮猴而大黃黑色尾長數尺似獺尾末有岐鼻露向上雨卽以尾塞鼻

掌客器圖

壺

酒壺受一斛口徑尺足高二寸徑尺反爵著壺漆赤中有畫飾

甕

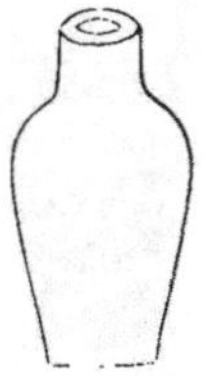

甕盛醯醢高一尺受三斗醯人云王舉供醯五十甕醢五十甕

筐

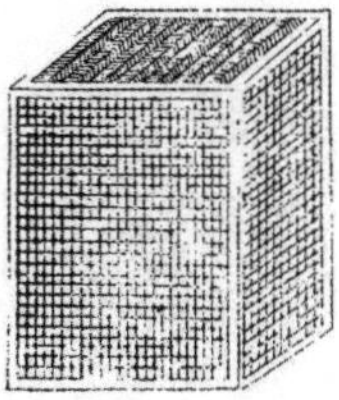

以竹爲之受五斗以盛米國君致饔餼於聘賢雜筥用之

篚

篚以竹爲之長三尺廣一尺深六寸足高三寸

筥

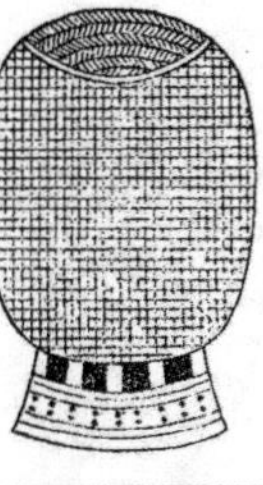

圓曰筥受半斛主君致饔餼於賓與大夫上介皆以筥盛米

柶

醴有柶用角爲之鉶有柶用木爲之柶長一尺櫎博三寸

鬯人制圖

蜃

山川四方用蜃漆尊畫爲蜃形蚌曰含漿尊之象也容五斗

槩

祼用槩黑漆爲尊以朱絡腹形制容受如蜃等

散

漆尊無飾曰散疈事用散疈磔牲體者形制容受如槩尊

大罍

祭祀社稷用大罍卽瓦罍也取質略之意

瓢齎

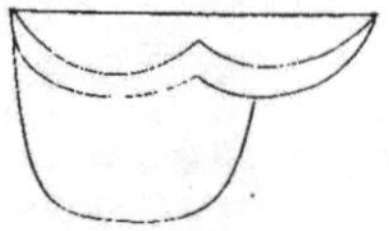

禜門用瓢齎禜祭名門國門取甘瓠割去柢以爲尊

脩

廟用脩讀曰卣卣中尊謂獻象（獻亦讀作犧）之屬

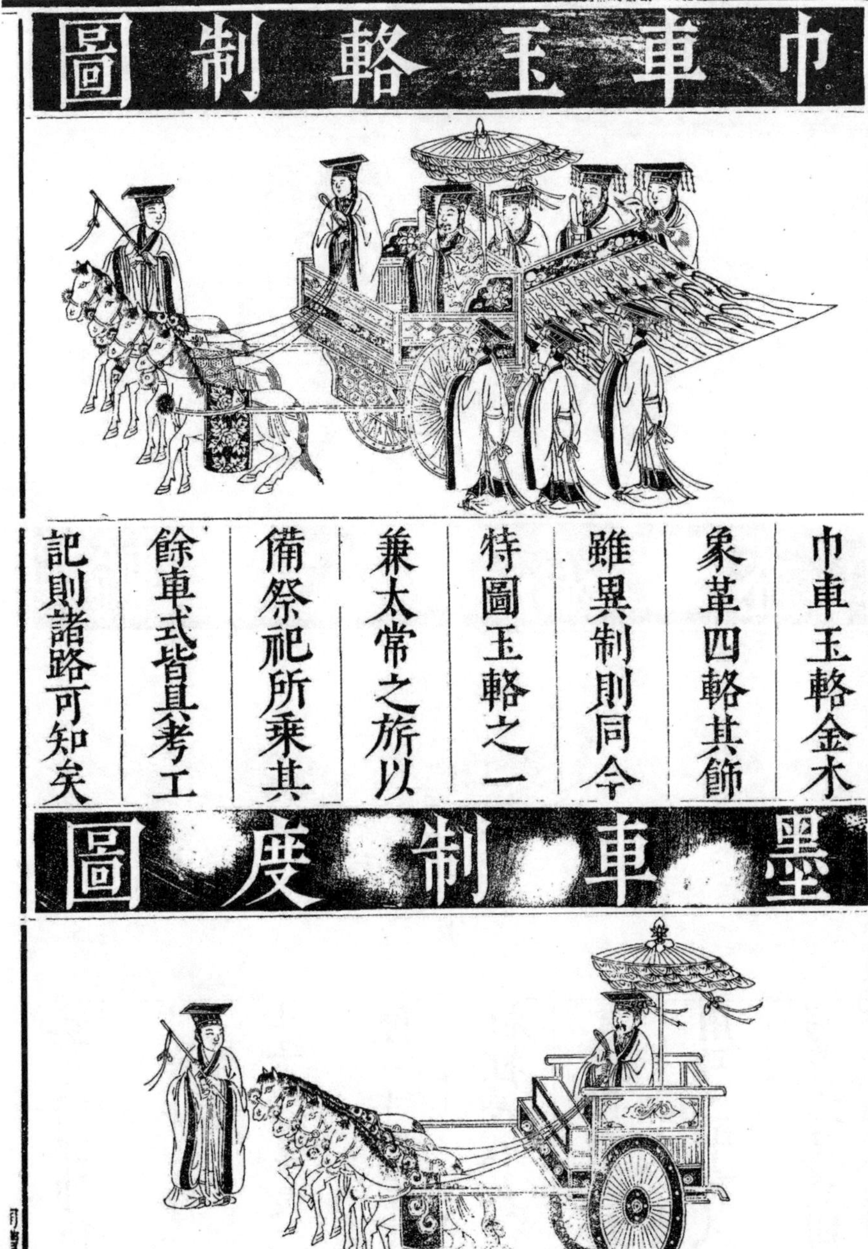
巾車玉輅制圖
巾車玉輅金木象革四輅其飾雖異制則同今特圖玉輅之一兼太常之旂以備祭祀所乘其餘車式皆具考工記則諸路可知矣
墨車制度圖

厭翟車制圖

輪人爲蓋

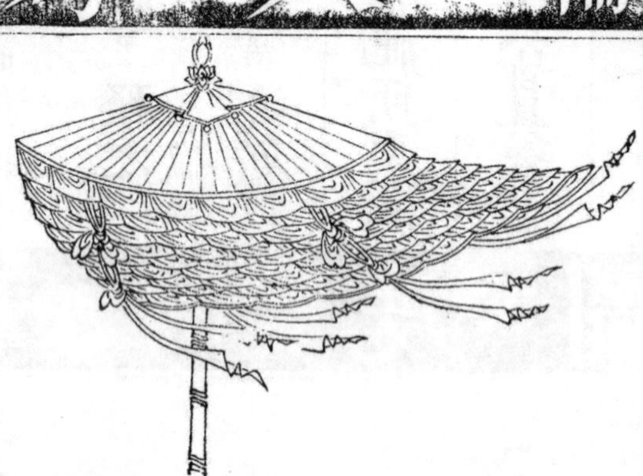

蓋斗曰部部徑六寸厚一寸上隆一分斗下達常長二尺徑一寸達常下入杠杠長八尺徑二寸足以合達常也用弓二十有八每弓長六尺廣四分

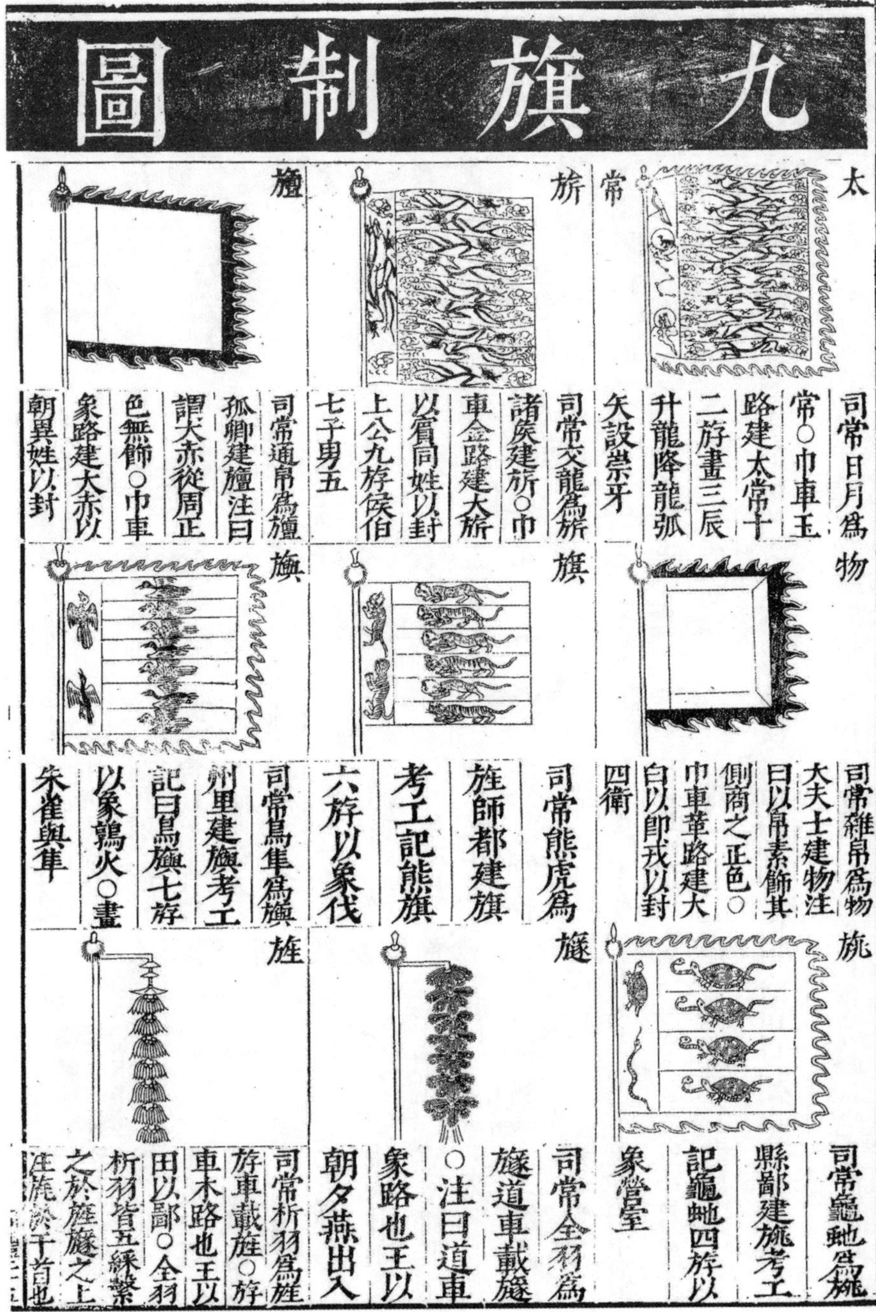

九旗制圖

太常

司常日月爲常○巾車王路建太常十二斿畫三辰升龍降龍弧矢設崇牙

旂

司常交龍爲旂諸侯建旂○巾車金路建大旂以賓同姓以封上公九斿侯伯七子男五

旜

司常通帛爲旜孤卿建旜注曰謂大赤從周正色無飾○巾車象路建大赤以朝異姓以封

物

司常雜帛爲物大夫士建物注曰以帛素飾其側商之正色○巾車革路建大白以即戎以封四衛

旗

司常熊虎爲旗師都建旗考工記熊旗六斿以象伐

旟

司常鳥隼爲旟州里建旟考工記曰鳥旟七斿以象鶉火○畫朱雀與隼

旐

司常龜蛇爲旐縣鄙建旐考工記龜蛇四斿以象營室

旞

司常全羽爲旞道車載旞○注曰道車象路也王以朝夕燕出入

旌

司常析羽爲旌斿車載旌○斿車木路也王以田以鄙○全羽析羽皆五綵繫之於旞旌之上注旄於干首也

射侯制圖

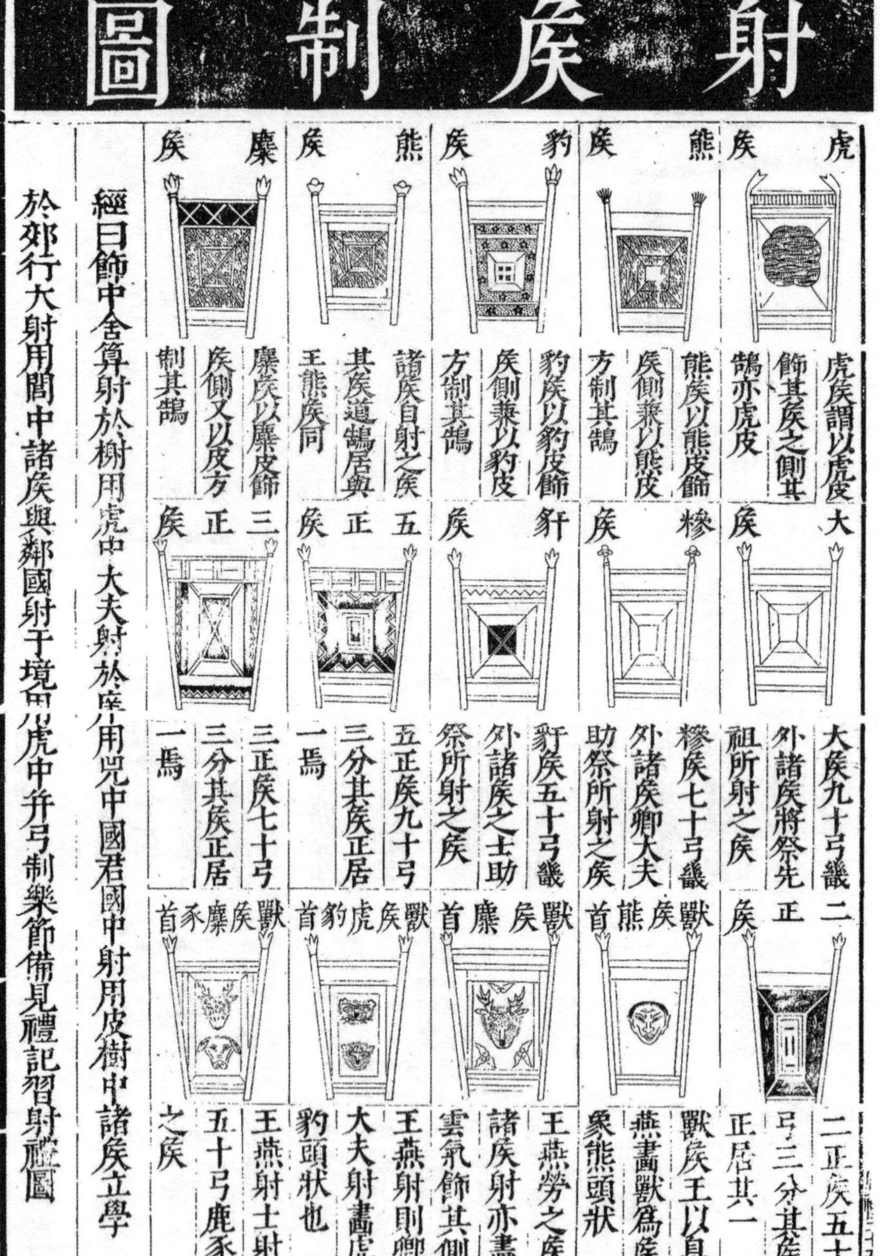

虎侯
虎侯謂以虎皮飾其侯之側其鵠亦虎皮
熊侯
熊侯以熊皮飾侯側兼以熊皮方制其鵠
豹侯
豹侯以豹皮飾侯側兼以豹皮方制其鵠
熊侯
諸侯自射之侯其侯道鵠居與王熊侯同
麋侯
麋侯以麋皮飾侯側又以皮方制其鵠
大侯
大侯九十弓畿外諸侯將祭先祖所射之侯
糝侯
糝侯七十弓畿外諸侯卿大夫助祭所射之侯
豻侯
豻侯五十弓畿外諸侯之士助祭所射之侯
五正侯
五正侯九十弓三分其侯正居一焉
三正侯
三正侯七十弓三分其侯正居一焉
二正侯
二正侯五十弓三分其侯正居其一
獸侯熊首
獸侯王以息燕畫獸爲侯象熊頭狀
獸侯麋首
王燕勞之侯諸侯射亦畫雲氣飾其側
獸侯虎豹首
王燕射則卿大夫射畫虎豹頭狀也
獸侯麋豕首
王燕射士射五十弓鹿豕之侯
經曰飾中舍算射於榭用虎中大夫射於庠用兕中國君國中射用皮樹中諸侯立學
於郊行大射用閭中諸侯與鄰國射于境用虎中弁弓制樂節備見禮記習射禮圖

馮相太歲圖

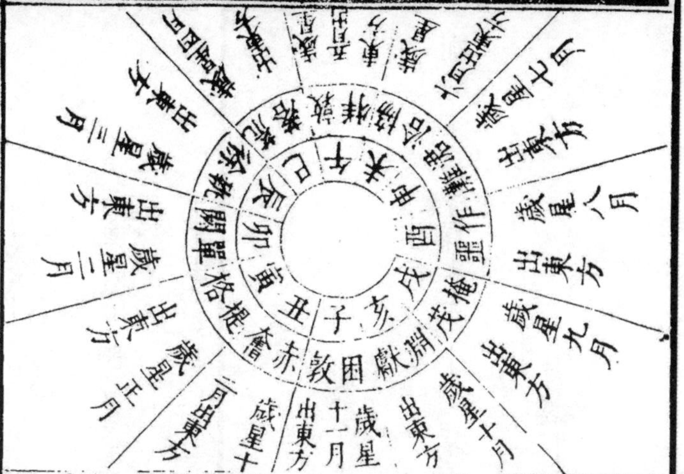

子 丑 寅 卯 辰 巳 午 未 申 酉 戌 亥

困敦 赤奮若 攝提格 單閼 執徐 大荒落 敦牂 協洽 涒灘 作噩 閹茂 大淵獻

歲星正月出東方 歲星二月出東方 歲星三月出東方 歲星八月出東方 歲星九月出東方 歲星十月出東方 歲星十一月出東方

馮相氏掌十二歲歲謂太歲歲星與日同次之月斗所建之辰也歲星爲陽右行於天太歲爲陰左行於地十二歲而小周與日常應太歲月建以見

土圭

表

去西千里一表

大西多陰日中而日景尺五寸

圭

龜人圖

龜

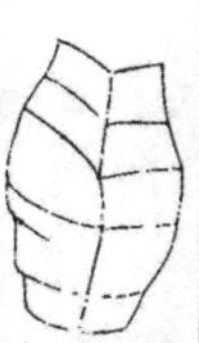

龜人取龜用秋攻龜用春時春灼後左夏灼前左秋灼前右冬灼後右

燋

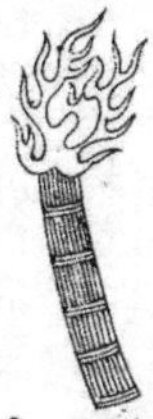

燋存火之炬灼龜之時用燃楚焞也

楚焞

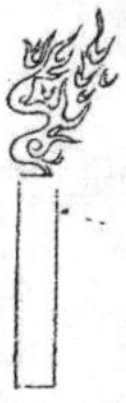

楚焞者謂荊爲楚用之焞龜開兆

簭人圖

蓍

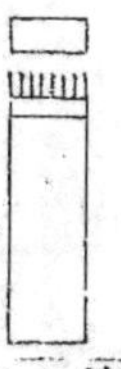

蓍以爲筮策櫝藏筮之器

畫爻木

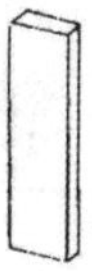

古者用木畫地記爻今以錢

卦板

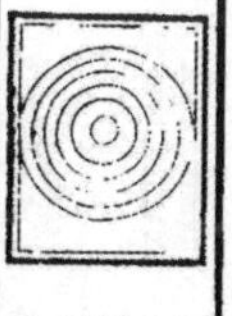

所筮六爻俱了卦體得成更以方版畫卦體示人也

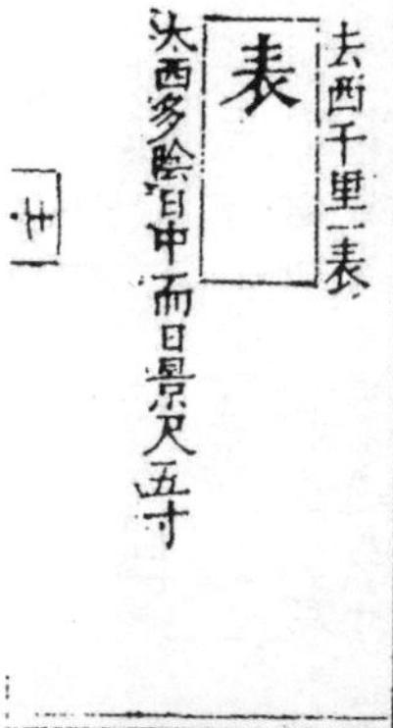

水

植

水

人望之

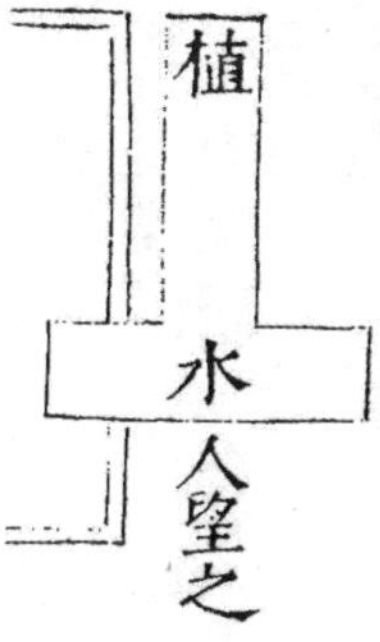

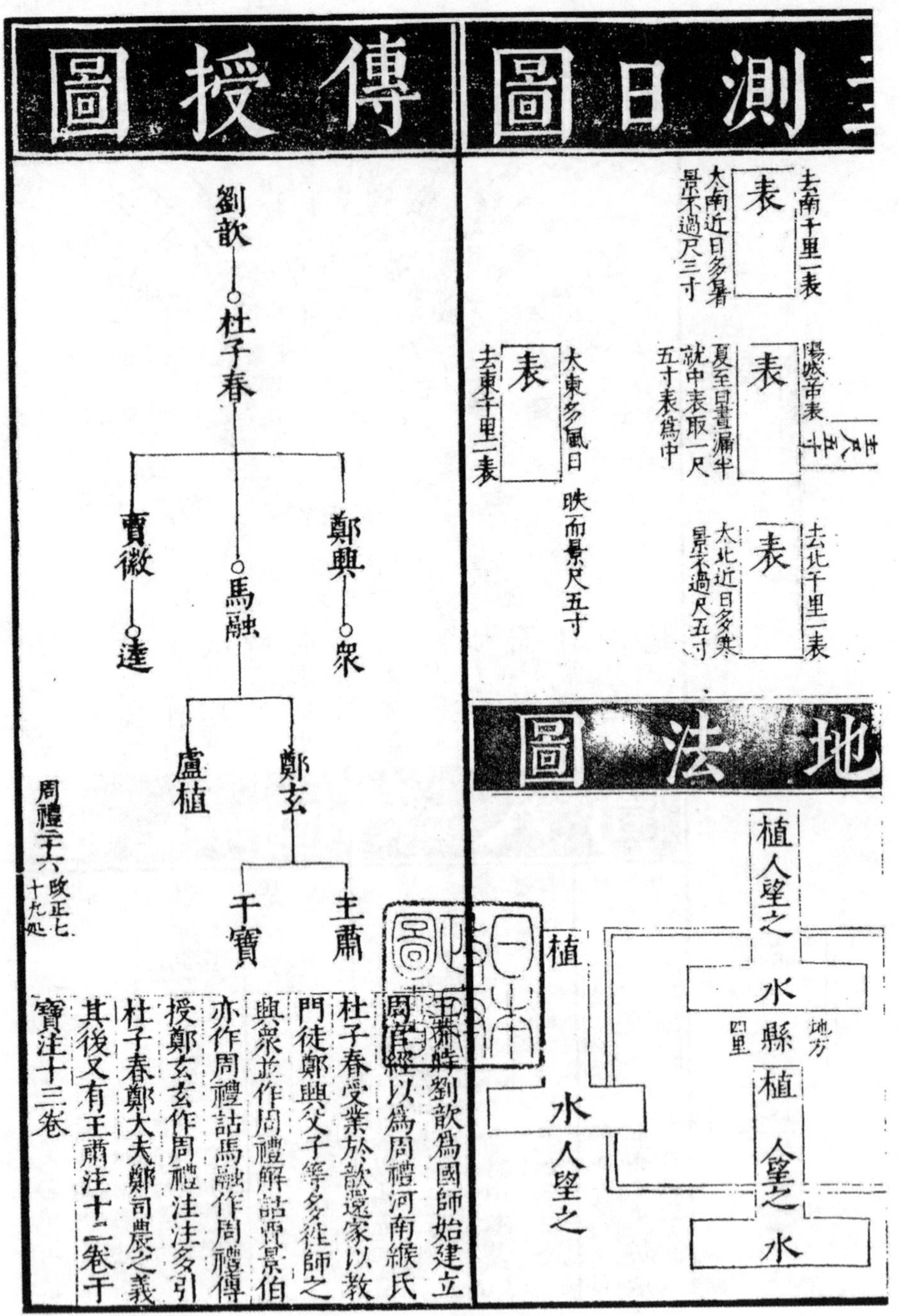

傳授圖

王莽時劉歆爲國師始建立周官經以爲周禮河南緱氏杜子春受業於歆還家以教門徒鄭興父子等多往師之興衆並作周禮解詁賈景伯亦作周禮詁馬融作周禮傳授鄭玄玄作周禮注注多引杜子春鄭大夫鄭司農之義其後又有王肅注十二卷干寶注十三卷

周禮二十八改正七十九処

土圭測日圖

地法圖

儀禮圖序

聖人爲生民立人極爲萬世開太平本天理酌人事制乎儀禮以爲人倫品式焉所謂修道之教也周公之治道盡在於是故孔子致言學禮禮記記言讀禮簡牘之傳固有自矣漢初言禮者經記爲二而儀禮十七篇皆高堂生大小戴劉向所錄三千三百蓋逸其八九矣鄭康成賈公彥輩各爲注疏其間家鄉邦國王朝喪祭之禮雖不盡備即類推之意可槩見夫周禮古矣然聖人設官分職之書也所用以長以治者豈能舍儀禮禮記古矣然皆釋儀禮之善者又豈得置儀禮而先之當時以此藏之有司布之邦國上自朝廷下及閭巷雍容揖遜相率於禮讓之風斯有周之隆治法寖備獨爲古今之冠而事制曲防動中繩墨周衰諸侯惡其害已而皆去之故孟子謂諸侯喪禮未聞此十七篇者惟諸侯士大夫之禮而王朝不存且於士詳而諸侯大夫特略吉凶軍賓嘉禮有五而軍禮無存非干細故於乎禮之全不可得見矣得見其幸存者猶足以仰窺先王盛德之一二漢唐以來尚有三禮通學學究諸科士大夫猶得以誦習知其說宋王安石變亂舊制廢棄儀禮獨存禮記是以朱子晚年乞修三禮用心尤勤著通解未脫稿而沒後世尚賴其說知

所尊信也班固之論曰六經之道同歸禮樂之用爲急而韓昌黎若於難讀賈公彥謂儀禮爲本周禮爲末本則難明末則易曉楊復乃緣韓賈之語考亭之意擬而爲圖章明句釋厥意悠存仕復兼採諸家掇其大要緝其辭旨圖於編中以補前六經圖合爲七經庶一開圖而三代禮樂文章制度粲然復明今　聖天子明良在上擇而行之寧不可興一王之典以弼文明之化哉至如朝宗會遇大饗大旅享帝之類雖曰亡逸考河間獻王得孔壁古禮五十六篇後亡三十九篇若元吳澄者取二戴記及鄭注纂逸經八篇取戴義爲十傳澄自謂得三十九篇之四若　國初新安汪克寬者取諸經家語左氏等書爲補逸九卷永樂間沅州劉有年守大平進逸禮十八篇若宣城貢汝成者合補緒餘附著其於　國家　聖明之教未必無所補云

萬曆乙卯歲夏五月太學生新安吳繼仕公信甫叙

儀禮會通圖目錄

明新安吳繼仕編纂

大射儀

司射誘射圖　大射禮圖
上耦揖升司馬命去侯司射命射圖　上耦次耦升降相左圖
三耦拾取矢進退相左圖　三耦再射釋算圖　公及賓射圖
飲不勝者圖　獻服不及釋獲者圖

聘禮

授使者幣圖　使者受命圖
致館并設飧圖　擯出迎賓圖　揖賓入及廟門圖
受玉圖　受享幣圖　禮賓圖
賓私覿圖　公送賓問君問大夫勞賓介圖　歸賓饔餼圖
賓問卿面卿圖　還玉圖

公食大夫禮

陳器饌及迎賓即位圖　拜至鼎入載俎圖
公設醯醬大羹飯粱食賓圖　公以束帛侑賓及賓卒食圖　大夫相食禮圖

覲禮

郊勞圖　諸侯覲天子圖
行享禮圖　賜侯氏車服圖　會同見諸侯圖

喪服

斬衰正義服圖　齊衰三年降正服圖
齊衰杖期降正服圖　齊衰不杖期降正義服圖　齊衰三月義服圖
大功殤降服圖　大功降正義服圖　小功殤降服圖

士喪禮

既夕禮

士虞禮

特牲饋食禮

少牢饋食禮

有司徹

太學生男吳懷忠
邑庠生男　懷愷
懷恭
懷懋
懷惲仝校

目錄終

新安吳氏熙春樓藏板

儀禮會通圖

明新安吴繼仕公信甫編纂

寢廟辨名圖

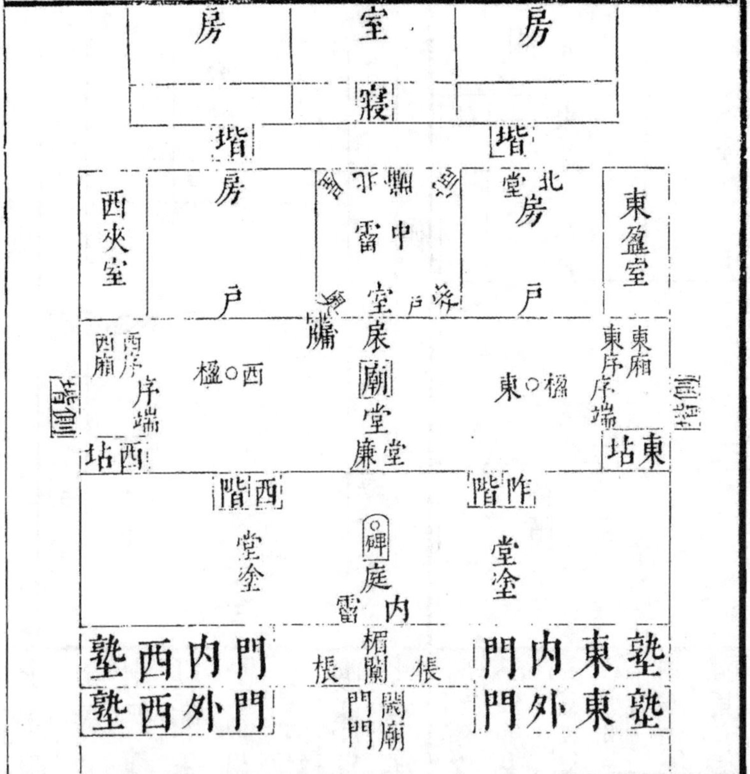

房　室　房
寢
階　階
西夾室　房　北堂　房　東盈室
闈北　中霤　戶　戶
室　戶
牖　扆
西廂　西序　序端　西　楹○　○楹　東　東廂　東序　序端
側階　廟　堂　側階
坫　西　堂廉　東　坫
西階　阼階
○碑
堂塗　庭　堂塗
霤　內
門內　西塾　楣　闑　棖　棖　門內　東塾
門外　西塾　廟門　闈門　門外　東塾

爾雅曰室有東西廂曰廟無東西廂有室曰寢西南隅謂之奥西北隅謂之屋漏東北隅謂之宧東南隅謂之窔東西牆謂之序牖戶之間謂之扆宮中之門謂之闈門側之堂謂之塾廟中路謂之唐堂途謂之陳又曰秩謂之閾根謂之楔橛謂之闑蓋界于門者秩也亦謂之閾旁於門者棖也亦謂之楔中于門者橛也亦謂之闑士喪疏云房戶之外由半以南謂之堂士昏疏云其內由半以北亦謂之堂堂中北墻謂之墉士昏尊于室中北牖下是也堂下之墻曰壁士虞饎爨在東壁是也坫有東坫西坫士喪疏云堂隅有坫以土爲之是也塾有內外士冠注云西塾門外西堂是也月令曰其祀中霤古者複穴以居是以名室爲中霤又有東霤燕禮設篚當東霤此言諸侯四注屋之東霤又有門內霤燕禮賓執脯以賜鍾人于門內霤是也

大夫士五架圖

大夫士東房西室之圖

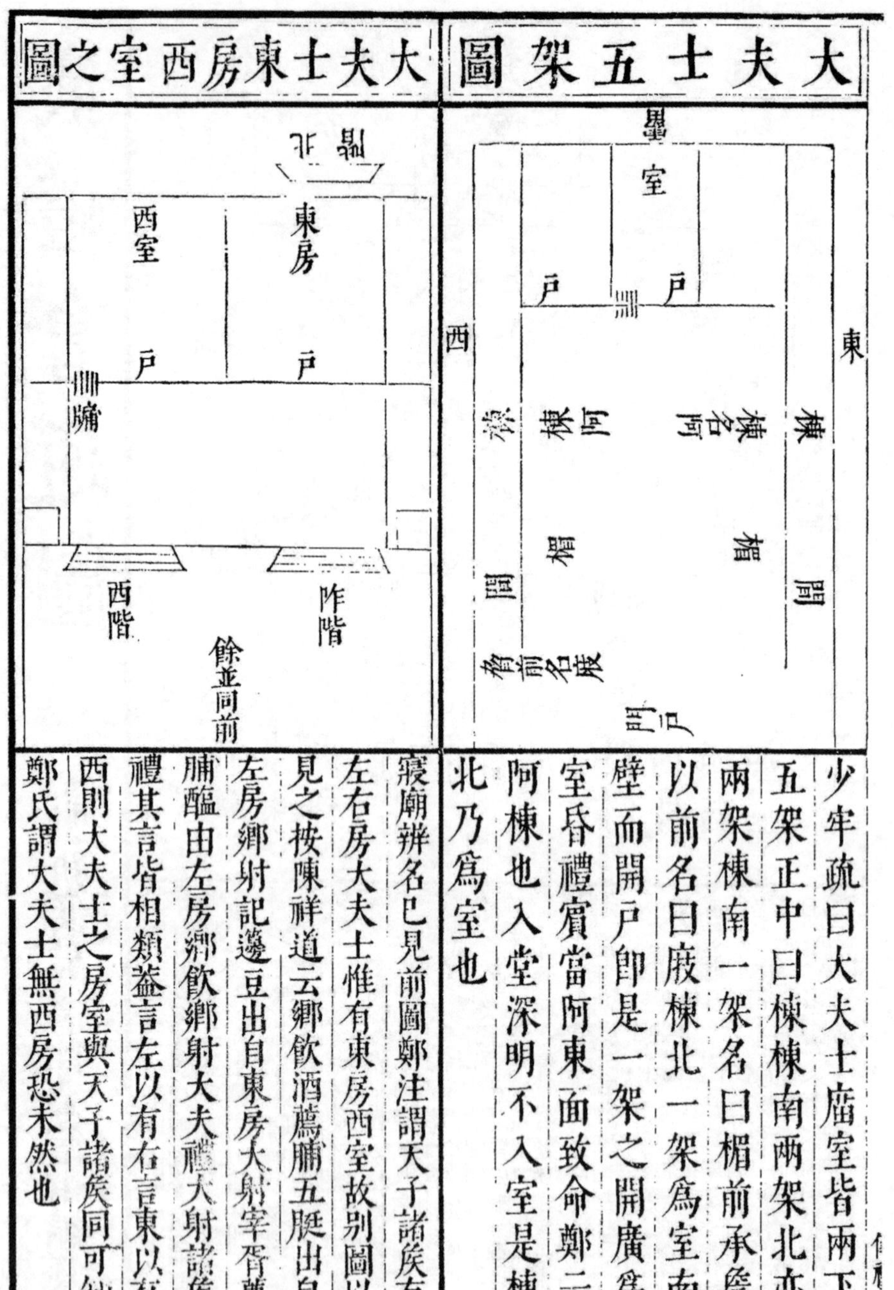

少牢疏曰大夫士廟室皆兩下五架正中曰棟棟南兩架北亦兩架棟南一架名曰楣前承簷以前名曰庪棟北一架爲室南壁而開戶卽是一架之開廣爲室昏禮賓當阿東面致命鄭云阿棟也入堂深明不入室是棟北乃爲室也

寢廟辨名已見前圖鄭注謂天子諸侯有左右房大夫士惟有東房西室故別圖以見之按陳祥道云鄉飲酒薦脯五脡出自左房鄉射記籩豆出自東房大射宰胥薦脯醢由左房鄉飲鄉射大夫禮大射諸侯禮其言皆相類蓋言左以有右言東以有西則大夫士之房室與天子諸侯同可知鄭氏謂大夫士無西房恐未然也

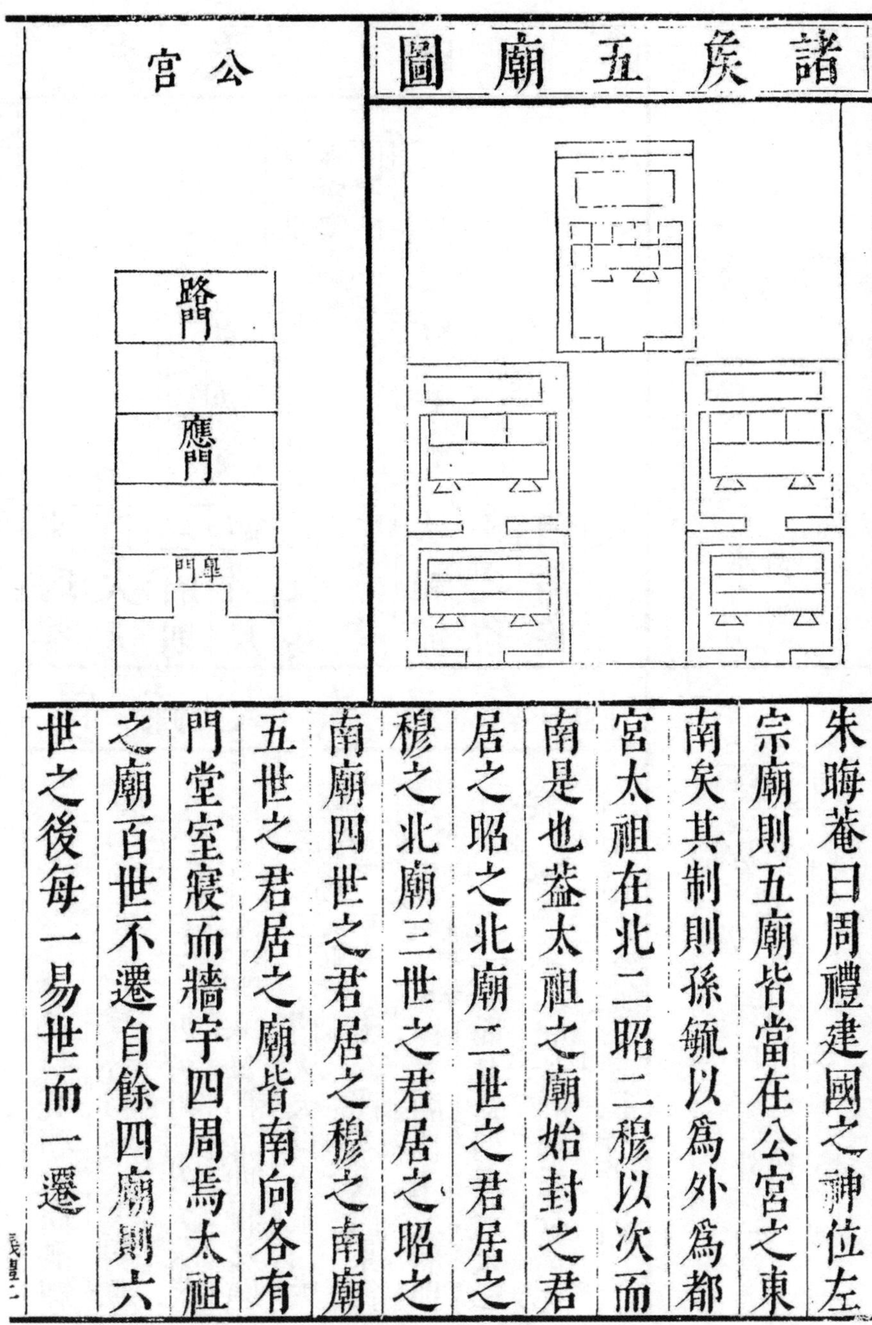

朱晦菴曰周禮建國之神位左宗廟則五廟皆當在公宮之東南矣其制則孫毓以爲外爲都宮太祖在北二昭二穆以次而南是也葢太祖之廟始封之君居之昭之北廟二世之君居之穆之北廟三世之君居之昭之南廟四世之君居之穆之南廟五世之君居之廟皆南向各有門堂室寢而牆宇四周焉太祖之廟百世不遷自餘四廟則六世之後每一易世而一遷

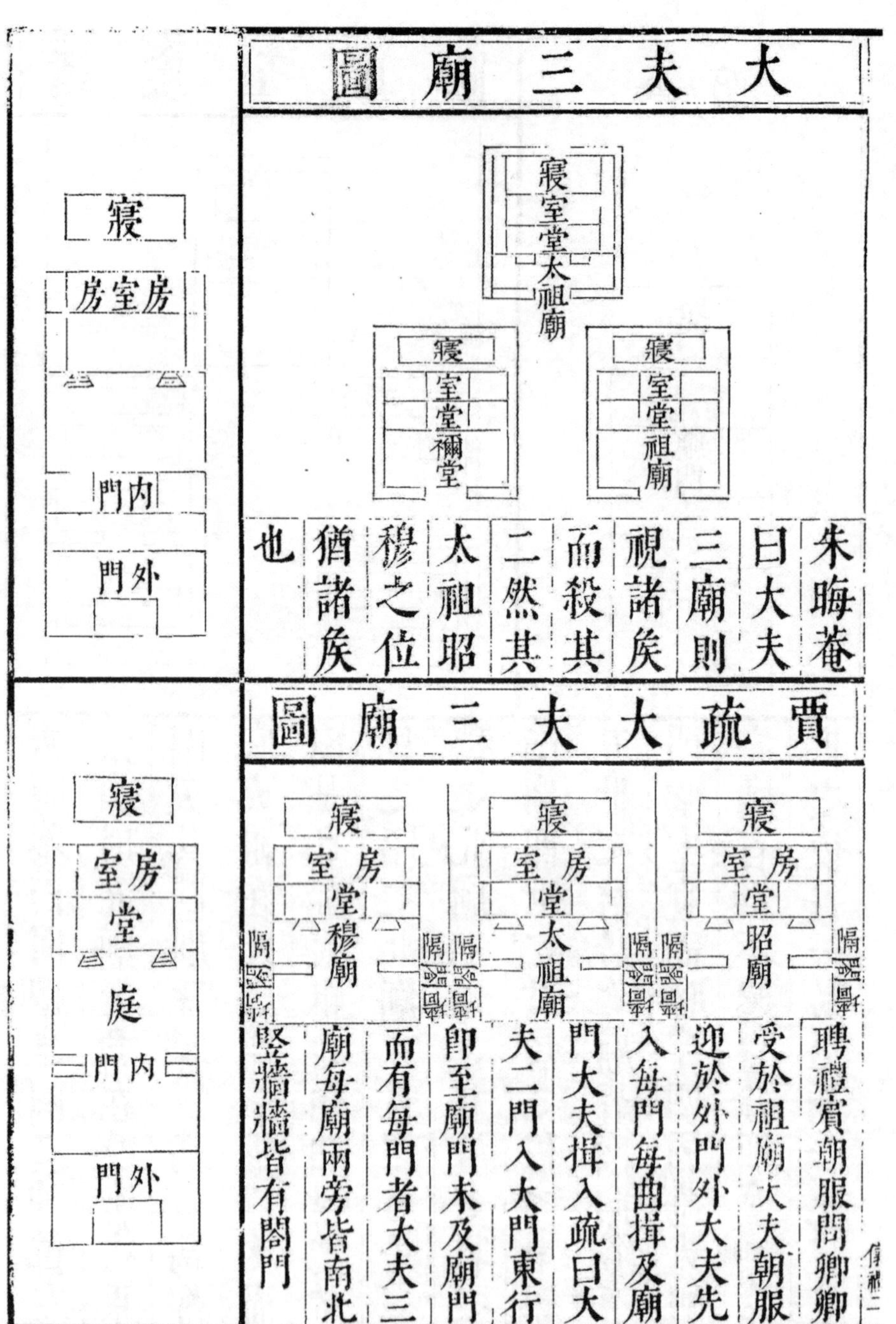
大夫三廟圖
寢
室
堂
太祖廟
寢
室
堂
禰堂
寢
室
堂
祖廟
寢
房室房
內門
外門
朱晦菴曰大夫三廟則視諸侯而殺其二然其太祖昭穆之位猶諸侯也
賈疏大夫三廟圖
寢
房
室
堂
穆廟
寢
房
室
堂
太祖廟
寢
房
室
堂
昭廟
隔
閤門
寢
室房
堂
庭
內門
外門
聘禮賓朝服問卿卿受於祖廟大夫朝服迎於外門外大夫先入每門每曲揖及廟門大夫揖入疏曰大夫三門入大門東行即至廟門未及廟門而有每門者大夫三廟每廟兩旁皆南北竪牆牆皆有閤門

冕服圖

王冕

大裘而冕 袞冕 驚冕 毳冕 絺冕 玄冕

王祀昊天 王享先王 王享先公 王祀四望 王祭社稷 王祭羣小

上帝祀五 覲禮天子 饗射 山川 五祀 祀

帝亦如之 袞冕負斧依

旒 冕十二旒九旒旒十七旒旒十五旒旒十三旒旒十

鄭云大裘

之冕蓋無 旒十二玉二玉繅玉二玉繅玉二玉繅玉二玉繅玉

繅旒 繅玉五采五采 五采 五采 五采

玉笄

朱紘

玉瑱 注塞耳者

服 玄衣纁裳 九章 七章 五章 三章 一章

禮注九章 龍山華蟲 華蟲火 宗彝藻 粉米 衣無文

天子有升 火宗彝 宗彝 粉米 刺衣無晝 裳刺黻

龍有降龍 晝夜爲繢 衣 衣 黼黻 而已是

上公袞無 裳 以謂玄

升龍天子 藻粉米 藻粉米 黼黻 陳云 焉

有日月星 黼黻 黼黻 衣亦

辰 裳 裳 晝也

王公卿大夫及諸侯孤卿大夫冕服

王之三公 王之孤卿 王之大夫

驚冕 毳冕 絺冕 玄冕

繅八就 繅六就 絺四就

前後各 前後各 前後各

八旒旒 六旒旒 四旒旒

八玉 六玉 四玉

王之三公孤執皮帛大夫執鴈

蓋執信圭卿執羔

公之孤大國之卿

繅玉 玄冕

至之大 絺三就

夫 前後各

四命服三 三旒

章 絺冕三命服二

執鎮圭搢大圭朝諸侯則執瑁圭

素帶朱裏終辟 右王之五冕祭服朝覲會同大會皆用之此外於事之重者亦用之如王養老則冕而總干耕藉則冕而秉耒若天子以日視朝則弁而不冕

朱韍 韍同裳色

佩白玉而玄組綬

赤舃 配冕服黑絇繶純

公侯伯子男冕服

上公 衮冕	侯伯 鷩冕	子男 毳冕
繅九就前後九旒九玉繅三采朱白蒼	繅七就前後七旒七玉繅三采	繅五就前後各五旒五玉繅

公執桓圭　侯執信圭　伯執躬圭

子執穀璧　男執蒲璧

諸侯素帶終辟 不朱裏

朱韍 芾天子玄朱諸侯黃朱詩赤芾金舃是也韍芾同

佩山玄玉而朱組綬

赤舃 詩赤舃几几玄衮赤舃赤金芾舃赤舃謂之金舃鄭氏謂金舃黃朱色也諸侯之芾亦黃朱則舃用黃朱宜也

自公之衮冕至大夫玄冕皆朝聘天子及助祭之服

章

公之孤執大國之卿

皮帛　執羔

帶素辟垂

赤韍

佩水蒼玉而絕組綬

再命之大夫繅再就

一命之大夫繅一就

再命一命之大夫執鴈

弁圖

周禮弁師掌王之五冕三弁則冕弁同官也冕弁之制上得以兼下下不得以兼上故三弁之服雖上下之通用而其用有不同具制于後

爵弁　韋弁　皮弁　冠弁

賈疏曰凡冕
上玄下纁前
後有旒低前
一寸二分故
取其俛而謂周禮司服注冠
之冕其爵弁爵韋一物也○司服弁師冠○司服
制大同韋弁靺色赤爵色王之皮弁會
爵色赤無旒亦赤孔安國五采玉璂象
又前後平故曰爵雀同爵邸玉笄○注
不得為冕用韋弁也弁象會縫巾也縫
布升數取冠古文形其制巾每貫結五
倍之義朝服上銳如合手采玉十二以
十五升故其非如冕也韋為飾謂之璂
冕為三十升其質爵其色詩云會弁如
也

兵事韋弁服注韋弁以靺韋為弁

眂朝皮弁服注皮弁以白鹿皮為

甸冠弁服注甸田獵也冠弁委貌也亦曰玄

冠禮聘禮以星

爵弁為尊為

敬

服

爵弁冕之次司服韋會以
餘衣皆用布靺韋為弁又
惟冕與爵弁以為衣裳
服用絲

春秋傳曰晉
郤至衣靺韋
注以靺為韋
衣裳聘禮謂
靺布以為衣

朝服

素裳

玄端

玄端玄裳黃
裳雜裳鄭注
云上士玄裳
中士黃裳下
士雜裳○玄
端服君大夫

弁之用

爵弁　韋弁　皮弁　朝服　玄端

士弁而祭於聘禮君使卿天子以視朝天子以田　天子卒食玄
公冠而祭　韋弁歸饔以宴　以燕羣臣　端以居
於已士以　飾　以聽郊報　以養老　諸侯孤卿大
爵弁為上夕夫人使下以食　天子之卿服　夫士之齊
故用以聘　大夫韋弁以啟金縢之　以從燕諸　服
祭天夫爵　歸禮　書　侯　士祭以筮日
弁而祭於王及諸侯卿以舞大夏　諸侯以日視　筮尸
已惟孤爾　大夫之兵以勞　朝　大夫士以為
士冠三加爵　服韋弁服諸侯以聽朔朝服以食　私朝之服
弁服　軍容君臣以卜夫人世諸侯不限畿以事親
士昏主人爵　同服　婦使入于　內饑外祝以擯相
弁纁裳緇　蠶室　朝行道皆士冠
施　以迎王之郊　服之　玄端齋服也
士喪服者一　勞　諸侯之孤卿　天子以為燕

而素裳既曰韎韋爲衣又曰韎布爲衣既曰韎韋爲裳又曰素裳或者軍國之容不同故也

士皆服之而裳則不同

爵弁緇帶

皮弁緇帶

朝服緇帶

玄端緇帶

玉藻士練帶率下辟士冠主人朝服緇帶冠者爵弁皮弁緇布冠皆緇帶則皆帶皆練而皆飾以緇

爵弁韎韐

韠同裳色○士冠禮注韎韐緼韍也爵弁纁裳故緼韍赤黃之間色

皮弁素韠

皮弁素積故素韠

朝服素韠

玄端朱韠

士爵韋莽天子諸侯玄端朱裳故朱韠大夫玄端素裳故素韠士玄裳黃裳雜裳可也故爵韠

士同上　同上　同上　同上　同上

士佩瓀玟玉而縕組綬

士冠玄端黑屨青絇繶純素積白屨緇絇繶純爵弁纁屨黑絇繶純則士有三屨而冬又有皮屨蓋三加之禮尊卑不同禮記文與儀禮文屨絇色亦異

白舃配皮弁服青絇繶純　黑舃配冠弁服赤絇繶純

爵弁纁屨

素積白屨朝服白屨玄端白屨

人以爵弁　服　又士喪陳衣　有爵弁服　天子哭諸侯　爵弁弁絰　衣

卿大夫以聘　於鄰國　以待聘賓還諸侯之臣與　玉　以卜宅　大學以釋菜大夫士以爲　士冠以服　奠　弔　大蜡郊特素服葛帶榛杖以送終

大夫服以　朝君　其君日視　朝之服　祭服　士冠以筮日

服士以爲祭服大夫士以爲私朝之服或以事親或以擯相或既冠則服之以見卿大夫鄉先生凡書傳所謂委貌者卽此玄端如晉侯端委以入武宮劉定公曰王端委以治民臨諸侯晏平仲端委以立于虎門之外是也則玄端之所用尤多矣

爵弁重於皮弁

韋弁重於皮弁

皮弁重於朝服

朝服重於玄端

庶人深衣

內司服圖

王吉服九后吉服六王之服九而祭服六后之服六而祭服三以婦人不預天地山川社稷之祭故也王之服衣裳之色異后之服連衣裳而其色同以婦人之德本末純一故也王之服禪而無裏后之服裏而不禪以陽成於奇陰成於偶故也

褘衣 從王祭先王則服褘衣 褘音暉即翬也爾雅曰伊雒而南素質五色皆備成章曰翬

揄狄 從王祭先公則服揄狄 揄音遙即遙也江淮而南青質五色皆備成章曰遙狄當爲翟詩云玼兮玼兮其之翟也 翟雉

闕狄 從王祭羣小祀則服闕翟 闕狄禮記謂之屈狄闕與屈聲相近陳祥道云其制屈於褘揄而巳

鞠衣 蠶則服鞠衣 鞠衣黃桑服也色如鞠塵象桑葉始生月令三月薦鞠衣于上帝告桑事

展衣 以禮見王及賓客服展衣 襢之爲言亶誠也襢聲與展相近詩云瑳兮瑳兮其之展也

緣衣 燕居及御于王服緣衣 爾雅曰赤緣謂之褖內司服言緣衣玉藻言褖衣喪服經言褖衣復言稅衣則緣褖稅同實而異名也子羔之襲稅衣纁衻曾子譏之曰不襲婦服蓋丈夫褖衣緣以黑婦人褖衣緣以纁

內司服鄭注褘揄二翟刻繒爲之形而采畫之綴於衣以爲文章褘衣畫翬者揄翟畫搖者闕翟刻而不畫陳祥道云三翟盖皆畫之於衣如王冕服

色玄 色青 色赤 色黃 色白 色黑

裏素紗 注今之白縛也六服皆袍制以白縛爲裏使之張顯今世有紗縠者名出於此

裳連衣裳 注婦人尚專一德無所兼連衣裳不異其色

內命婦

三夫人 玉藻夫人揄狄鄭注夫人三夫人又內司服辨外內命婦之服鄭注云三夫人及公之妻其闕狄以下乎二說不同

九嬪 自鞠衣而下

世婦 自展衣而下

女御

舃青 命屨黃 功屨白 功屨黑

外命婦

公之妻 鄭注公之妻其闕狄以下乎陳祥道云王制言三公一命衮則三公在朝鷩冕其妻揄狄可知

其夫孤也則服鞠衣

其夫卿大夫也則服展衣

其夫士也則服緣衣

舃青 命屨黃 功屨白 功屨黑

三王後夫人用褘衣 禮記夫人副褘立于東房明堂位言魯侯得用衮冕則夫人副褘可知也

侯伯之夫人揄狄

子男之夫人闕狄

諸侯之臣之妻其服經無明文玉藻云君命屈狄再命褘衣一命襢衣士褖衣注云此子男之夫人及其卿大夫士之妻命服也褘當爲鞠字之誤也君女君也謂子男之夫人屈狄也子男之卿再命而妻鞠衣一命之妻襢衣士之妻緣衣又曰諸侯之臣皆分爲三等其妻以次受此服也公之臣孤爲上卿大夫次之士次之侯伯子男之臣卿爲上大夫次之士次之

首服

副　以副配褘禮夫人副褘立於東房是也

副　以副配翟詩副笄六加其之翟也

副　三翟首服副副之言覆所以覆首爲之飾

編　鞠衣展衣首服編編編列髮爲之其遺像若今之假紒

編

次　緣衣首服次次次第髮長短爲之所謂髮髢也

衡　周禮追師追衡笄注追猶治也詩云追琢其章王后之衡笄皆以玉爲之唯祭服有衡垂于副之兩旁當耳其下以紞縣瑱紞所以懸瑱當耳者也詩云玉之瑱

唯王后祭服有衡若編次則無衡

笄　以玉爲之笄今之簪王后燕居亦纚笄總而已

舄　玄舄黃絇繶純　青舄白絇繶純　赤舄黑絇繶純　黃屨白絇繶純　白屨黑絇繶純　黑屨青絇繶純

複下曰舄襌下曰屨褘衣玄故玄舄配褘衣青舄以下以此推之○玄黃青白赤黑對方爲繢次青赤赤白白黑黑青北方爲繡次而冠禮黑屨青絇繶純白屨緇絇繶純皆北方之色特爵弁纁屨黑絇繶純蓋尊祭服之屨故飾從對方之色則凡舄之飾如繢次屨之飾如繡次可也絇謂之絇著舄屨之頭以爲行戒繶縫中紃純緣也后之吉服六而舄屨各三古者衣象裳色鞸象裳色士冠三屨皆象其裳之色則王及后之舄屨各象其裳之色可知也

舄玄　舄青　舄赤　展衣　緣衣

被錫衣侈袂少牢禮主婦被錫衣侈袂主嬪贊者一人亦被錫衣侈袂鄭注被錫讀爲髲鬄此周禮所謂次也特牲禮主婦纚笄宵衣此不纚笄者大夫妻尊故也亦衣綃衣而侈其袂耳士妻之袂二尺二寸袪尺二寸三分侈者益半士妻之袂以益之三分益一故三尺三寸袪尺八寸也○今按大夫妻服展衣首服編少牢乃大夫禮主婦不服編展衣乃被錫衣侈袂者鄭氏謂外命婦惟王祭祀賓客以禮佐后得服此上服自于其家則降焉未知然否今去古益遠副編次之制不復得見其詳鄭注以少牢被錫當周禮首服次未敢以爲必然也

主婦纚笄宵衣立于中房特牲禮云宵綺屬也此衣染以黑其緇本名曰宵鄭注內司服云男子之緣衣黑則宵衣亦黑也○今按汁以宵衣爲褖衣未知然否

女次純衣纁袡士婚禮女次純衣纁袡立于房中南面注純衣絲衣也曾子襚子羔襲稅衣纁袡者則緣衣也

姆纚笄宵衣在其右昏禮云女次純衣姆纚笄宵衣特牲禮主婦纚笄宵衣則副編次之姆纚笄其飾也纚韜髮者笄今時簪也士姆纚笄亦攝盛也姆亦玄衣以綃爲領也詩云素衣朱綃又云素衣朱襮爾雅釋器云黼領謂之襮襮既爲領明朱綃亦領可知○今按特牲禮云主婦纚笄宵衣鄭注以宵爲衣此纚笄宵衣鄭注以宵爲領二說牴牾

女從者畢袗玄女從者謂姪娣也論語曲禮皆曰袗絺綌孟子曰被袗衣則袗也設飾也袗玄者設飾以玄也○今按上文女純衣注云褖衣下文姆纚笄宵衣注云姆亦玄衣此女從者畢袗玄如疏家所說褖也宵也玄也皆爲異色

鼎數圖

一鼎特牲無配 特豚 士冠醮子特豚載合升煑於鑊曰亨在鼎曰升在俎曰載載合升者明亨與載皆合左右胖 士昏婦盥饋舅姑特豚合升側載右胖載之舅俎左胖載之姑俎 小斂之奠特豚四鬄去蹄兩胉脊肺 朝禰之奠既夕朝廟其二廟則餞於禰廟如小斂奠乃啓 三鼎特豚而以魚腊配之 豚魚腊 特牲有上中下三鼎牲鼎上鼎魚中鼎腊下 昏禮共牢陳三鼎于寢門外 大斂之奠豚合升魚鱄鮒九腊左胖 朔月奠朔月用特豚魚腊陳三鼎如初 遷祖奠陳鼎如殯 五鼎羊豕曰少牢凡五鼎皆用羊豕而以魚腊配之 羊豕魚腊膚 少牢雍人陳鼎五魚鼎從羊三鼎在羊鑊之西二鼎在豕鑊之西倫膚九魚用鮒本有五腊一純 聘禮致飧衆介皆少牢五鼎 玉藻諸侯朔月少牢 少牢五鼎大夫之常事又有殺禮而用三鼎者如有司徹乃升羊豕魚三鼎腊爲庶羞膚從豕去腊膚二鼎陳於門外如初以其繹祭殺於正祭故用少牢而鼎三也又士禮特牲三鼎有以盛葬奠加一等用少牢者如既夕遣奠陳鼎五于門外是也 七鼎 牛羊豕魚腊腸胃膚 公食大夫甸人陳鼎七此下大夫之禮 九鼎 牛羊豕魚腊腸胃膚鮮魚鮮腊 公食大夫上大夫九俎九俎卽九鼎也魚腊皆二俎明加鮮魚鮮腊 牛羊豕曰太牢凡七鼎九鼎皆大牢而以魚腊腸胃膚配之者爲七又加鮮魚鮮腊者爲九 十鼎 正鼎七牛羊豕魚腊腸胃膚 陪鼎三膷臐膮○陪鼎又曰羞鼎所謂陪鼎羞鼎皆鉶鼎也鉶鼎所以實羹者也亨人祭祀賓客共鉶鼎鉶羹所以具五味也其芼則牛藿羊苦豕薇其具則膷牛臐羊膮豕自羹言之曰鉶羹自鼎言之曰鉶鼎以其陪正鼎曰陪鼎以其爲庶羞曰羞鼎其實一也 聘禮飧上介餁一牢鼎七羞鼎三羞鼎則陪鼎也 十二鼎 正鼎九牛羊豕魚腊腸胃膚鮮魚鮮腊 陪鼎三膷臐膮 聘禮宰夫朝服設飧餁一牢在西鼎九羞鼎三 饔餁一牢鼎九設于西階前陪鼎當內廉 周禮膳夫王日一舉鼎十有二物皆有俎后與同庖

凡十鼎十二鼎皆合正鼎陪鼎十或十二也郊特牲云鼎俎奇而籩豆偶以象陰陽鼎有十有十二者以其正鼎與陪鼎别數則爲奇數也

牲體圖

牛羊豕同

二十一體十九體合兩髀爲二十一體○羊豕同　士冠禮三醮有乾肉折俎疏曰或爲豚解而士體以乾之謂之乾肉將升于俎則折節爲二十一體　十九體去兩髀不升合左右兩相爲十九體○羊豕同　肩臂臑三合左右兩相爲六　膊胳二合左右兩相爲四　正脊脡脊橫脊三脊在上無左右兩相之數　短脅長脅代脅合左右兩相爲六　十一體不合左右兩相故十一體○羊豕同　前脛骨三肩臂臑也亦曰肱骨　後脛骨二膊胳也膊亦作肫胳亦作骼亦曰股骨　脊有三分前分爲正脊次中爲脡脊後分爲橫脊　脅亦三作分前分爲代脅次中爲長脅後分爲短脅長脅亦曰正脅按士虞特牲少牢皆云舉幹幹即長脅也　少牢十一體羊豕同左胖髀不升　肩臂臑膊胳正脊一脡脊一橫脊一短脅一正脅一代脅一皆二骨以並　少牢賓尸十一體羊豕同　肩臂肫胳臑正脊一脡脊一橫脊一短脅一正脅一代脅　特牲九體十一體之中不用脡脊代脅故九體○豕右胖　肩臂臑膊胳正脊二骨無脡脊　橫脊長脅二骨無代脅　短脅　豚解七體　士喪禮小斂陳一鼎於門外其實特豚四鬄兩胉脊然則四鬄者殊左右肩髀而爲四又兩胉一脊而爲七此所謂豚解也士喪禮豚解而已大斂朔月奠遣奠禮雖浸盛豚解合升如初至虞然後豚解體解兼有焉小斂總有七體士虞升左胖七體則解左胖而爲七比之特牲少牢吉祭爲略比之小斂以後爲詳矣　士虞左胖七體豕左胖　左肩臂臑肫胳脊脅

接神及尸者三體

凡接於神及尸者俎不過牲三體所謂接神及尸者祝佐食賓長長兄弟宗人之等是也俎不過牲三體如佐食俎觳折脊脅是也其餘如佐食俎皆不過三體也惟特牲主人俎左臂正脊二骨橫脊長脅二骨短脅凡五體者注云主人尊也

籩豆　士冠脯醢脯用籩醢用豆士昏醴賓脯醢　鄉飲脯醢　衆賓辯有脯醢　鄉射薦用籩脯五膱醢以豆聘禮醴賓脯醢　又筵几于室薦脯醢　燕禮大射禮獻賓獻公獻卿薦脯醢士喪禮始死奠脯醢小斂脯醢　朝夕奠脯醢　特牲主人獻賓薦脯醢以上皆一豆一籩士冠再醮兩豆葵菹蠃醢兩籩栗脯　大斂毼豆兩籩無縢　士虞兩豆兩籩獻祝兩豆兩籩　特牲兩籩兩豆　主婦致爵於主人兩豆兩籩以上皆兩豆兩籩既夕遣奠四豆四籩　少牢賓尸四豆四籩以上皆四豆四籩

有豆無籩　士昏禮夫婦席醯醬二豆菹醢四豆無籩　婦饋舅姑有菹醢無籩婦見舅姑有笄棗栗聘禮歸饔餼八豆西夾六豆東夾亦如之無籩　公食大夫下大夫六豆無籩上大夫八豆無籩　士喪禮朔月奠無籩有黍稷當籩位　又禮器天子之豆二十六以下言豆不言籩周官掌客上公豆四十以下不言籩及夫人致禮方有豆有籩葢豆重而籩輕觀特牲禮厭祭時薦兩豆葵菹蝸醢又迎尸饋食之時尸取菹換于醢祭于豆間又佐食羞庶羞四豆皆未用籩也及主婦亞獻尸始設籩贊籩祭　少牢厭祭設韭菹醓醢葵菹蠃醢及迎尸饋食之時尸取韭菹換于三豆祭于豆間及主婦獻尸亦未用籩也逮明日賓尸於是主婦薦韭菹醢昌菹醢取籩于房設爵實白黑四籩後其所薦先後之序則豆重籩豆於此可見矣

敦簠簋　明堂位有虞氏之兩敦夏后氏之四璉殷之六瑚周之八簋注云皆黍稷器也有虞

氏之敦周用之於士大夫故儀禮大夫士之祭有敦無簠簋特牲佐食分簋鉶先儒以同姓之士得從同制是也士昏禮黍稷四敦皆蓋婦至贊啓會卻於敦南對敦于北少牢禮主婦自東房執一金敦黍稷皆南首敦有首者尊者器飾也飾蓋象龜周之禮飾器各以其類龜有上下甲　士喪禮廢敦重鬲皆濯廢敦敦無足者所以盛米朔月奠無籩有黍稷用瓦敦有蓋當籩位徹朔奠敦啓會面足面足執之令足間嚮前敦有足則敦之形如今之酒敦既夕用器兩　士虞贊設兩敦於俎南特牲主婦設兩敦黍稷于俎南此皆士大夫之禮也聘禮陳饔餼及公食大夫皆主國君待聘賓之禮則用簠簋有司入陳堂上八簋兩簠西夾六簋兩簠東方之饌亦如之公食大夫上大夫八簋下大夫六簋此則待聘賓之禮也以周官攷之掌客凡諸侯之禮簠十鼎簋十有二侯伯簠八鼎簋十有二子男簋六鼎簋十有二然詩言天子之禮侯饋八簋玉藻言諸侯朔日四簋天子諸侯所食之簋反儉於聘賓之簋二十掌客之簋十二何也或曰聘禮上大夫之簋二十掌客之簋十二聘賓之簋也天子八簋諸侯朔日四簋所食之簋也

爵觚觶角散　陳祥道曰下二條同儀禮士虞主人獻尸以廢爵主婦以足爵賓長以繶爵鄭氏謂繶爵者口足之間有篆則爵之繶猶屨之繶也主人廢爵而未有足主婦足爵而未有篆賓長則篆口足而已以虞未純吉故也然則吉祭之爵而益文而加篆歟梓人曰爵一升觚三升獻以爵而酬以觚韓詩說一升曰爵二升曰觚三升曰觶四升曰角五升曰散爵量與梓人同觚量與梓人異者儀禮少牢有司徹皆獻以爵酬以觶鄉飲鄉射亦獻以爵酬以觶鄭

氏釋梓人謂觚當爲觶古書觶從角從單角瓜與觚相涉故亂之爾其說是也凡獻皆以爵而燕禮大射主人獻賓獻公以觚特牲主人獻以角者禮器曰宗廟之器有以小爲貴者貴者獻以爵賤者獻以散尊者舉觶卑者舉角特牲主婦獻以爵賤者獻以散祭統尸飲五君洗玉爵獻卿尸飲九以散爵獻士大射主人以觚獻賓及公而司馬以散獻服不是貴者以小賤者以大或獻尸或受獻一也士祭初獻以角下大夫也燕禮大射主人獻以觚下饗禮也饗禮唯不入牲奠他皆如祭祀則用爵以獻可知也明堂位加以璧散璧角（加加爵也散角皆以璧飾共口也）則天子自觶而上用玉可知也燕禮大射以象觶獻公則諸侯之爵用象可知也燕禮司正飲角觶而士喪禮大斂亦有角觶蓋觶以象爲貴角次之凡單言觶者以木爲之也鄉飲酒鄉射記曰其他皆用觶覲士冠禮父醮子士昏主人醴賓婦見舅姑醴皆以觶聘禮禮賓士虞及吉祭與大夫吉祭陰厭之奠皆以觶公食大夫無尊亦以觶則觶之爲用非適于一也

簠簋敦豆鐙皆有蓋敦蓋有首　公食大夫禮曰蓋執豆（左執豆右執蓋）又曰右執鐙以蓋降（右執鐙左執蓋以蓋降）又曰啟簋會又曰簋有蓋冪（云會蓋以冪）少牢饋食禮曰執敦黍有蓋又曰設四敦皆南首則簠簋敦豆鐙皆有蓋而敦之蓋有首先儒以爲簠簋之蓋皆象龜形義或然也管仲鏤簋禮以爲僭則大夫士之簋刻龜于蓋而已非若人君全鏤之也

簠簋籩豆鐙鉶之制　簠内圓外方其實稻粱簋外圓内方其實黍稷周官掌客五等諸侯簠

數有差而簋皆十二用簠則簋從用簋則簠或不預簠尊而簋卑也爾雅云竹豆謂之籩其實乾實木豆謂之豆其實菹醢瓦豆謂之鐙其實大羹之湆鐙實大羹之湆鉶羹和羹之器二者之用不同又曰梡人簋豆皆崇尺則簠敦籩之崇可知簋實一觳梡人云簋實一觳豆實三而成觳豆四升三豆斗二升則敦簠之量可知士喪禮敦有足則簠簋有足可知士虞特牲敦有藉則簠簋籩豆有藉可知士喪兩籩布巾特牲籩巾以綌纁裏公食大夫簋有蓋冪則簋敦豆之有巾可知魯用雕篹篹籩也士喪禮籩無縢則士大夫吉祭之籩有縢無雕可知

車　周禮王之五輅一曰玉輅錫樊纓十有再就建大常十有二斿以祀金輅鉤樊纓九就建大旂以賓同姓以封象輅朱樊纓七就建大赤以朝異姓以封革輅龍勒條纓五就建大白以即戎以封四衛木輅前樊鵠纓建大麾以田以封蕃國王后五路重翟錫面朱總厭翟勒面繢總安車彫面鷖總皆有容蓋翟車貝面組總有握輦車組輓有翣羽蓋王之喪車五乘木車蒲蔽犬𧜵尾櫜疏飾小服皆疏素車棼蔽犬𧜵素飾小服皆素藻車藻蔽鹿淺𧜵革飾駹車萑蔽然𧜵髤飾漆車藩蔽豻𧜵雀飾服車五乘孤乘夏篆卿乘夏縵大夫乘墨車士乘棧車庶人乘役車凡良車散車不在等者為無常士昏禮士乘大夫墨車為攝盛天子諸侯不假攝盛覲禮乘墨車載龍旂弧韣乃朝以瑞王有繅侯覲入天子之國金輅象輅不入王門舍於客館乘墨車以入朝張驂之弓曰弧弓衣曰韣五等圭曰瑞玉繅以藉玉以韋衣木廣袤各如其玉之大小以朱蒼為六色

禮經欵式已備周禮禮記圖中其未備制度具圖于後

天子辟雍圖

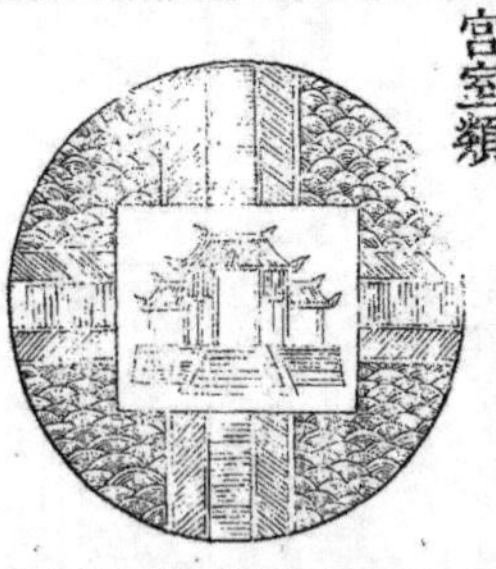

辟雍辟壁通雍澤也天子之學大射行禮之處也水旋丘如壁以節觀者故曰辟廱周有天下遂以名天子之學而諸侯不得立焉

周九廟之圖

北
昭 祀康王　昭 祀穆王　昭 祀懿王
武世室
太祖后稷
穆 祀成王　穆 祀昭王　穆 祀恭王
文世室
東　西　南

凡祧廟之法昭者祔則穆者不遷穆者祔則昭者不動如孝王則懿王爲七世恭王六穆王五昭王四康王三成王二以太祖當一至孝王崩夷王立則成王當祧是二世祧藏文世室昭王遷成王廟恭王祔昭王廟而孝王祔恭王廟是穆者祔昭者不動也至夷王死厲王立則康王當祧是三世祧藏武世室則穆王遷康王廟懿王遷穆王廟而夷王祔懿王廟是昭主祔穆者不遷也故曰昭常爲昭穆常爲穆祔必以班尸必以孫而子孫亦以爲序此周九廟以文武親盡當祧而有功德當宗不可祧故别立世室皆百世不遷與太祖同世宗者不毁自後穆祧者藏文世室昭祧者藏武世室此圖據孝王時言懿王時只文世室

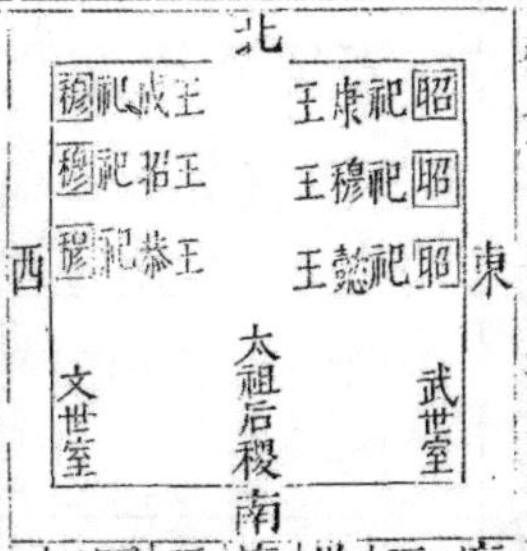

諸侯泮宮圖

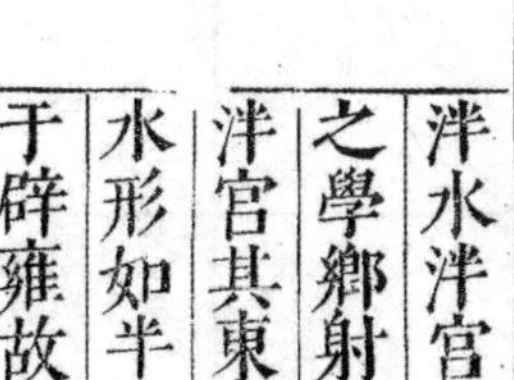

泮水泮宮之水諸侯之學鄉射之宮謂之泮宮其東西南方有水形如半壁以其半于辟雍故曰泮水

天子七廟皆南向之圖

北
昭 祀高圉　昭 祀祖紺　昭 祀王季
太祖
東夾室 藏太祖之宗器等
穆 祀亞圉　穆 祀大王　穆 祀文王
西夾室 藏祧主
東　西　南

劉歆謂武王有天下便增立二廟爲七文武世室在外七世之廟在商已然歆說誠是羣廟之列左爲昭右爲穆廟主在堂中皆東向及祫于太廟堂中則惟太祖東向爲最尊之位羣昭入者皆列于北牖下而南向南向者取其向明故謂之昭羣穆入者皆列于南牖下而北向北向者取其深遠故謂之穆宗廟之制以左右爲昭穆不以昭穆爲尊卑七廟同爲都宫則昭常在左穆常在右而外有以不失其序一世自爲一廟則昭不見穆穆不見昭而内有以各全其尊

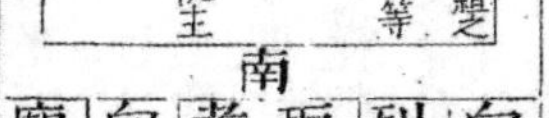

周大祫圖

北

西

向南皆昭爲王宣至不屈

后稷大祖

向北皆穆爲王國至穆

時祫天子七諸侯五而已大祫則自始封之君歷至祖考之主皆在也

周大禘圖

北

西

稷

嚳

文王時祫五廟圖

北

西　東

稷大祖

王季禰

公叔曾祖

太王高祖

亞圉

共王時祫七廟圖

西　東

稷

穆　康　武

昭　成　文

諸侯有時祫無大祫時祫時祭之祫大祫三年一行大禘五年一行祫以時禘不以時所以爲王者大祭此二圖正所謂唯四時之祫不陳毀廟之主則高祖有時而在穆曾祖有時而在昭則曾祖反尊高祖反卑故高之上無昭而特設位于祖之西禰之下無穆而特設位于曾之東也唯如此故昭穆不亂而尊卑有常矣若在本廟則東西不相見雖曾在昭反尊而在穆反卑自無妨也

冔

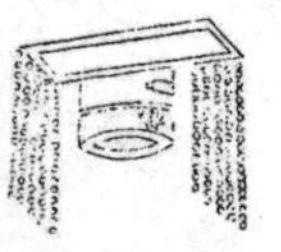

冠服類

冠名殷曰冔周曰冕黼冔黼裳而冔冠也

笄

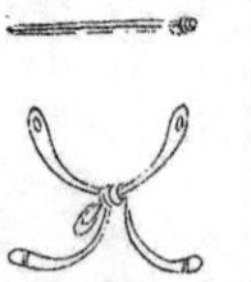

笄今之簪也士以骨大夫以象綫以紘繫笄順而下結之曰纓垂其飾於前曰緌

瑱

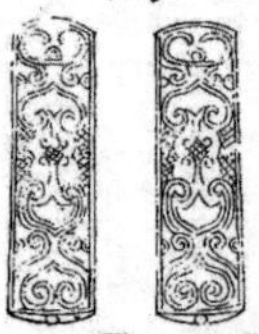

正義注云瑱塞耳也充耳是已天子以玉諸侯以石充耳以紞懸瑱紞斗也紞用絲線織之天子諸侯五色臣三色瑱言夫人服飾

麻冕

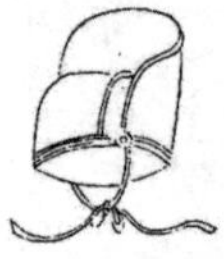

緇布冠也三禮圖以漆布爲殼緇縱其上前廣四寸高五寸後廣四寸高二寸

珈

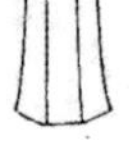

笄飾之最盛如今步搖上飾上有垂珠步則搖也詩云副笄六珈

綬

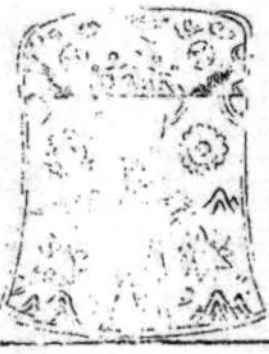

天子玄綬諸侯朱綬大夫綌綬

臺笠

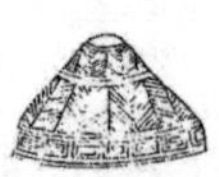

臺夫須也郎莎草也古注謂以夫須皮爲笠所以禦暑禦雨

揥

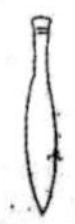

揥所以摘髮以象骨爲之若今之篦兒

組紃三寸

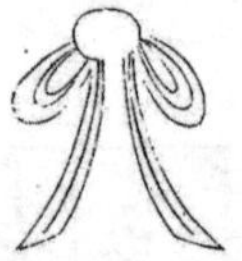

垂餘三尺與紳齊

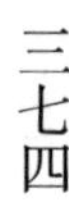

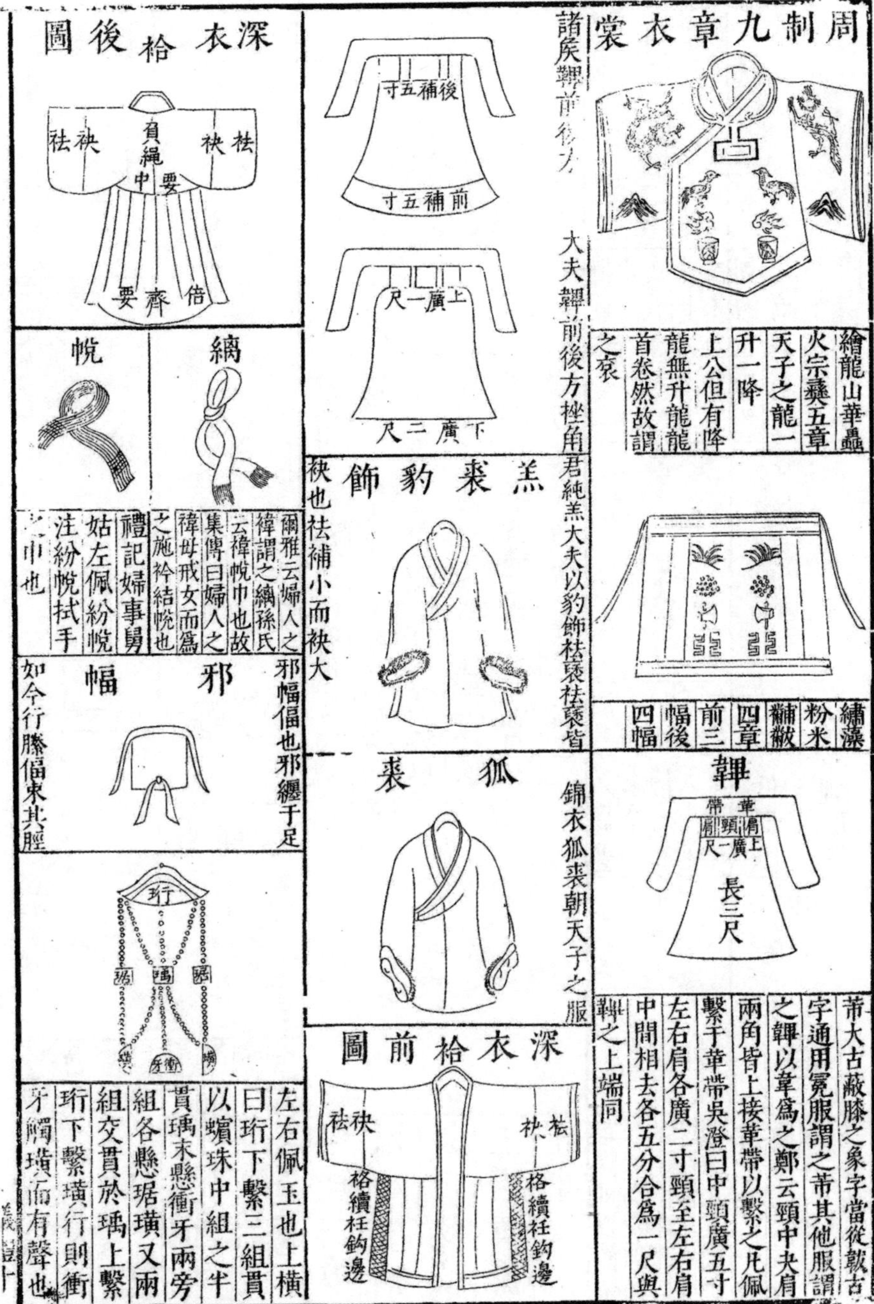

周制九章衣裳
繪龍山華蟲火宗彝五章天子之龍一升一降上公但有降龍無升龍龍首卷然故謂之衮
繡藻粉米黼黻四章前三幅後四幅
韠
華帶
肩頸
上廣一尺
長三尺
芾大古蔽膝之象字當從韍古字通用冕服謂之芾其他服謂之韠以韋爲之鄭云頸中央肩兩角皆上接革帶以繫之凡佩繫于革帶吳澄曰中頸廣五寸左右肩各廣二寸頸至左右肩中間相去各五分合爲一尺與韠之上端同
諸侯韠前後方
後補五寸
前補五寸
大夫韠前後方挫角
上廣一尺
下廣二尺
羔裘豹飾
君純羔大夫以豹飾袪褎袪褎皆袂也袪補小而袂大
狐裘
錦衣狐裘朝天子之服
深衣袷前圖
袪
袂
袂
袪
格續衽鉤邊
格續衽鉤邊
深衣袷後圖
袪
袂
負繩
中要
袂
袪
要
齊
倍
帨
縭
爾雅云婦人之褘謂之縭孫氏云褘帨巾也故集傳曰婦人之褘母戒女而爲之施衿結帨也
禮記婦事舅姑左佩紛帨注紛帨拭手之巾也
邪幅
邪幅偪也邪纏于足如今行縢偪束其脛
珩
琚
瑀
璜
衝牙
左右佩玉也上横曰珩下繫三組貫以蠙珠中組之半貫瑀末懸衝牙兩旁組各懸琚璜又兩組交貫於瑀上繫珩下繫璜行則衝牙觸璜而有聲也

三七五

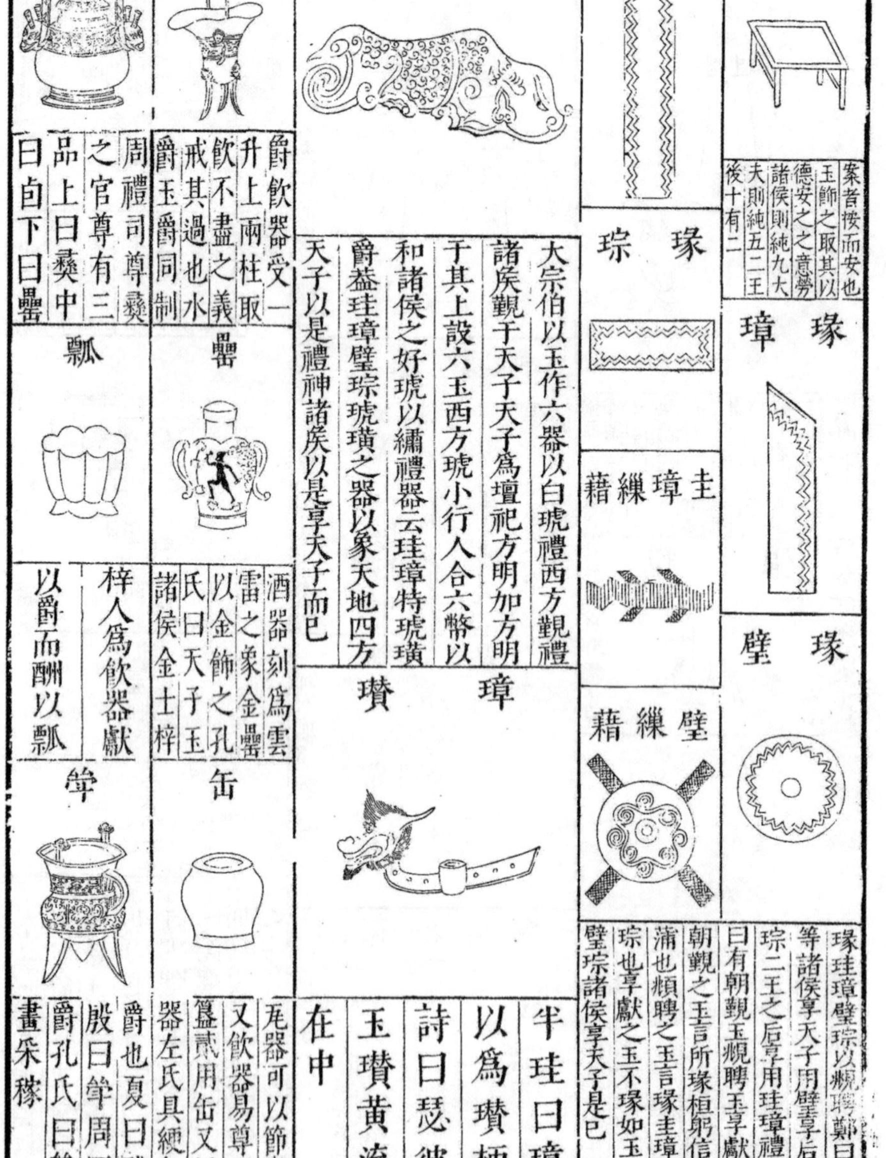

圭璋類

玉案

案者按而安也玉飾之取其以德安之意勞諸侯則純九大夫則純五二王後十有二

瑑璋

瑑璧

瑑珪璋璧琮以頫聘鄭曰五等諸侯享天子用璧享后用琮二王之后享用珪璋禮書曰有朝覲玉頫聘玉享獻玉朝覲之玉言所瑑桓躬信穀蒲也頫聘之玉言瑑圭璋璧琮也享獻之玉不瑑如玉人璧琮諸侯享天子是巳

瑑圭

瑑琮

圭璋繅藉

璧繅藉

琥

大宗伯以玉作六器以白琥禮西方覲禮諸侯覲于天子天子爲壇祀方明加方明于其上設六玉西方琥小行人合六幣以和諸侯之好琥以繡禮器云珪璋特琥璜爵蓋珪璋璧琮琥璜之器以象天地四方天子以是禮神諸侯以是享天子而巳

璋瓚

半珪曰璋以爲瓚柄詩曰瑟彼玉瓚黃流在中

禮器類

爵

爵飲器受一升上兩柱取飲不盡之義戒其過也水爵玉爵同制

卣

周禮司尊彝之官尊有三品上曰彝中曰卣下曰罍

罍

酒器刻爲雲雷之象金罍以金飾之孔氏曰天子玉諸侯金士梓

瓢

梓人爲飲器獻以爵而酬以瓢

缶

瓦器可以節樂又飲器易尊酒簋貳用缶又汲器左氏具綆缶

斝

爵也夏曰醆殷曰斝周曰爵孔氏曰斝畫禾稼

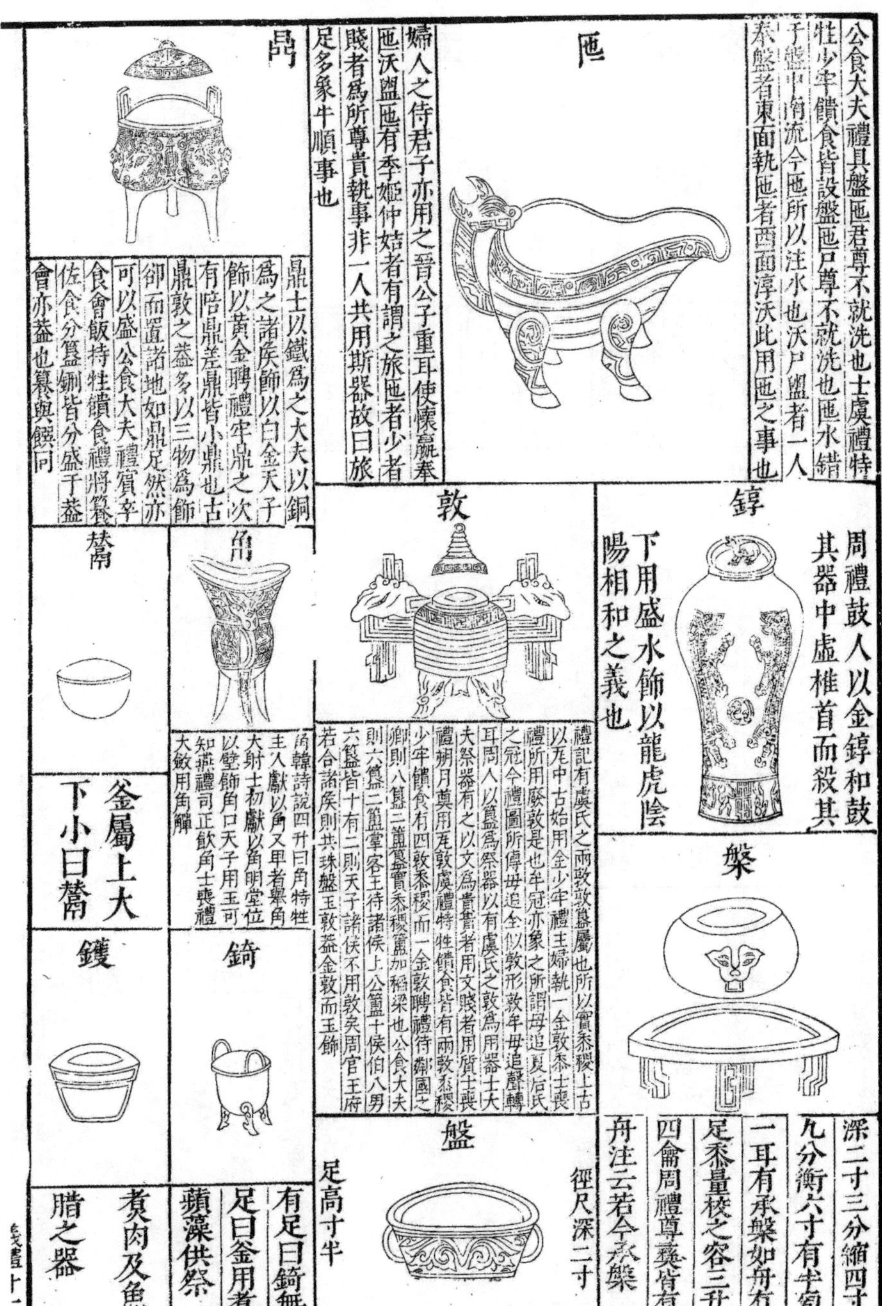
公食大夫禮具盤匜君尊不就洗也士虞禮特牲少牢饋食皆設盤匜尸尊不就洗也匜水錯于盤中南流今匜所以注水也沃尸盥者一人奉盤者東面執匜者西面淳沃此用匜之事也

匜

婦人之侍君子亦用之晉公子重耳使懷嬴奉匜沃盥匜有季姬仲姞者有謂之旅匜者少者賤者爲所尊貴執事非一人共用斯器故曰旅足多象牛順事也

鼎

鼎士以鐵爲之大夫以銅爲之諸侯飾以白金天子飾以黃金聘禮牢鼎之次有陪鼎羞鼎皆小鼎也古鼎敦之葢多以三物爲飾卻而置諸地如鼎足然亦可以盛公食大夫禮賓卒食會飯特牲饋食禮將餕佐食分簋鉶皆分盛于葢會亦葢也篹與餕同

錞

周禮鼓人以金錞和鼓其器中虛椎首而殺其下用盛水飾以龍虎陰陽相和之義也

敦

禮記有虞氏之兩敦敦簋屬也所以實黍稷上古以瓦中古始用金少牢禮主婦執一金敦黍士喪禮所用廢敦是也牟冠亦象之所謂毋追夏后氏之冠今禮圖所傳毋追全似敦形敦牟毋追聲轉耳周人以簋爲祭器以有虞氏之敦爲用器士大夫祭器有之以文爲貴者用文賤者用質士喪禮朔月奠用瓦敦虞禮特牲饋食皆有兩敦黍稷少牢饋食有四敦黍稷而一金敦聘禮待鄰國之卿則八簋二簠實黍稷簠加稻粱也公食大夫則六簋二簠掌客王待諸侯上公簠十侯伯八男六簋皆十有二則天子諸侯不用敦矣周官王府若合諸侯則共珠盤玉敦葢金敦而玉飾

角

角韓詩說四升曰角特牲主人獻以角又甲者舉角大射士初獻以角明堂位以璧飾角口天子用玉可知燕禮司正飲角士喪禮大斂用角觶

鬵

釜屬上大下小曰鬵

槃

深二寸三分縮四寸九分衡六寸有半旁一耳有承槃如舟有足黍量校之容三升四龠周禮尊彝皆有舟注云若今承槃

盤

足高寸半

徑尺深二寸

錡

有足曰錡無足曰釜用奠蘋藻供祭

鑊

煮肉及魚腊之器

中尊

周禮籩人掌朝事之籩醢人掌朝事之豆司尊彝祼皆用彝春祠夏禴朝踐用兩獻尊秋嘗冬烝朝獻用兩著尊追享朝享朝踐用兩大尊再獻用兩山尊四時之祀惟烝嘗饋食祀禴追朝皆不饋食止有籩豆之薦故謂之朝踐詩云籩豆有踐踐行列也朝踐即朝事也其籩加籩菜故知不饋食也既祼然後迎尸尸入乃薦朝事之籩豆而有獻此朝事所用尊也祠禴朝踐用獻尊追朝朝踐用大尊先儒謂獻讀爲犧音莎云飾以翡翠不知何所據大尊爲瓦尊即瓦大也

盂

禮記玉藻浴出杅履蒯席浴器亦曰杅則大小不一也

水蒼珮

禮玉藻云公侯佩山玄玉大夫佩水蒼玉注云山玄水蒼玉之文也

鉶

如鼎而小謂陪鼎羞鼎範金爲之三足口有兩耳覆以蓋施三紐用薦和羹

觚

觚者法度之器也以著戒貪爲飲者之規焉以銅爲之商人又有木觚梓人曰三升曰觚獻以爵酬以觚大射主人以觚獻賓及公燕禮大射主人獻以觚

鬲

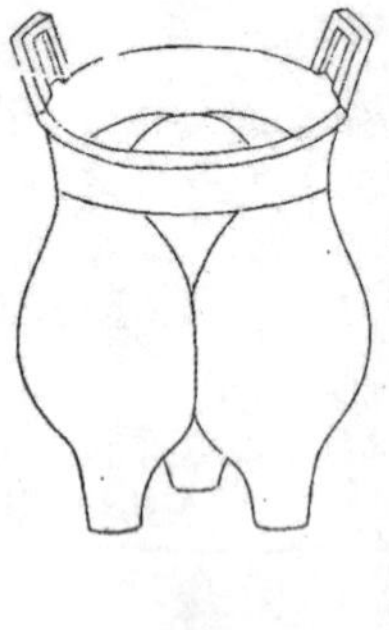

高五寸有半深三寸二分徑四寸有半容二升爾雅款足曰鬲此器自腹所容通足間若股脾然三禮合爲一

鐙

公食大夫禮大羹湆實于鐙今文從金即金豆也

甗 蒸飪之具

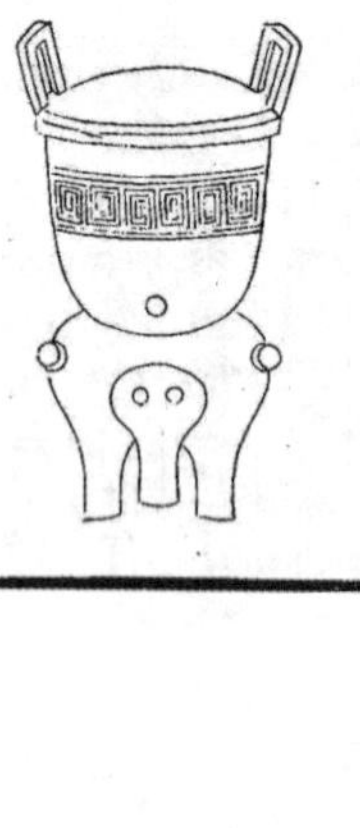

周禮陶人爲甗實二鬴四升爲豆四豆爲區四區爲鬴鬴容六斗四升二鬴則斛有二斗八升

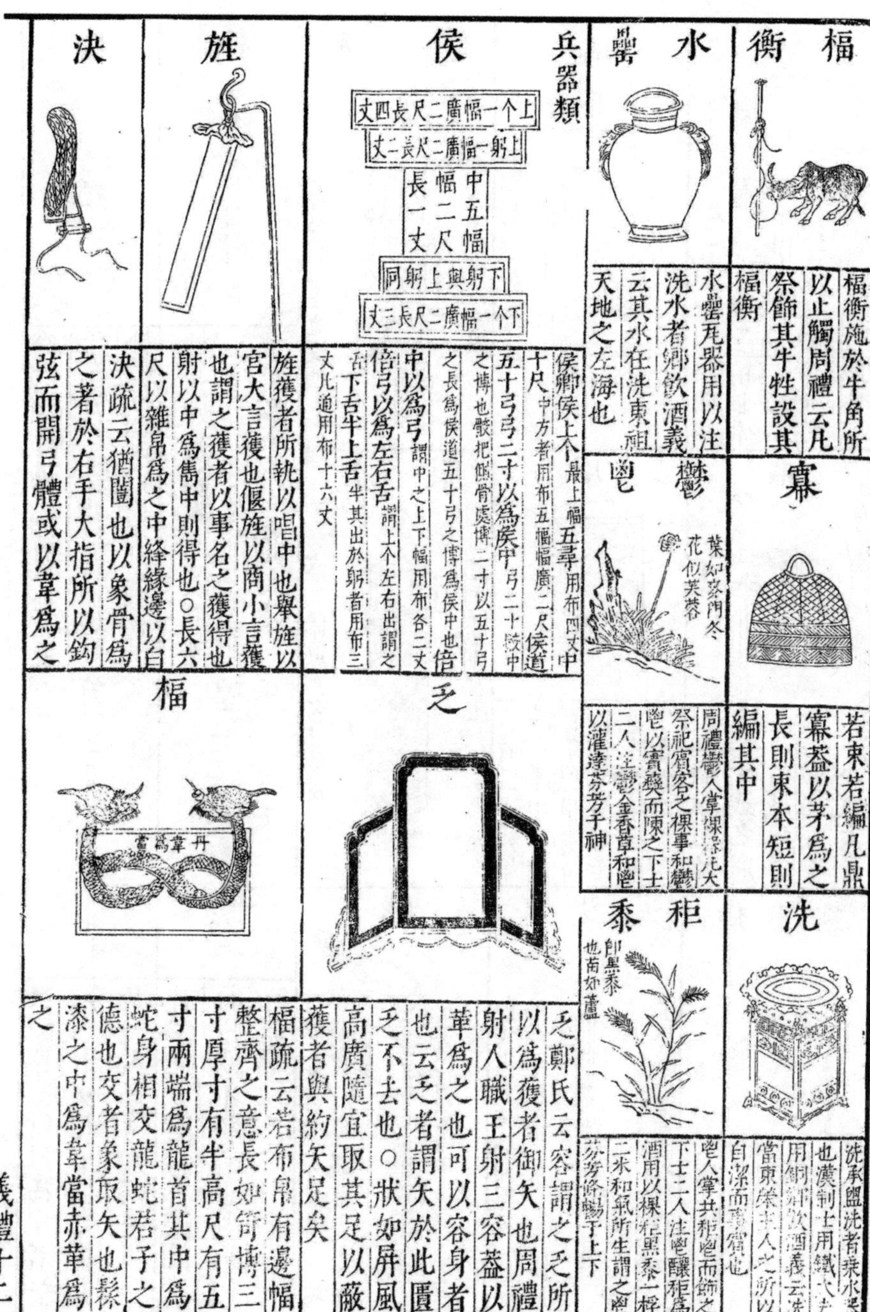

福衡施於牛角所以止觸周禮云凡祭飾其牛牲設其福衡

水罍凡器用以注洗水者鄉飲酒義云其水在洗東祖天地之左海也

兵器類

侯鄉侯上个最上幅五尋用布四丈中十尺中方者用布五幅幅廣二尺侯道五十弓弓二寸以為侯中弓二十殺中之博也骹把側骨處博二寸以五十弓之長為侯道五十弓之博為侯中也倍中以為躬謂中之上下幅用布各二丈倍躬以為左右舌謂上个左右出謂之舌下舌半上舌半其出於躬者用布三丈凡通用布十六丈

旌獲者所執以唱中也舉旌以宮大言獲也偃旌以商小言獲也謂之獲者以事名之獲得也射以中爲雋中則得也○長六尺以雜帛爲之中絳緣邊以白

決疏云猶闓也以象骨爲之著於右手大指所以鉤弦而開弓體或以韋爲之

若束若編凡鼎冪蓋以茅爲之長則束本短則編其中

周禮鬱人掌祼器凡祭祀賓客之祼事和鬱鬯以實彝而陳之下士二人注鬱金香草和鬯以灌達芬芳于神

洗承盥洗者棄水器也漢制士用鐵大夫用銅鄉飲酒義云洗當東榮主人之所以自潔而事賓也

鬯人掌共秬鬯而飾之下士二人注鬯釀秬爲酒用以祼秬黑黍一稃二米和氣所生謂之鬯芬芳條暢于上下

乏鄭氏云容謂之乏所以爲獲者御矢也周禮射人職王射三容蓋以革爲之也可以容身者也云乏者謂矢於此匱乏不去也○狀如屏風高廣隨宜取其足以蔽獲者與約矢足矣

楅疏云若布帛有邊幅整齊之意長如笴博三寸厚寸有半高尺有五寸兩端爲龍首其中爲蛇身相交龍蛇君子之德也交者象取矢也髹漆之中爲韋當赤革爲之

拾

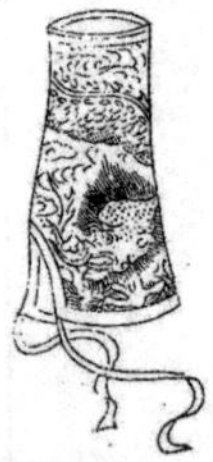

拾一曰遂射韝也以韋爲之著于左臂以遂弦非射時則謂之拾拾斂也所以蔽膚斂衣也

朴

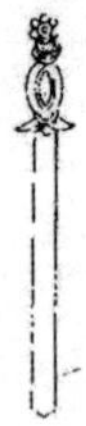

朴長如笴刊本一尺荆楚爲之射者有過則撻之

算

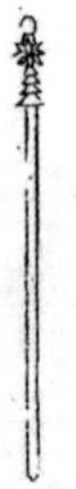

籌即算也所以爲中者計數八十枚者十耦之算也長一尺四寸刊四寸

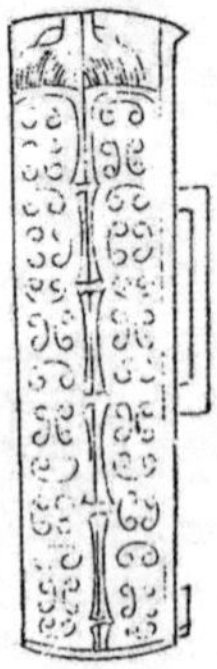

豐

豐字從豆所以承觶設豐將以飲不勝者也其形以豆而卑

虎韔

以虎皮爲弓室也交韔二弓交二弓於韔中

魚服

盛矢器魚獸名其背皮班文可爲矢服

觿

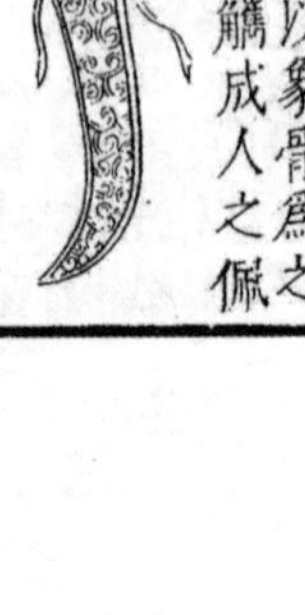

狀如錐角以象骨爲之所以解結觿成人之佩

璏

劍飾也劍鼻玉

甲

古者三甲以犀爲之犀甲壽可百年兕甲壽可二百年合甲壽可三百年後世乃用金耳

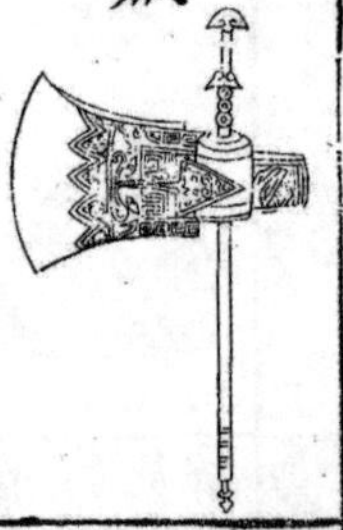

殳

即杸也長丈二而無刃有所撞挃於車上使殊離也主於擊禮書作八觚形

珌

琫

珌琫刀鞘也琫上飾珌下飾戎服也

戚

戚揚二者斧鉞之別名戚爲斧揚爲鉞斧小鉞大

揚

劍

儀禮經義　儀禮之次賤者爲先故以士冠爲先無大夫冠禮諸侯冠次之天子冠又次之其昏禮亦以士爲先大夫次之諸侯次之天子爲後諸侯鄉飲酒爲先天子鄉飲酒次之鄉射燕禮巳下皆然又以冠昏士相見爲先後者以二十而冠三十而娶四十強而仕即有摯見鄉大夫見國君之等又爲鄉大夫州長行鄉飲酒鄉射之事巳下先吉後凶凶盡則又行祭祀吉禮也　傳曰夫禮始於冠本於昏重於喪祭尊於朝聘和於射鄉此禮之大體也

士冠禮　童子任職居士位年二十而冠主人玄端朝服則是仕於諸侯天子之士朝服皮弁素積古者四民世事士之子恒爲士其大夫始仕者二十巳冠訖五十乃爵命爲大夫故大夫無冠禮諸侯十二而冠成王年十五云王與大夫盡弁則知天子亦十二而冠矣又大戴禮云文王十三生伯邑考左傳云冠而生子禮也是殷之諸矦亦十二而冠天子之元士猶士天下無生而貴者則天子之子雖早冠亦用士禮是周公攝政六年所制

士昏禮　士娶妻之以昏爲期因而名焉必以昏者陽往而陰來日入三商爲昏商謂商量是漏刻之名

士相見禮　宗周之制士見於大夫卿公介以厚其別詞以正其名摯以效其情儀以致其敬四者備矣謂之禮成士之相見如女之從人有願見之心而無自行之義必

有紹介爲之前焉所以别嫌而愼微也詞以三請摯以三獻三揖而升三拜而出三者禮之中也是以貴不陵賤下不援上謹其分守順於時命志不屈而身不辱以成其善當是之世豈特士之自賢蓋亦有禮爲之節也夫相見所以成禮而其弊必至於自鬻故先王謹其始以爲之防而爲士者世守焉

〔鄉飲酒禮〕諸侯鄉大夫三年大比獻賢者能者於其君以禮賓之與之飲酒孔穎達曰古鄉飲有四一三年賓賢能二鄉大夫飲國中賢者三州長習射四黨正蜡祭正齒位

〔鄉射禮〕州長春秋以禮會民而射於州序之禮謂之鄉者州鄉之屬鄉大夫或在焉不改其禮

〔燕禮〕諸侯無事若卿大夫有勤勞之功與羣臣燕飲以樂之燕有四等諸侯無事而燕一也卿大夫有王事之勞二也卿大夫有聘而來還與之燕三也四方聘客與之燕四也

〔大射〕禮名曰大射者諸侯將有祭祀之事與其羣臣射以觀其禮數中者得與於祭不數中者不得與於祭

〔聘禮〕大問曰聘諸侯相交久無事使卿相問之禮小聘使大夫周禮曰凡諸侯之邦交歲相問也殷相聘也

〔公食大夫禮〕主國君以禮食小聘大夫之禮公食序在聘禮之下是因聘而食之不言食賓與上介直云大夫者小聘使下大夫上介乃是士

〔覲禮〕覲見也諸侯秋見天子之禮春見曰朝夏見曰宗秋見曰覲冬見曰遇朝宗禮備覲遇禮省是以亨獻不見焉三時禮亡唯此存爾

〔喪服〕鄭氏曰天子以下死而相喪衣服年月親疎隆殺之禮賈氏曰喪服之制在成服之後以其總包尊卑上下不專據士又死者既喪主人制服服之者貌以表心服以表貌斬衰貌若苴齊衰貌若枲大功貌若止小功緦麻容貌可也哀有隆殺故貌有此不同而布亦有精麤也此篇言諸侯以下男女所爲之喪服

〔士喪禮〕士喪其父母從始死巳殯之後未葬之前皆錄之是以下殯後論朔奠筮宅井槨卜葬日之事也天子諸侯之下皆有士此當諸侯之士

〔既夕禮〕士喪禮之下篇也既巳也謂先二日巳夕哭時與葬間一日凡朝廟日請啟期必容焉此諸侯之下士一廟其上士二廟則既夕哭先葬前三日

〔士虞禮〕虞安也士既葬其父母迎精而反日中而祭之於殯宮以安之

〔特牲饋食禮〕曲禮云大夫以索牛士以羊豕被天子大夫士也此特牲少牢乃諸侯大夫士也祭法適士二廟官師一廟官師中下之士祖禰共廟歲時祭祖禰之禮

〔少牢饋食禮〕諸侯之卿大夫祭其祖禰於廟之禮

有司徹少牢之下篇也上大夫室中事尸行三獻禮畢別行儐尸於堂之禮朱元晦曰鳧鷖之詩乃祭之明日繹而賓尸之樂繹者取尋繹前祭之名也儐尸儐者賓也既以祖宗之禮事之于廟復以賓禮燕之於寢也

新安吳公信曰儀禮經多散逸如投壺奔喪世子明堂是乃儀經而逸於記中者也如記中大小儀文之篇曲禮以下雜記五禮之事皆屬威儀之三千而曲禮上下內則少儀玉藻深衣大傳郊特牲檀弓上下則又記儀禮中之事而發明之者故朱文公晚年分爲家禮鄉禮學禮邦國禮王朝禮未得成書而沒而喪祭二禮則以規摹屬門人黃幹其書目錄猶可考見　家禮曰士冠禮士昏禮內則內治五宗親屬記　鄉禮曰士相見禮投壺鄉飲酒禮鄉射禮　學禮曰學制弟子職少儀曲禮臣禮鍾律詩樂禮樂記書數學記大學中庸保傅傳五學　邦國禮曰燕禮大射禮聘禮公食大夫禮諸侯相朝禮　王朝禮曰覲禮歷數卜筮夏小正月令樂制樂記王制類十甲曰分土乙曰制國丙曰王禮丁曰王事戊曰設官巳曰建侯庚辛曰名器壬曰師田癸曰刑辟而以喪祭二禮屬之門人黃幹喪禮曰喪服士喪禮士虞禮喪大記卒哭祔練祥禫記補服喪服變除喪服制度喪服義喪通禮喪變禮弔禮喪禮義喪服圖祭禮曰特牲饋食少牢饋食有司徹諸侯遷廟釁廟祭法天神地示百神宗廟因事之祭祭統祭物薦皆合記採經傳而爲儀經者也茲圖儀禮十七篇圖于後

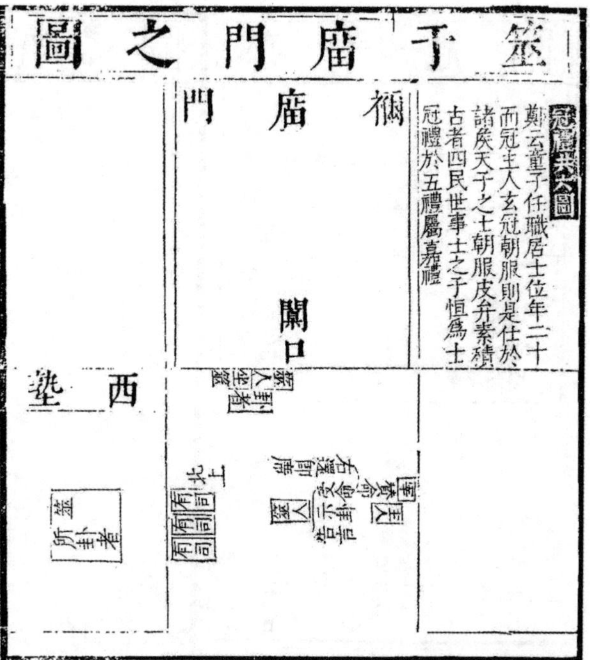

筮于廟門之圖

冠禮共六圖

鄭云童子任職居士位年二十而冠主人玄冠朝服則是仕於諸侯天子之士朝服皮弁素積古者四民世事士之子恒爲士冠禮於五禮屬嘉禮

禰　廟　門

闑

西塾

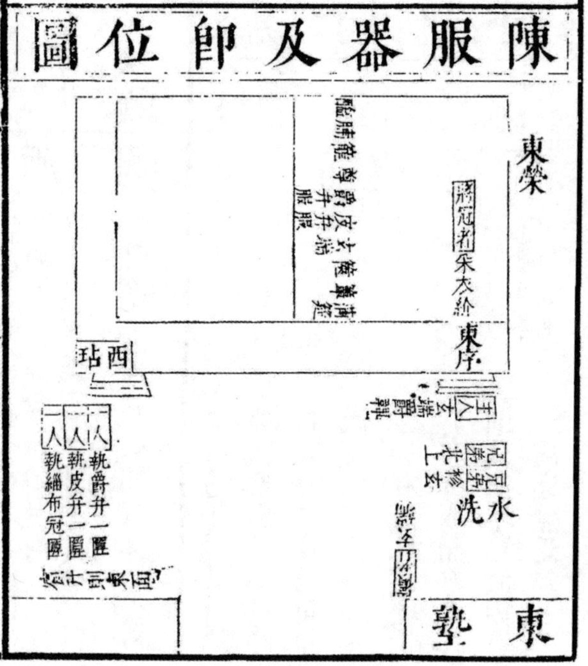

陳服器及卽位圖

東榮

東序

西坫

主人玄端爵韠

兄弟畢袗玄

水　洗

爵弁服　皮弁服　玄端

一人執爵弁一匴

一人執皮弁一匴

一人執緇布冠匴

東塾

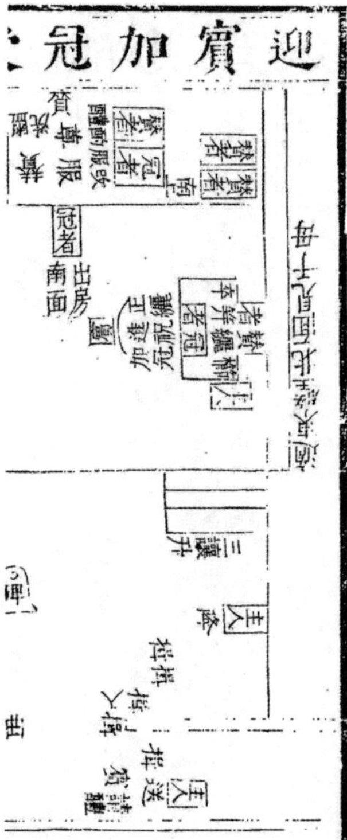

迎賓加冠之圖

三讓升

主人揖

若不醴

玄酒

酒

洗　篚

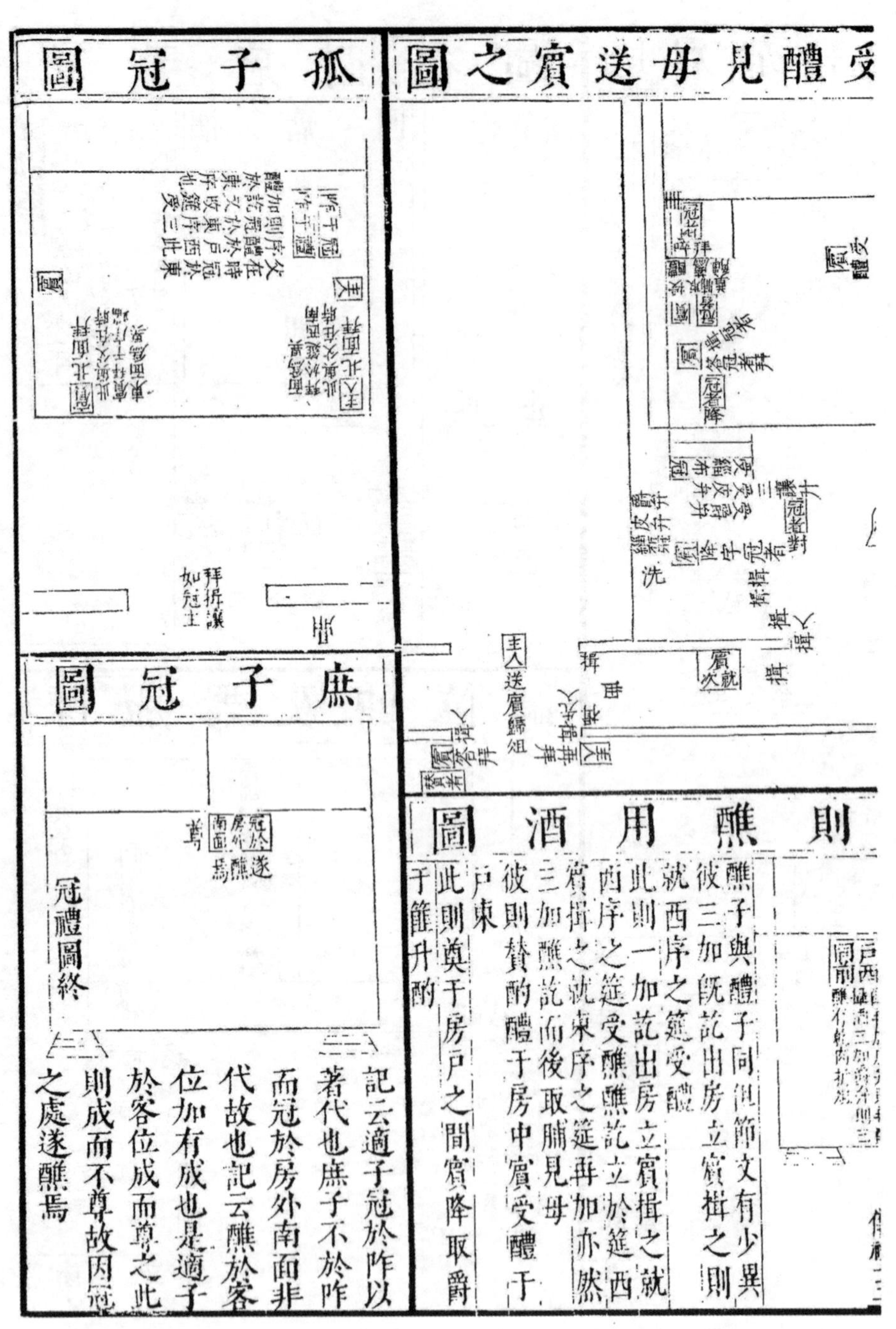

受醴見母送賓之圖

醮用酒則圖

醮子與醴子同但節文有少異彼三加既訖出房立賓揖之則就西序之筵受醴

此則一加訖出房立賓揖之就西序之筵受醮醮訖立於筵西賓揖之就東序之筵再加亦然三加醮訖而後取脯見母

彼則贊酌醴于房中賓受醴于戶東

此則奠于房戶之間賓降取爵于篚升酌

孤子冠圖

庶子冠圖

冠禮圖終

記云適子冠於阼以著代也庶子不於阼而冠於房外南面非代故也記云醮於客位加有成也是適子於客位成而尊之此則成而不尊故因冠之處遂醮焉

三八六

納采及問名圖

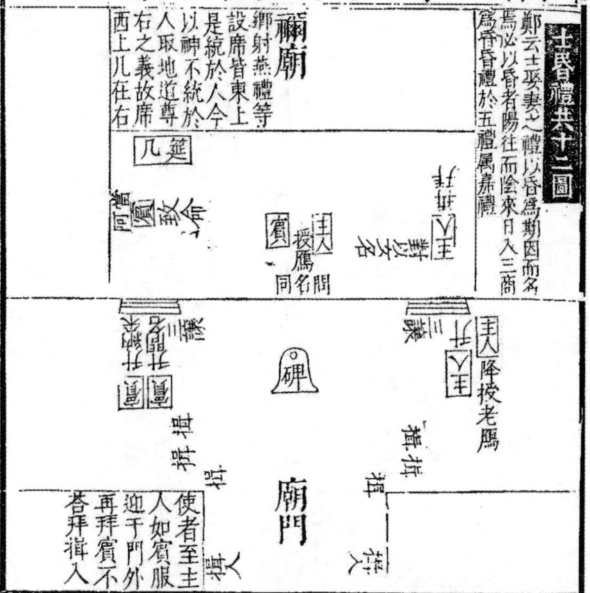

士昏禮共十二圖

鄭云士娶妻之禮以昏爲期因而名焉必以昏者陽往而陰來日入三商爲昏昏禮於五禮屬嘉禮

禰廟

鄉射燕禮等設席皆東上是統於人今以神不統於人取地道尊右之義故席西上几在右

几筵

主人 賓 授鴈 問名同

碑

廟門

使者至主人如賓服迎于門外再拜賓不答拜揖入

納徵

主人

醴賓圖

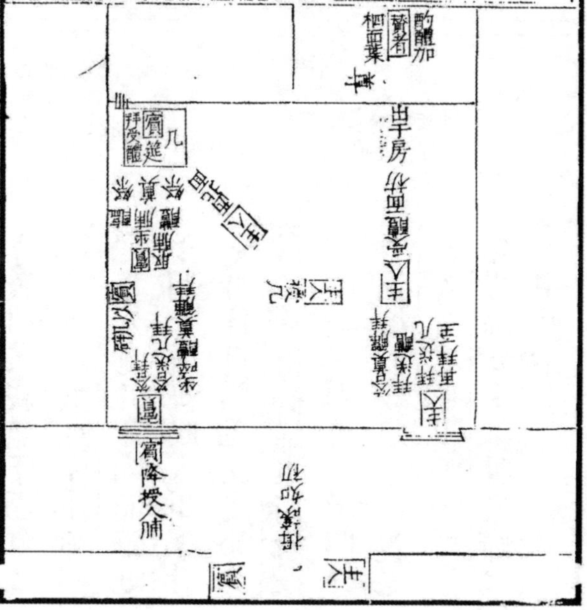

几筵

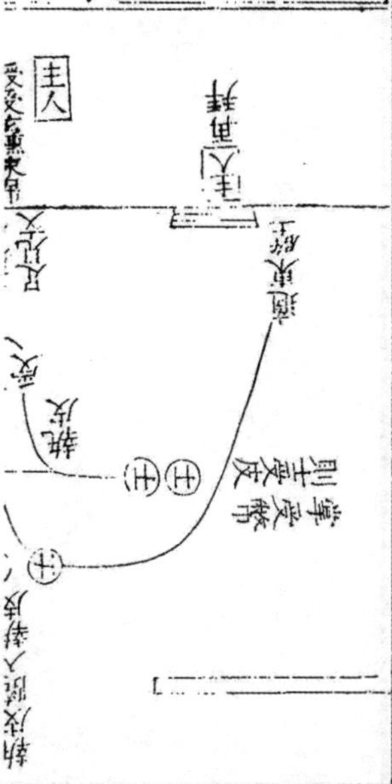

壻家陳

洗

親迎禮圖

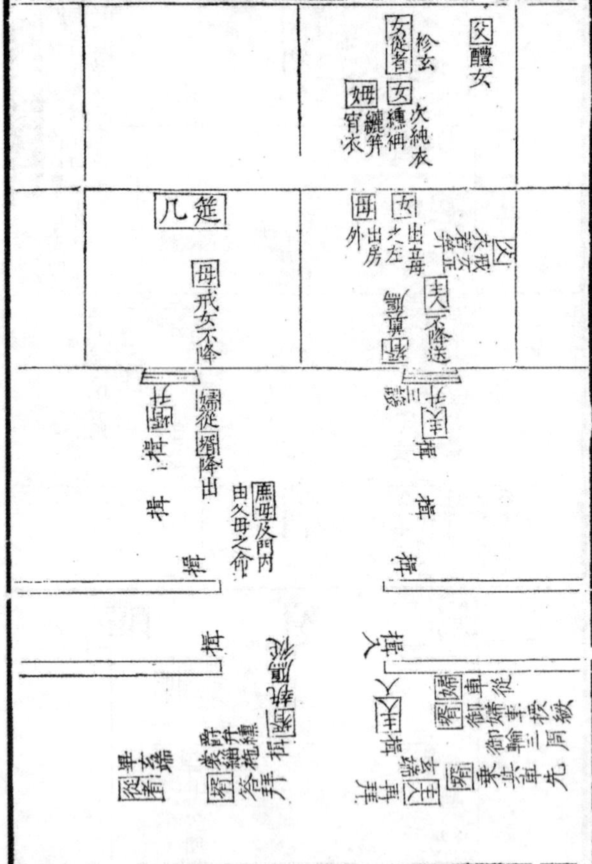

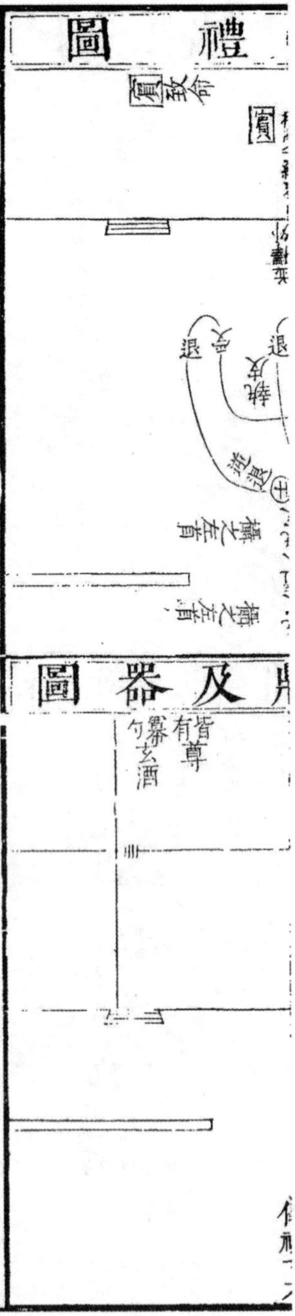

昏義曰父親醮子而命之迎男先於女也子承命以迎主人筵几于廟而拜迎于門外壻執鴈入揖讓升堂再拜奠鴈蓋受之於父母也降出御婦車而壻授綏御輪三周先俟于門外壻親御授綏親之也親之也者親之也出乎大門而先男帥女女從男夫婦之義由此始也

夫婦即席圖

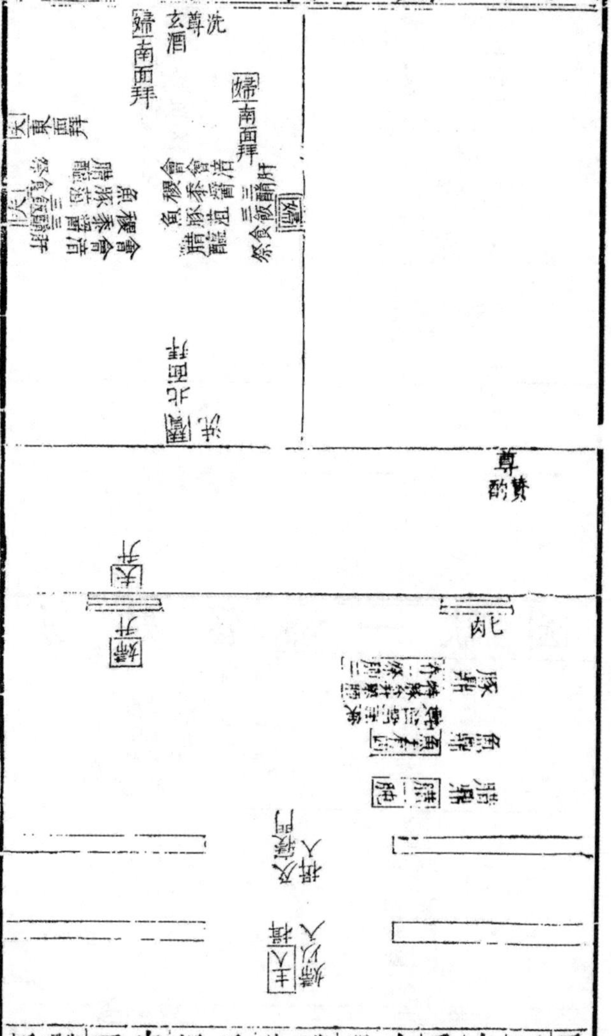

洗　尊　玄酒

婦南面拜

婦南面拜

夫東面拜

婿北面拜　洗

尊　贊酌

匕　肉

豕鼎

魚鼎

腊鼎

揖入

婦以入

昏義曰共牢而食同尊卑也故婦人無爵從夫之爵坐以夫之齒器用陶匏尚禮然也三王作牢用陶匏又曰婦至婿揖婦以入共牢而食合巹而酳所以合體同尊卑以親之也

徹饌成

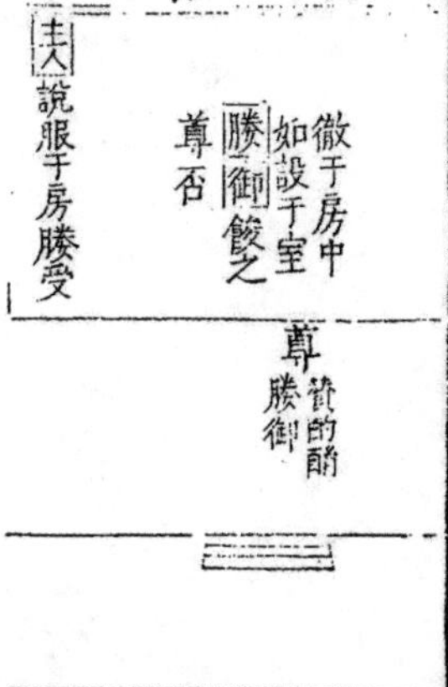

徹于房中如設于室

媵御餕之

尊否

主人說服于房媵受

尊　贊酌　媵御

婦見舅姑

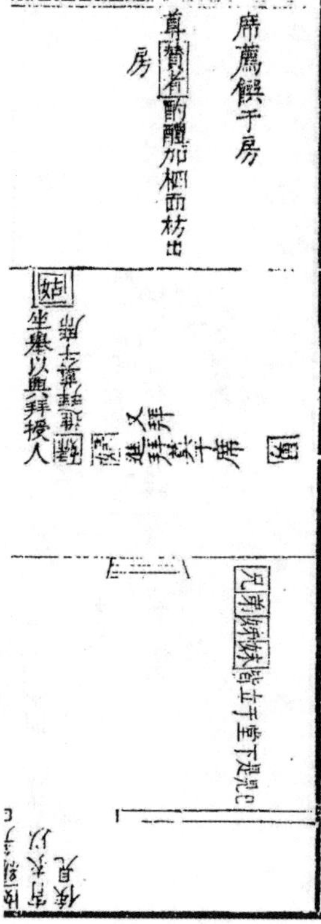

席薦饌于房

尊　贊者酌醴房

房

姑

見諸婦姊妹皆立于堂下見已

婦饋舅姑圖

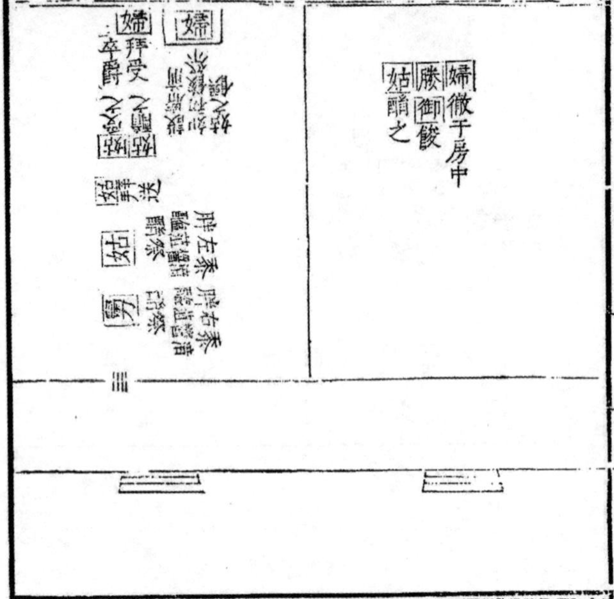

婦拜受 卒爵

婦徹于房中
媵御餕
姑酳之

舅姑饗婦一獻圖

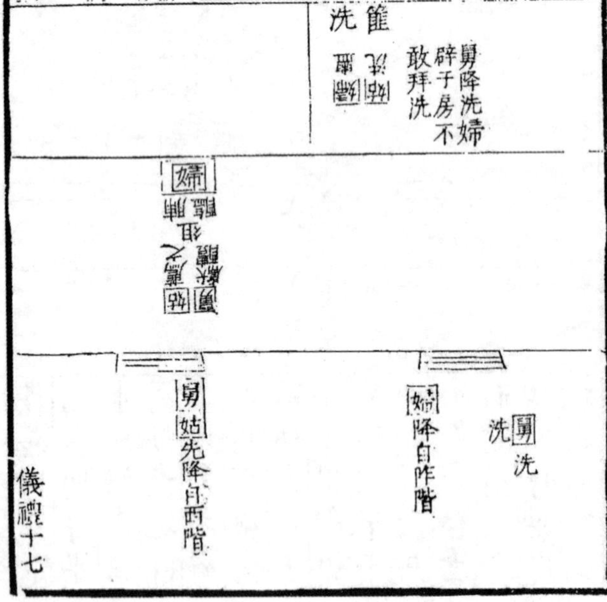

篚
洗

舅降洗婦辟于房不敢拜洗

婦

舅 姑 先降自西階

婦 降自阼階

舅 洗

……禮圖

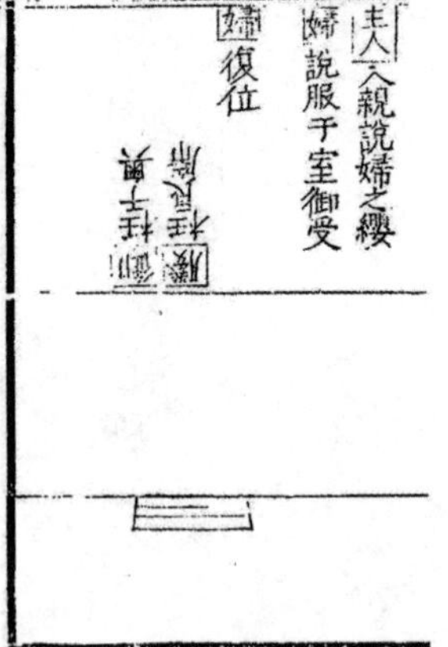

主人入親說婦之纓
婦說服于室御受
婦復位

及醴婦圖

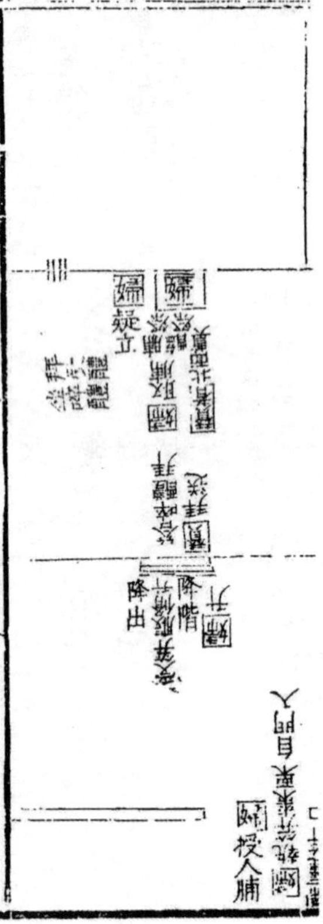

婦 授人脯
自門入

舅姑沒三月乃奠菜圖

姑席東面

祝盥，婦拜扱地，坐奠菜，降堂取笲菜

婦入寺門，祝帥婦以入

廟門

舅姑沒，婦如舅姑禮婦之禮

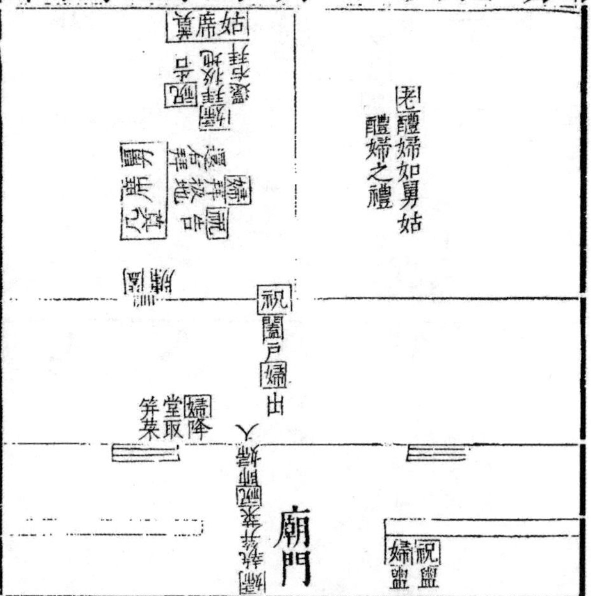

不親迎三月壻見妻之父母圖

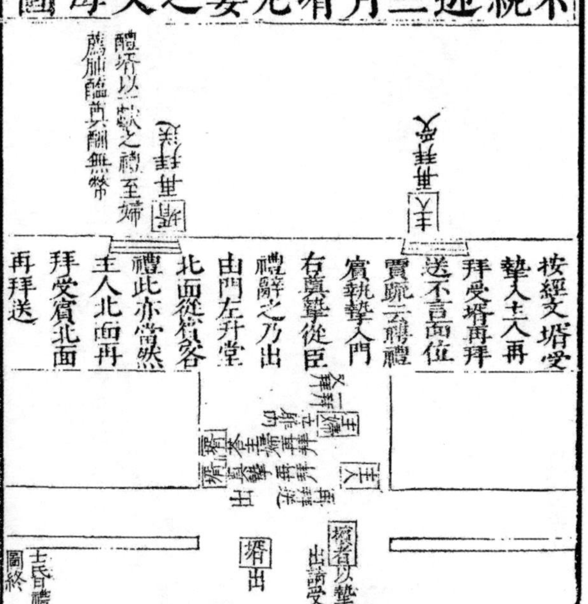

醴壻以一獻之禮，至婦薦脯醢無從無酬

按經文壻受摯入主人再拜受壻再拜送不言面位賈疏云昏禮賓執摯入門右奠摯從臣禮辭之乃出由門左升堂北面從容禮此亦當然主人北面再拜受賓北面再拜送

擯者以摯出請受

壻出

士昏禮圖終

士相見

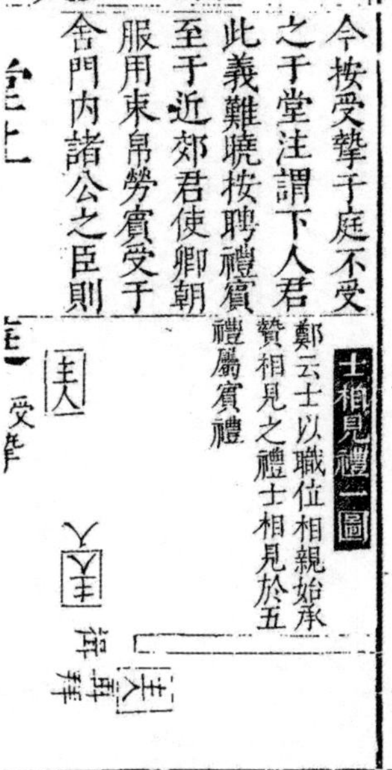

今按受摯于庭不受之于堂注謂下人君此義難曉按聘禮賓至于近郊君使卿朝服用束帛勞賓受于舍門內諸公之臣則

鄭云士以職位相親始承贄相見之禮士相見於五禮屬賓禮

士相見禮一圖

主人再拜

設席東

烹狗于堂東北　東榮

薦脯五脡橫祭于上

尊上有冪下有禁

水　洗　篚

鄭云諸侯之鄉大夫三年大比獻賢者能者於其君以

鄉飲酒禮第十五圖

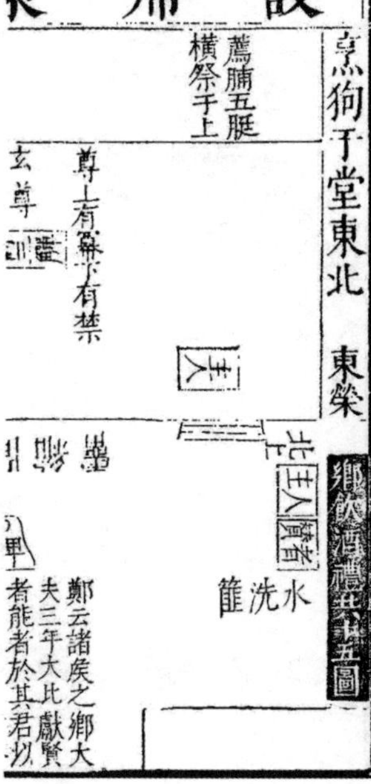

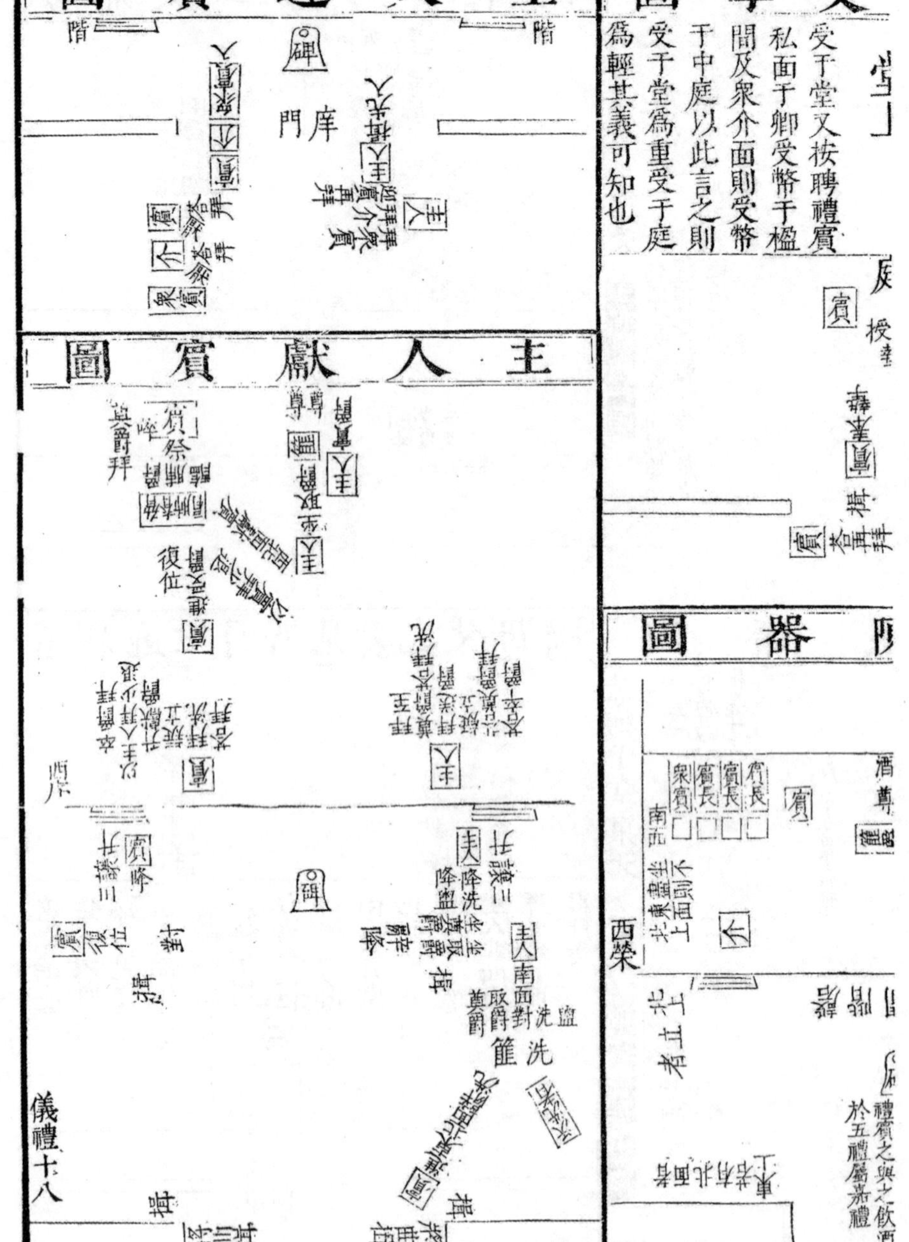
主人迎賓圖
主人獻賓圖
受摯圖
受于堂又按聘禮賓
私面于卿受幣于楹
間及衆介面則受幣
于中庭以此言之則
受于堂爲重受于庭
爲輕其義可知也
儀禮十八

賓酢主人圖

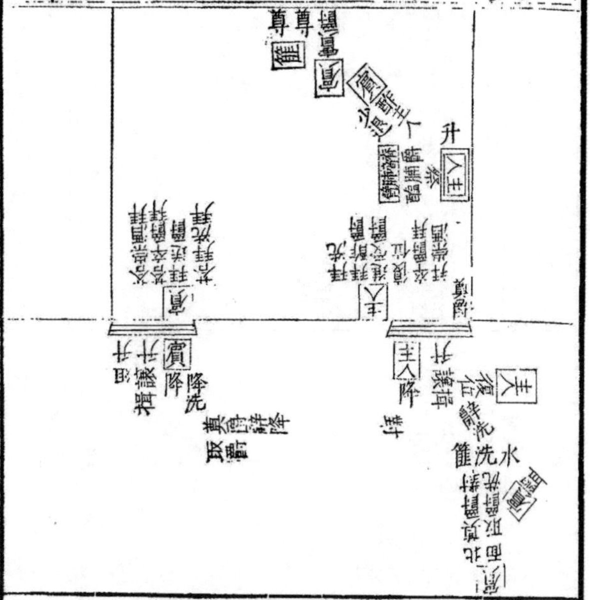

主人酬賓圖

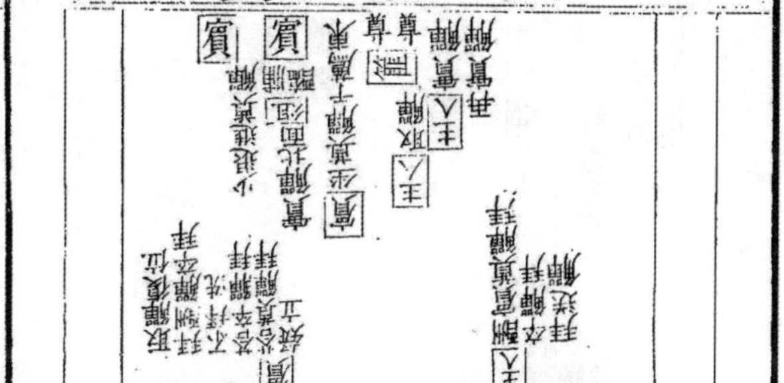

今按凡酬賓之禮主人先自飲蓋酬導飲也主人欲酬賓先自飲於阼階上以導之乃復實觶於賓之席前酬賓賓奠薦東而不舉注所謂不盡人之歡不竭人之忠以全交也若此也

主人獻介圖

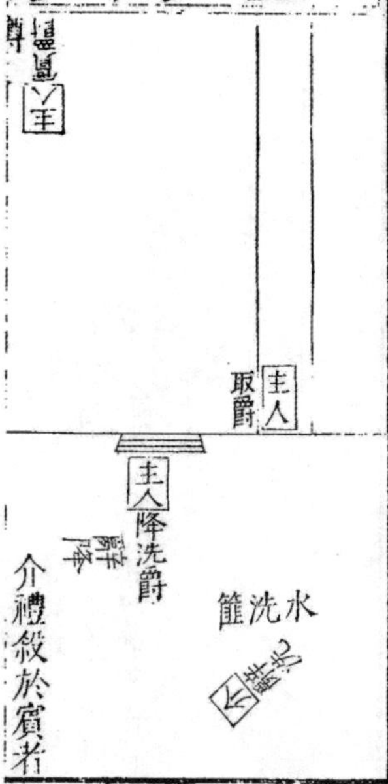

介禮殺於賓若

介酢主人圖

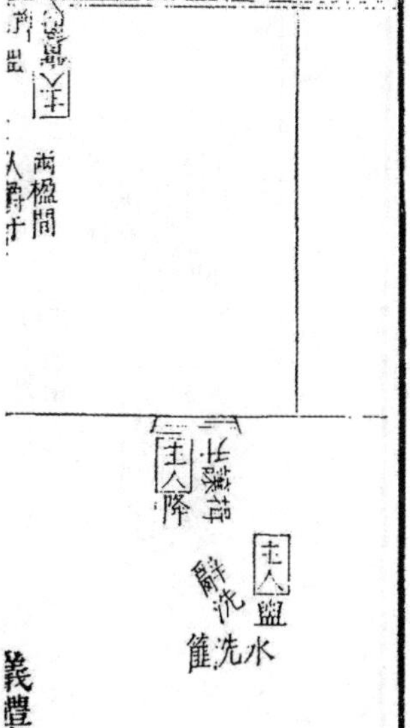

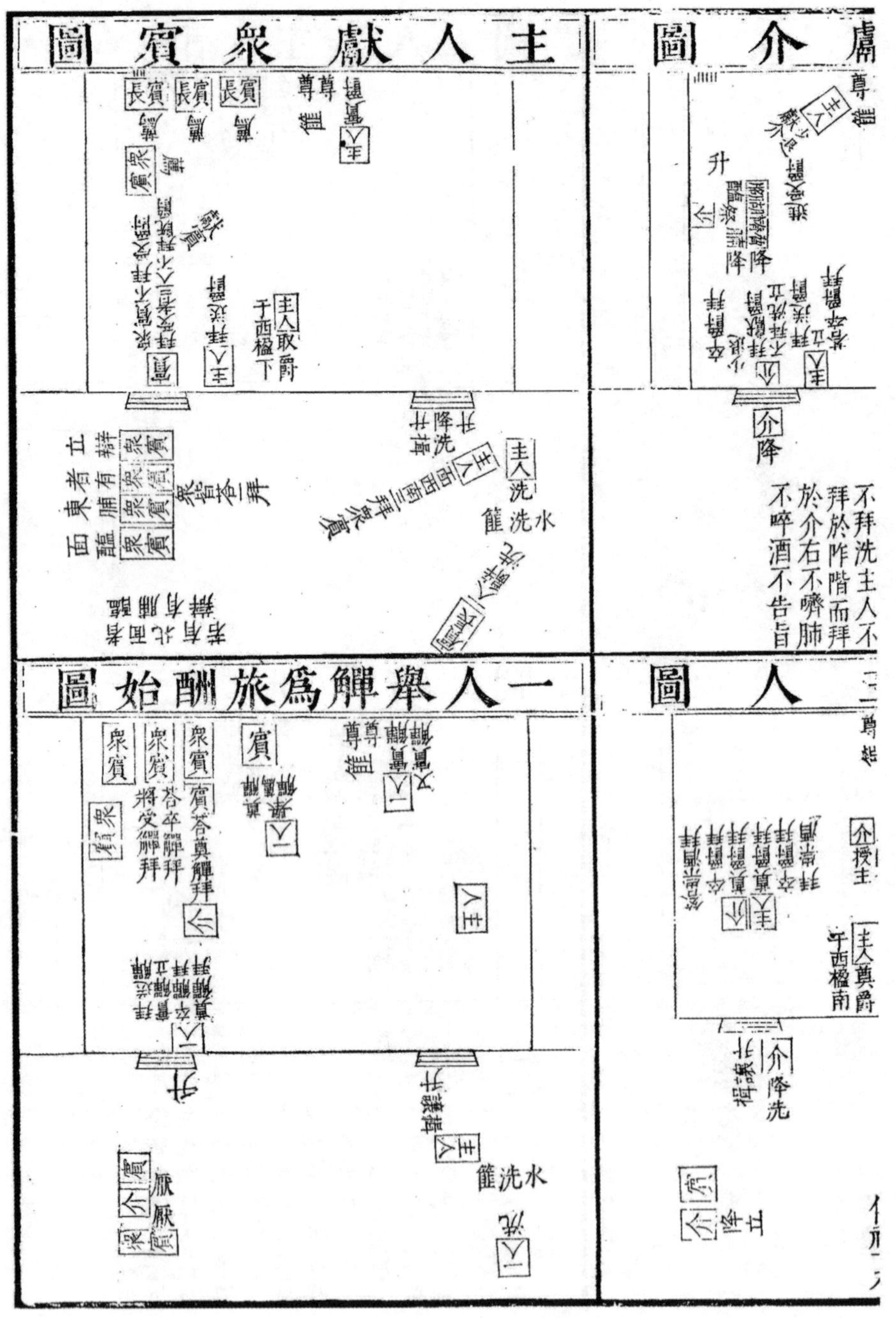
主人獻衆賓圖
長賓
長賓
長賓
衆賓
尊
主人取爵于西楹下
主人洗
水
洗
篚
衆賓皆答一拜
一人舉觶爲旅酬始圖
賓
衆賓
衆賓
衆賓
介
主人
水
洗
篚
介
介降
介降洗
不拜洗主人不
拜於阼階而拜
於介右不嚌肺
不啐酒不告旨
主人奠爵于西楹南
圖
圖

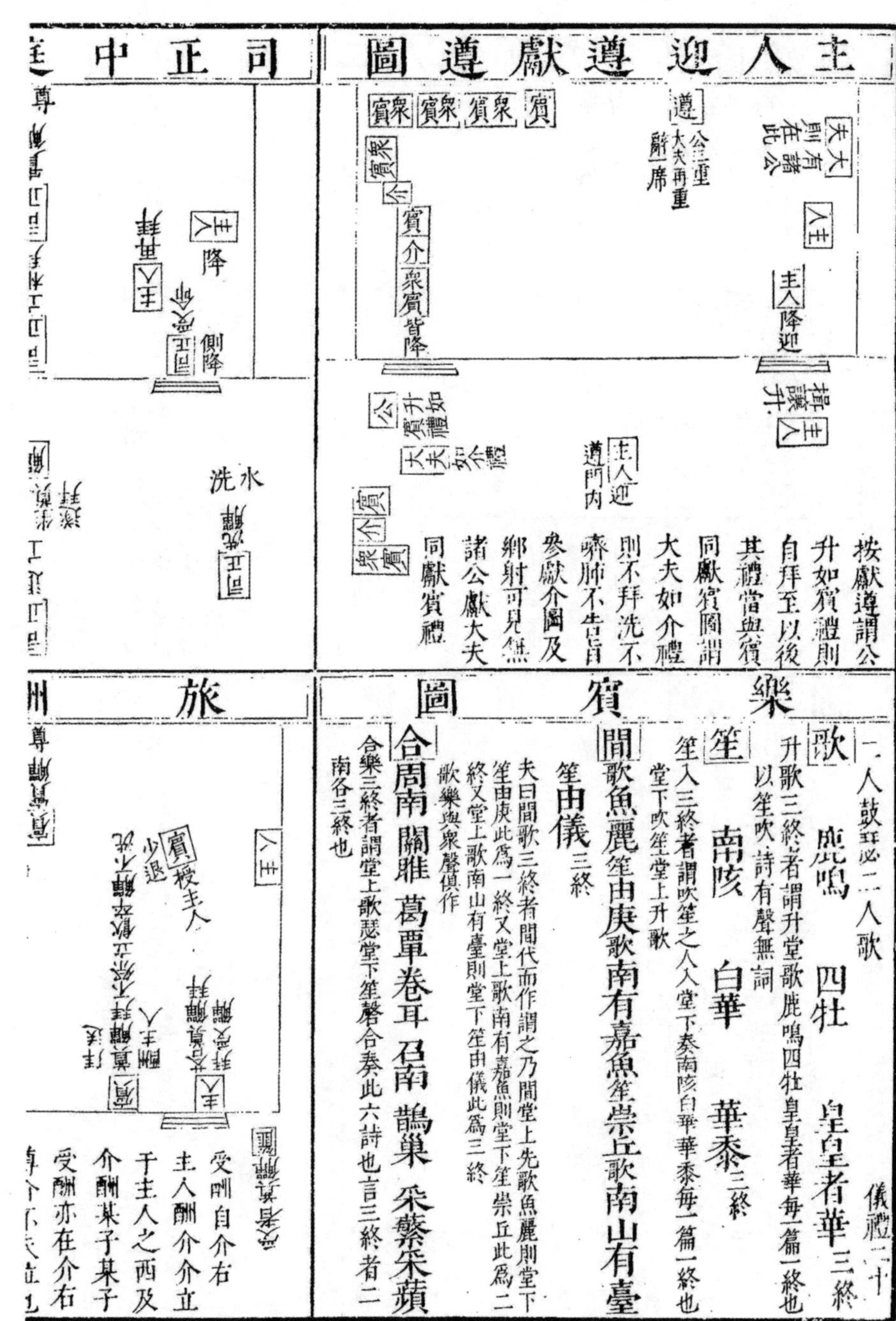
主人迎遵獻圖
按獻遵謂公升如賓禮則自拜至以後其禮當與賓同獻賓圖謂大夫如介禮則不拜洗不嚌肺不告旨參獻介圖及鄉射可見矣諸公獻大夫同獻賓禮
樂賓圖
工四人鼓瑟二人歌
歌 鹿鳴 四牡 皇皇者華 三終
升歌三終者謂升堂歌鹿鳴四牡皇皇者華每一篇一終也
以笙吹詩有聲無詞
笙 南陔 白華 華黍 三終
笙入三終者謂吹笙之人入堂下奏南陔白華華黍每一篇一終也
堂下吹笙堂上升歌
間 歌魚麗笙由庚歌南有嘉魚笙崇丘歌南山有臺笙由儀 三終
夫曰間歌三終者間代而作謂之乃間堂上先歌魚麗則堂下笙由庚此為一終又堂上歌南有嘉魚則堂下笙崇丘此為二終又堂上歌南山有臺則堂下笙由儀此為三終
歌樂與衆聲俱作
合 周南 關雎 葛覃 卷耳 召南 鵲巢 采蘩 采蘋
合樂三終者謂堂上歌瑟堂下笙磬合奏此六詩也言三終者二南各三終也
司正中
旅

……奠觶圖

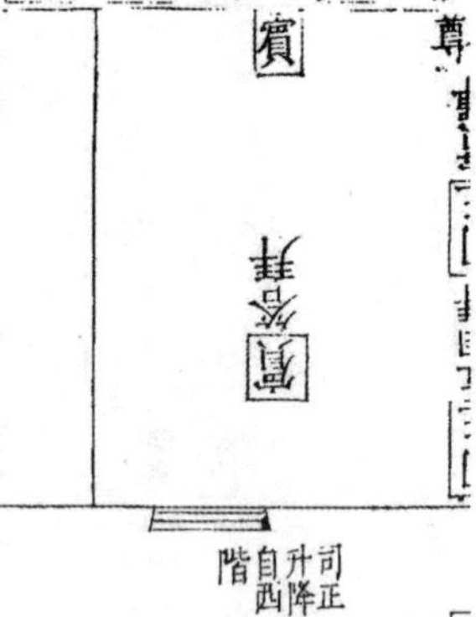

司正升自西階降

今按燕禮大射禮司正奠觶有南面北面之儀北鄉飲與鄉射禮惟北面

二人舉觶爲無算爵始圖

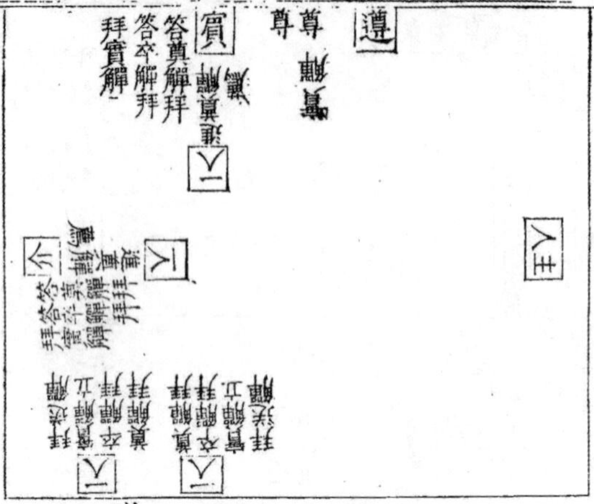

尊 尊 遵 賓 介 主人

洗

二人舉觶於賓介若有大夫則舉於賓與大夫以大夫重於介也

逆降

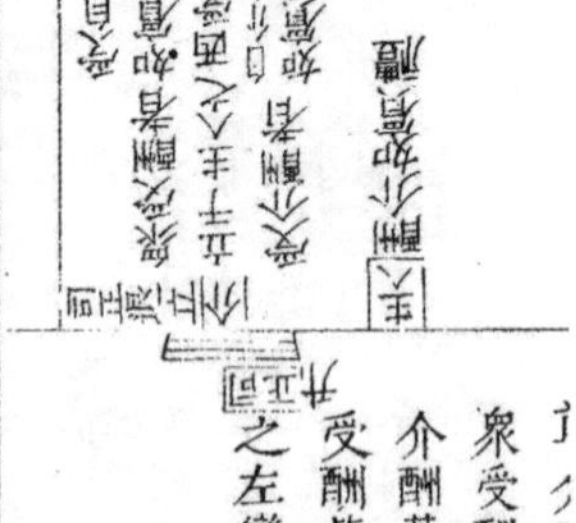

……衆受酬自左

介酬某子後衆受酬皆立酬者之左變於介也

無算爵圖

旅在下者于西階上亦交錯以辯○執觶者皆與旅○終于沃洗者○及辯主人之贊者

有諸公則大夫於主人之北西面

十 大夫 八 大夫 六 大夫 二 大夫 大夫取奠觶飲大夫不與 尊 一 賓 賓不與取奠觶飲 五 賓長 七 賓長 九 賓長 十一 衆賓

十二 大夫 三 主人 主人之贊者 實大夫之觶以之介 少 四 十三 衆賓

堂上交錯以辯乃旅在下者于西階上

一 衆賓之末飲而酬主人之贊者

二 大夫之末飲而酬賓黨

三 賓黨以次而酬主黨

四 主黨以次而酬賓黨交錯以辯

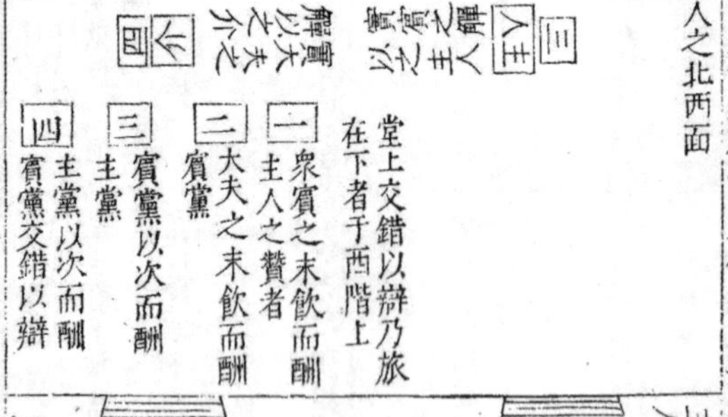

執觶洗升實觶反奠所以反奠者燕以飲爲歡辭乃止此爲無算爵

鄉飲酒禮圖終

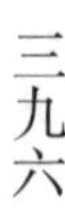

鄉射禮圖

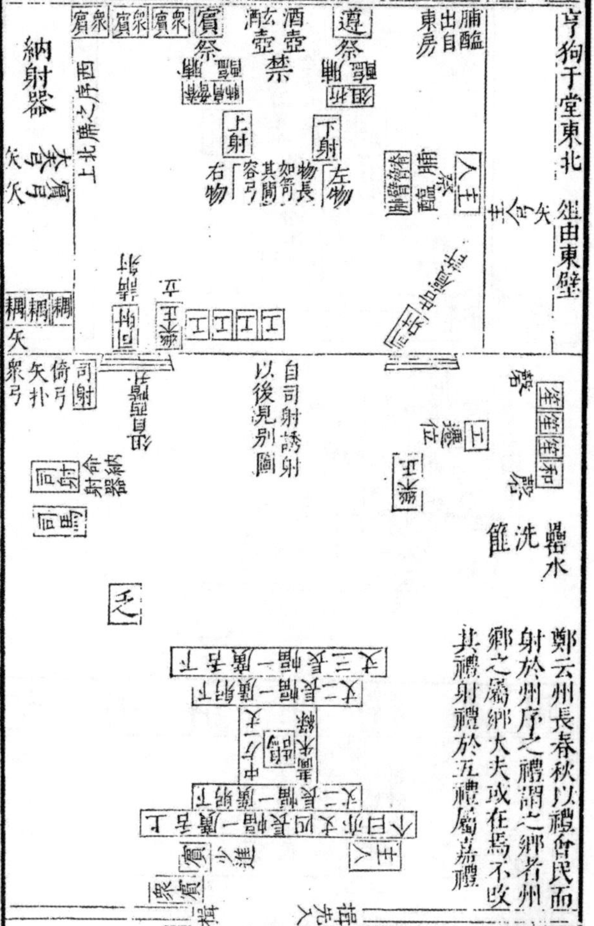

鄉射禮共九圖

亨狗于堂東北

俎由東壁

脯醢出自東房

酒壺

玄酒

禁

納射器

自司射誘射以後見別圖

水

洗

篚

鄭云州長春秋以禮會民而射於州序之禮謂之鄉者州鄉之屬鄉大夫或在焉不改其禮射禮於五禮屬嘉禮

此序制也序則物當棟豫則鉤楹內州長春秋以禮會民而射於州序序無室故物當棟豫即序也○若序制堂則物當楣堂則由楹外鄉大夫先行鄉飲酒禮而射於庠庠有室

上耦升司馬命

上耦升射圖見後

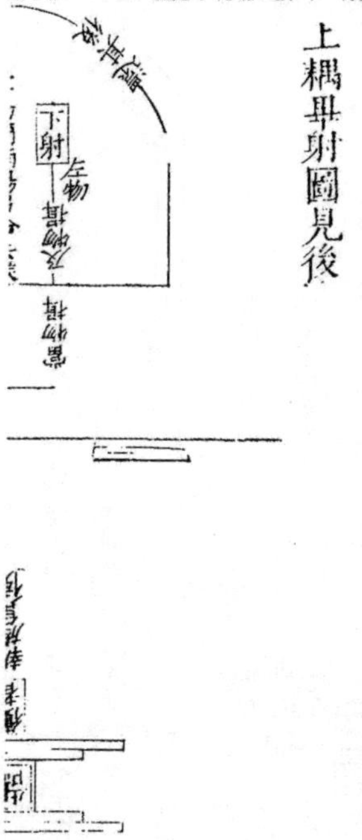

三耦拾取矢

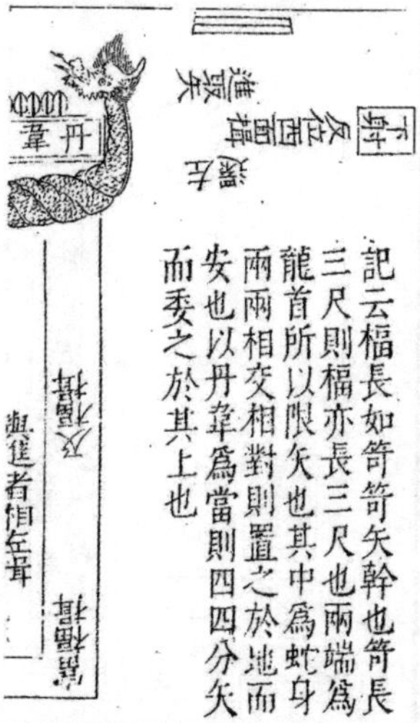

記云楅長如笴笴矢幹也笴長三尺則楅亦長三尺也兩端為龍首所以限矢也其中為蛇身兩兩相交相對則置之於地而安也以丹韋為當則四四分矢而委之於其上也

上耦次耦升降相左圖

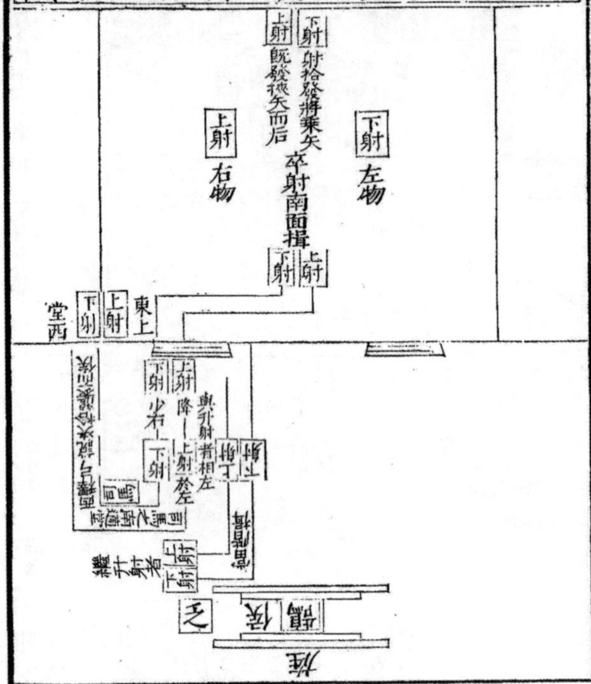

侯司射命射圖

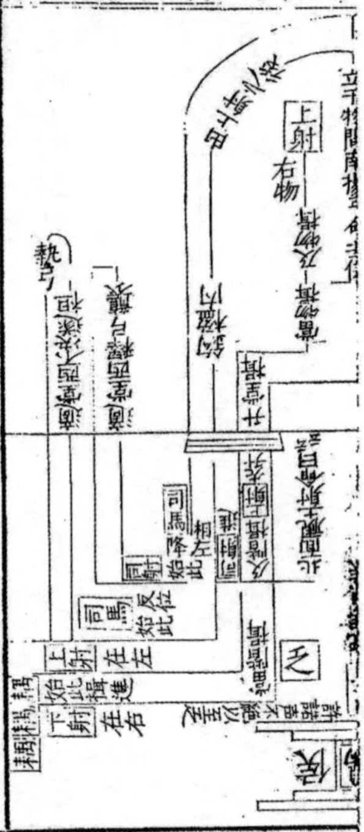

三耦再射釋獲圖

進退相左圖

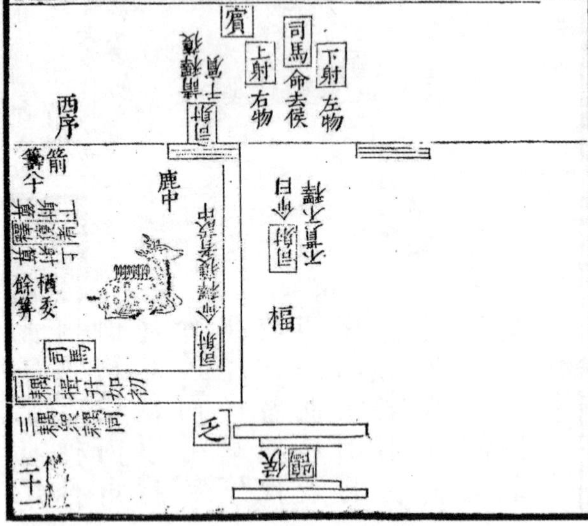

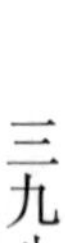

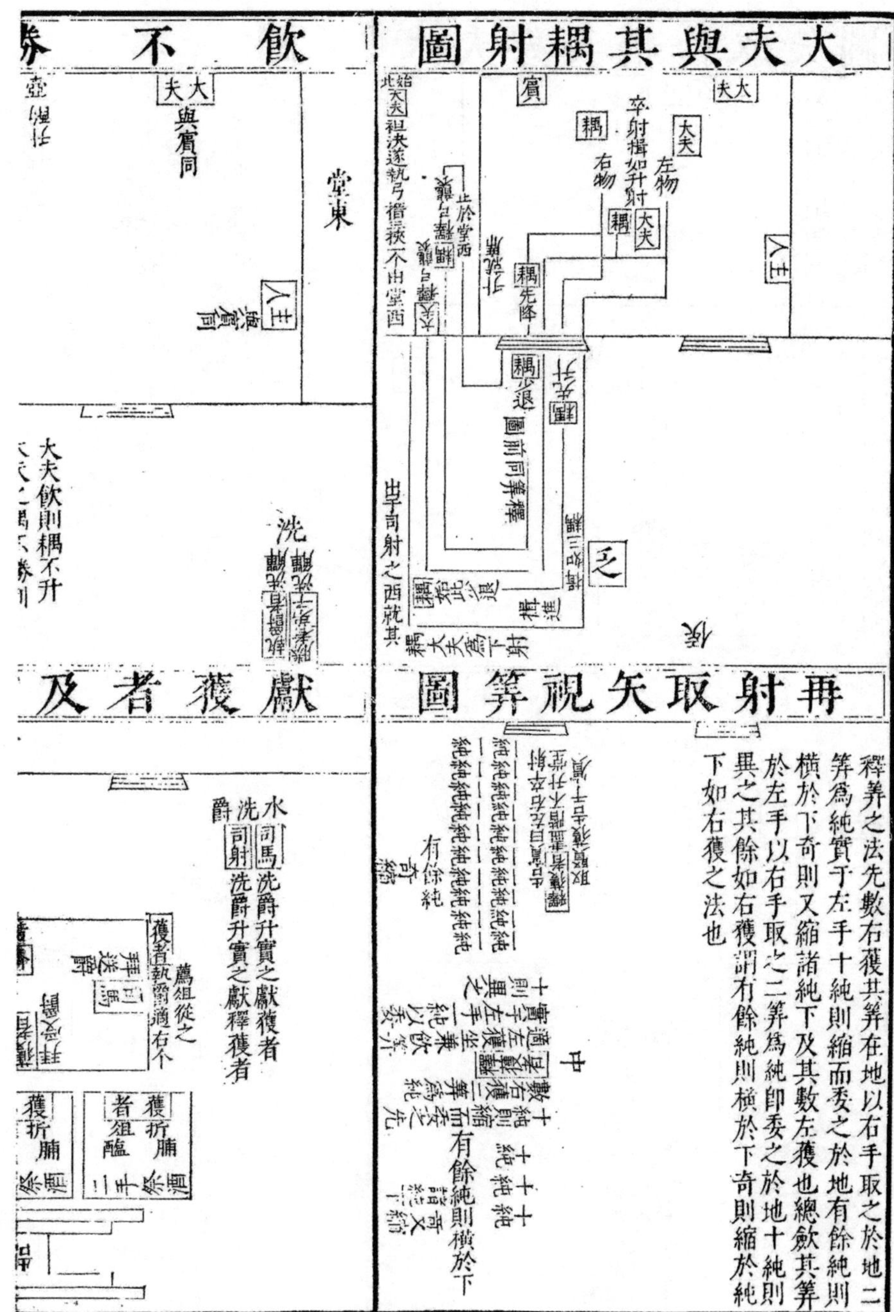
大夫與其耦射圖
大夫
賓
耦
大夫
左物
右物
卒射揖如升射
耦
大夫
主人
出于司射之西就其
之
侯
飲不勝
大夫
與賓同
堂東
主人
與賓同
大夫飲則耦不升
洗
再射取矢視筭圖
釋筭之法先數右獲其筭在地以右手取之於地二
筭爲純實于左手十純則縮而委之於地有餘純則
橫於下奇則又縮諸純下及其數左獲也總斂其筭
於左手以右手取之二筭爲純卽委之於地十純則
異之其餘如右獲謂有餘純則橫於下奇則縮於純
下如右獲之法也
純純純純純純純純純純
純純純純純純純純純純
有餘純
奇縮
中
十純
十純
十純
有餘純則橫於下
獻獲者及
水
洗
爵
司馬
洗爵升實之獻獲者
司射
洗爵升實之獻釋獲者
薦俎從之
獲者執爵適右个

大夫與其耦拾取矢圖

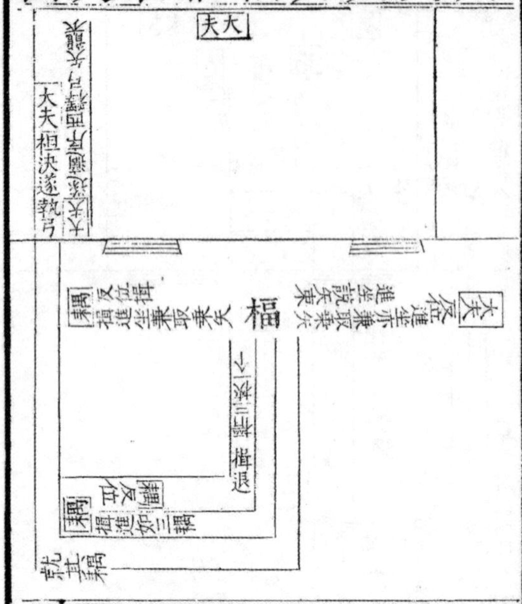

大夫

大夫袒決遂執弓

福

大夫反位進坐亦兼取乘矢

耦反位

就其耦

……勝者圖

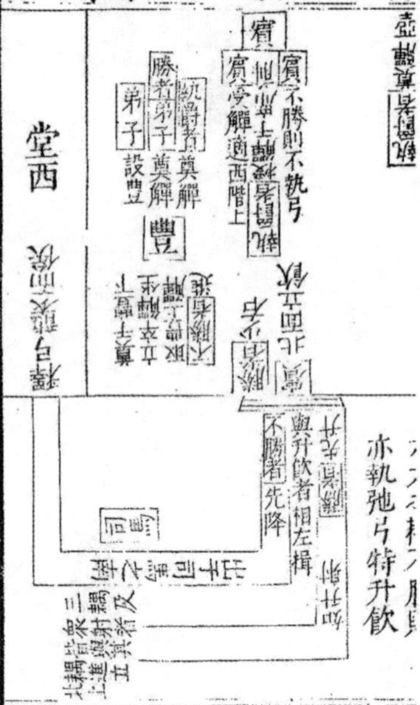

賓

賓不勝則不執弓

弟子設豐

豐

西堂

亦執弛弓特升飲

釋獲者圖

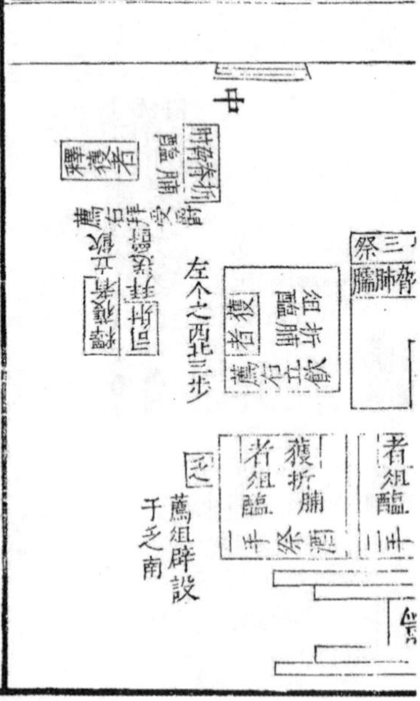

中

左个之西北三步

薦俎辟設于其南

三射以樂為節圖

賓

上射

下射

大師

司射反位

初一人射主人賓大夫眾三耦

奏騶虞以射鼓一節歌一終先以聽後鼓四節歌四終拾發乘矢

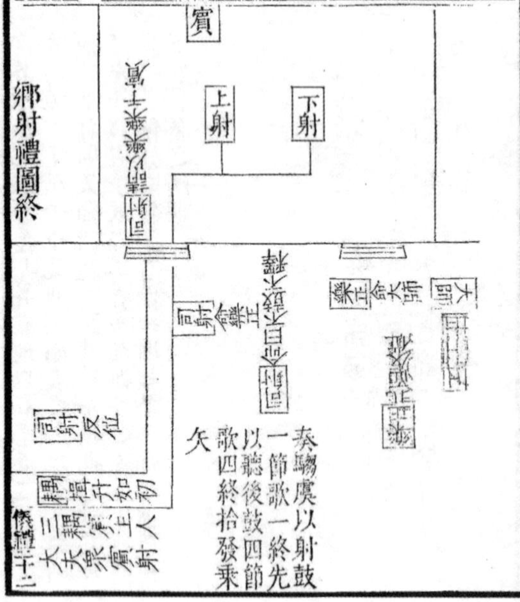

鄉射禮圖終

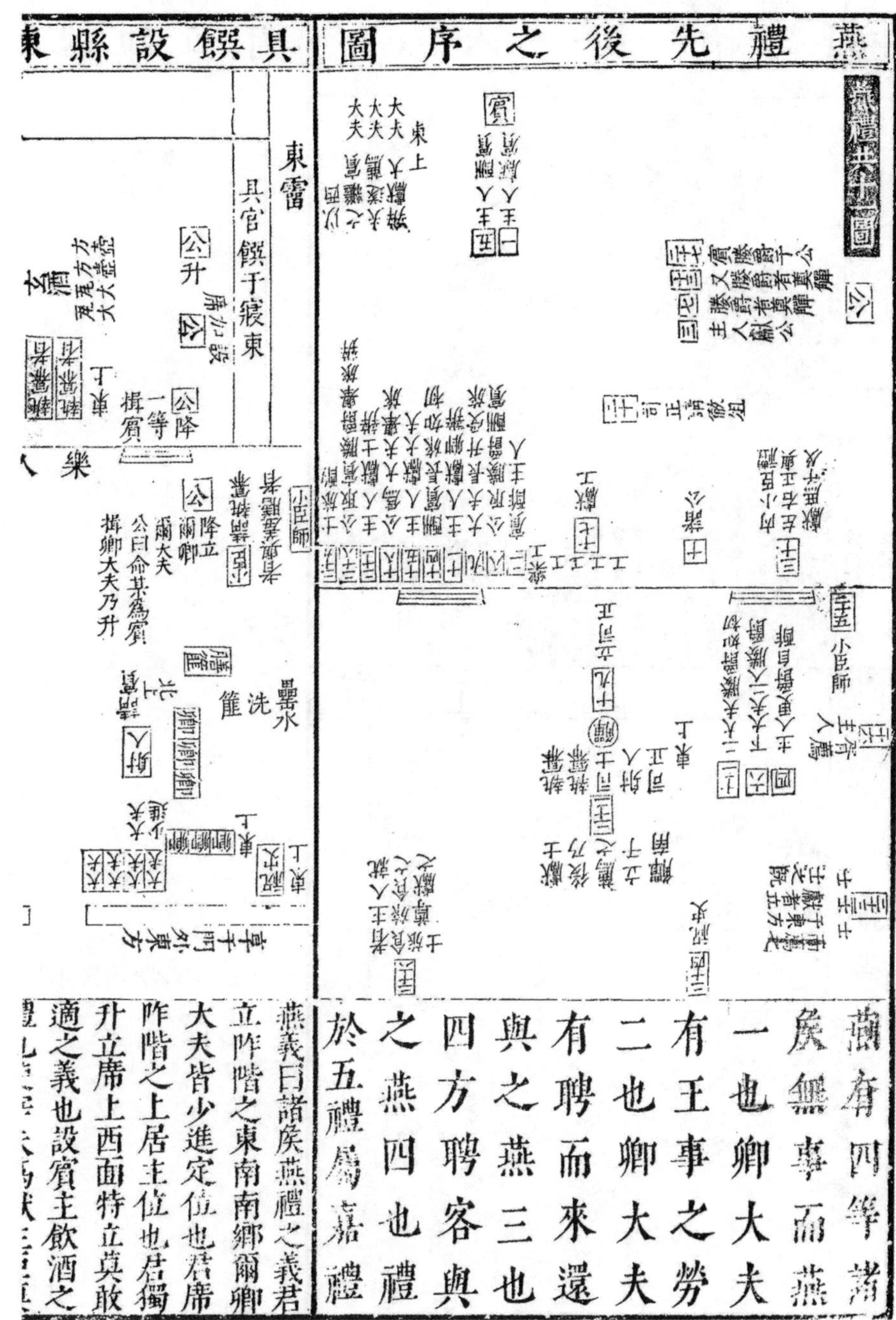

燕有四等諸侯無事而燕一也卿大夫有王事之勞二也卿大夫有聘而來還與之燕三也四方聘客與之燕四也禮於五禮爲嘉禮

燕義曰諸侯燕禮之義君立阼階之東南南鄉爾卿大夫皆少進定位也君席阼階之上居主位也君獨升立席上西面特立莫敢適之義也設賓主飲酒之禮也[illegible]

主人獻賓圖

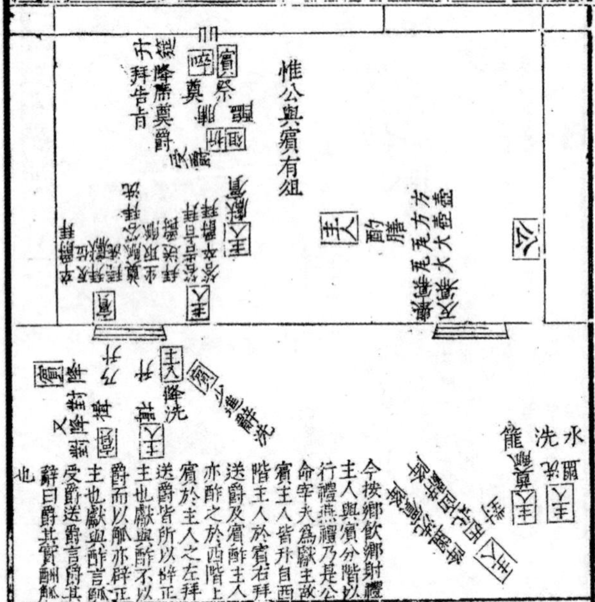

惟公與賓有俎

今按鄉飲鄉射禮主人與賓分階以行禮燕禮乃是公命宰夫為獻主故賓主人皆升自西階主人於賓右拜送爵及賓酢主人亦酢之於西階上賓於主人之左拜送爵皆所以辨正主也獻與酢不以爵而以觚亦辟正主也獻與酢言觚受爵送爵言爵其辭曰爵其實觚也

賓酢主人圖

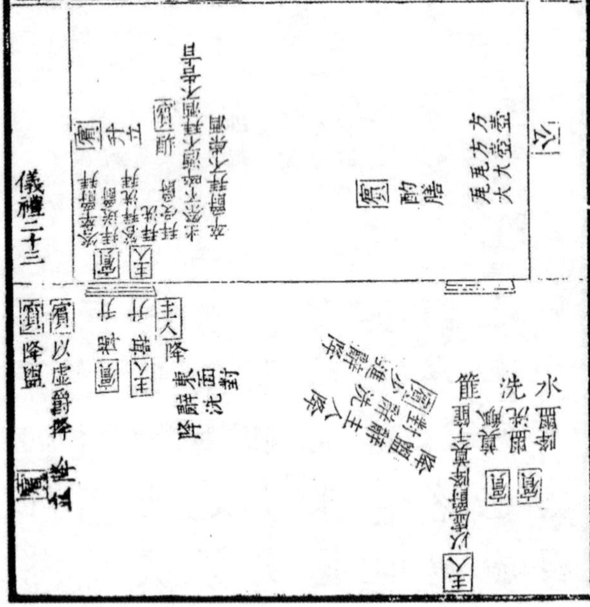

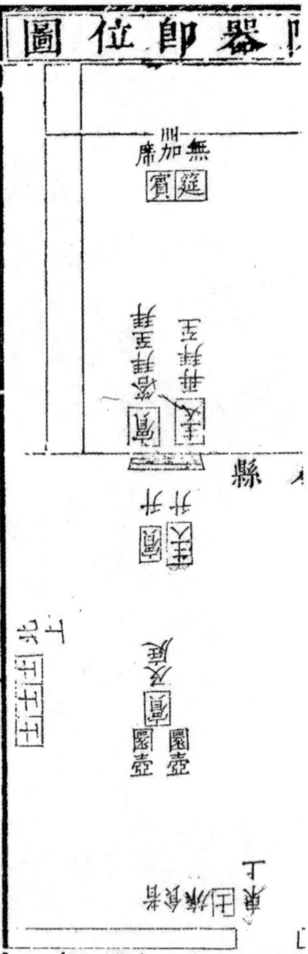

器卿位圖

[illegible]敢與君亢禮也不以公卿為賓而以大夫為賓為疑也明嫌之義也賓入中庭君降一等而揖之禮也○席小卿次上卿大夫次小卿士庶子以次就位於下

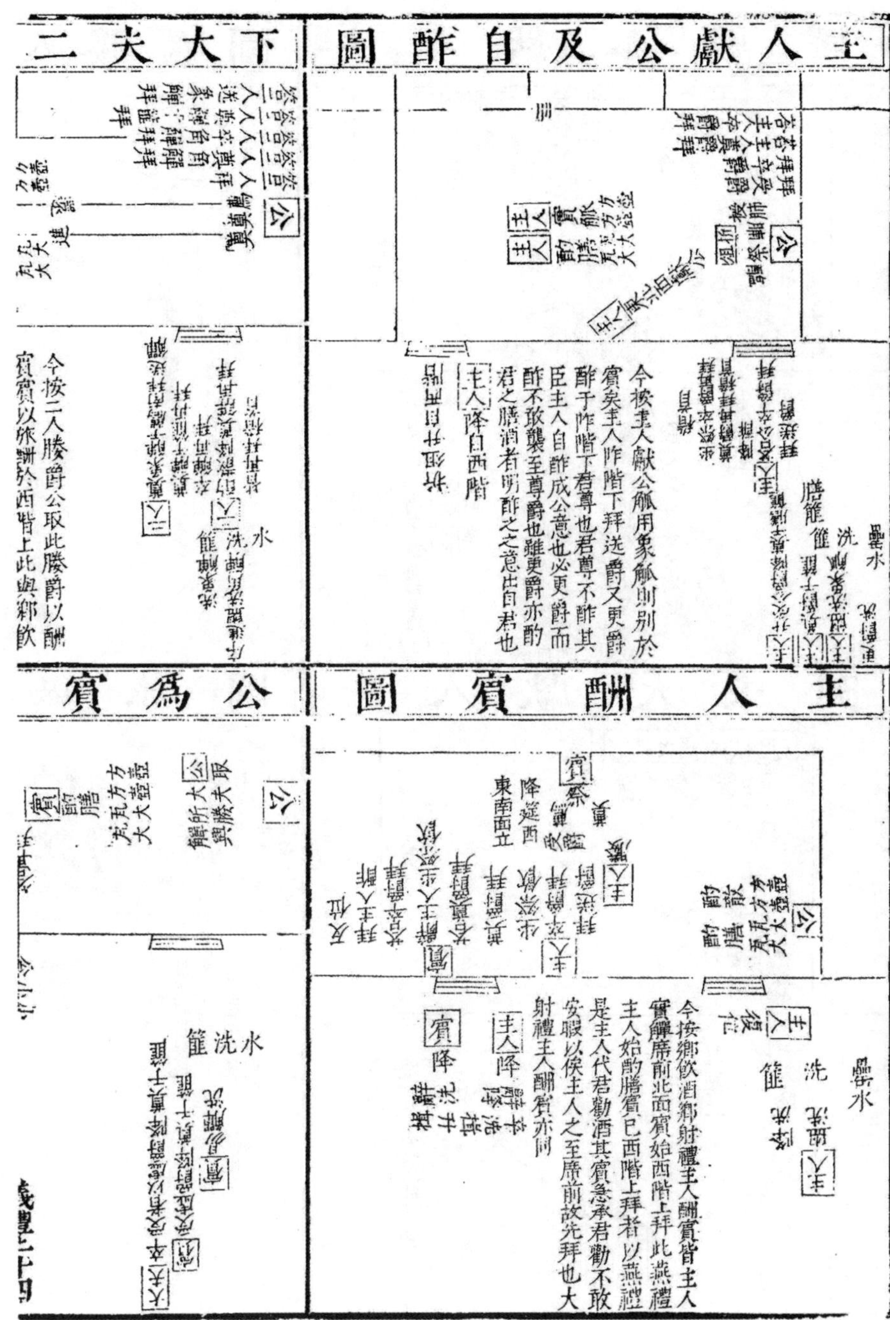

主人獻公及自酢圖

今按主人獻公觚用象觚則別於賓矣主人阼階下拜送爵又更爵酢于阼階下君尊也君尊不酢其臣主人自酢成公意也必更爵而酢不敢襲至尊爵也雖更爵亦酌君之膳酒者明酢之之意出自君也

下大夫二

今按二人媵爵公取此媵爵以酬賓賓以旅酬於西階上此與鄉飲

主人酬賓圖

今按鄉飲酒鄉射禮主人酬賓皆主人實觶席前北面賓始西階上拜此燕禮主人始酌媵賓已西階上拜者以燕禮是主人代君勸酒其賓急承君勸不敢安暇以俟主人之至席前故先拜也大射禮主人酬賓亦同

公為賓

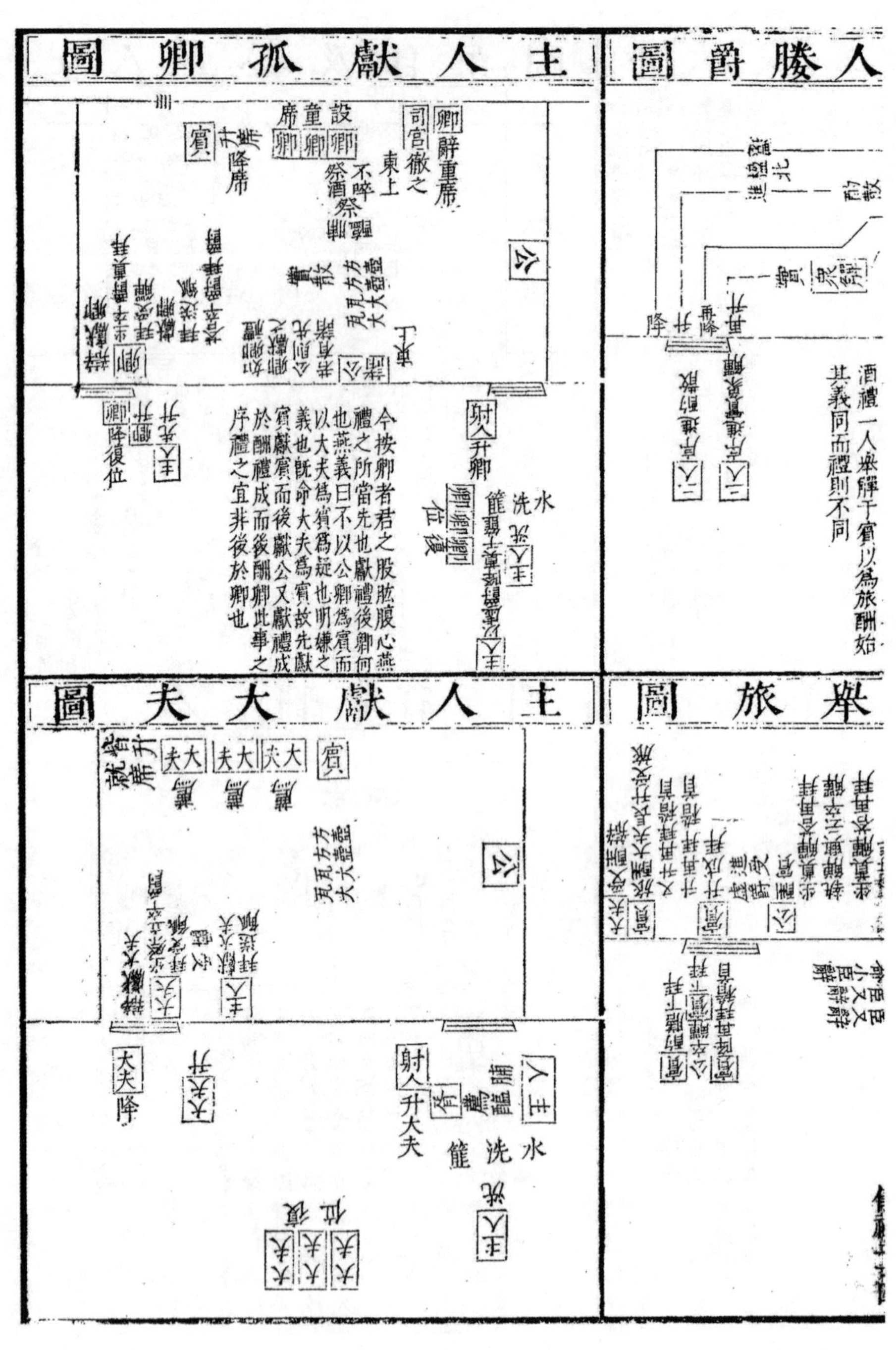
主人獻孤卿圖
卿辭重席
司宮徹之
設
童
席
升席
降席
公
今按卿者君之股肱腹心燕禮之所當先也獻禮後卿何也燕義曰不以公卿爲賓而以大夫爲賓爲疑也明嫌之義也既命大夫爲賓故先獻賓獻賓而後獻公又獻禮成於酬禮成而後酬卿此事之序禮之宜非後於卿也
水
洗
篚
射人升卿
卿復位
人媵爵圖
酒禮一人舉觶于賓以爲旅酬始
其義同而禮則不同
主人獻大夫圖
公
射人升大夫
水
洗
篚
大夫
舉旅圖
公

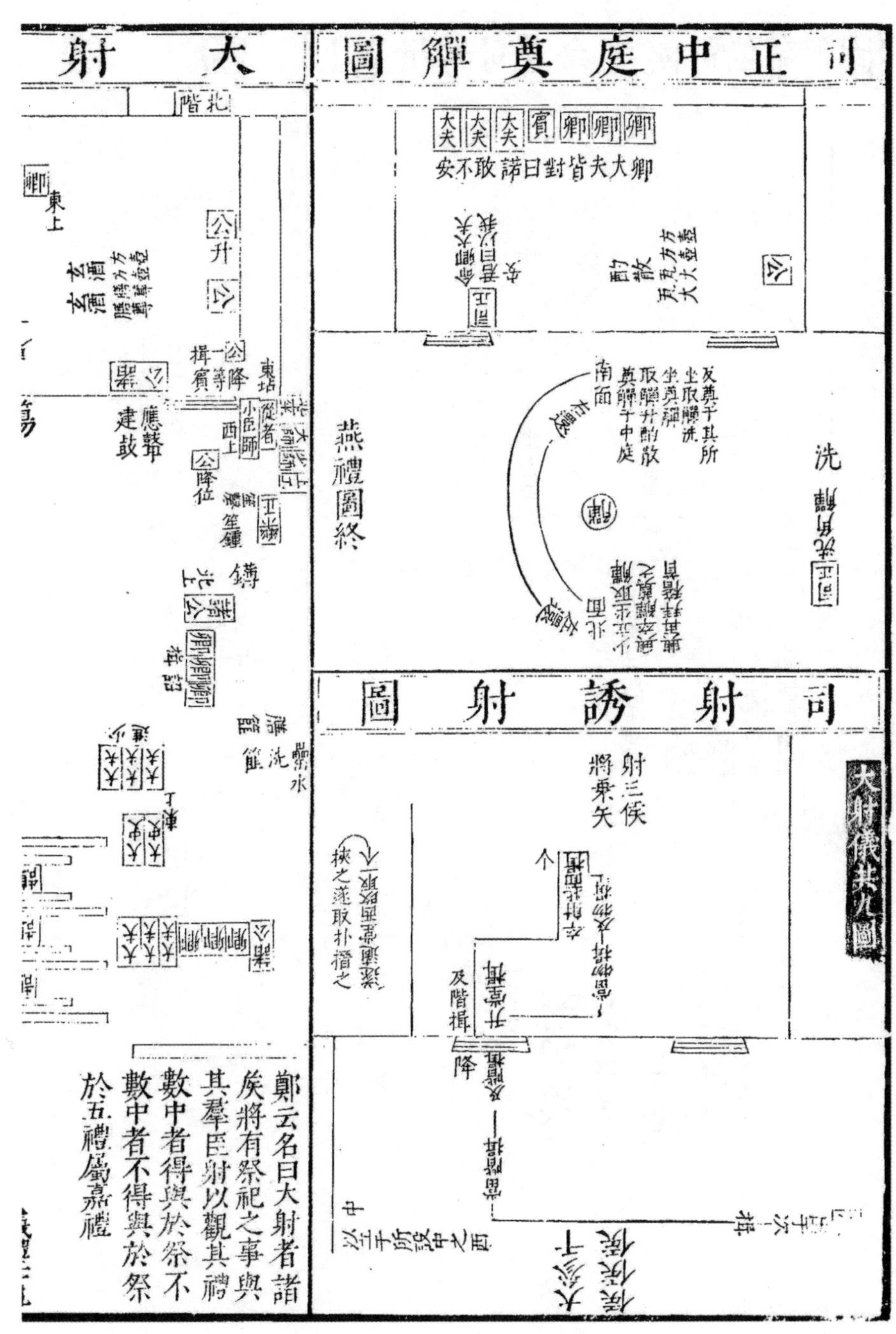

鄭云名曰大射者諸侯將有祭祀之事與其羣臣射以觀其禮數中者得與於祭不數中者不得與於祭於五禮屬嘉禮

上耦揖升司馬命去侯司射命射圖

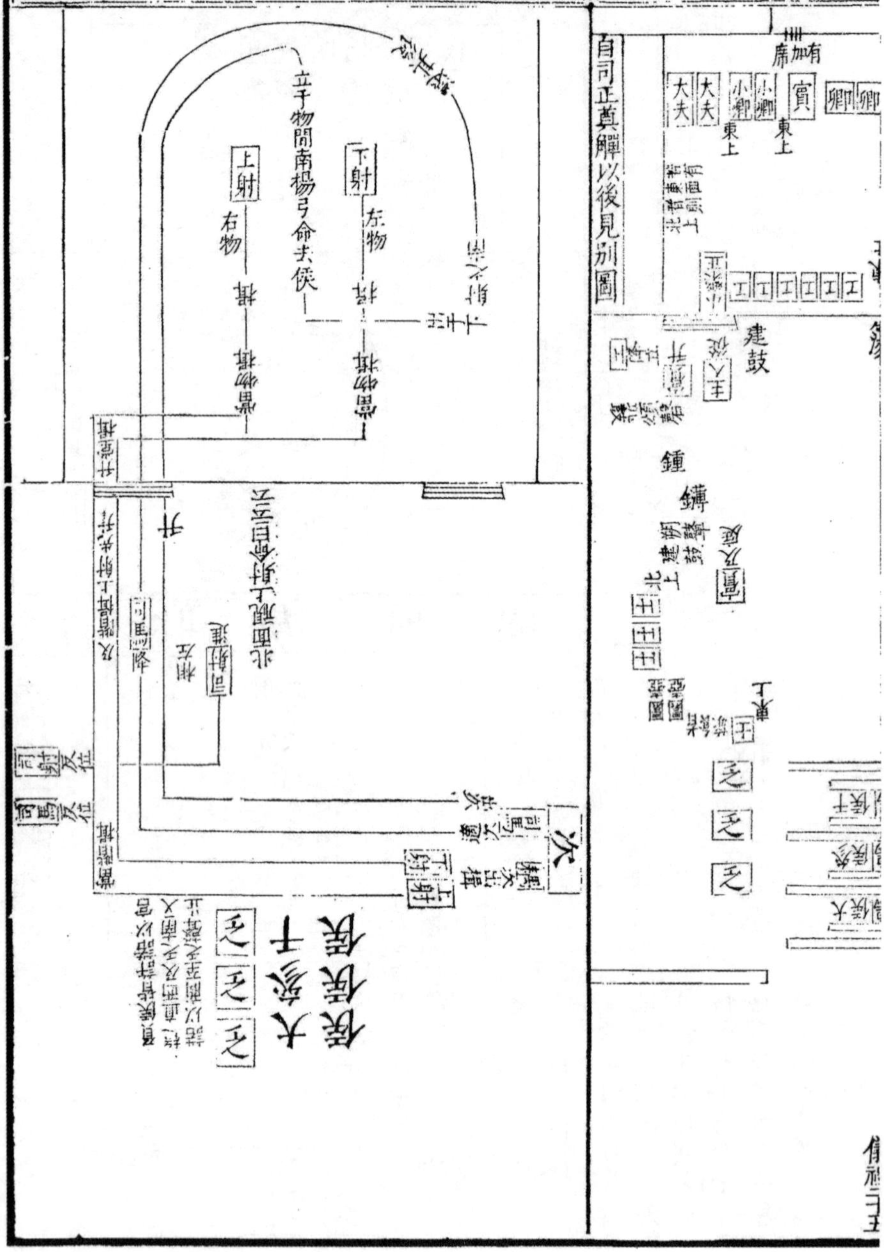

立于物間南揚弓命去侯

上射

下射

右物

左物

揖

當物揖

升

司馬

降

大侯

參侯

干侯

乏

禮圖

有司正莫觶以後見別圖

賓

卿

大夫

小卿

東上

建鼓

鍾

鑮

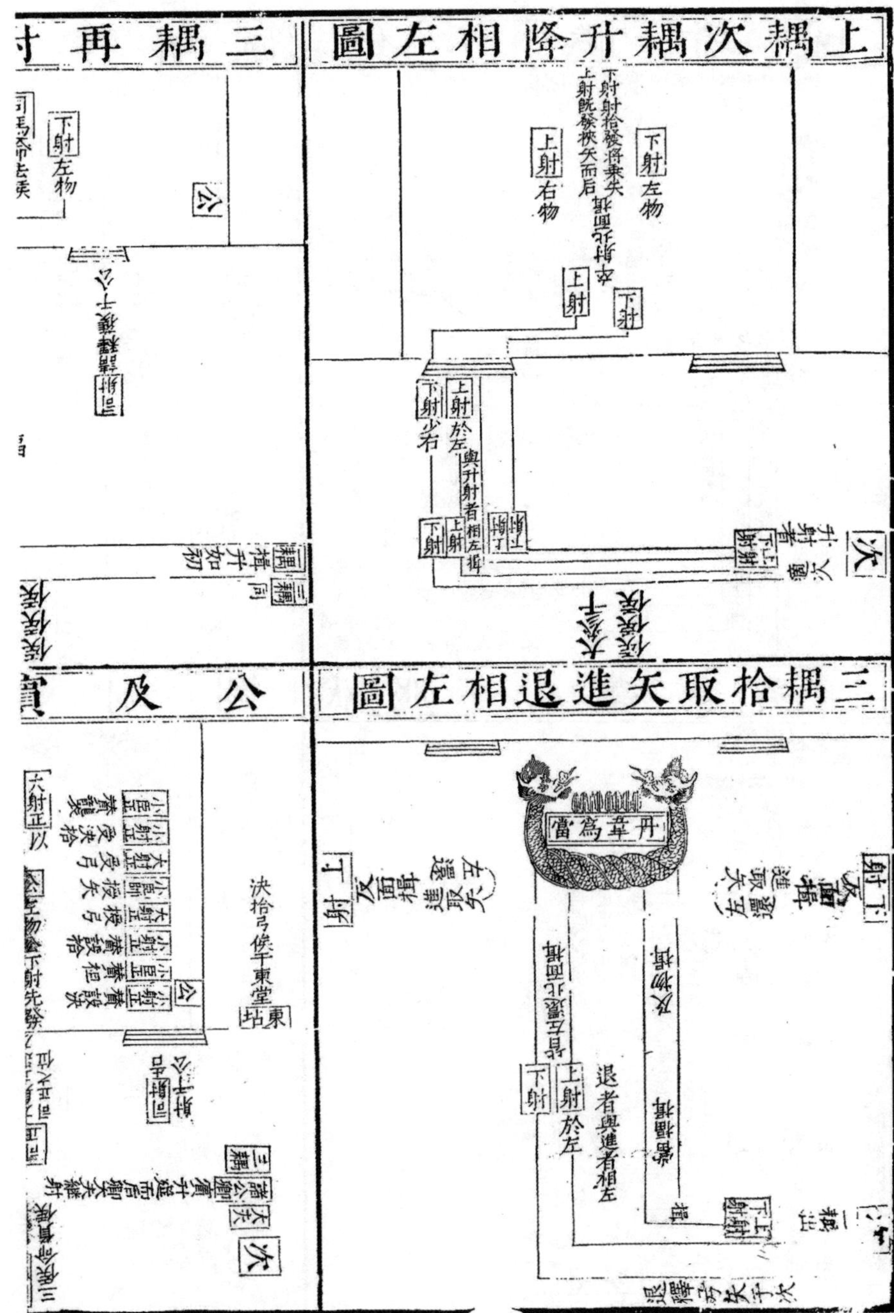

上耦次耦升降相左圖
三耦拾取矢進退相左圖
三耦再射
公及賓
上射
下射
左物
右物
公
次
丹章為當
東

飲不勝者圖

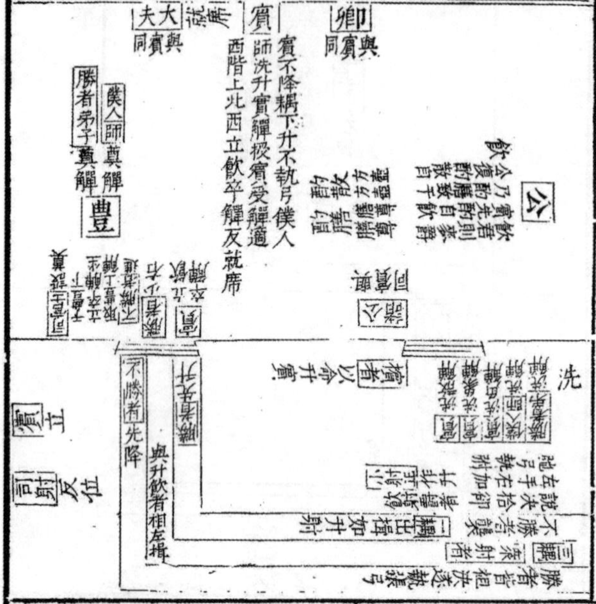

卿 與 同賓

大夫 與 同賓

賓 賓不降耦下升不執弓僕人師洗升實觶授賓受觶適西階上北面立飲卒觶反就席

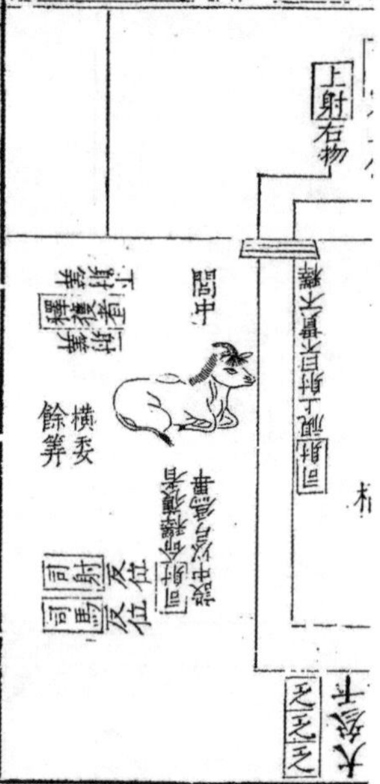

公

僕人師 奠觶

勝者弟子 奠觶

豐

不勝者 先降

與升飲者相左

勝者 先升

射釋筭圖

上射 右物

橫委

餘筭

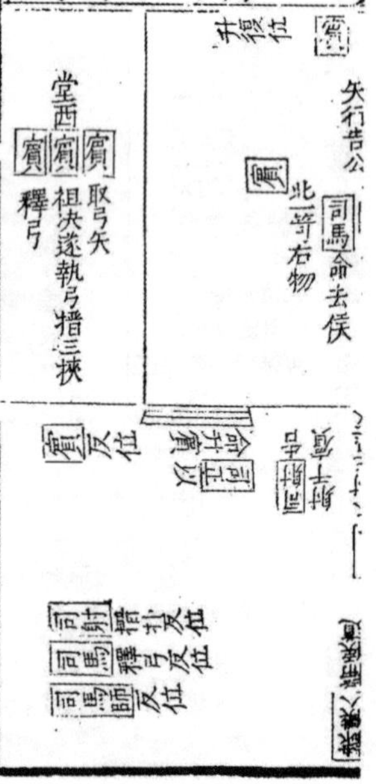

獻服不及釋獲者圖

司馬師 獻服不

司射

獲者

薦 俎 從之

適右个

適左个

中亦如之

皆如大侯之禮

獲 折 薦 俎 者

大侯

干侯

糝侯

乏

獲者皆執其薦俎 從之設于乏少南

射圖

司馬 命去侯

賓

取弓矢

袒決遂執弓搢三挾

堂西

釋弓

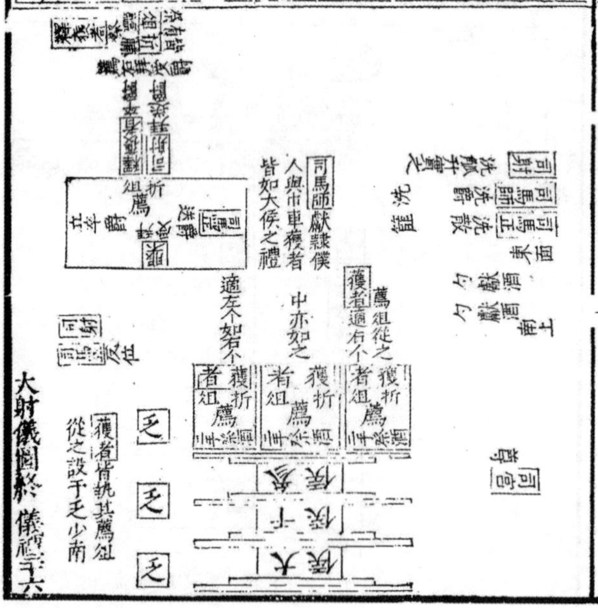

致館弁

授使者幣圖

聘禮共十四圖

寢門

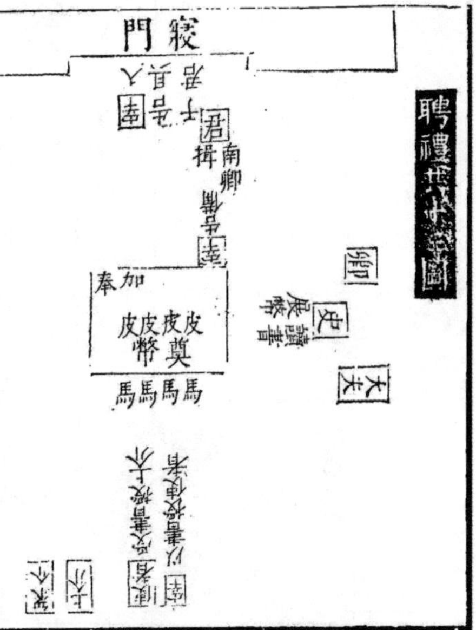

聘禮鄭云大問曰聘諸侯相於久無事使卿相問之禮也小聘使大夫周禮諸侯邦交歲相問殷相聘世相朝○疏曰大問曰聘小聘曰問

腥一牢在東鼎七

擯出迎

使者授命圖

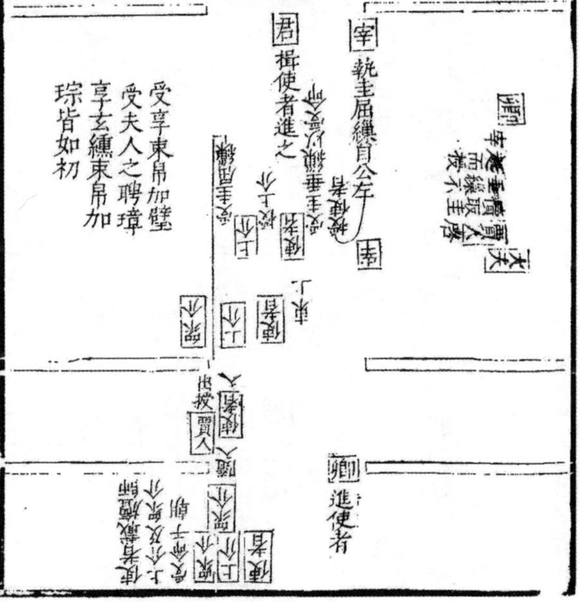

受享束帛加璧受夫人之聘璋享玄纁束帛加琮皆如初

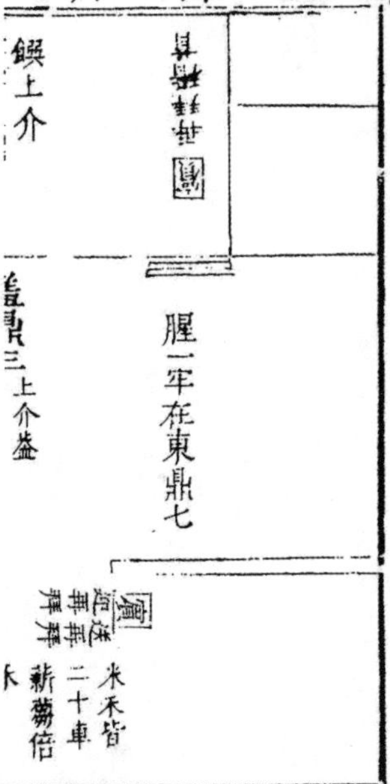

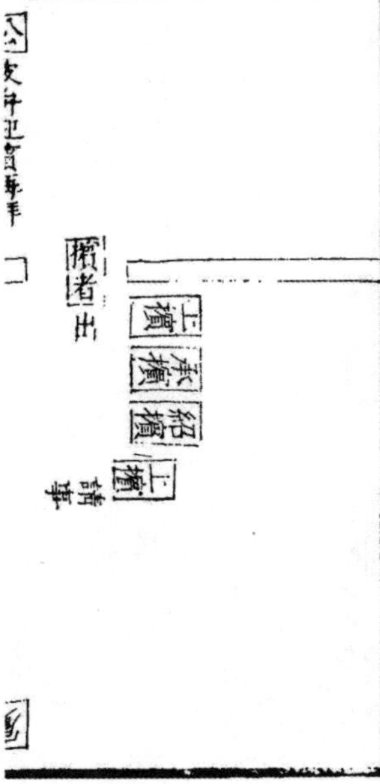

揖賓入及廟門圖

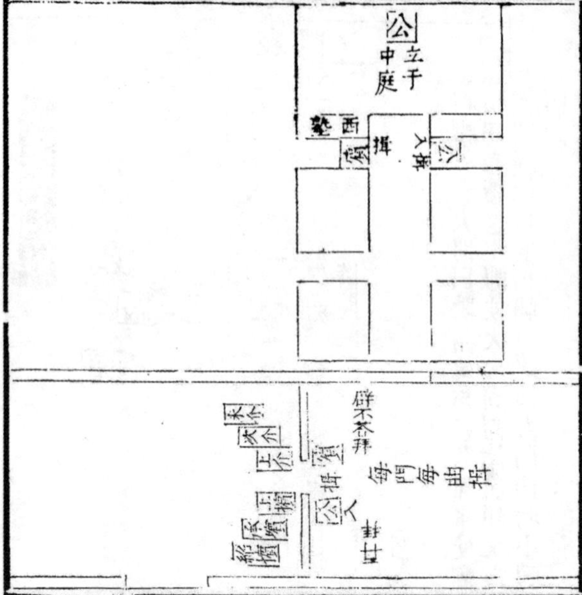

公 立于中庭

鉶一牢在西鼎九
上介鉶一牢鼎七
衆介皆少牢

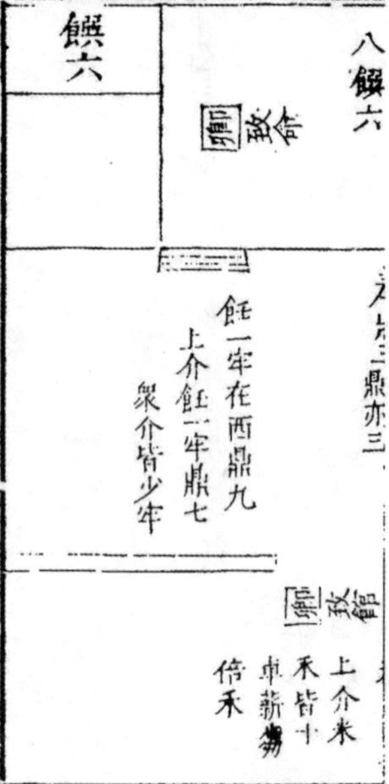

上介米禾皆十車薪芻倍禾

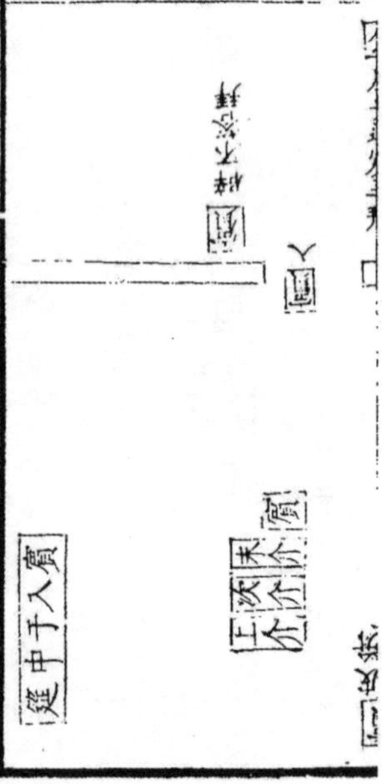

受玉圖

几筵

公受玉

賓致命

東塾　西塾

廟門

…賓圖

賓入于中庭

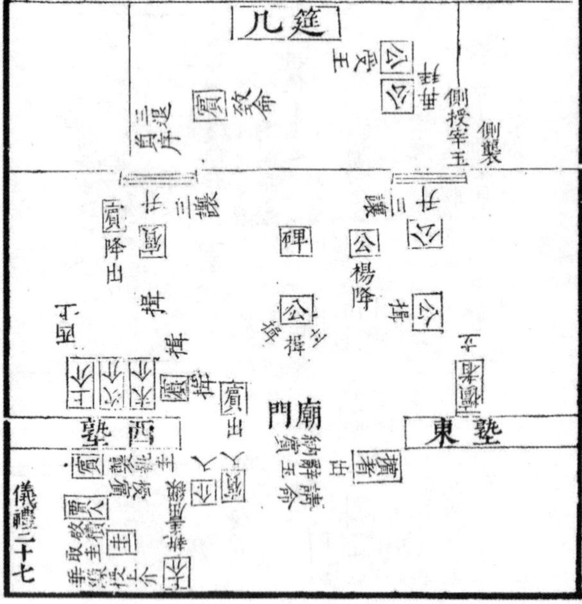

受享幣圖

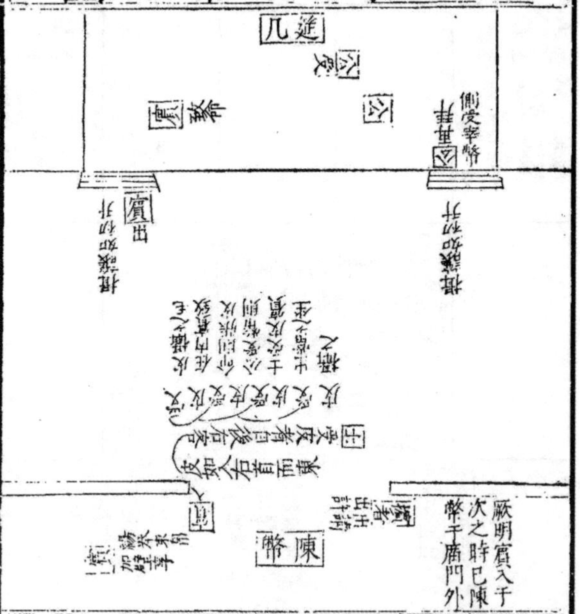

几筵

公受

公

賓

公

厥明賓入于次之時已陳幣于廟門外

陳幣

賓私

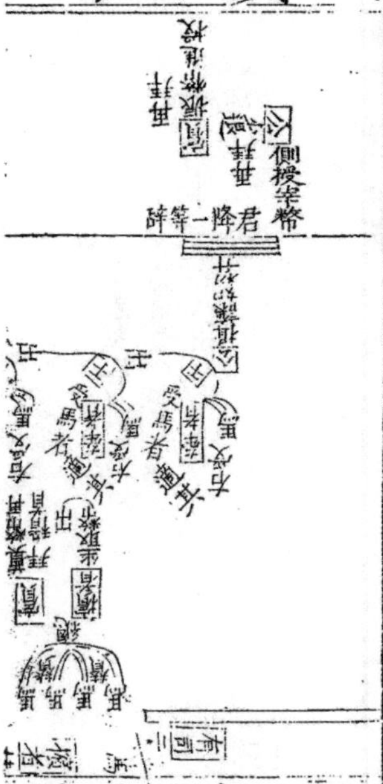

禮賓圖

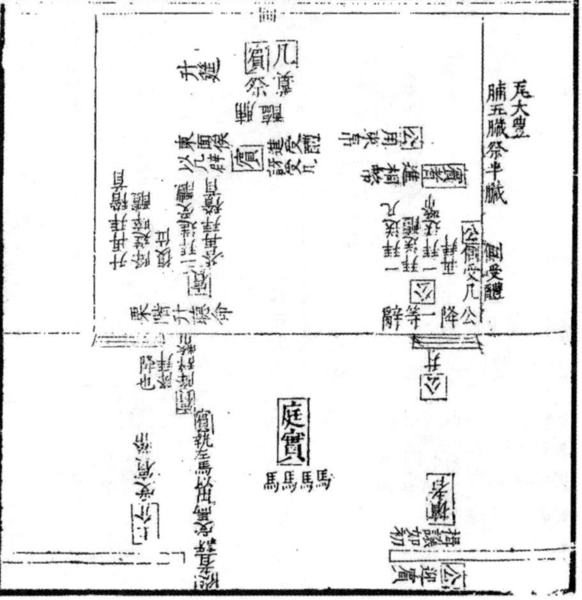

几筵

公

賓

腊大豆
脯五膱祭半膱

公

庭實

公迎賓

公送賓問君

公

問君

再拜賓

封問君

問大夫

勞賓

四一一

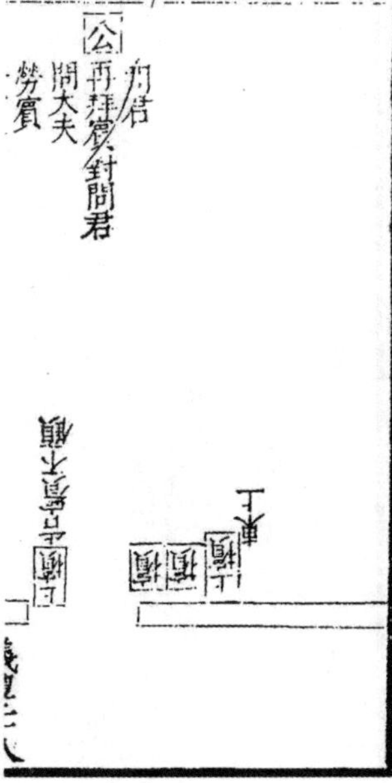

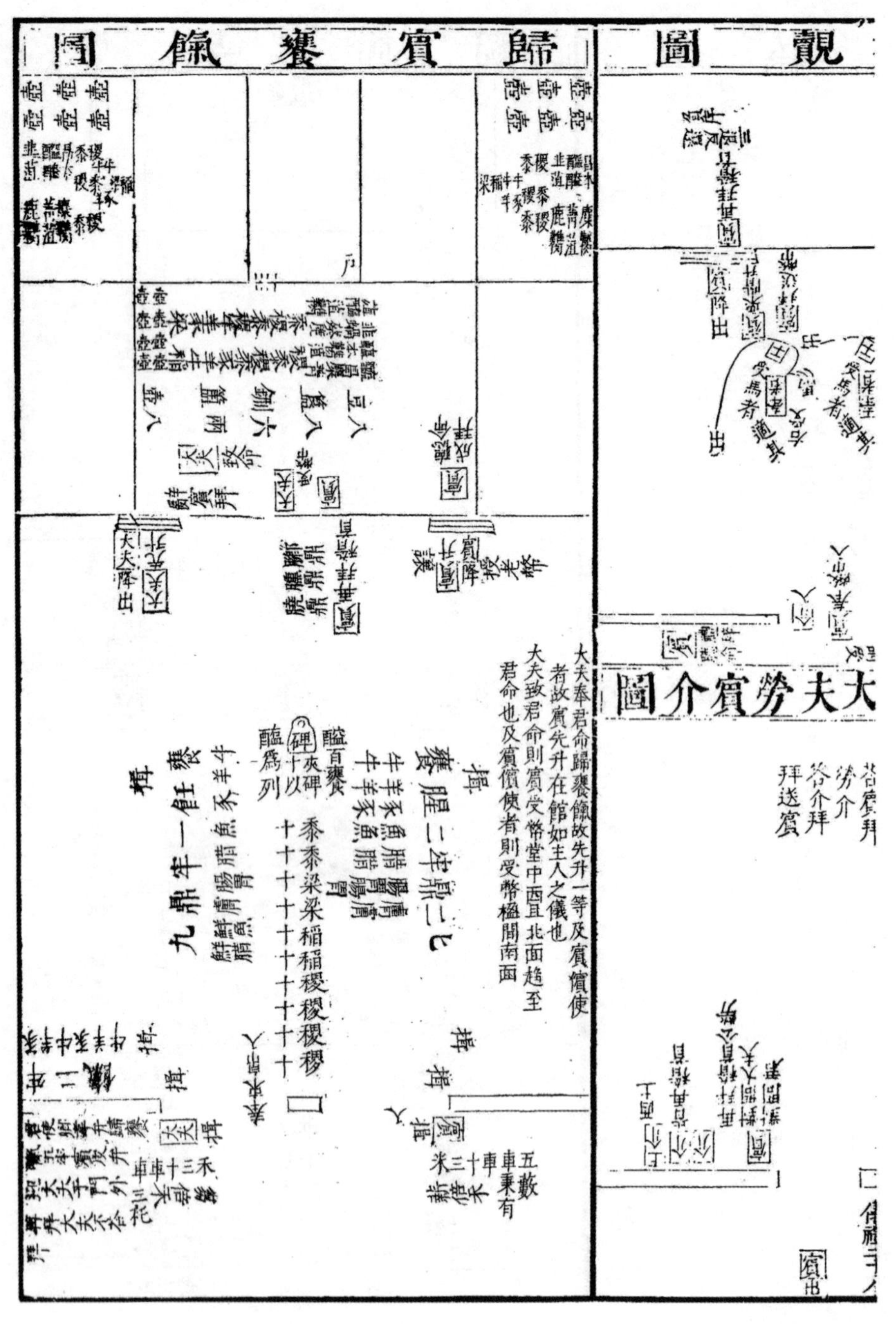

歸賓饔餼圖
覲圖
大夫勞賓介圖
大夫奉君命歸饔餼故先升一等及賓儐使者故賓先升在館如主人之儀也
大夫致君命則賓受幣堂中西北面趨至君命也及賓儐使者則受幣楹間南面
饔 腥二牢鼎二七
牛羊豕魚腊腸胃膚
九鼎一牢 飪
醯醢百甕夾碑十以為列
黍黍粱粱稻稻稷稷稷
五車車秉有五籔

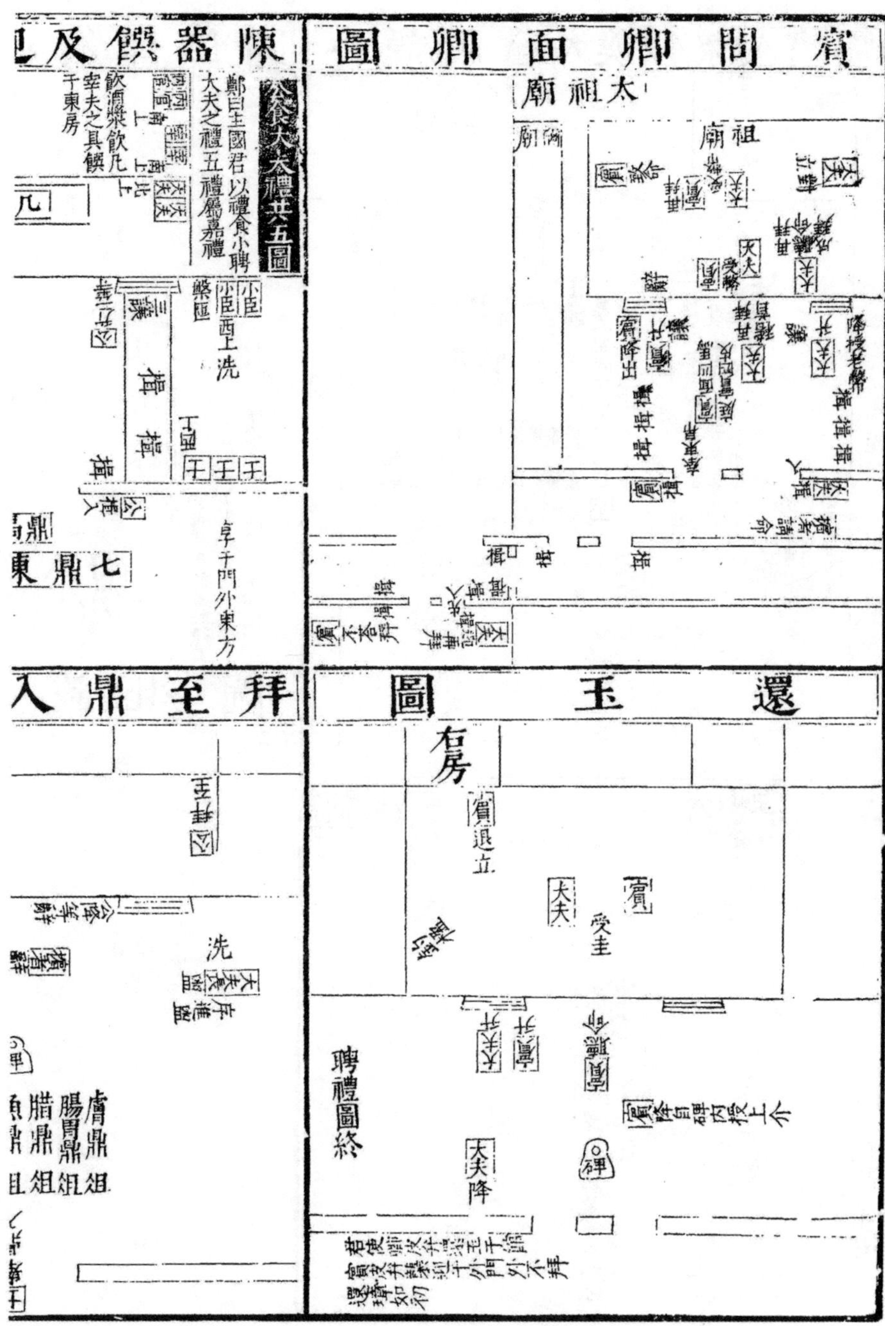
賓問卿面卿圖
太祖廟
祖廟
還玉圖
右房
賓退立
大夫
賓
受圭
大夫降
聘禮圖終
陳器饌及
公食大夫禮共五圖
鄭曰主國君以禮食小聘大夫之禮五禮屬嘉禮
飲酒漿飲凡宰夫之具饌于東房
小臣西上洗
七鼎東
亨于門外東方
拜至鼎入
洗
大夫長盥
庠進盥
膚鼎俎
腸胃鼎俎
腊鼎俎

公設醯醬大羹飯粱食賓圖

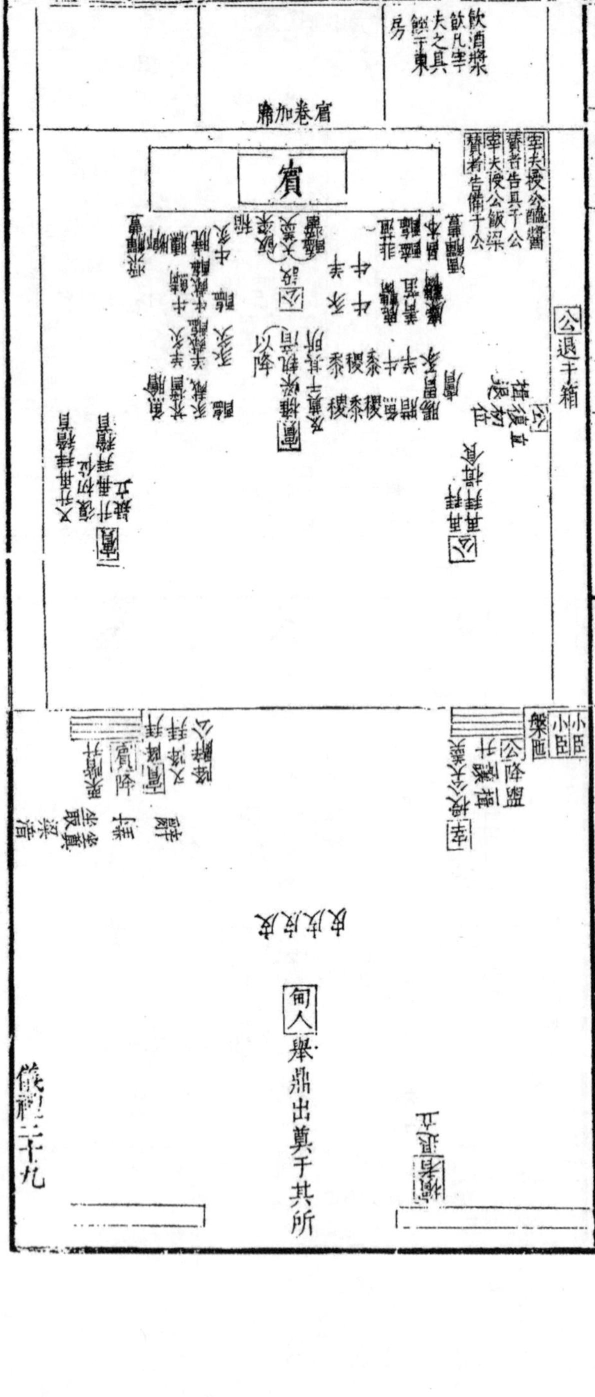

飲酒漿飲凡宰夫之具饌于東房

宰夫授公醯醬

贊者告具于公

宰夫授公飯粱

贊者告備于公

賓

公退于箱

甸人舉鼎出奠于其所

迎賓即位圖

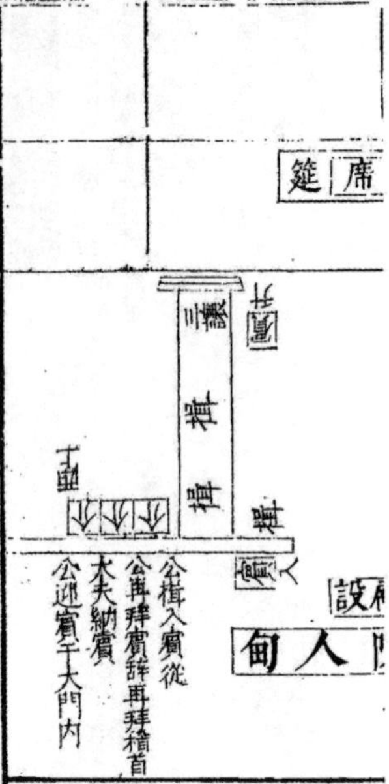

席筵

公揖入賓從

公再拜賓辭再拜稽首

大夫納賓

公迎賓于大門內

甸人

載俎圖

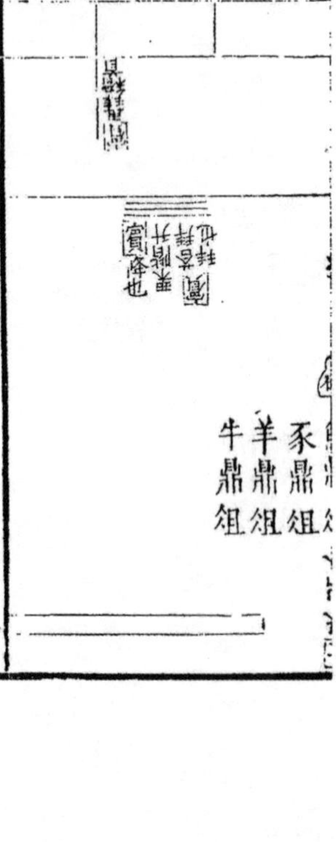

豕鼎俎

羊鼎俎

牛鼎俎

觀禮卷五圖

公以束帛侑賓及卒食圖

郊

諸侯覲

大夫相食禮圖

公食使大夫戒 此大夫相食親戒速

公食迎賓于大門內 此迎賓于門外

公食公降階盥 此降堂盥

公食受醬受幣于宰夫 此降堂而受

公食受湆宰盡階不升堂 此授者升一等

公食執粱與湆之西階下 此之西序端

公食賓降辭幣 此賓降一等

公食卷加席公不辭 此卷加席主人辭

公食徹粱與湆奠于階西 此奠于西序端

其他皆如公食大夫之禮

公食大夫禮圖終

四一五

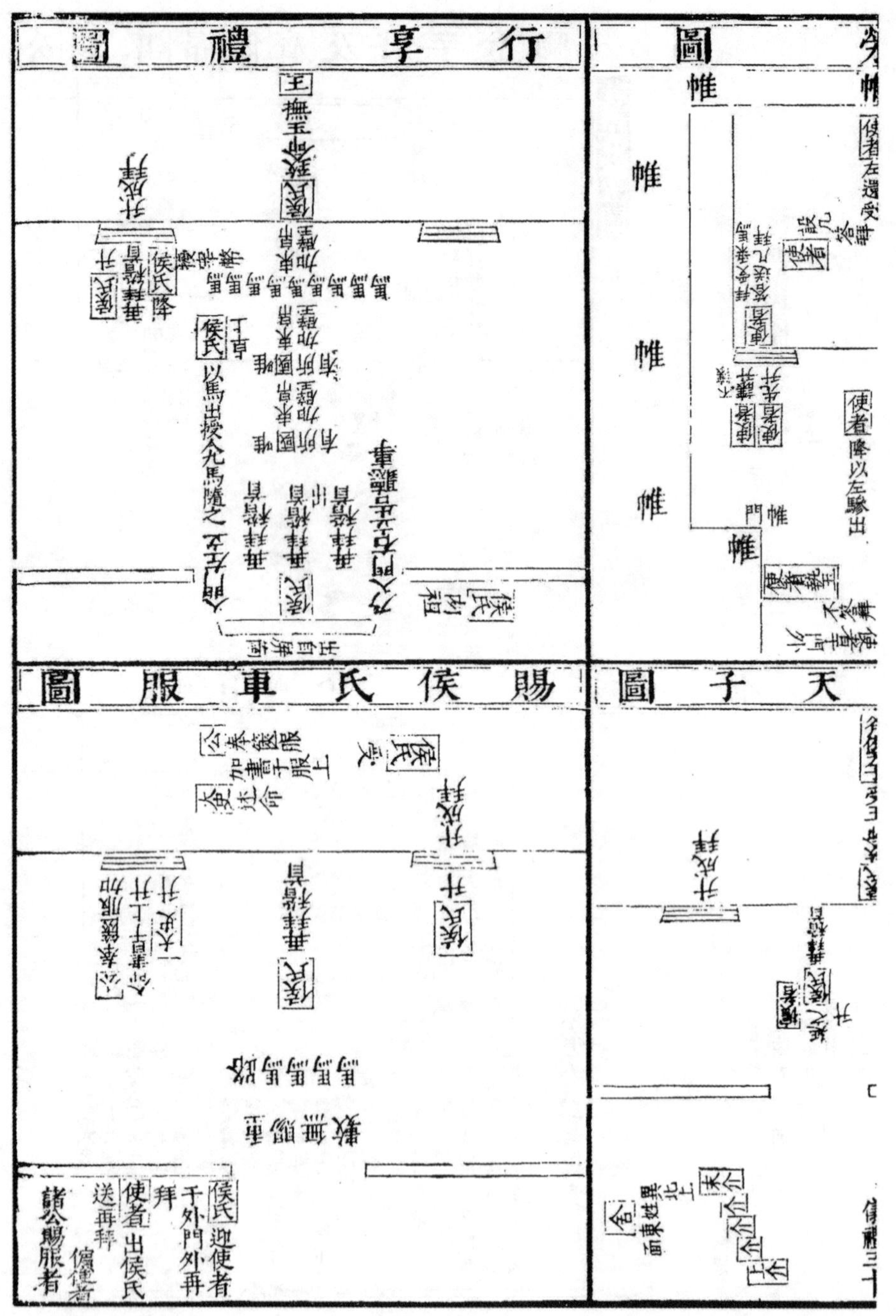

行享禮圖
賜侯氏車服圖
天子圖
侯氏迎使者于外門外再拜
使者出侯氏送再拜
儐使者
諸公賜服者

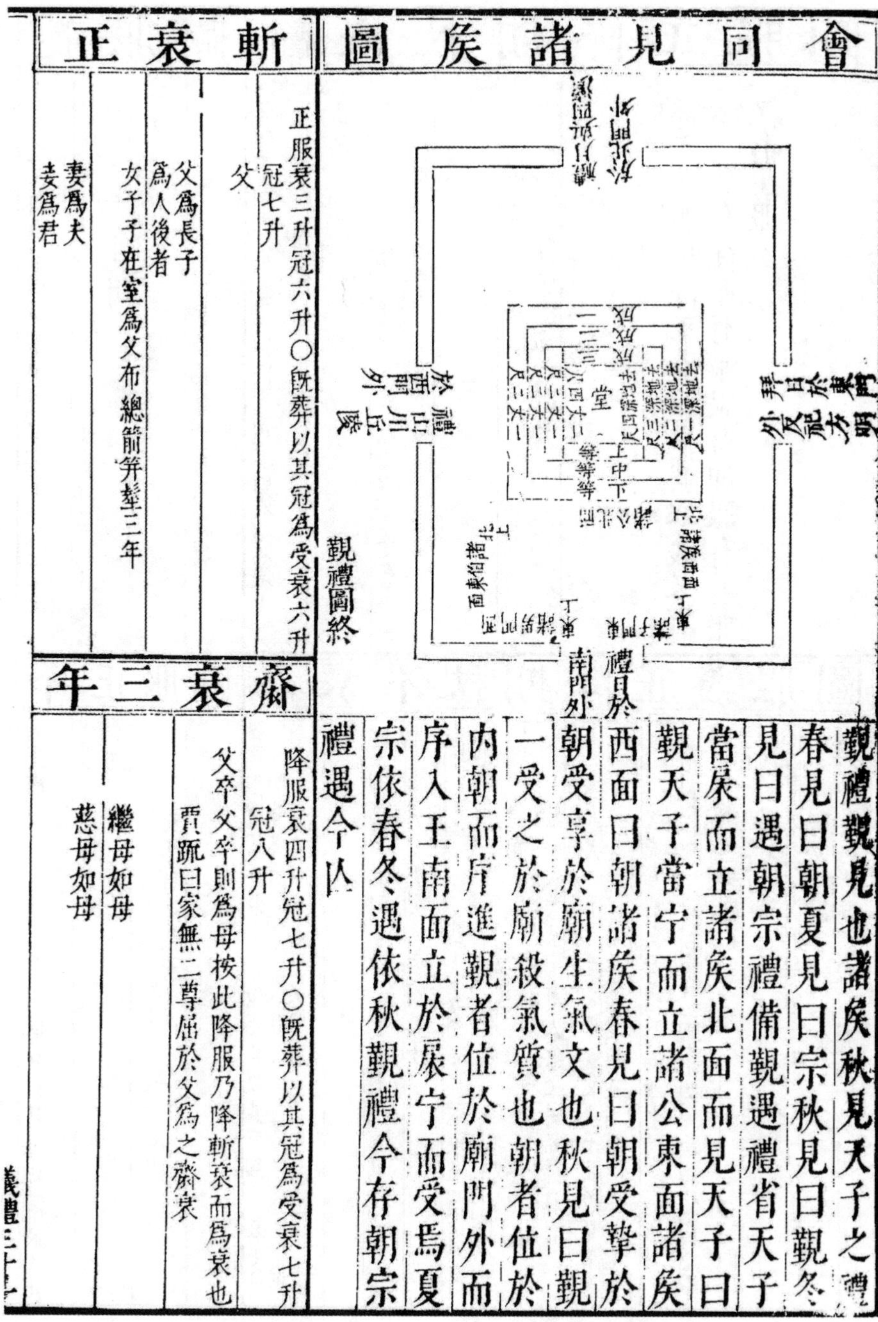

會同見諸侯圖

覲禮圖終

覲禮覲見也諸侯秋見天子之禮春見曰朝夏見曰宗秋見曰覲冬見曰遇朝宗禮備覲遇禮省天子當扆而立諸侯北面而見天子曰覲天子當宁而立諸公東面諸侯西面曰朝諸侯春見曰朝受摯於朝受享於廟生氣文也秋見曰覲一受之於廟殺氣質也朝者位於內朝而序進覲者位於廟門外而序入王南面立於扆宁而受焉夏宗依春冬遇依秋覲禮今存朝宗禮遇今亾

斬衰正

正服衰三升冠六升〇既葬以其冠爲受衰六升冠七升

父

父爲長子

爲人後者

女子子在室爲父布總箭笄髽三年

妻爲夫

妾爲君

齊衰三年

降服衰四升冠七升〇既葬以其冠爲受衰七升冠八升

父卒父卒則爲母按此降服乃降斬衰而爲衰也賈疏曰家無二尊屈於父爲之齊衰

繼母如母

慈母如母

義服圖

子嫁反在父之室爲父三年

義服衰三升半冠同六升○旣葬以其冠爲受衰六升冠七升

諸侯爲天子

君

公士大夫之衆臣爲其君布帶繩屨

齊衰杖期降正服圖

降服衰四升冠七升○旣葬以其冠爲受衰七升冠八升

父在爲母

正服衰五升冠八升○旣葬以其冠爲受衰八升冠九升

妻

出妻之子爲母

父卒繼母嫁從爲之服報

降正義服例　降正義服中其取義又有不同者有從服有報服有加服有名服又有生服

降正服圖

正服衰五升冠八升○旣葬以其冠爲受衰八升冠九升

母爲長子

妾爲君之長子

齊衰不杖期降正義服圖

降服衰四升冠七升○旣葬以其冠爲受衰七升冠八升

爲人後者爲其父母報

祖父母

正服衰五升冠八升○旣葬以其冠爲受衰八升冠九升

世父母

公妾大夫之妾爲其子

大夫之適子爲妻　爲大功惟不降故在正服

大夫之庶子爲適昆弟

昆弟

女子子適人者爲其昆弟之爲父後者

姑姊妹女子子適人無主者姑姊妹報

女子子爲祖父母

大夫之子爲世父母叔父母子昆弟昆弟之子姑姊妹女子子無主者爲大夫命婦者

唯子不報

大夫爲祖父母適孫爲士者

昆弟之子

義服衰六升冠九升○旣葬以其冠爲受衰九升冠十升

繼父同居者

爲衆子

爲夫之君

爲君之父母妻長子祖父母

妾爲女君

婦爲舅姑

夫之昆弟之子

適孫

齊衰三月義服圖

義服衰六升冠九升無受
曾祖父母
曾祖父母爲士者如衆人
女子子嫁者未嫁者爲曾祖父母
衰冠無受同前
大夫婦人爲宗子宗子之母妻
大夫爲宗子
記宗子孤爲殤大功衰小功衰皆三月親則
月算如邦人
衰冠無受同前
寄公爲所寓
庶人爲國君
爲舊君君之母妻
大夫在外其妻長子爲舊國君
舊君
衰冠無受同前
繼父不同居者

殤大功降服圖

殤九條皆降服衰七升冠十升無受

小功殤

降服衰十升冠升同無受
叔父之下殤
適孫之下殤
昆弟之下殤
大夫庶子爲適昆弟之下殤
爲姑姊妹女子子之下殤
爲人後者爲其昆弟從父昆弟之長殤
昆弟之子女子子夫之昆弟之子女子子

大功降正義服圖

降服衰七升冠十升○既葬以其冠爲受衰十升
冠十一升
姑姊妹女子子適人者
女子子適人者爲衆昆弟
爲人後者爲其昆弟
女子子嫁者未嫁者爲世父母叔父母姑姊
妹
大夫爲世父母叔父母子昆弟昆弟之子爲
士者
公之庶昆弟大夫之庶子爲母妻昆弟
正服衰八升冠十升○既葬以其冠爲受衰十升
冠十一升
從父昆弟
庶孫
適婦
姪丈夫婦人報
正不降
大夫之妾爲君之庶子
君爲姑姊妹女子子嫁於國君者
大夫大夫之妻大夫之子公之昆弟爲姑姊
妹女子子嫁於大夫者
公之庶昆弟大夫之庶子○皆爲其從父昆弟
之爲大夫者
義服衰九升冠十一升○既葬以其冠爲受衰十
一升冠十二升
夫之祖父母世父母叔父母
爲夫之昆弟之婦人子適人者

小功降正

降服衰十升冠升同即葛五月無受
孫適人者
爲人後者爲其姊妹適人者
大夫大夫之子公之昆弟爲從父昆弟庶孫姑
姊妹女子子適士者
大夫之妾爲庶子適人者
正服衰十一升冠升同即葛五月無受
從祖祖父母
從祖父母
從祖昆弟

降服圖

子之下殤
爲姪庶孫丈夫婦人之長殤
大夫公之昆弟大夫之子爲其昆弟庶子姑
姊妹女子子之長殤

降義服
爲夫之叔父之長殤
大夫之妾爲庶子之長殤

緦麻降正義服圖

降服衰十五升抽其半冠升同無受
庶孫之中殤
從祖父從祖昆弟之長殤
從父昆弟之子之長殤
從弟之孫之長殤
從父昆弟姪之下殤
從母之長殤報
從祖姑姊妹適人者報

降義
夫之叔父之中殤下殤
夫之姑姊妹之長殤

正服衰冠無受與降服同
族曾祖父母
族祖父母
族父母
族昆弟
庶孫之婦
外孫
甥
壻
庶子爲父後者爲其母
妻之父母
士爲庶母
姑之子
乳母
舅
從祖昆弟之子
舅之子
曾孫
君母之昆弟
父之姑
從母昆弟

義服衰冠無受與降服同
夫之諸祖父母報
爲夫之從父昆弟之妻
貴臣貴妾

正義服圖

從父姊妹
外祖父母
從母丈夫婦人報
庶婦
君母之父母從母
君子子爲庶母慈母者

義服衰十二升冠升同即葛五月無受
夫之姑姊妹娣姒婦報

五服衰冠升數圖

斬衰三年
正服衰三升　冠六升　既葬以其冠爲受衰六升　冠七升
義服衰三升半　冠六升　既葬以其冠爲受衰六升　冠七升

齊衰三年齊衰期齊衰不杖
降服衰四升　冠七升　既葬以其冠爲受衰七升　冠八升
正服衰五升　冠八升　既葬以其冠爲受衰八升　冠九升
義服衰六升　冠九升　既葬以其冠爲受衰九升　冠十升

齊衰三月
義服衰六升　冠九升　無受

大功九月
殤降服衰七升　冠十升　無受
成降服衰七升　冠十升　既葬以其冠爲受衰十升　冠十一升
自斬衰至大功降服凡八條冠皆校衰三等
正服衰八升　冠十升　既葬以其冠爲受衰十升　冠十一升
義服衰九升　冠十一升　既葬以其冠爲受衰十一升　冠十二升
已上二降冠皆校衰二等

繐衰裳四升半　冠八升　既葬除之

小功五月
殤降服衰十升　冠升同　無受
降服衰十升　冠升同　即葛五月無受
正服衰十一升　冠升同　即葛五月無受
義服衰十二升　冠升同　即葛五月無受

緦麻三月
降正義同衰十五升抽其半　冠升同　無受

已上衰冠升數并受服出本經記
賈氏疏

本宗五服圖

詳見喪服

族昆弟 緦（族父之子也）

族父 緦（族祖父之子也）
從祖昆弟 小功（從祖父之子也）
從父昆弟之子 緦

族祖父 緦（族曾祖父之子）
從祖父 小功（從祖祖父之子也）
從父昆弟 大功（世叔父之子也）
從父昆弟之子 小功 報
從父昆弟之孫 緦

族曾祖父 緦（曾祖之兄弟也）
從祖祖父 小功 報（祖之兄弟也）
世叔父 齊衰不杖期
昆弟 齊衰不杖期
昆弟之子 齊衰不杖期
昆弟之孫 小功 報
昆弟之曾孫 緦

高祖父 齊衰三月
曾祖父 齊衰三月
祖父 齊衰不杖期
父 斬衰三年
己
子 爲之斬衰 衆子庶子不杖期
孫 適不杖期 庶大功
曾孫 緦
玄孫 緦

高祖母 齊衰三月
曾祖母 齊衰三月
祖母 齊衰不杖期
母 齊衰三年 父在杖期
妻 齊衰杖期
婦 適大功 庶小功
孫婦 適小功 庶緦
曾孫婦 無服
玄孫婦

族曾祖母 緦
從祖祖母 小功 報
世叔母 齊衰不杖期
昆弟婦 無服
昆弟之子婦 小功
昆弟之孫婦 緦 報
昆弟之曾孫婦

族祖母 緦
從祖母 小功 報
從父昆弟之妻 緦
從父昆弟之子婦 緦
從父昆弟之孫婦

族母 緦
從祖昆弟之妻
從祖昆弟之子婦

族昆弟之妻

姑姊妹女子子在室服並與男子同嫁反者與適人無主者亦同

大夫婦人爲大宗服圖

大夫 婦人

宗子之母 齊衰三月

宗子 齊衰三月

宗子之妻 齊衰三月

大夫 婦人

大夫 婦人

大夫 婦人

大夫降服或不降圖

曾祖父母　曾祖父母爲士者如衆人

祖父母　大夫爲祖父母爲士者不杖期

父母　公之庶昆弟大夫之庶子爲其母大功

世叔父母　大夫爲世叔父母爲士者大功　大夫之子爲世叔父母姑無主者爲大夫命婦者不杖期報

姑　大夫大夫之妻大夫之子公之昆弟爲姑嫁於大夫者大功大夫大夫之子公之昆弟爲姑適士者小功　大夫公之昆弟大夫之子爲姑長殤小功

從父昆弟　公之庶昆弟大夫之子爲從父昆弟之爲大夫者相爲服大功　大夫大夫之子公之昆弟爲從父昆弟小功

昆弟　大夫爲昆弟爲士者大功　大夫之庶子爲適昆弟不杖期　公之庶昆弟大夫之庶子爲昆弟大功　大夫之子爲昆弟姊妹無主者爲大夫命婦者不杖期報

姊妹　大夫公之昆弟大夫之子爲昆弟姊妹長殤小功　大夫大夫之妻大夫之子公之昆弟爲姊妹嫁於大夫者大功　大夫之庶子爲適昆弟之長殤中殤大功下殤小功　大夫大夫之子公之昆弟爲姊妹適士者小功

已

妻　大夫之適子爲妻不杖期　世子爲妻不杖期公之庶昆弟大夫之庶子爲其妻大功

子　大夫爲庶子之爲士者大功大夫爲適子之長殤中殤大功　大夫公之昆弟大夫之子爲其庶子之長殤小功　大夫之子爲子女子無主者爲大夫命婦者不杖期

女子子　大夫大夫之妻大夫之子公之昆弟爲女子子嫁於大夫者大功適士者小功大夫公之昆弟大夫之子爲女子子之長殤小功

昆弟之子　大夫之子爲昆弟之子無主者爲大夫命婦者不杖期報

孫　適孫爲士者不杖期　大夫大夫之子公之昆弟爲庶孫小功

已爲母黨服圖

	外祖父母 君之父母小功　母之君母小功	
舅 緦　君母之昆弟從服緦	**母**	**從母** 小功報　長殤緦報　君母之姊妹小功
舅之子 緦	**已**	**從母之子** 緦

母黨爲已服圖

	外祖父母	
舅	**母**	**從母**
舅之子	**已**　外祖爲外孫緦　舅報甥緦　從母報姊妹之男女小功　舅之子報姑之子緦　從母昆弟緦	**從母之子**

妻爲夫黨服圖

夫之曾祖父 緦
夫之曾祖母 緦
夫之諸祖父 緦報
夫之祖父 大功
夫之祖母 大功
夫之諸祖母 緦報
夫之從祖父 緦
夫之世叔父 大功 夫之叔父長殤小功中下緦 夫之姑小功報 長殤緦
舅 齊衰不杖期
姑 齊衰不杖期
夫之世叔母 小功報
夫之從祖母 緦
夫之從父昆弟 緦
夫之昆弟 夫之姊妹小功 報長殤緦
夫 斬衰
已
娣姒婦 小功報
夫之從父昆弟之妻 緦
夫之從父昆弟之子 夫之昆弟之子 齊衰不杖期 子女子子長中殤大功 下殤小功 女子適人者大功
子 長子齊衰三年
婦
夫之昆弟之子婦 緦
夫之從父兄弟之子婦
從父昆弟之孫 夫之昆弟之孫 緦
夫之昆弟之孫婦 緦
從父昆弟之孫婦

妾服圖

妾爲君之黨服得與女君同女君服見妻爲
夫黨圖

君 妾爲君斬衰
女君 妾爲女君不杖期

君之子
爲君之長子三年與女君同
公妾大夫之妾爲其子期
自爲其子期妾不得體君爲其子得遂也
士之妾爲君之衆子亦期
爲君之庶子適士者小功出降與女君同
大夫之妾爲君之庶子大功降其庶子與女君同
大夫之妾爲君之庶子長殤小功殤降與女君同
大夫之妾爲庶子適人者小功

妾從女君而出則不爲女君之子服
女君死則妾爲女君之黨服攝女君則不爲先女君之黨服
凡妾爲私兄弟如邦人

已爲妻黨服圖

按服問云有從重而輕爲妻之父母有從有服而無服公子爲其妻之父母

妻父 緦
妻母 緦
已
妻

妻爲已黨服圖

妻父 爲壻緦
妻母 爲壻緦
已
妻

公士大夫士爲妾服圖

公士大夫爲貴妾緦
士妾有子而爲之緦

女君於妾無服
天子諸侯於妾無服

臣爲君服圖

天子王后

諸侯爲天子斬衰

諸侯之夫人爲天子期服問云夫人如外宗之爲君也

天子之女嫁於諸侯爲父斬衰爲母齊衰

公卿大夫爲天子斬衰

公卿大夫之妻爲天子期

卿大夫適子爲天子亦如士服斬衰

諸侯之大夫爲天子緦衰裳

庶人爲國君齊衰三月注天子圻内之民爲天子亦如之

仕而未有祿者違而君薨弗爲服也

違大夫之諸侯違諸侯之大夫不反服

世子不爲天子服

天子圻外之民不服

大夫不接見天子者無服

士不接見亦無服

諸侯夫人

卿大夫士爲諸侯斬衰

大夫之妻爲諸侯期雜記云外宗爲君夫人猶内宗也

諸侯之女嫁于大夫爲父斬衰爲母齊衰

與諸侯爲兄弟者雖在異國服斬衰

與諸侯五屬之親皆服斬衰

大夫之適子爲君如士服斬衰

寄公爲所寓齊衰三月

大夫致仕者爲舊君齊衰三月

大夫待放未去者爲舊君齊衰三月

大夫在外待放已去者其妻長子爲舊國君齊衰三月

庶人爲國君齊衰三月庶人兼府史胥徒在官者言之

公卿大夫

貴臣爲公卿大夫斬衰傳曰室老士邑貴臣也其餘皆衆臣也注云室老家相也士邑宰也

衆臣爲公卿大夫布帶繩屨斬衰疏曰言厭於天子諸侯故降其衆臣而布帶繩屨二事其餘服杖冠絰則如常也

士

士無臣雖有地不得君稱故僕隸等爲其喪弔服加麻

臣從君服圖

君之祖父母 齊衰不杖期

臣爲君之祖父母服鄭云謂始封之君也

君之父母 齊衰不杖期

大夫致仕者爲舊君之父母齊衰三月

臣爲君之父服亦謂始封之君也

小君 齊衰不杖期

爲王后齊衰期諸侯公卿大夫同卿士大夫爲小君期内宗外宗爲夫人期

大夫之適子爲君夫人如士服期天子卿大夫之適子爲王后亦然大夫致仕者爲舊君之妻齊衰三月

世子 齊衰不杖期

大夫之適子爲太子如士服期天子卿大夫之適子爲太子亦然

君爲臣服圖

天子

王爲三公六卿錫衰不見三孤者與六卿同

爲諸侯緦衰

爲大夫士疑衰

諸侯

公爲大夫齊衰以居

案文王世子同姓之士緦衰異姓之士疑衰以其卿大夫已用錫衰故以三衰施於同姓異姓之士

大夫

貴臣緦

此謂公士大夫之君也士卿士也殊其臣妾貴賤而爲之服

爲人後者爲其本宗服圖

餘同本宗服圖

世叔父 小功

姑

長殤大功 昆弟大功 姊妹適人者小功

父 並不杖期

爲人後者

母

妻 夫爲人後者其妻爲舅姑大功

世叔母

昆弟婦

女子適人者爲其本宗服圖

案記云公妾及士者爲其父母期又記云妾爲私兄弟如邦人其服與女子適人者同

曾祖父 曾祖母 齊衰三月

祖父 祖母 齊衰不杖期

父 母 齊衰不杖期

女子適人者

從祖祖父 從祖祖母

世叔父 世叔母 大功

姑 大功

從祖父 從祖姑 緦

從祖兄弟 從祖姊妹 緦

從父兄弟 從父姊妹 小功

兄弟爲人後者不杖期餘大功

姊妹 大功

從父兄弟之子

姪 大功 長中殤小功 下殤緦

兄弟之孫

從祖母

從父兄弟之妻

從祖兄弟之妻

兄弟之妻 小功

姪之妻

己爲姑姊妹女子子孫女適人者服圖

祖行	父之姑 緦（歸孫爲祖父之姊妹也）		
父行	姑 大功	從祖姑 緦	
己	姊妹 大功	從父姊妹 小功	從祖姊妹 緦
女子 大功	兄弟之女子 大功	從父兄弟之女	
女孫 小功	兄弟之女孫		

始死變服圖

	斬衰 男子	婦人	齊衰 傍親以下	婦人
笄纚	先去冠笄纚二日去之	去笄而纚		骨笄而纚
總		縞總		縞總
衣	十五升白布深衣扱上衽	深衣同男子不扱衽	白布深衣	白布深衣
屨	無屨而徒跣	不徒跣	吉屨無絇	吉屨無絇

天子諸侯正統旁期服圖

天子諸侯絕旁期尊同則不降正統之期不降於衆子絕而無服

高祖父母	曾祖父母	祖父母	父（斬衰三年）
齊衰三月	齊衰三月	齊衰期	母（齊衰三年）

爲曾祖後父有廢疾者斬衰三年 又先卒孫爲祖後者斬衰三年

世叔父（無服） 姑（君爲姑嫁於國君者大功）

兄弟（兄弟俱作諸侯服不杖期 君爲女子子嫁於國君者大功）

姊妹（無服 君爲姊妹嫁於國君者大功 君爲昆弟女子子嫁於國君者大功）

衆子（無服）

己

適子（斬衰 長中殤大功） 適婦（大功）

適孫（齊衰期） 婦（小功）

有適子者無適孫

曾孫（緦） 適期

玄孫（緦） 適期

練祥服圖

除服先重者 男子除首絰婦人除要絰

大祥祭朝服縞冠明日素縞麻衣以素紕之哀情未忘也

斬衰	練冠	角瑱	衰	中衣	葛要絰	麤衰	絞帶	杖	屨
十二月而練	條屬右縫 布總升 同要笄	人君以瑱小祥徽飾以角	以卒哭後冠受其衰	練中衣黃裡縓緣	小祥除首絰唯除要葛 婦首絰可也 亦葛	橫長袪袪裼之	未詳	仍竹杖	與大功初喪繩屨
齊衰 十二月而練期十一月[illegible]	下並同 婦同							仍桐杖	[illegible]詳

禫祭玄衣黃裳既祭朝服綅冠踰月玄冠朝服

卒哭服圖

	冠	首絰	衰裳	要絰	絞帶	杖	屨
斬衰	右縫條屬外畢辟積布七升	去麻服葛或用額圍七寸二分兩股糾之	布六升去負板	用葛或額圍五寸七分四股糾之則三重也	布七升	仍竹杖	蒯蔗屨疏屨也
斬衰（婦）	婦箭笄露紒布同	婦同	婦同	婦仍麻帶		婦同	婦疑同
齊衰三年	降服八升正服九升	圍五寸七分	降服七升正服八升	圍四寸六分	布八升	仍桐杖	疑同前
齊衰三年（婦）	婦同笄惡笄露紒	婦同	婦同	婦仍麻帶		婦同	
杖期及不杖期	同前	同前	杖期正服八升○不杖期降服七升正服八升義服九升婦同	同前	布九升	杖期同前 不杖期無	
杖期及不杖期（婦）	婦正服九升惡笄露紒	婦同		婦同	婦同		
齊衰義服	布十升	同前	布九升	同前	布十升	無後同	
齊衰義服（婦）	婦同	婦同	婦同	婦同	婦同		
大功正服	布十一升左縫	圍四寸六分	布十升	圍三寸五分	布十一升		
大功正服（婦）	婦不髽總布同	婦同	婦同	婦同	婦同		
大功義服	布十二升	同前	布十一升	同前	布十二升		
大功義服（婦）	婦總同	婦同	婦同	婦同	婦同		
小功	無受	圍[illegible]寸五分	因故無受	圍二寸八分	無[illegible]		
小功（婦）	婦同	婦[illegible]	婦同	婦同	婦無受		

奔喪變服圖

奔父喪 升自西階殯東西面坐哭盡哀 括髮袒

降堂東即位西鄉哭成踊 襲絰於序東絞帶反位

於又哭 括髮袒 於三哭 括髮袒三日成服

奔母喪 西面哭盡哀 括髮袒

降堂東即位西鄉哭成踊 襲絰絞帶

於又哭 不括髮 爲母于又哭而免輕于父也

於三哭及三日成服如奔父喪之禮

小記曰奔父母之喪出門哭止三日而五哭三袒

婦人奔喪 升自東階殯東西面坐哭盡哀 東髽即位與主人拾踊

夫人奔喪 夫人至入自闈門升自側階君在阼其它如奔喪禮然

奔喪者不及殯

先之墓北面坐哭盡哀成踊 括髮

東即主人位 絰絞帶

遂冠歸入門右北面哭盡哀 括髮袒

於又哭 括髮成踊

并有喪變服

斬衰之喪既虞卒哭遭齊衰之喪輕者包重者特

既練遭大功之喪麻葛重

齊衰之喪既虞卒哭遭大功之喪麻葛兼服之

三年之喪既練矣有期之喪既葬矣則帶其故葛帶

絰期之絰服其功衰有大功之喪亦如之

麻之有本者變三年之葛

殤長中變三年之葛終殤之月筭而反三年之葛

既練遇麻斷本者於免絰之既免去絰每可以絰必

絰既絰則去之

大夫有私喪之葛則於其兄弟之輕喪則弁絰

又父母之喪偕其葬服斬衰

父未沒喪而母死其除父之喪也服其除服

父母之喪既引聞君薨遂既封改服而往

三年之喪既顈爲前喪練祥

於三哭三日　括髮成踊成服

齊衰以下奔喪三免袒○不及殯四免袒大略與奔父母喪同但免與括髮異耳○凡異居聞兄弟之喪

其始麻散帶絰未服麻而奔喪及主人之未成絰也

疏者與主人皆成之親者終其麻帶絰之日數若家

遠則爲位三日五哭成服而往

聞喪不得奔喪　謂以君命有事者

爲位　括髮袒成踊襲絰絞帶即位拜賓反位

於又哭　括髮袒成踊

於三哭　括髮成踊　三日　成服

道有喪　君出疆薨大夫士一節也

其入也子麻弁絰布弁而加環絰　疏衰齊衰

非足者非復麻弁疏衰非復不忍成服于外也　杖服未成而已杖爲已病也

入自闕升自西階於此正棺　服殯服　既塗　成服

小斂則子免布深衣而從柩

入自門升自阼階　服殯服及成服亦當同然

三年之喪如有服而將往哭之則服其服而往

如當父母之喪除諸父昆弟之喪則服其除服

弔服

皮弁　錫衰

大夫相爲弔服

齊絰　錫衰

士朋友相爲服弔服加麻

緦麻帶　疑衰素裳

庶人弔服

素委貌　白布深衣

婦人弔服　婦與夫同大夫弔于命婦錫衰命婦弔于大夫亦錫衰

將小斂變服

環絰

素爵弁

素委貌

深衣

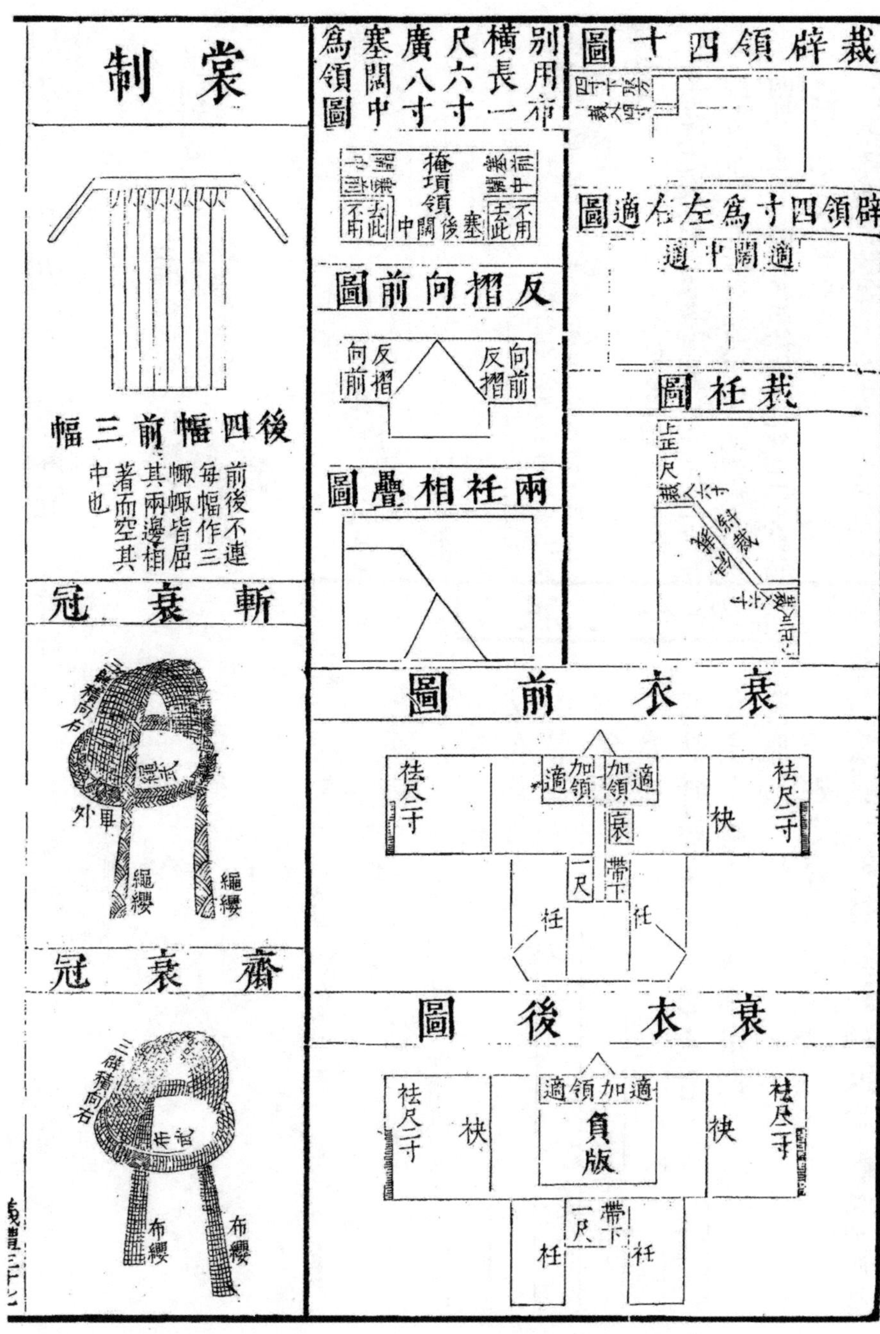

裳制
後四幅前三幅
前後不連每幅作三㡇㡇皆屈其兩邊相著而空其中也
斬衰冠
繩纓
繩纓
外畢
齊衰冠
布纓
布纓
別用布橫長一尺六寸廣八寸塞闊中爲領圖
掩項領
塞後闊中
去此不用
去此不用
反摺向前圖
反摺向前
反摺向前
兩衽相疊圖
裁辟領四十圖
辟領四寸爲左右適圖
適
闊中
適
裁衽圖
衰衣前圖
袪尺二寸
袂
加領
適
衰
帶下一尺
衽
衽
衰衣後圖
適
加領
負版
帶下一尺

大功冠

並同齊衰

小功冠

三辟積向左

餘與齊衰同

緦麻冠

澡纓辟積同小功餘與齊衰同

笄

笄謂骨笄

斬衰箭笄篠竹也以箭爲笄

齊衰惡笄有首櫛笄也

纚

纚謂韜髮之繒親始死孝子先去冠惟留笄纚也

縞總

縞白絹也總束髮也長八寸

女在室聞舅姑喪改服之總

屨絇

絇者屨頭飾也

喪無飾故無絇

案五服之喪其制之異者有四升數之不同一也繩纓之與布纓二也右縫之與左縫三也勿灰之與灰四也○其制之同者亦四條屬一也外畢二也辟積之數三也廣狹之制四也

公子爲其母練冠　公子爲其妻縓冠

首絰

斬衰以苴麻爲之圍九寸不去苧垢

繩纓　繩纓　左本在下

齊衰以牡麻爲之圍七寸二分

布纓　布纓　右本在上

要絰

斬衰至大功初皆散垂至成服乃絞○五十不散垂

散垂　散垂

以苴麻爲之圍七寸二分散垂至三日絞之婦人同

結本

小功以下結本不散垂

結本

絞帶

斬衰用麻

象革帶者亦苴麻爲之比要絰五分去一婦人同

齊衰用牡圍五寸七分齊衰以下布

喪服古今沿革

三年之喪

父在爲母齊衰

本宗服

母黨服

夫黨服

爲姑姊妹女子子適人者

女子子適人者爲本宗服

降服

子姓之冠 謂父練除服受服後

縞冠玄武 父有喪服子爲之不純 武[illegible]玄[illegible]冠用纚 喪服[illegible]

疾者齊處適室圖

士喪禮共六十八圖

鄭云士喪其父母自始至既殯之禮

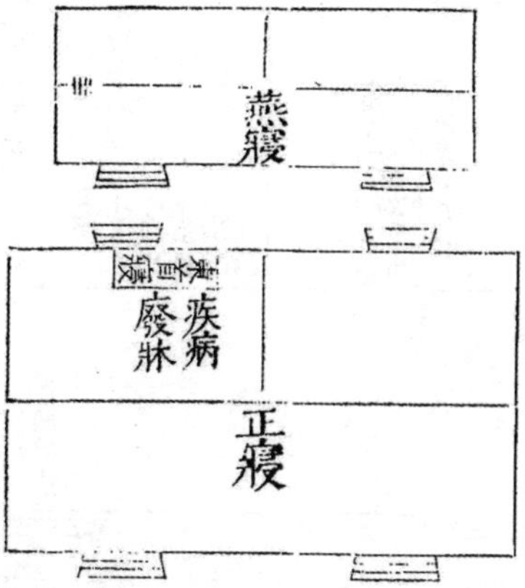

疏曰天子諸侯曰路寢卿大夫士曰適室亦謂之適寢總而言之皆謂之正寢對燕寢側室則處爲正死者必皆於正處故春秋譏僖公薨于小寢也

燕寢

東首北墉下

疾病廢牀

正寢

君使人弔襚圖

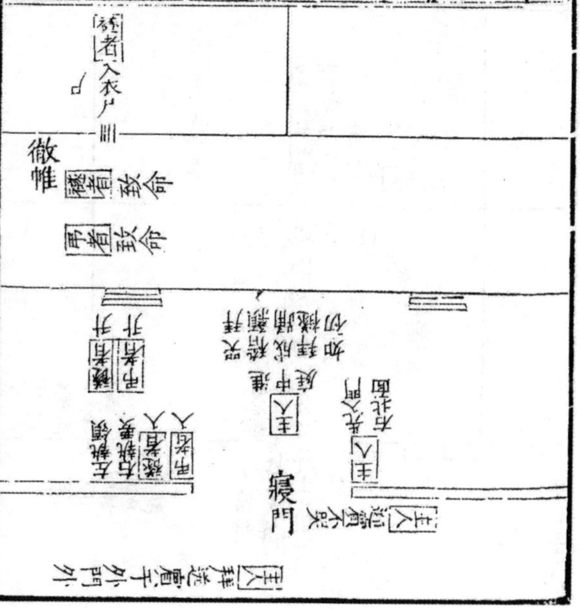

襚者入衣尸

徹帷

襚者致命

弔者致命

弔者升

襚者升

主人進中庭

哭拜稽顙成踊

主人先入門右北面

弔者入

襚者入

左執領右執要

寢門

主人迎賓不哭

主人拜送賓于外門外

陳具

庶襚繼陳不用

褖衣 緇帶 韎韐 竹笏 夏葛屨

皮弁服

爵弁服

冒

握手 決 纊極

鬠笄 布巾 掩 瑱 幎目

明衣裳

沐 取潘

祝淅米者淅眞之稻米以取潘管人受潘煮于役外御受沐入乃沐大記云君沐粱大夫沐稷士沐粱士喪禮云士沐稻不同當考此米凡三用祝淅米取潘以沐一也祝受貝米奠具以含二也祝以飯米之餘煮盥用南縣于重三也

飯含

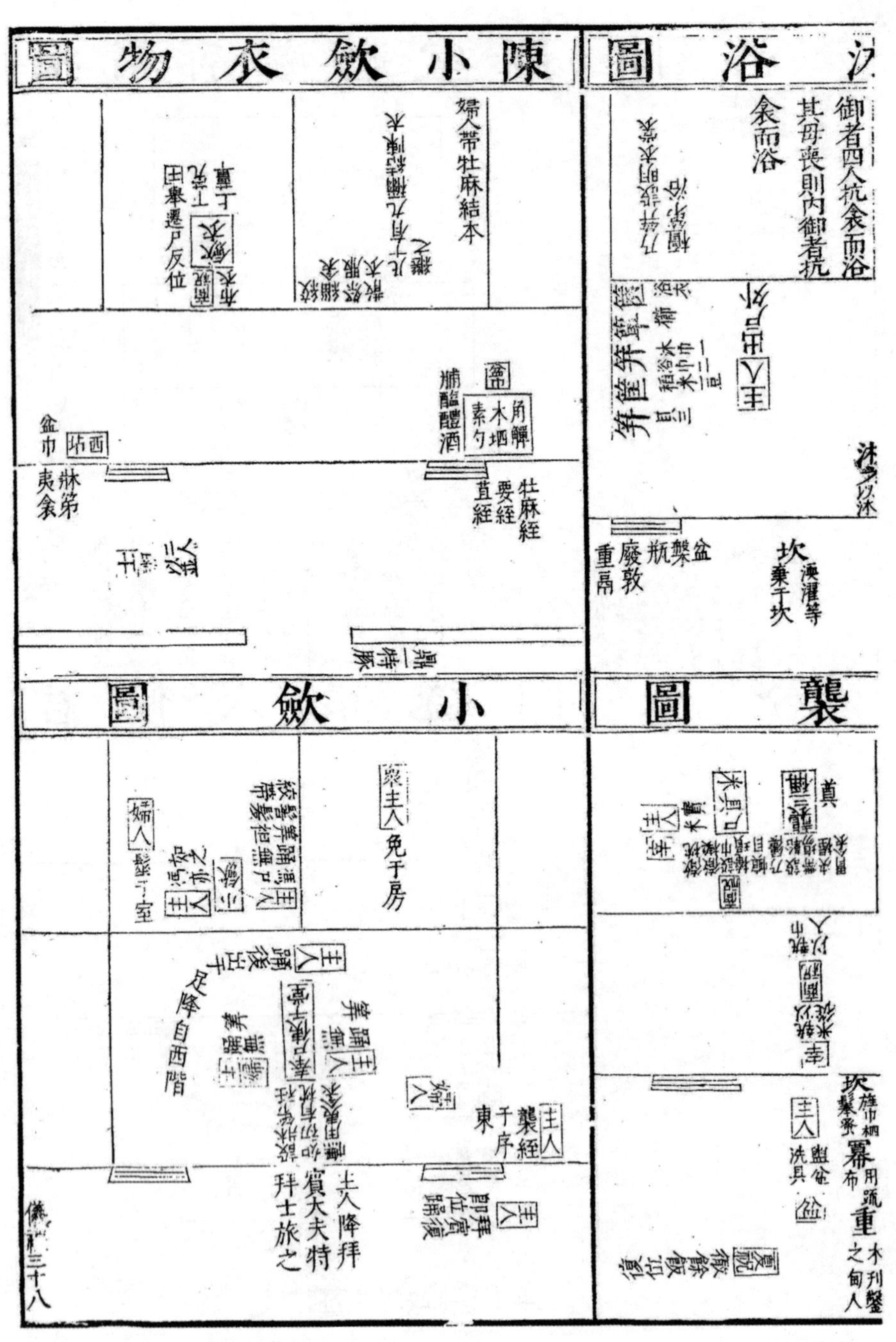

陳小斂衣物圖
沐浴圖
御者四人抗衾而浴
其母喪則內御者抗衾而浴
婦人髽牡麻結本
角觶 木柶 素勺
醴酒
牡麻絰
要絰
苴絰
盆 槃 瓶 廢敦 重鬲
鼎一特豚
小斂圖
襲圖
主人免于房
主人踊
主人降拜賓大夫特拜士旅之
主人拜賓即位踊襲
主人襲絰于序東
重 木刊鑿之甸人
冪用疏布
儀禮圖三十八

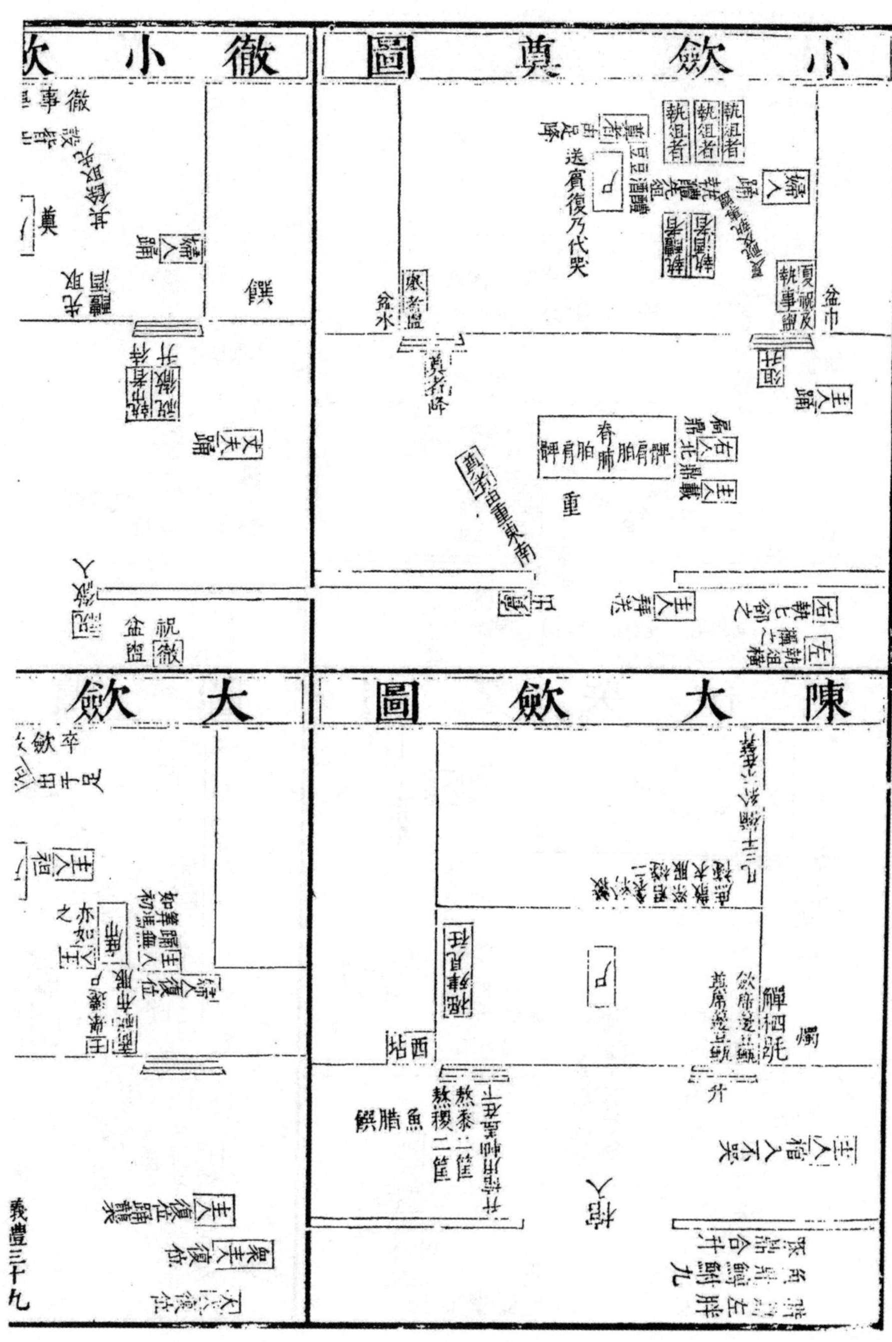

小斂奠圖
徹小斂
陳大斂圖
大斂
送賓復乃代哭
主人踊
婦人踊
丈夫踊
重
西坫

大斂奠圖

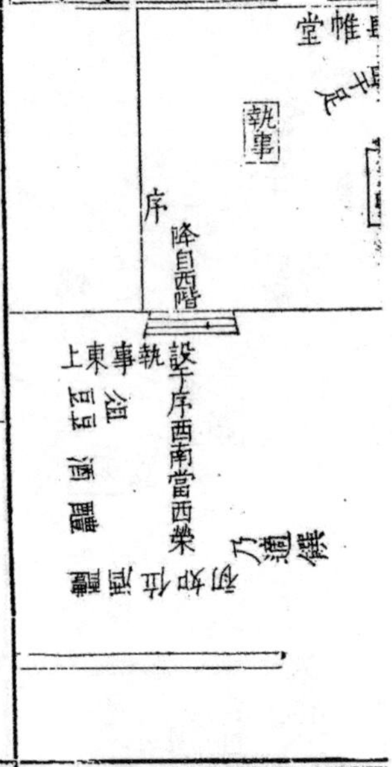

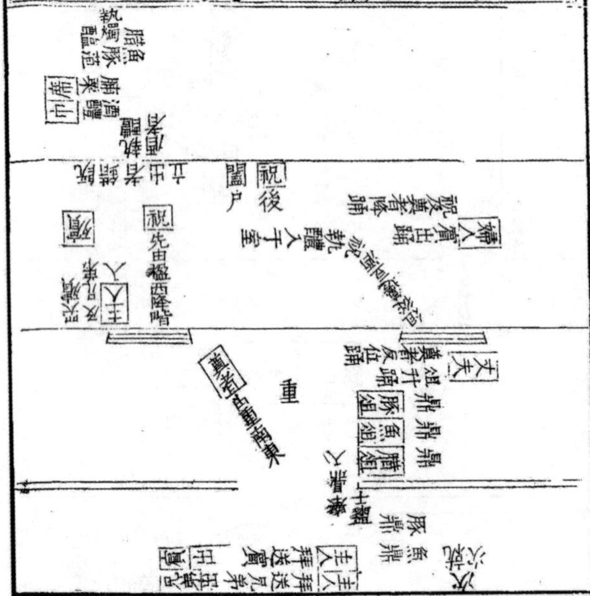

斂奠圖

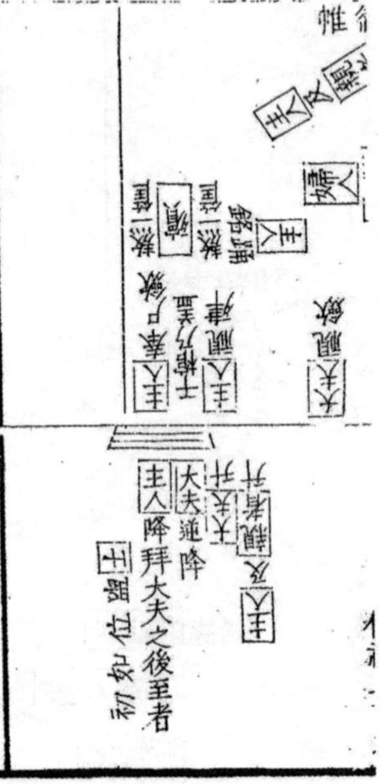

朝夕哭位圖

殯圖

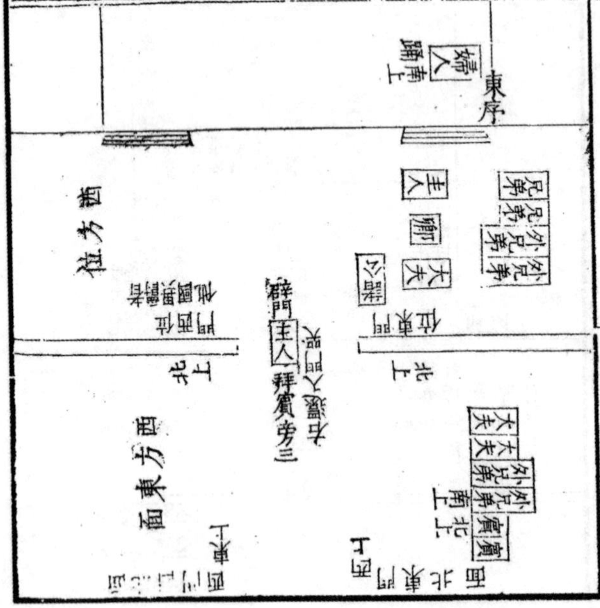

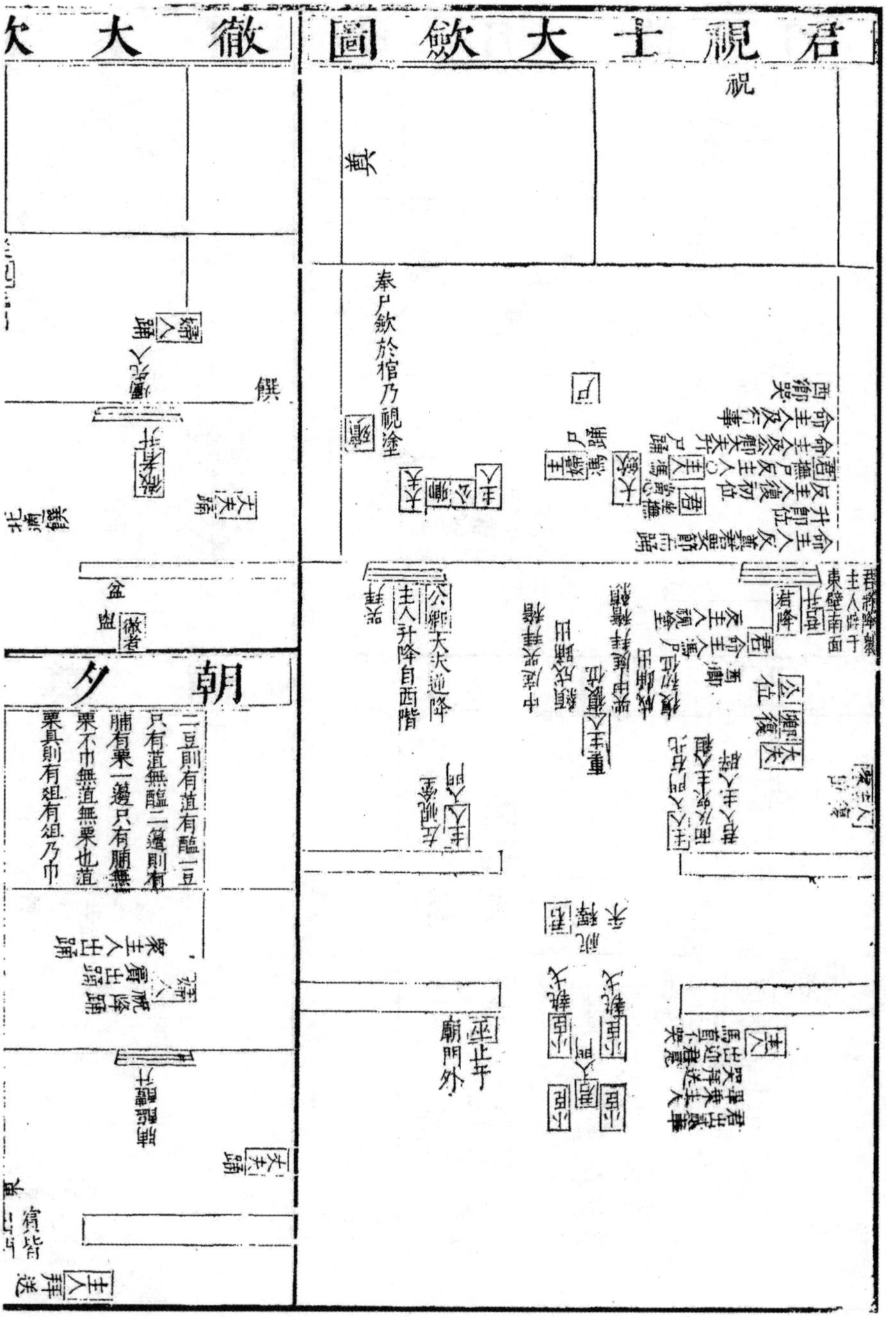

君視士大斂圖

祝

東

奉尸斂於棺乃視塗

命主人反鄉哭

命主人及衆主人反行事

命主人及眾主人襲

君撫尸反主人復初位

升主人撫尸踊

命主人及衆主人反升馮尸踊

君坐撫

主人升降自西階

大夫逆降

公升

君升

主人

公位

卿大夫

廟門外

徹大斂

婦人踊

大夫踊

朝夕

二豆則有菹有醢一豆只有菹無醢二籩則有脯有栗一籩只有脯無栗不巾無菹無栗也菹栗具則有俎有俎乃巾

衆主人出踊

婦人拊心不哭

主人拜送

賓皆出

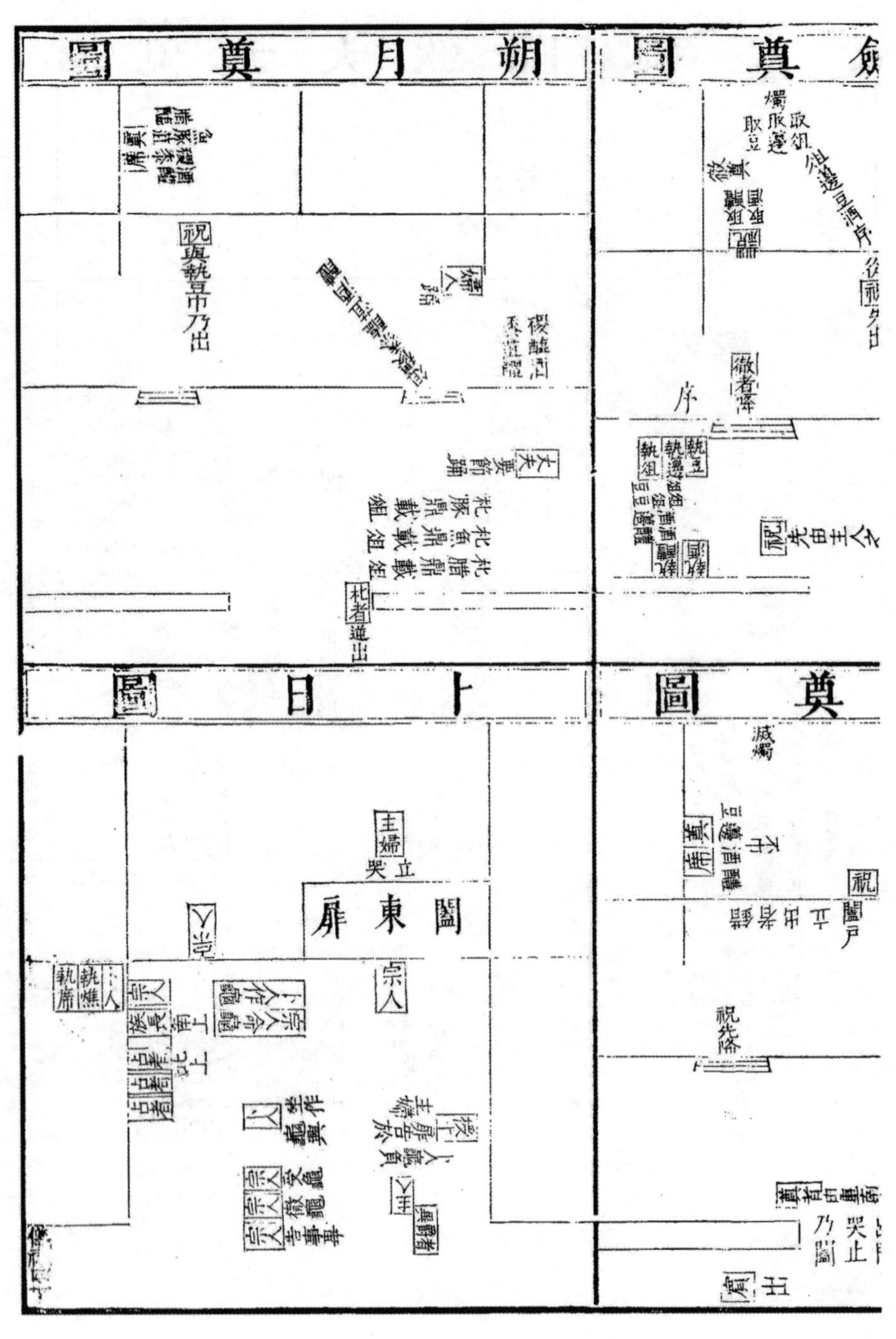
圖奠月朔
圖日上
圖奠
闈東扉

始卒禮圖

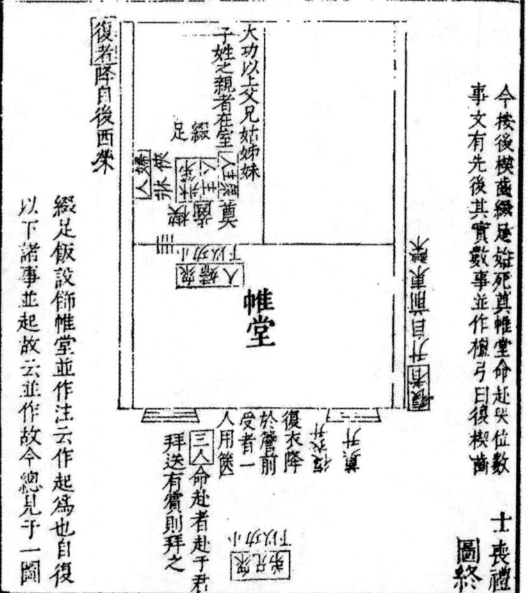

今按後楔齒綴足始死奠帷堂命赴哭位數事文有先後其實數事並作檀弓曰復楔齒

士喪禮圖終

綴足飯設飾帷堂並作注云作起爲也自復以下諸事並起故云並作故今總見于一圖

復者降自後西榮

大功以上父兄姑姊妹子姓之親者在室

綴足

帷堂

復衣降受者一人用篋

三人命赴者赴于君拜送有賓則拜之

還柩祖廟圖

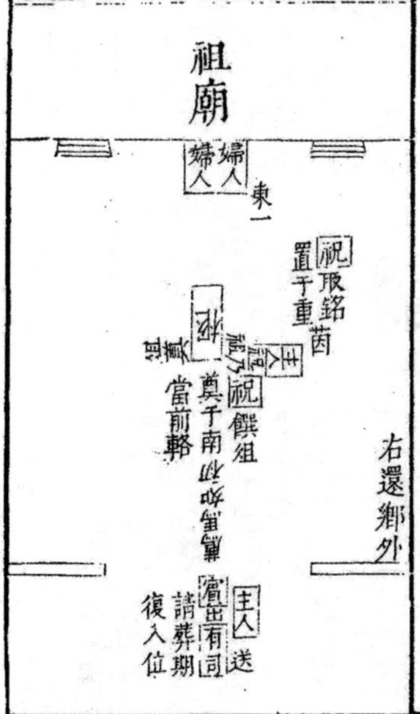

祖廟

婦人 婦人

東一

祝服銘置于重茵

主人

祝饌祖奠于南當前輅

右還鄉外

主人送賓出有司請葬期復入位

載柩陳器圖

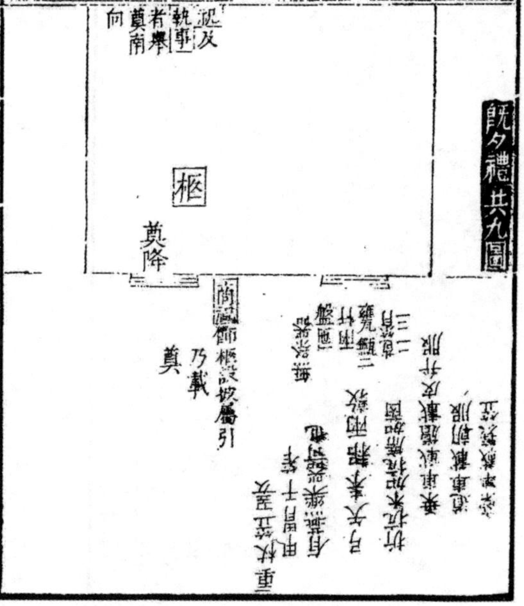

既夕禮共九圖

祖廟

柩

奠降

乃載

奠

公賵圖

祖廟

柩

主人出送於外門外拜襲入復位杖

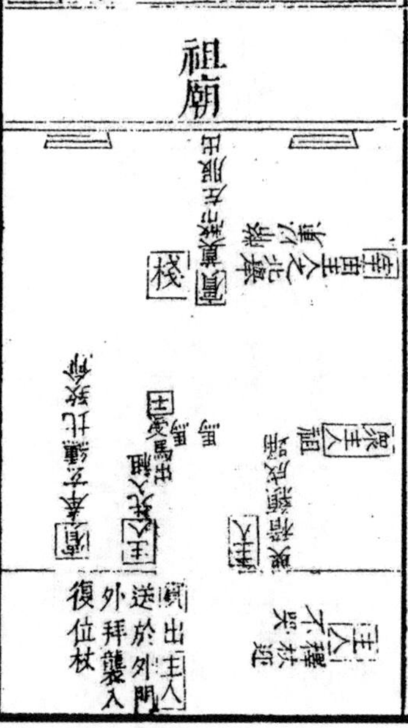

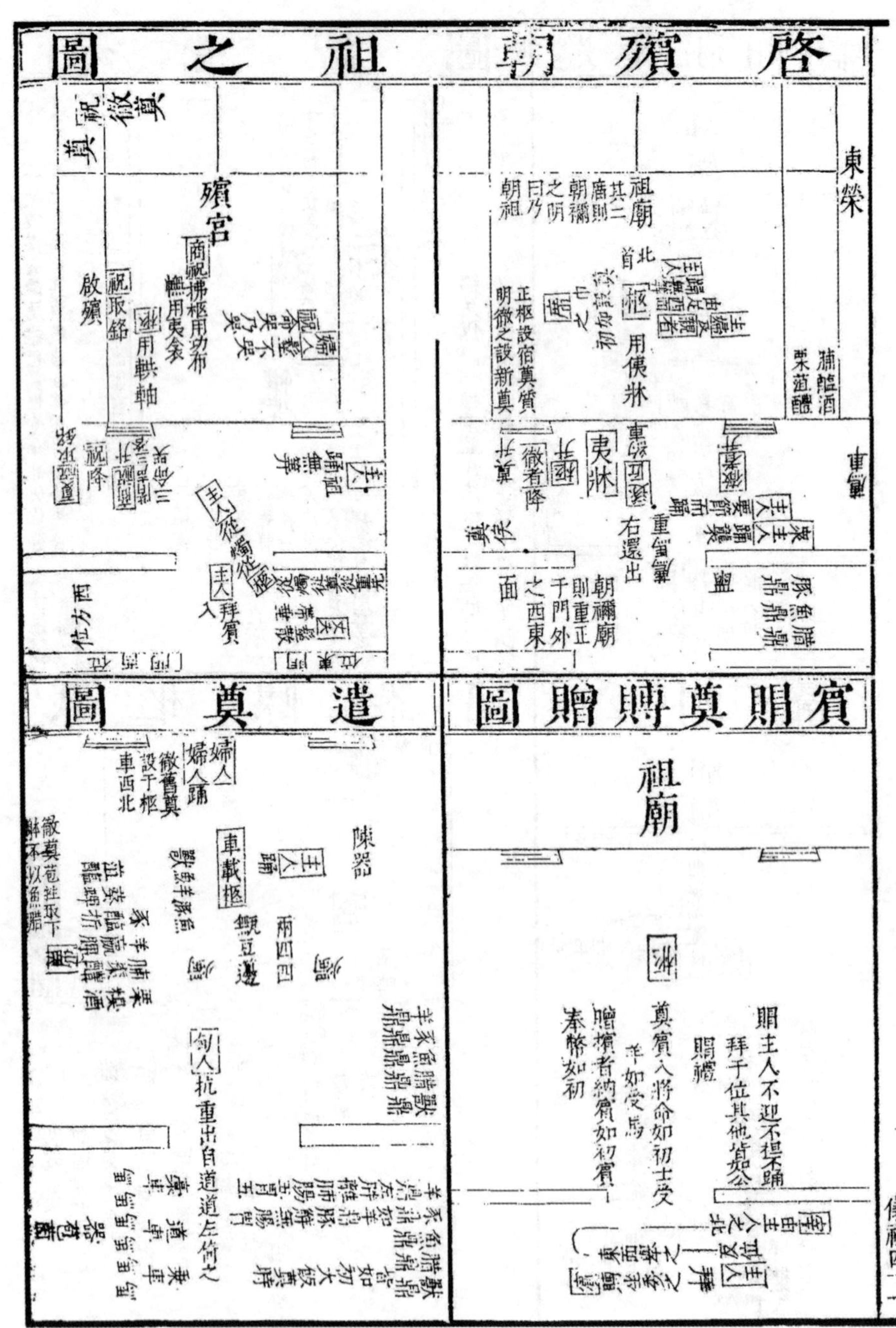
啓殯朝祖之圖
殯宮
祖廟
賓賵奠賻贈圖
祖廟
遣奠圖

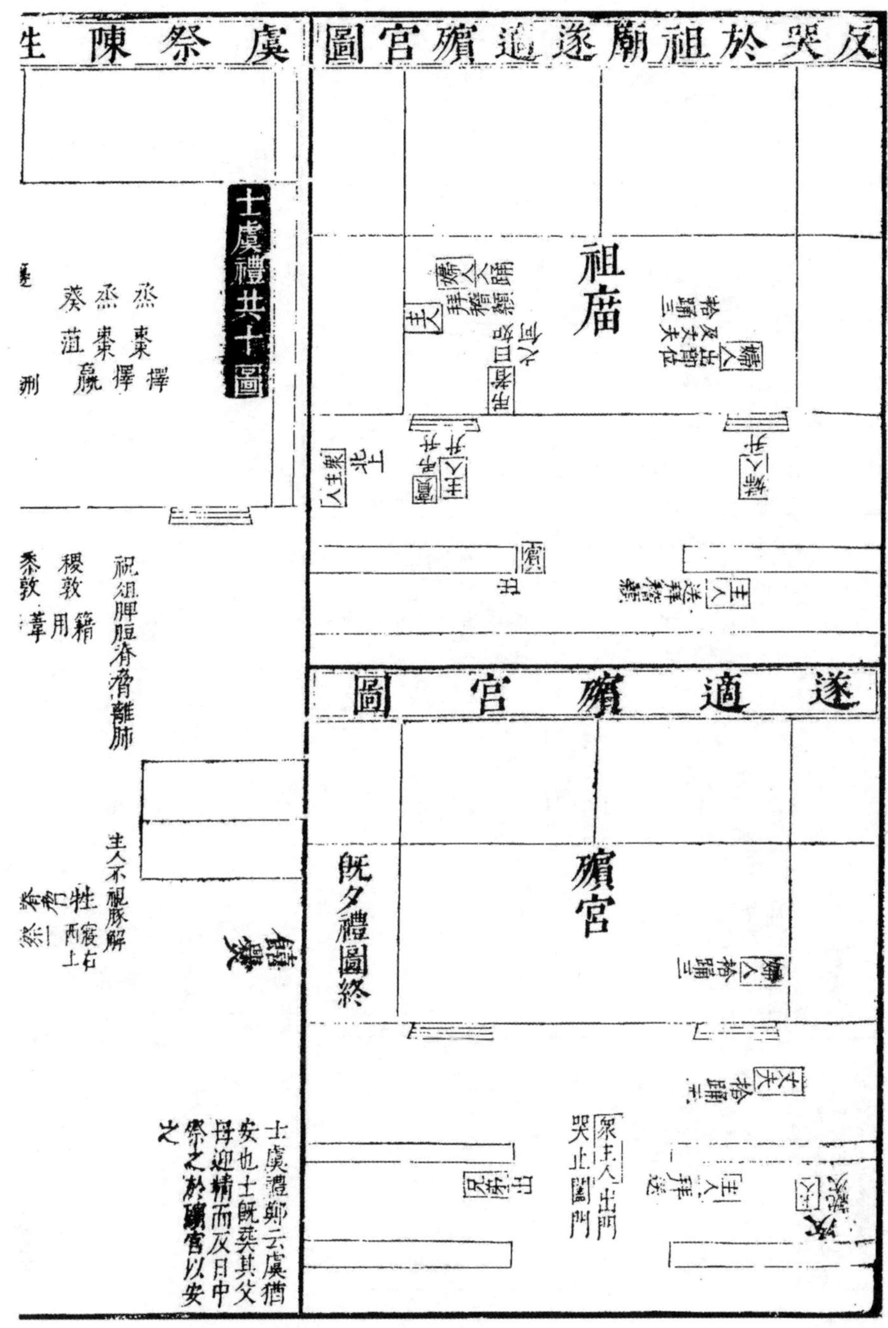
反哭於祖廟遂適殯宮圖
祖廟
遂適殯宮圖
殯宮
既夕禮圖終
虞祭陳牲
士虞禮共十圖
士虞禮鄭云虞猶安也士既葬其父母迎精而反日中祭之於殯宮以安之

門外門內堂上位圖

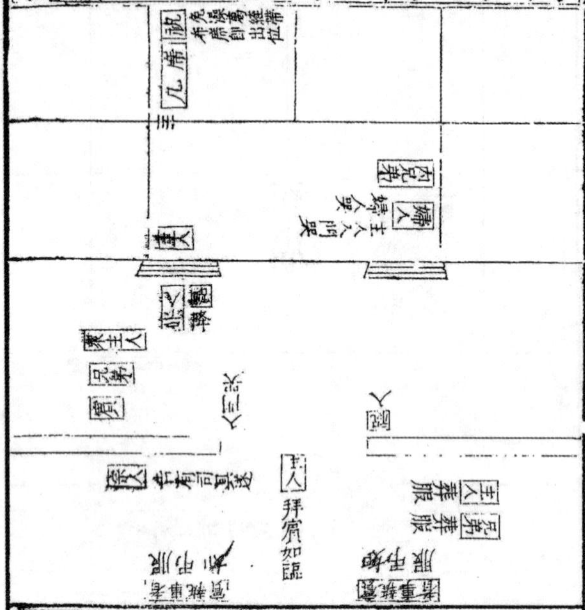

設饌饗神圖

牲及器圖

勺酒甒

勺醴甒

籩 籩 籩

素几葦席

篚 洗 水

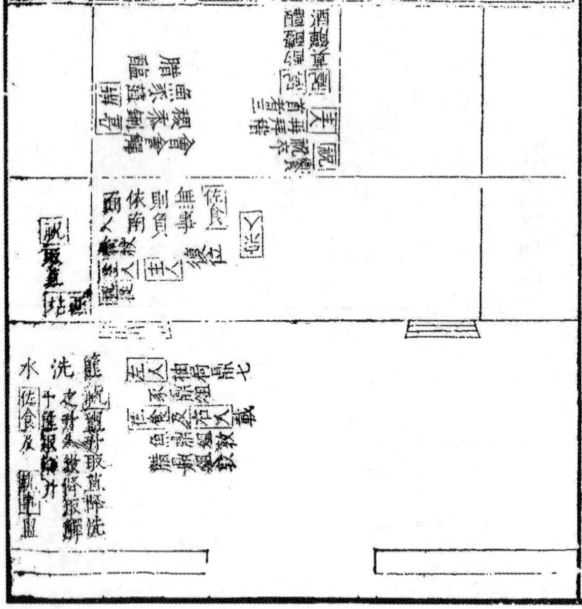

肵俎 燔俎

篚 洗 水

主婦……

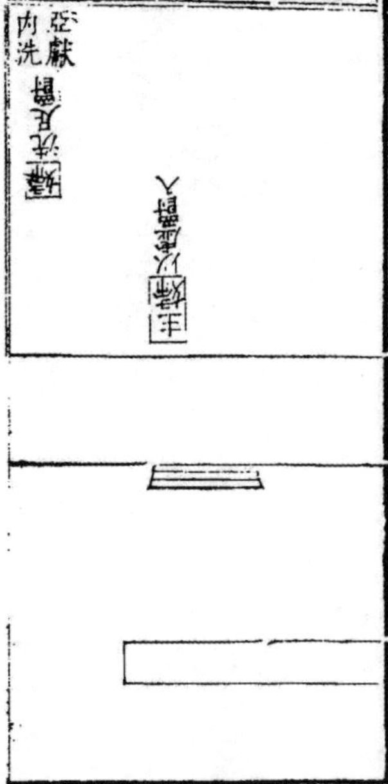
主婦

主人迎尸入九飯圖

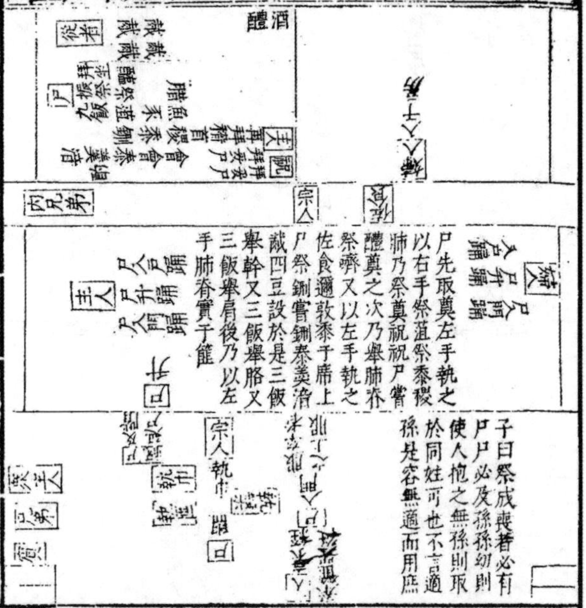
酒
醴
尸先取奠左手執之以右手祭菹祭黍稷肺乃祭奠祝祝尸嘗醴奠之次乃舉肺脊祭嚌又以左手執之佐食邇敦黍于席上尸祭鉶嘗鉶黍羹湆胾四豆設於是三飯舉幹又三飯舉骼又三飯舉肩後乃以左手肺脊實于篚
子曰祭成喪者必有尸尸必以孫孫幼則使人抱之無孫則取於同姓可也不言適孫是容無適而用庶
主人
宗人

尸……

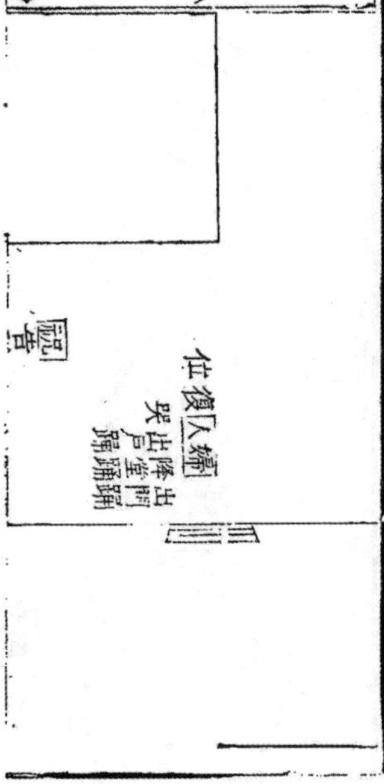
尸

主人獻祝佐食圖

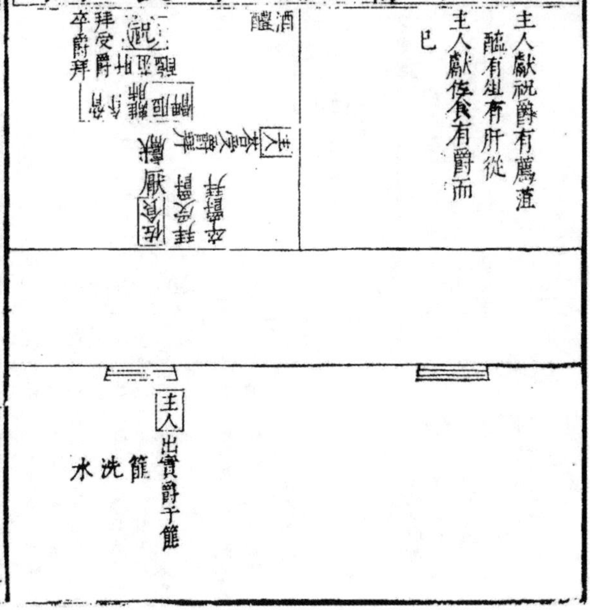
酒
醴
主人獻祝爵有薦菹醢有俎有肝從
主人獻佐食有爵而已
主人出實爵于篚
篚
洗
水

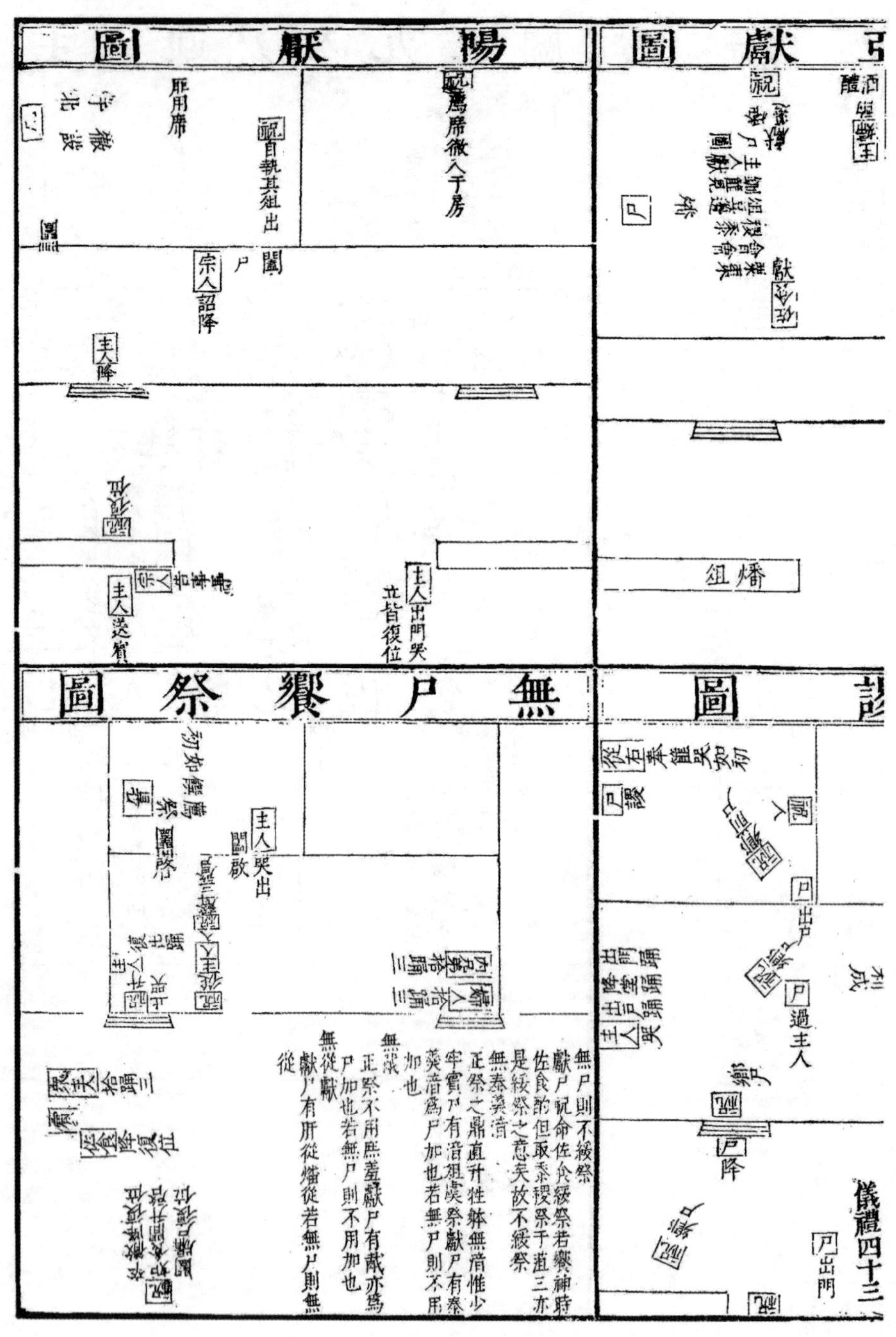

陽厭圖
獻圖
無尸饗祭圖
圖
無尸則不綏祭
獻尸祝命佐食綏祭若饗神時佐食祊但取黍稷祭于菹三亦是綏祭之意矣故不綏祭
無黍羹湆
正祭之鼎直升牲鉶無湆惟少牢賓尸有湆祖虞祭獻尸有黍羹湆爲尸加也若無尸則不用加也
無胾
正祭不用庶羞獻尸有胾亦爲尸加也若無尸則不用加也
無從獻
獻尸有所從獻從若無尸則無從
儀禮四十三

餞尸于門外圖

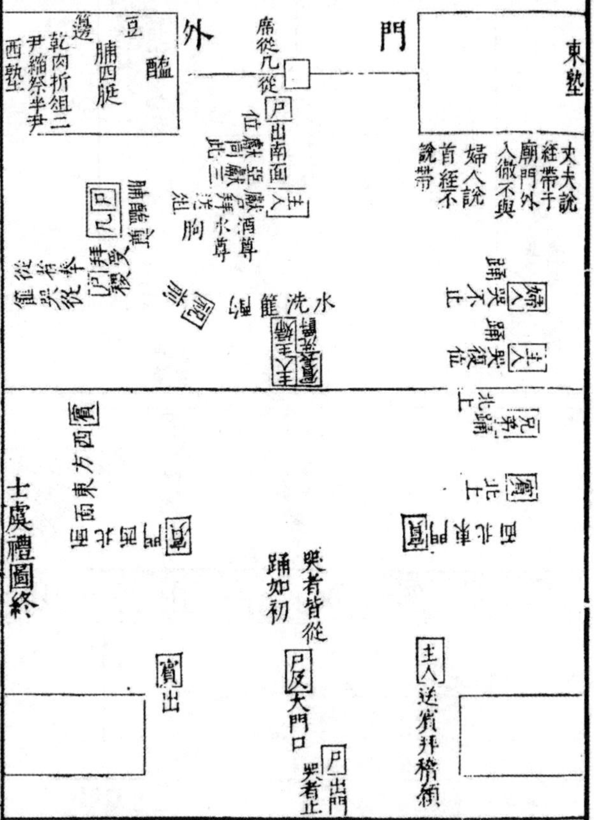

東塾

門

外

席從几從

尸出南面位獻亞獻三獻同此

丈夫說絰帶于廟門外入徹不與

婦人說首絰不說帶

主人獻酒尊拜尸洗爵俎

豆 籩 醢 脯四脡

乾肉折俎二尹縮祭半尹

西塾

尸几

祝前

婦人哭不止踊

主人哭復位踊

兄弟北面北上

賓北上

士虞禮圖終

賓出

尸反大門口

尸出門哭者止

主人送賓拜稽顙

哭者皆從踊如初

筮日圖

特牲饋食禮共十九圖

廟

筮人 取筮

主人冠端玄即位

宰

宗人

子姓兄弟

諸侯大夫士祭曰饋食之禮非天子之大夫士○大夫以索牛士以羊豕

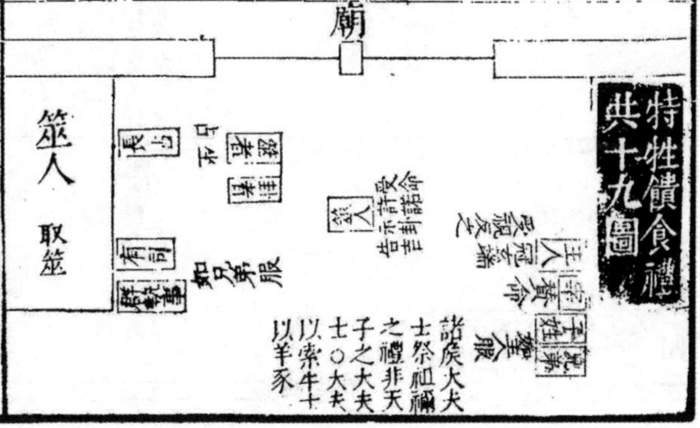

宿

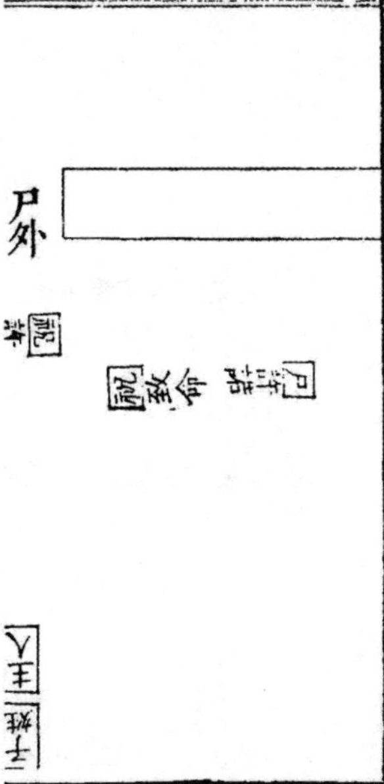

尸外

主人

子姓

視濯

豆籩鉶

洗

主人 子姓 兄弟

主賓出

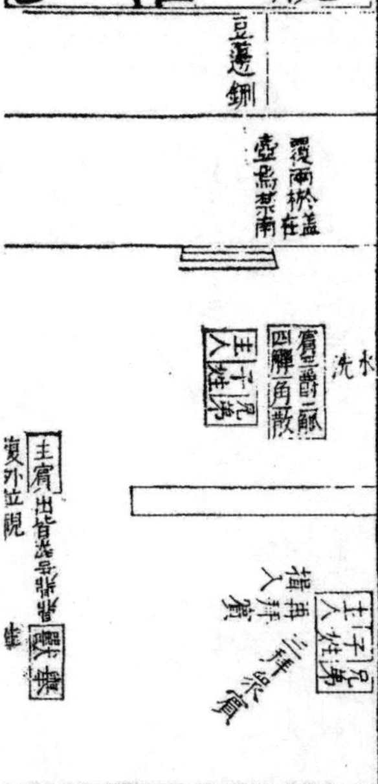

視殺視饎實器陳饌圖

鉶籩豆實之陳如初

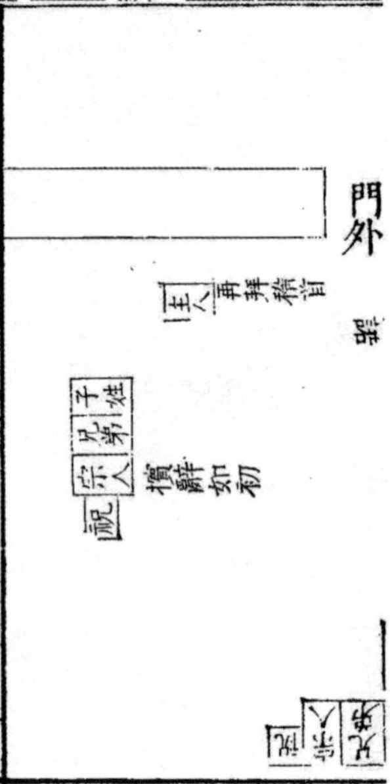

玄尊
酒尊

九席兩敦盛之籍用萑

主婦視饎爨

執事之俎二列北上

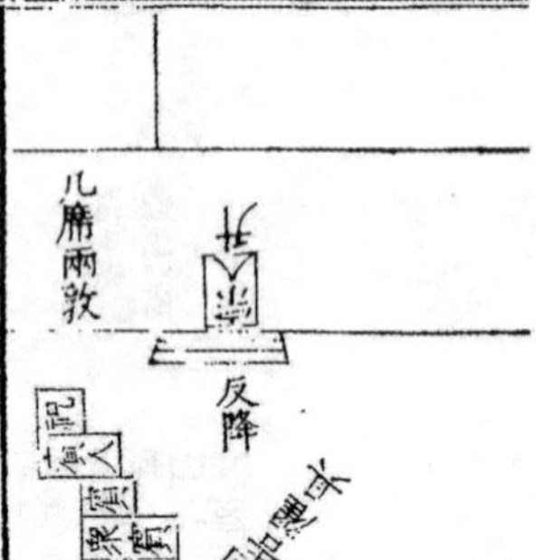

主人視側殺

牲爨
魚爨
腊爨

尸……圖

門外

主人

子姓兄弟

宗人

祝

擯辭如初

……牲圖

几席兩敦

宗人

反降

賓

眾賓

主人

送賓

拜

牲

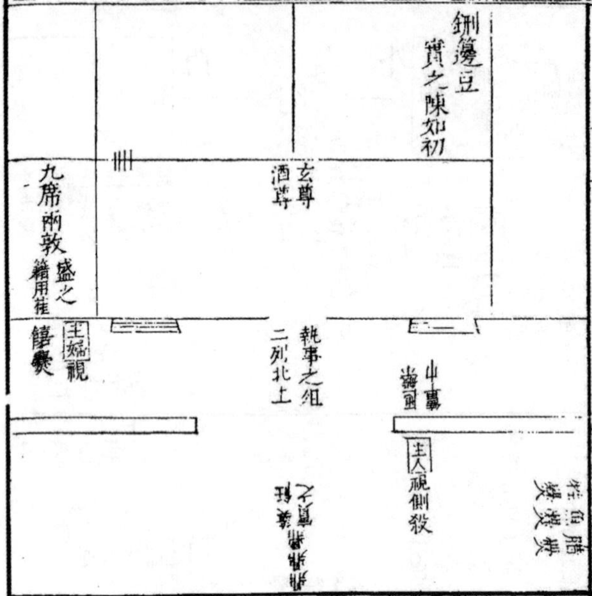

迎尸正祭及酳尸圖

今按俎豆籩鉶敦前厭祭時已設之矣及迎尸餕食主人始羞肵俎于腊北佐食始羞庶羞四豆設于南豆之左

主人

主人降立

宗人

祝

祝迎尸

執匜者

執巾者

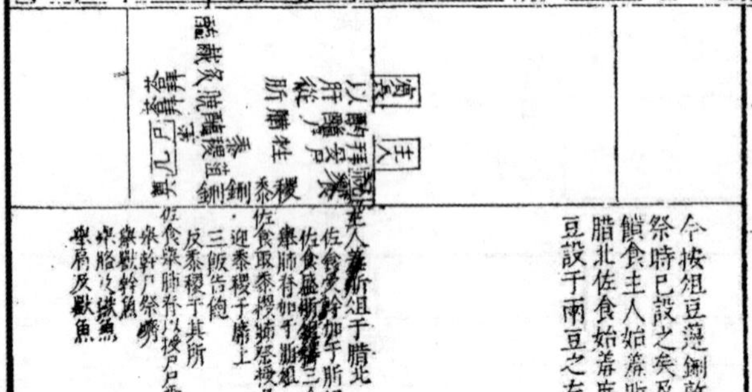

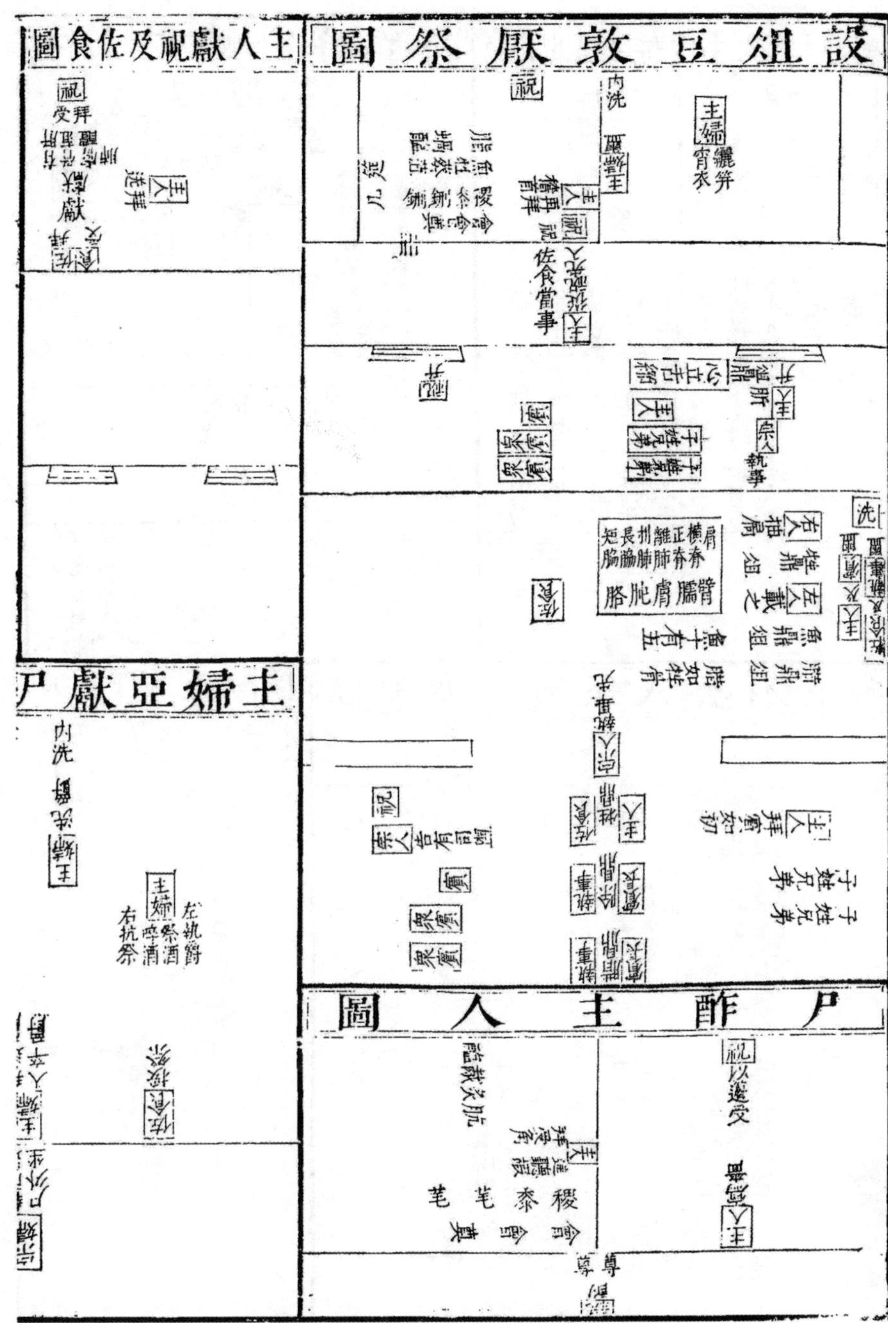
設俎豆敦厭祭圖
主人獻祝及佐食圖
主婦亞獻尸
尸酢主人圖

主人主婦致爵酢圖

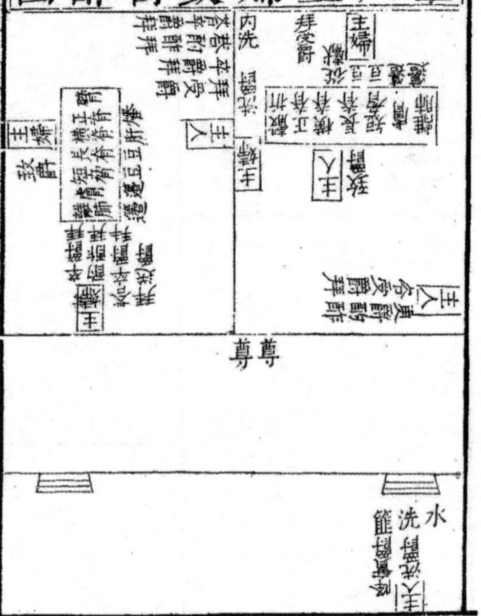

尊

水

洗

篚

賓作止爵至酢于主人凡六爵圖

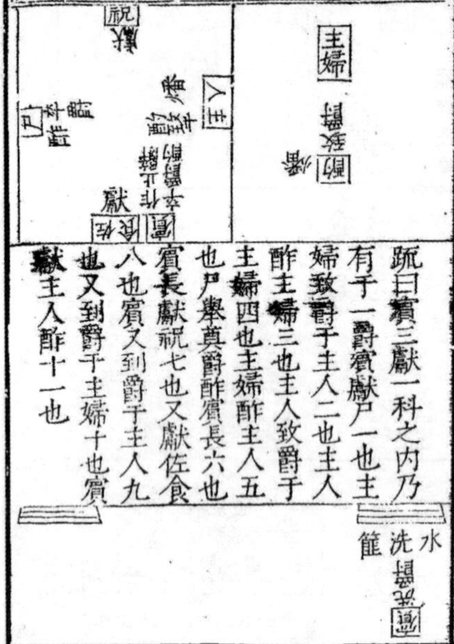

疏曰賓三獻一科之內乃有十一爵賓獻尸一也主婦致爵于主人二也主人酢主婦三也主人致爵于主婦四也主婦酢主人五也尸舉奠爵酢賓長六也賓長獻祝七也又獻佐食八也賓又致爵于主人九也又致爵于主婦十也賓獻主人酢十一也

水

洗

篚

尸酢主婦圖

獻賓及衆賓宗人公有司圖

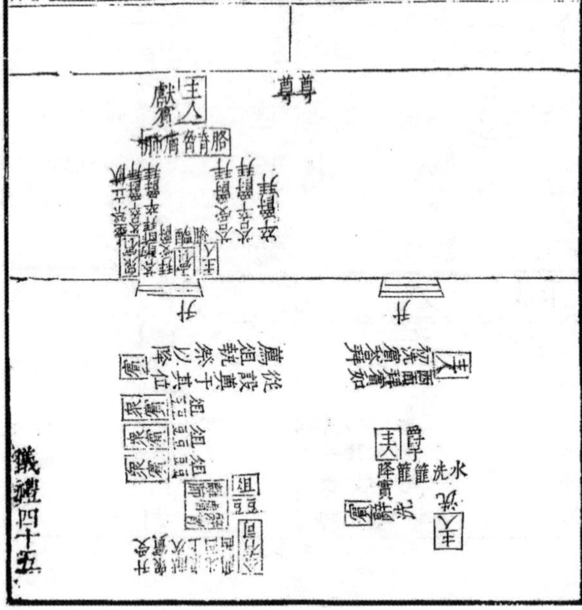

尊

水

洗

篚

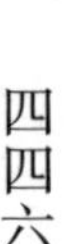

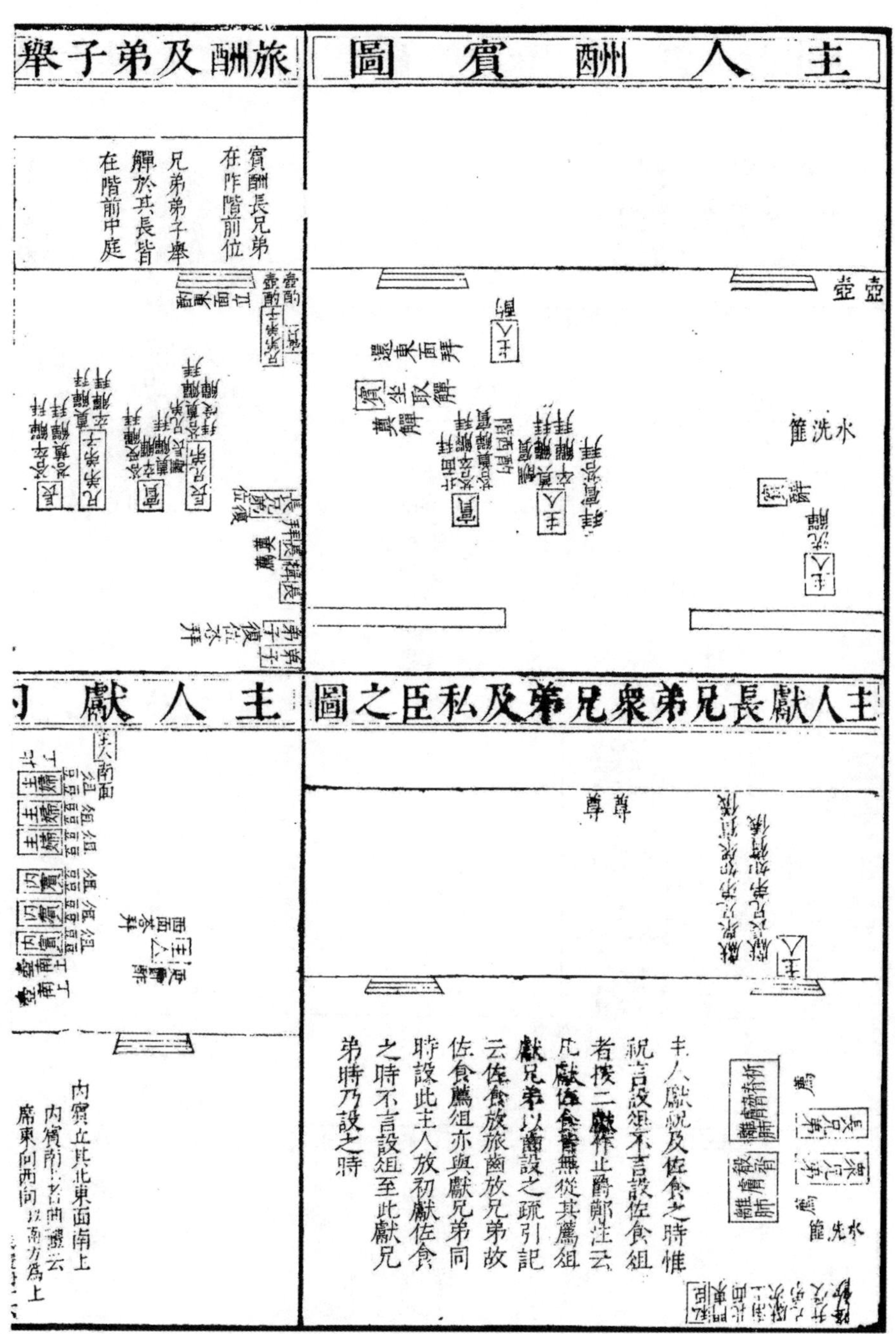
主人酬賓圖
旅酬及弟子舉
賓酬長兄弟在阼階前位
兄弟弟子舉觶於其長皆在階前中庭
主人獻長兄弟衆兄弟及私臣之圖
主人獻內
主人獻祝及佐食之時惟祝言設俎不言設佐食俎者按二獻作止爵鄭注云凡獻佐食皆無從其薦俎獻兄弟以齒設之疏引記云佐食於旅齒於兄弟故佐食薦俎亦與獻兄弟同時設此主人於初獻佐食之時不言設俎至此獻兄弟時乃設之時
內賓立其北東面南上
席東向西向以南方為上

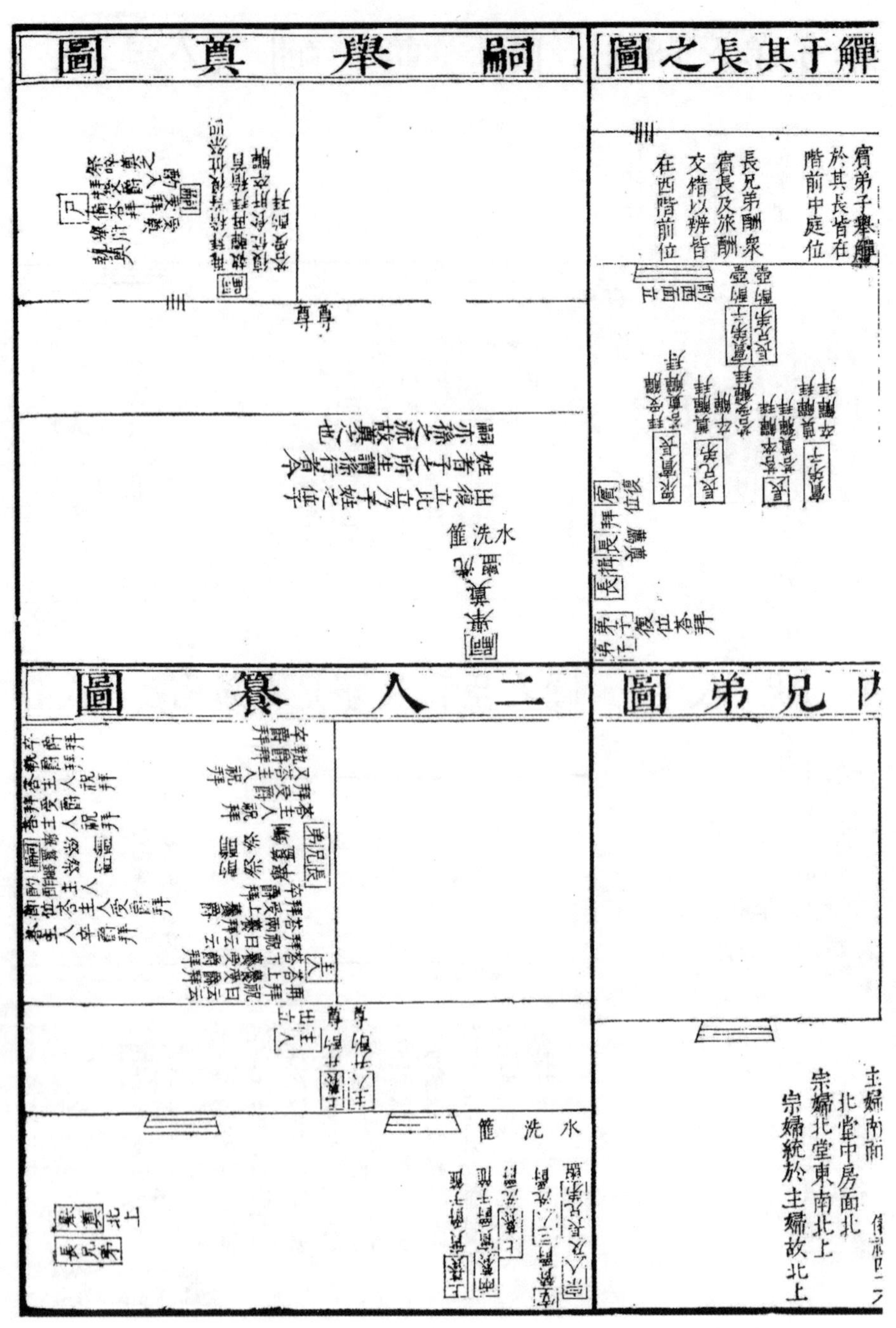

嗣舉奠圖
觶于其長之圖
賓弟子舉觶於其長皆在階前中庭位
長兄弟酬衆賓長及旅酬皆交錯以辨皆在西階前位
水
洗
篚
二人饗圖
水
洗
篚
內兄弟圖
主婦南面
北堂中房面北
宗婦北堂東南北上
宗婦統於主婦故北上

徹俎及陽厭圖

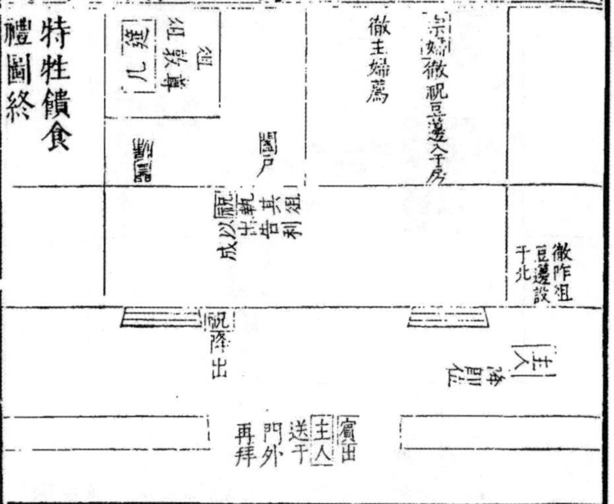

宗婦徹祝豆籩入于房

徹主婦薦

俎出

祝告利成

尸謖

徹阼俎豆籩設于北

主人降阼位

祝降出

賓出主人送于門外再拜

特牲饋食禮圖終

殺牲概器實鼎圖

饋設豆籩東面

甒尊同

少牢饋禮共十圖

此諸侯之卿大夫祭其祖禰於廟之禮

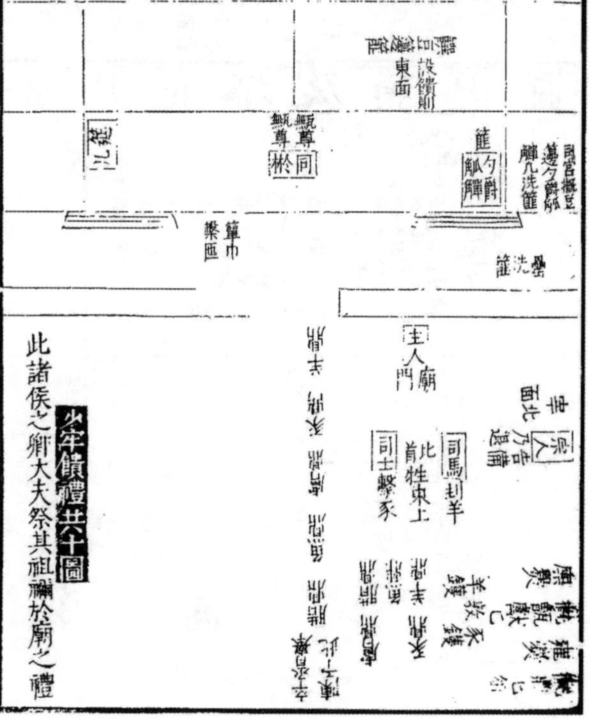

即位筵几

心 舌

魚十有

腊一純

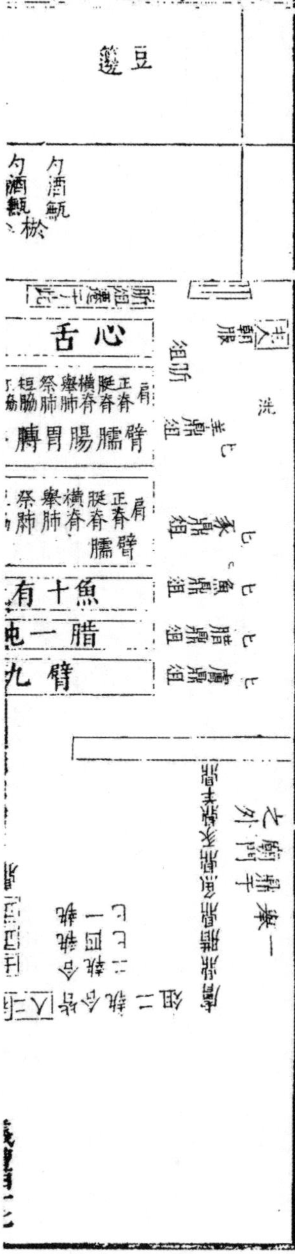

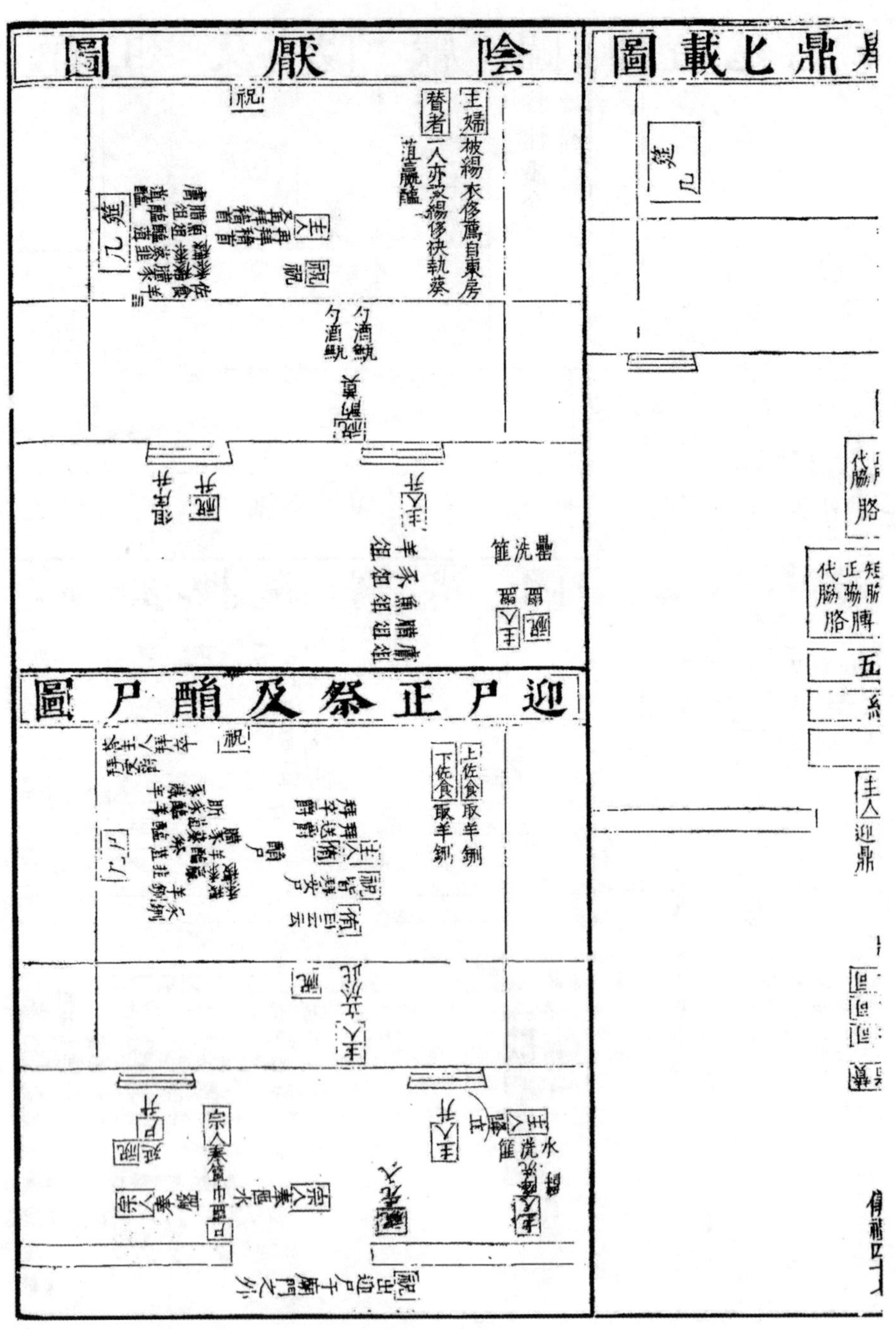
陰厭圖
主婦被錫衣侈袂薦自東房
贊者一人亦被錫衣侈袂執葵
祝
主人
羊俎 豕俎 魚俎 腊俎 膚俎
罍 洗 篚
迎尸正祭及酳尸圖
上佐食取羊鉶
下佐食取羊鉶
祝出迎尸于廟門之外
鼎匕載圖

尸酢主人圖

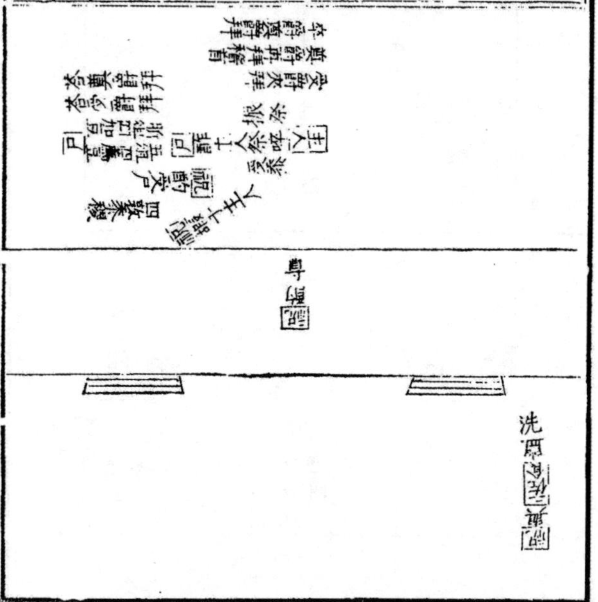

洗

主婦獻尸及

洗

篚

水

洗

篚

主人獻祝及二佐食圖

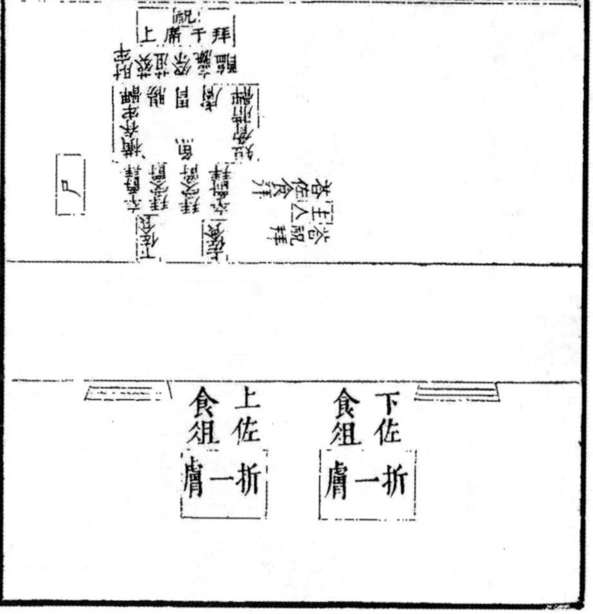

尸

上佐食俎

折一膚

下佐食俎

折一膚

賓長獻

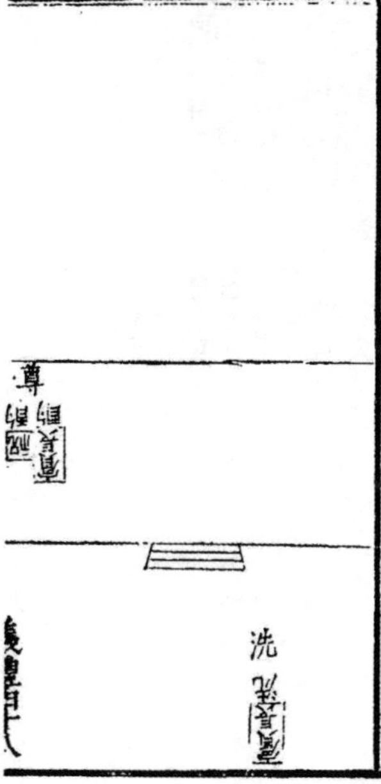

洗

祝二佐食圖

祭畢尸出圖

尸及祝圖

四人餕圖

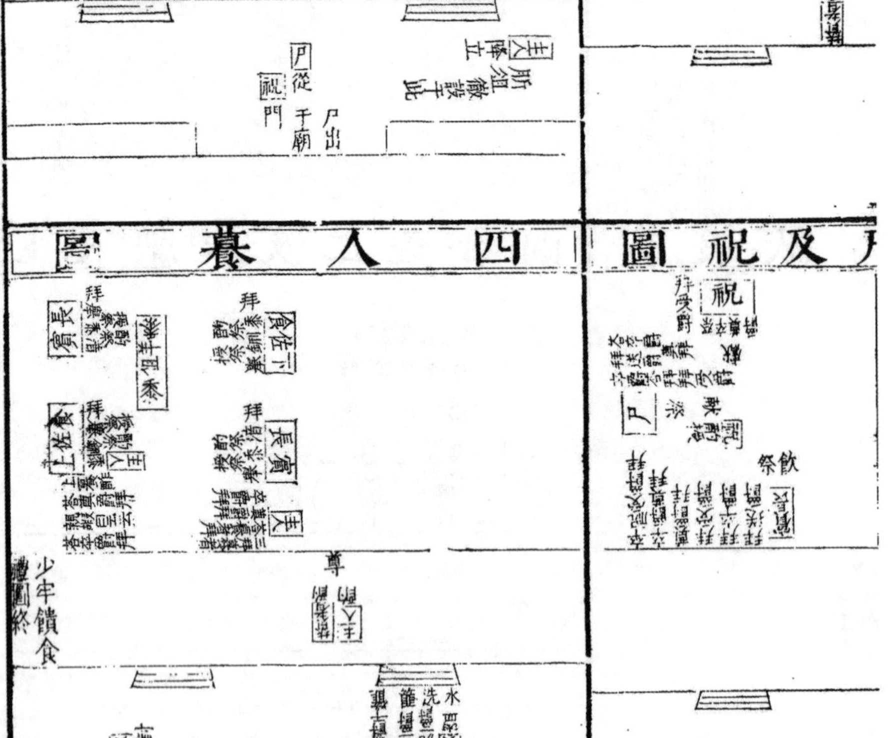

少牢饋食禮圖終

迎尸侑圖

少牢之下篇也大夫既祭儐尸於堂之禮祭畢禮尸於室中天子諸侯之祭明日而繹

疏曰上大夫于堂下大夫于室

授尸

舉鼎設俎圖

匕羊鼎　尸俎　侑俎　主人俎　匕俎　匕豕鼎　匕魚鼎　主婦俎

主人獻

次賓羞羊燔

司馬羞羊肉湆

次賓羞匕湆

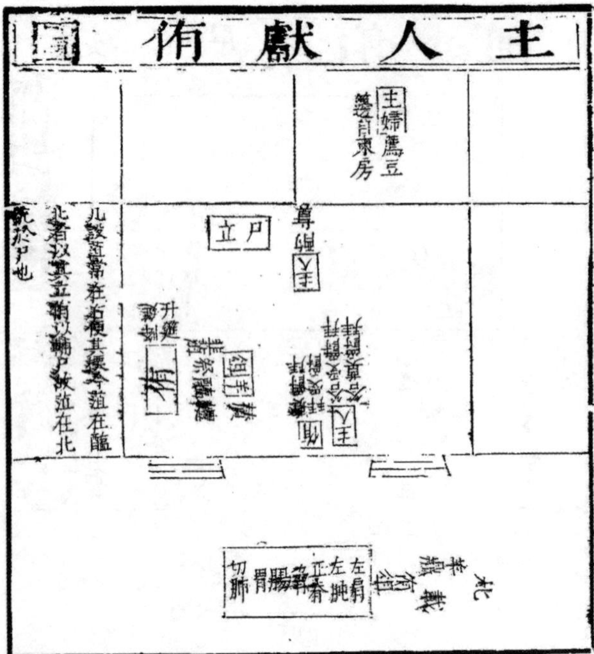

主人獻侑圖

凡設豆常菹在右便其擩今菹在醢北者以其侑以輔尸故菹在北統於尸也

几圖

尸酢主人圖

羞尸圖

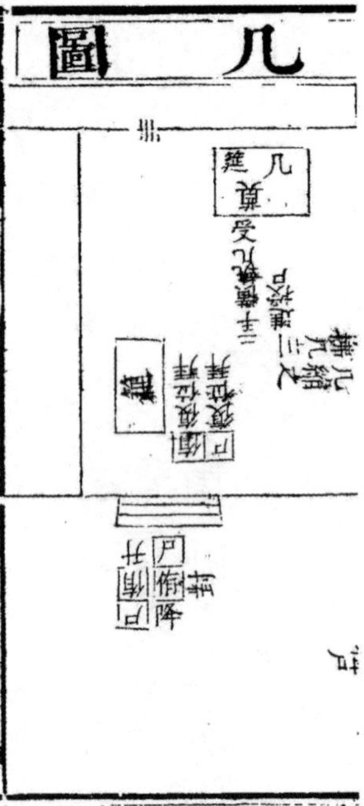

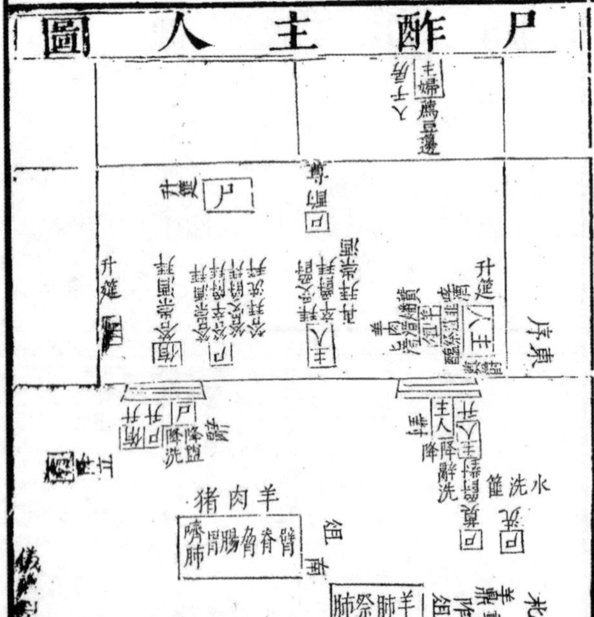

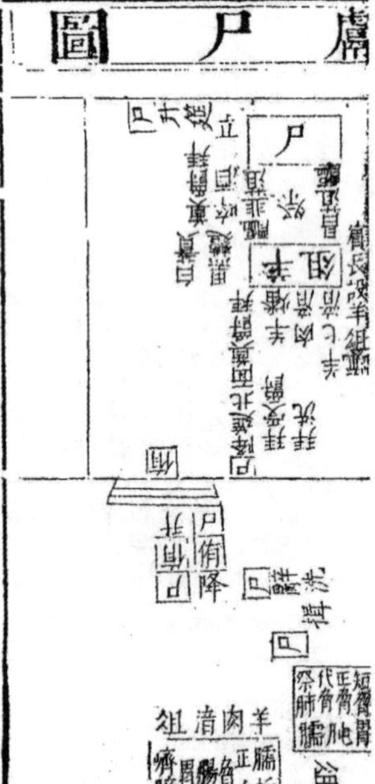

主婦亞獻尸圖

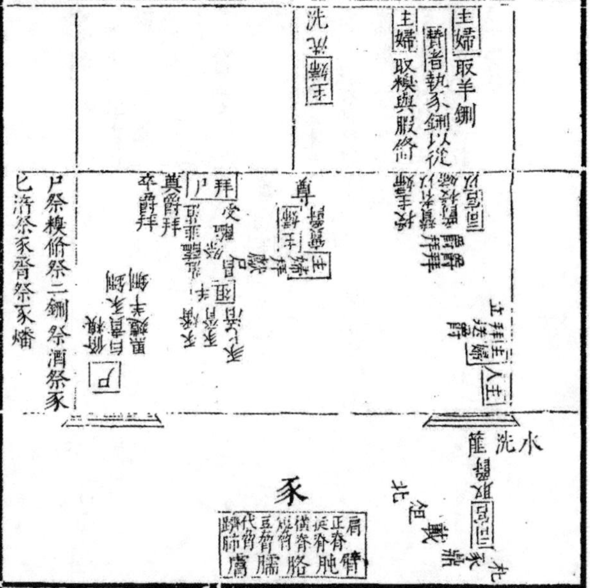

主婦取羊鉶

贊者執豕鉶以從

主婦取糗與服脩

洗

尸祭糗脩祭二鉶祭酒祭豕匕湆祭豕脅祭豕燔

主婦致爵

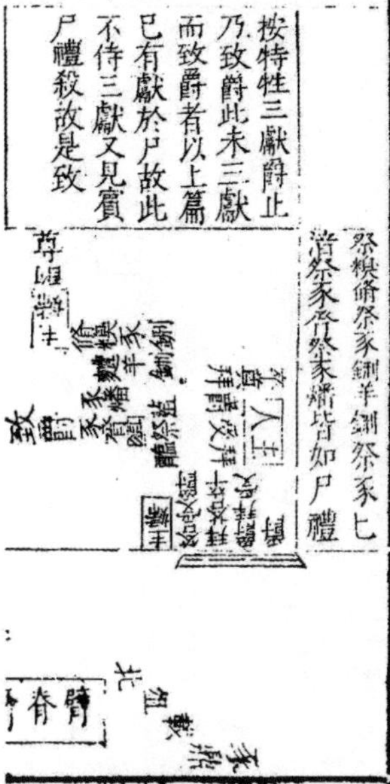

按特牲三獻爵止乃致爵此未三獻而致爵者以上篇已有獻於尸故此不侍三獻又見賓尸禮殺故是致

祭糗脩祭豕鉶羊鉶祭豕匕湆祭豕脅祭豕燔皆如尸禮

主婦獻侑圖

主婦羞糗脩

祭糗脩祭豕脅祭豕如尸

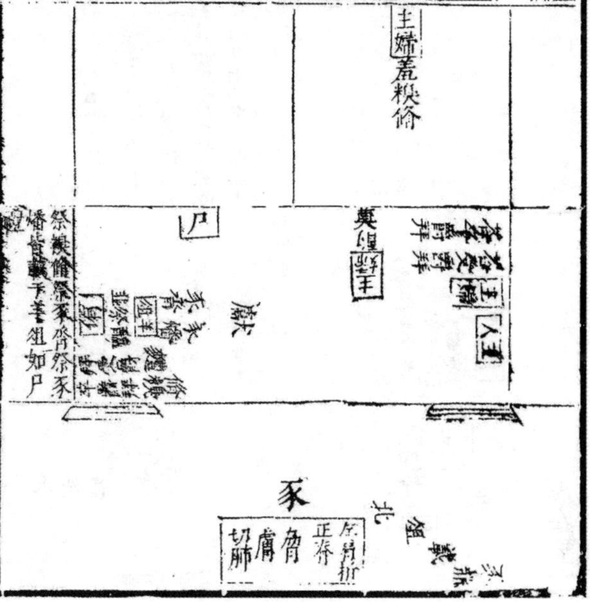

尸酢主

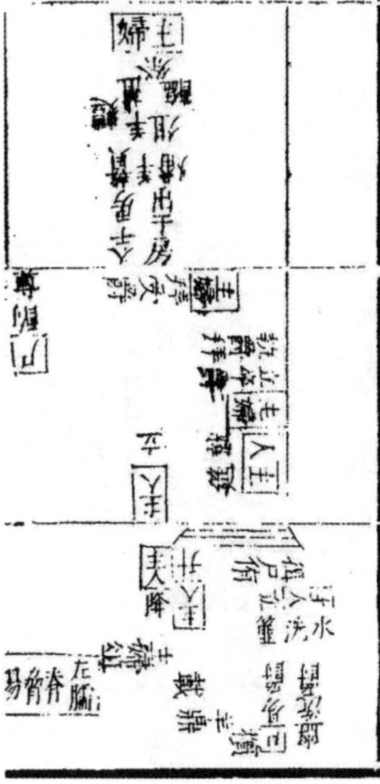

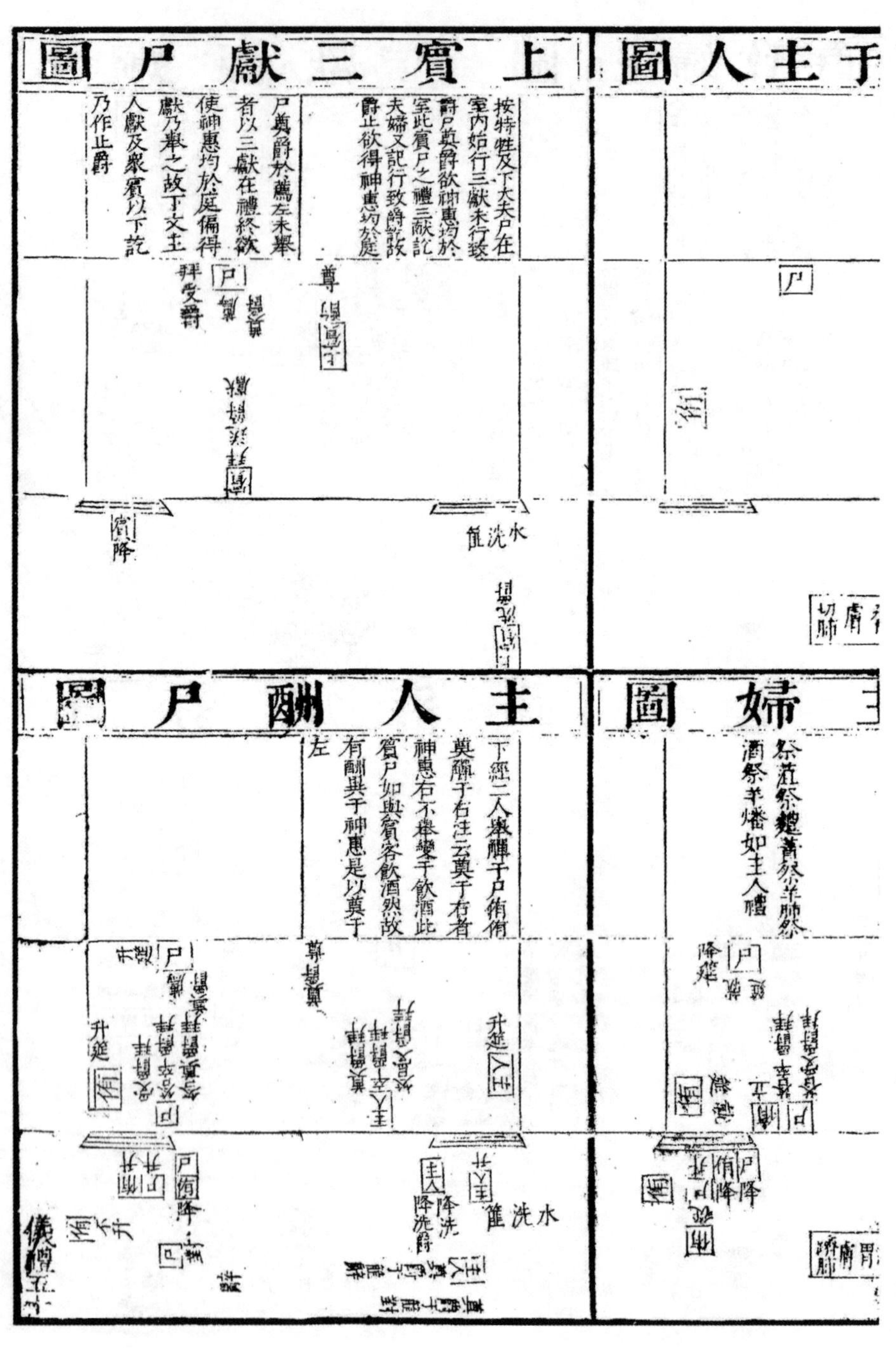
上賓三獻尸圖
按特牲及下大夫尸在室內始行三獻未行致爵尸奠爵欲神惠均於室此賓尸之禮三獻訖夫婦又記行致爵訖故爵止欲得神惠均於庭
尸奠爵於薦左未舉者以三獻在禮終欲使神惠均於庭偏得獻乃舉之故下文主人獻及衆賓以下訖乃作止爵
于主人圖
主人酬尸圖
下經二人舉觶于尸侑侑奠觶于右注云奠于右者神惠右不舉變于飲酒此賓尸如與賓客飲酒然故有酬異于神惠是以奠于左
婦圖
祭菹祭醴齊祭羊肺祭酒祭羊燔如主人禮

乃羞于尸侑主人主婦圖

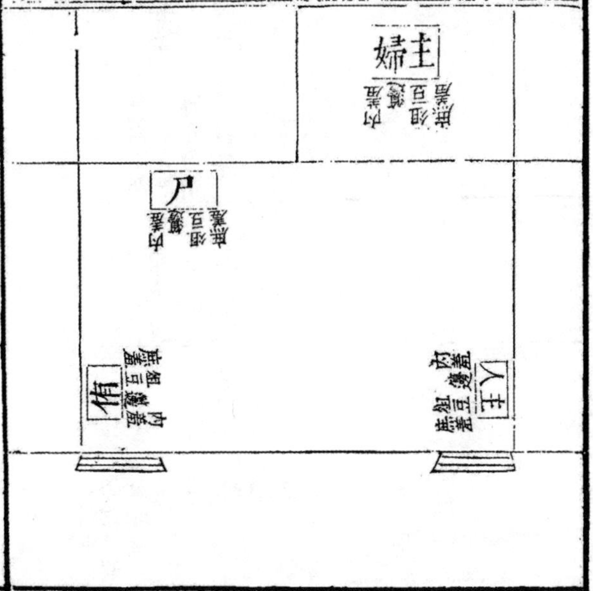

主婦

尸

侑

主人

主人[illegible]

主人

水

洗

篚

長賓

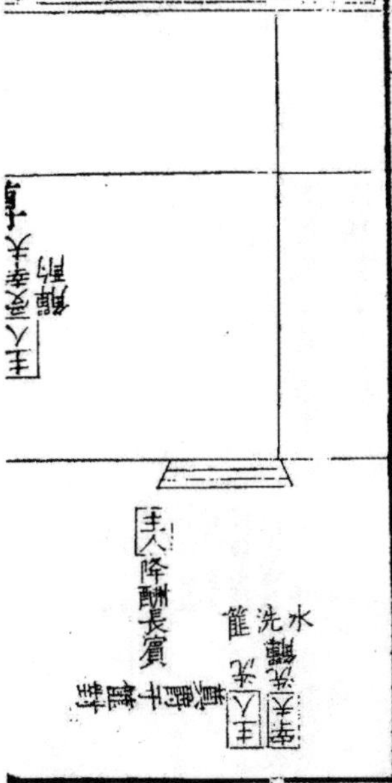

主人獻賓圖

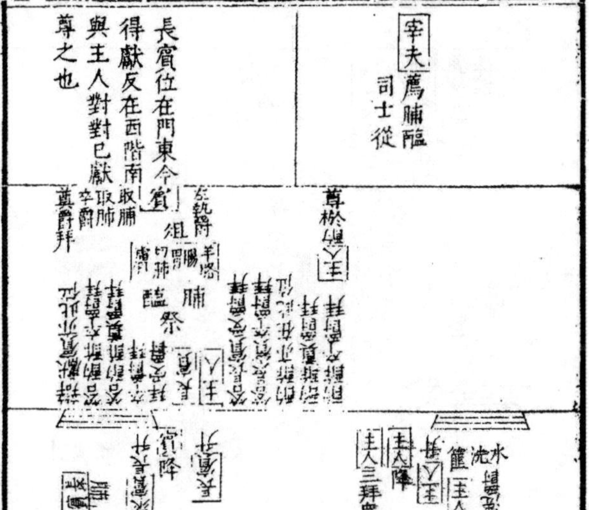

宰夫 薦脯醢

司士從

長賓位在門東令賓得獻反在西階南取脯與主人對對已獻尊之也

尊

主人

長賓

水

洗

篚

主人奠爵

主人三拜衆賓

主人獻

尊

主人

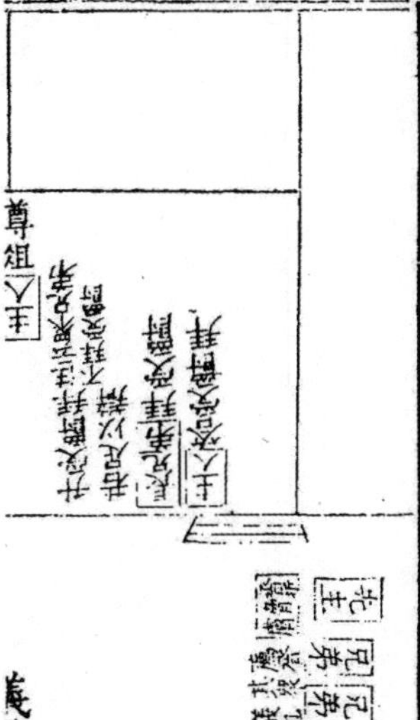

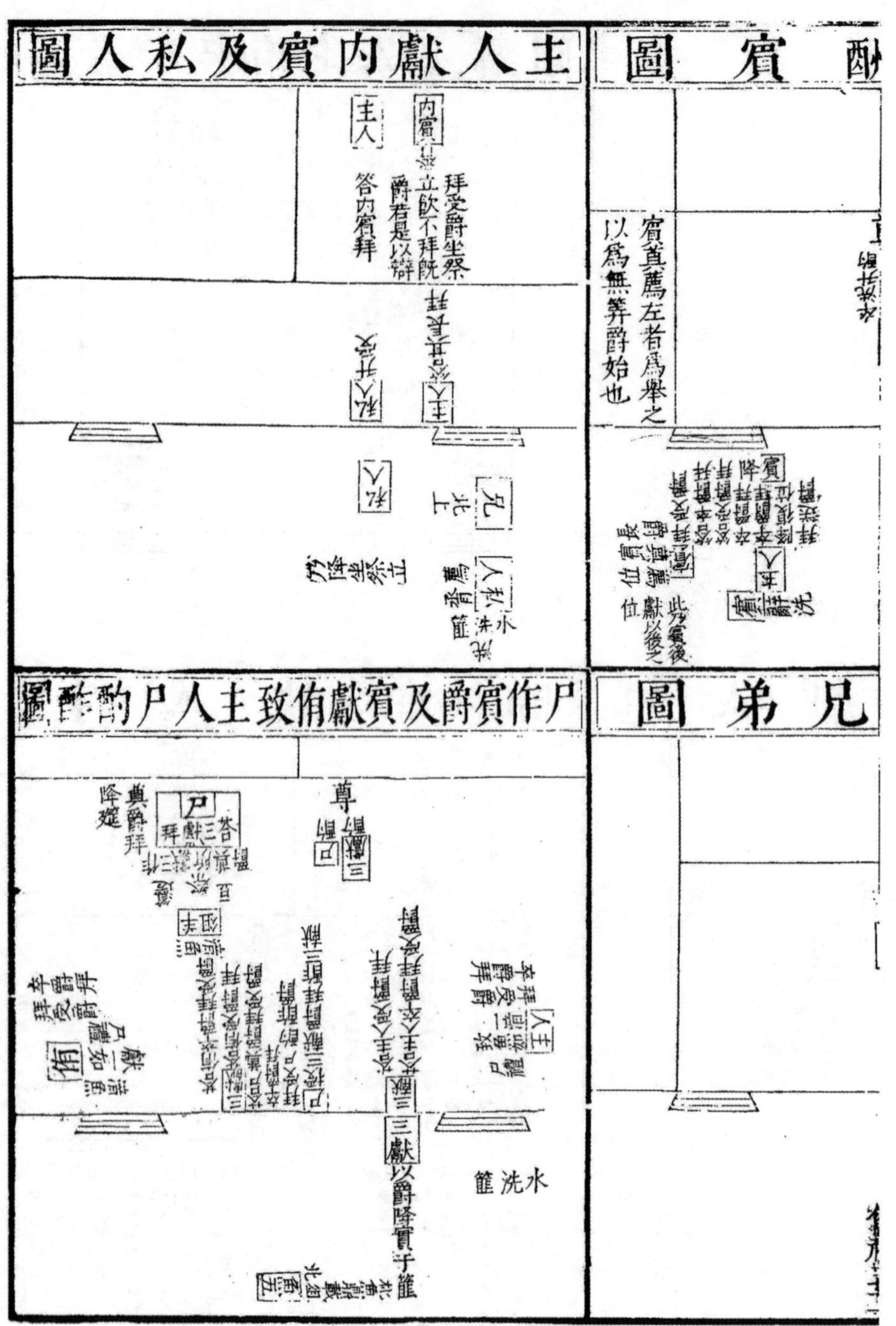
主人獻内賓及私人圖
酬賓圖
内賓
主人
拜受爵坐祭立飲不拜既爵若是以辯
答内賓拜
賓奠觶薦左者爲舉之以爲無筭爵始也
兄
私人
尸作賓爵及賓獻侑致主人尸酌酢圖
兄弟圖
尸
尊
主人
侑
三獻以爵降實于篚
水
洗
篚

二人舉觶旅酬圖

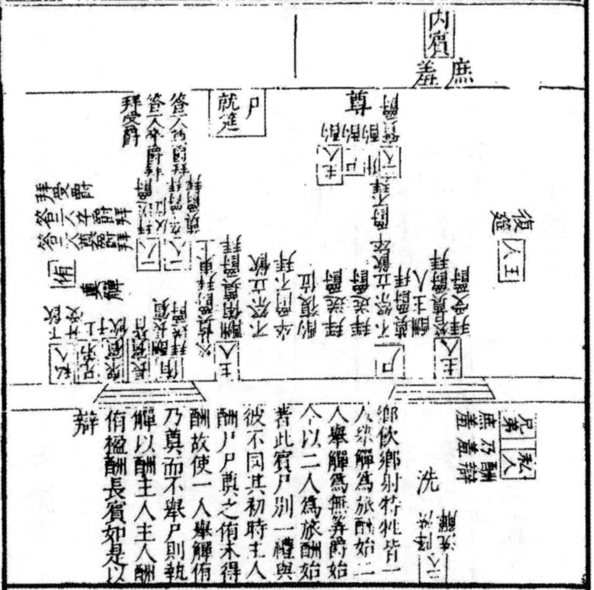

鄉飲鄉射特牲皆一人舉觶為旅酬始二人舉觶為無筭爵始今以二人為旅酬始者此賓尸別一禮與彼不同其初時主人獻尸尸奠之侑未得酬故使一人舉觶侑乃奠而不舉尸則執觶以酬主人主人酬侑旅酬長賓如是以辯

兄弟之後生舉觶于其長圖

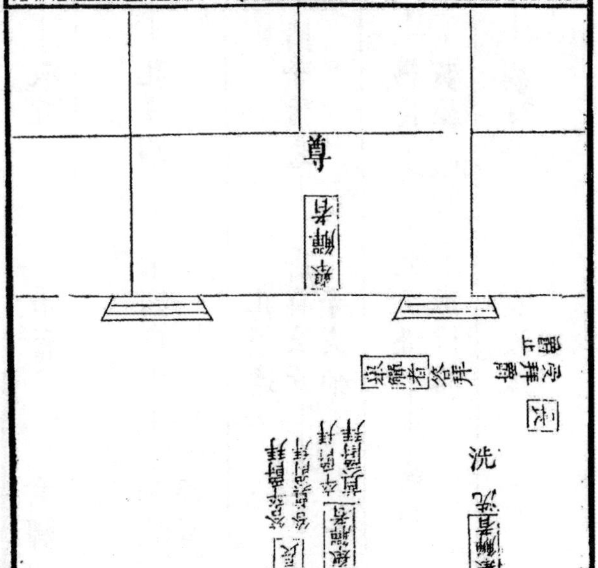

盛尸

羊豕右胖脊脅各二骨

肩臂臑盛　膞盛胉盛　骼舉　正脊一骨舉

脡脊一骨盛　橫脊一骨盛　短脅一骨盛

正脅一骨舉　代脅一骨盛　餘脊脅各一骨六體釋

魚十有五

一舉　七盛　四膴　三釋

俎圖

腊一純脊脅各一骨

右肩舉臂盛 臑盛肫盛 骼盛 脊不折盛

短脅盛 正脅盛 代脅盛

左肩撫臂撫臑撫肫撫骼撫短脅釋正脅釋代脅釋

以上舉者先已舉在俎盛者方盛于俎未舉者亦盛乃舉撫者取爲祝主人主婦之俎釋者備陽厭于西北隅

儀禮傳授之圖

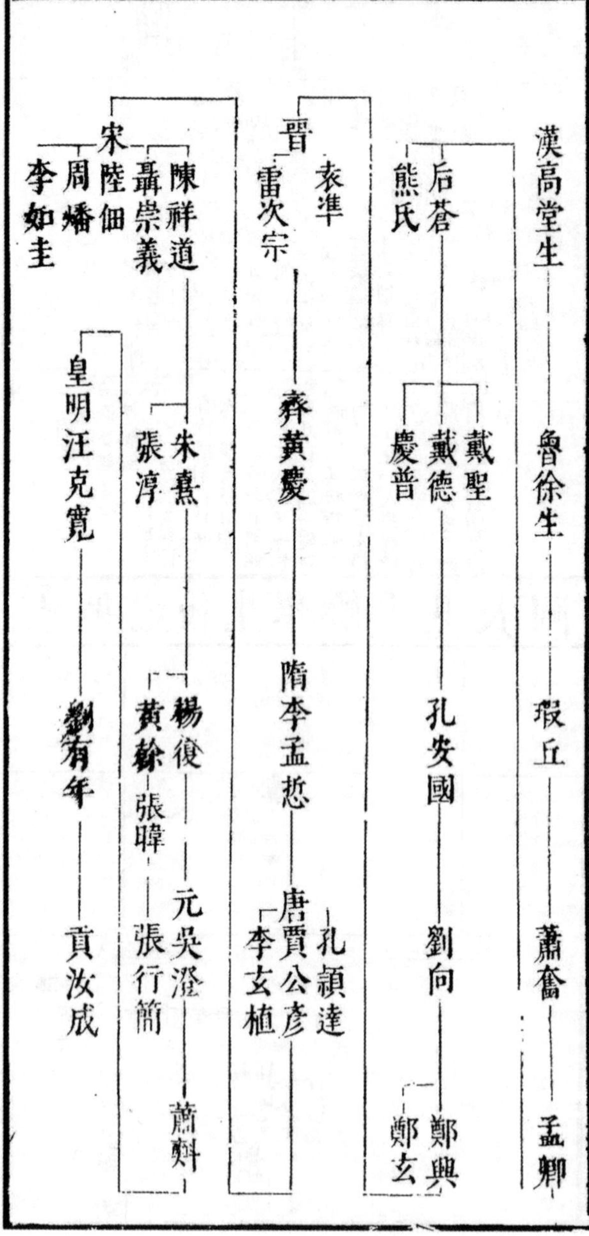

漢高堂生—魯徐生—瑕丘—蕭奮—孟卿

后蒼 熊氏

戴聖 戴德 慶普

孔安國—劉向—鄭興 鄭玄

晉袁準 雷次宗

齊黃慶—隋李孟悊—唐賈公彦 孔穎達 李玄植

宋陳祥道 聶崇義 陸佃

朱熹 張淳

楊復 黃榦 張暐

元吳澄 張行簡

蕭斢

周燔 李如圭

皇明汪克寬—劉有年—貢汝成

ISBN 978-7-5010-8502-6
定價：160.00圓